清华大学文科出版基金
QINGHUADAXUEWENKECHUBANJIJIN

U0632071

# 西方国家体育政策：
## 理论、方法、趋向

Western Countries Sport Policies:
Theory,Methodology, and Tendency

于洪军　陈攀攀　著

清华大学出版社
北京

**图书在版编目（CIP）数据**

西方国家体育政策：理论、方法、趋向/于洪军，陈攀攀著. —北京：清华大学出版社，2021.12（2023.5 重印）

ISBN 978-7-302-58322-6

Ⅰ. ①西…　Ⅱ. ①于…　②陈…　Ⅲ. ①体育事业–方针政策–研究–西方国家

Ⅳ. ①G813.130

中国版本图书馆 CIP 数据核字（2021）第 107980 号

责任编辑：宋丹青
封面设计：常雪影
责任校对：宋玉莲
责任印制：沈　露

出版发行：清华大学出版社

网　　　址：http://www.tup.com.cn，http://www.wqbook.com
地　　　址：北京清华大学学研大厦 A 座　　邮　　编：100084
社 总 机：010-83470000　　　　　　　　邮　　购：010-62786544
投稿与读者服务：010-62776969，c-service@tup.tsinghua.edu.cn
质量反馈：010-62772015，zhiliang@tup.tsinghua.edu.cn

印 装 者：涿州市般润文化传播有限公司
经　　销：全国新华书店
开　　本：170mm×240mm　　印　张：24.25　　字　数：380 千字
版　　次：2021 年 12 月第 1 版　　　　　　印　次：2023 年 5 月第 2 次印刷
定　　价：138.00 元

产品编号：087250-01

# 序　言

学术研究应当具有使命意识，以专业的眼光关注时代发展中的重大问题，并以专业的眼光审视和研究这些问题。西方国家的体育政策理论、方法及其发展趋向以及其对这些国家体育发展的影响，是体育政策研究和体育实践发展中的重要内容。党的十八大以来，中国特色社会主义进入新时代，中国体育改革也迎来了新机遇、新挑战。我国《"健康中国 2030"规划纲要》和"体医融合"等大众体育国家战略已开始实施，2008 年北京奥运会成功举办，2022 年中国冬季奥运会等竞技体育赛事将再次汇聚世界目光。在此背景下，加强对西方国家大众体育政策和竞技体育政策问题的认识和研究，对于我国从体育大国走向体育强国具有重要意义。

体育是西方国家在娱乐和休闲过程中形成的一个概念。体育主要包括大众体育和竞技体育两大类。在大众体育的理论研究方面，20 世纪 50 年代，莫里斯（Morris）与帕芬巴格（Paffenbarger）等一批学者对大众体育和健康关系的研究结果，证实了体育锻炼对慢性疾病的功效，使西方国家的大众体育成为公共健康领域关注的重要问题。实践方面，基于不同群体的多种形式的体育锻炼和身体活动促进政策已成为西方国家公共健康政策中的重要内容。在竞技体育政策理论研究中，以霍利汉（Houlihan）和博舍尔（Bosscher）等人为代表的一批西方学者对精英体育政策的研究认为，当今西方国家竞技体育的发展，已经与政治和经济社会发展密不可分，竞技体育政策已经成为西方国家政策的议题之一。20 世纪 50年代，在竞技体育实践中，形成了以苏联为代表的"举国体制"和以美国为代表的"学校体制"两种竞技体育模式。目前西方国家将奥运会视作国家形象的一个展示平台，而将职业体育看成绿色经济发展的重要组成部分，各种形式的精英体育赛事在西方国家如火如荼地开展。

研究需要专业的理论依据、科学的研究设计和正确的研究方法。本书分为上、下两篇，上篇关注大众体育政策，下篇关注竞技体育政策。上篇主要以西方国家身体活动对应的大众体育健康行为促进理论和不同群体的大众体育研究方法为研究依据，以美国、英国、德国、法国等 28 个国家的大众体育政策演变和发展趋势为视角展开研究。下篇主要以夏季和冬季奥运会表现为目标的竞技体育阶段模型和竞技体育政策成功核心要素研究方法为理论基础，以美国、英国、德国、法国、澳大利亚和挪威 6 个体育强国的竞技体育政策趋向为研究对象展开分析。

本书的研究和写作是在我承担的国家哲学社会科学基金课题"西方国家体育政策发展趋向研究"的基础上进行的，本课题是在我的导师和我指导的学生们共同努力和帮助下完成的。因此，本书体现了三代学人的学术探索和学术思考。首先，我指导的博士生也是本书的合著者陈攀攀同学承担了大众体育部分资料收集和书稿的整理和校对工作，该书是我们师生共同努力的学术成果。另外，我指导的博士后王阳阳助理研究员主要参与了大众体育部分资料的整理和分析工作，我指导的硕士生李昀瀚和本科生任越、李秋甫、陈媛、李不群等同学参与了竞技体育部分资料的收集与分析工作。我指导的博士生王晓昕、成佳俐同学、硕士生谭佳乐和曾祥威也参与了本课题的部分研究工作，在此谨向同学们表示感谢！最后，感谢我的导师仇军教授，从本课题的选题、立项到结项过程中，导师都给了我莫大的帮助和指导，感激恩师！

期待《西方国家体育政策：理论、方法、趋向》能够成为读者了解西方国家体育政策的窗口，通过本书的阅读能够对读者认识西方国家体育政策的发展趋向有所帮助，能够对有志于从事西方国家体育政策研究的同仁有所启迪，共同为中国体育政策的研究和发展作出贡献。

于洪军

2020 年 5 月 8 日于清华园

# 目　录

## 上篇　西方国家大众体育政策理论、方法与趋向

第一章　西方国家大众体育政策发展背景与研究意义 ·················· 3

第二章　西方国家大众体育政策核心概念与发展历史 ·············· 7

第一节　西方国家大众体育政策核心概念及相关理念 ················· 7
一、西方国家界定 ····················· 7
二、政策 ····················· 7
三、大众体育、身体活动和体育锻炼 ····················· 7
四、西方国家大众体育政策 ····················· 8
五、小结 ····················· 8
第二节　身体活动与健康关系研究简史 ····················· 9
一、古代中西方文化中的身体活动和健康观念简史 ············· 9
二、身体活动与疾病健康学术研究简史 ············· 18
三、小结 ····················· 26

第三章　身体活动健康行为的理论模型 ························· 27

第一节　身体活动健康行为促进的社会心理学理论模型 ········· 27
一、健康信念理论 ····················· 29
二、说服理论 ····················· 31
三、理性行为理论 ····················· 31
四、保护动机理论 ····················· 32

　　五、自我决定理论 ·········································· 33

　　六、自我效能理论 ·········································· 34

　　七、转化理论 ············································· 38

　　八、计划行为理论 ·········································· 40

　　九、社会认知理论 ·········································· 46

　　十、小结 ················································ 47

第二节　身体活动健康行为促进的环境生态理论模型 ············· 47

　　一、健康生态模型理论 ······································ 47

　　二、健康生态环境研究 ······································ 64

　　三、小结 ················································ 66


第四章　身体活动健康行为的研究方法 ············· 67


第一节　国际成年人身体活动问卷的信度和效度验证 ············· 67

　　一、引言 ················································ 67

　　二、研究对象与研究方法 ···································· 68

　　三、研究结果 ············································· 70

　　四、分析与讨论 ··········································· 77

　　五、研究结论 ············································· 78

第二节　哈佛大学生身体活动问卷的信度和效度验证 ············· 78

　　一、引言 ················································ 78

　　二、研究对象与研究方法 ···································· 80

　　三、研究结果 ············································· 83

　　四、分析与讨论 ··········································· 85

　　五、研究结论 ············································· 89

第三节　国际老年人身体活动PASE问卷的信度和效度验证 ········· 90

　　一、引言 ················································ 90

　　二、研究对象与研究方法 ···································· 90

　　三、研究结果 ············································· 93

　　四、分析与讨论 ··········································· 97

　　五、研究结论 ············································ 100

第四节　小结 ……………………………………………………………… 100

# 第五章　西方国家身体活动政策发展趋向……………………………… 101

### 第一节　西方国家身体活动政策研究对象与研究方法 …………… 101
一、研究对象 ……………………………………………………… 101
二、研究方法 ……………………………………………………… 102
三、小结 …………………………………………………………… 103

### 第二节　西方国家身体活动政策具体内容和实施效果研究 ……… 103
一、西方国家身体活动政策具体内容研究 ……………………… 103
二、西方国家身体活动政策实施效果研究 ……………………… 104
三、西方国家身体活动政策实施的收益研究 …………………… 106
四、小结 …………………………………………………………… 107

### 第三节　西方国家身体活动政策的演进与分析 …………………… 107
一、2000 年以前身体活动政策的演进与分析 ………………… 107
二、2000—2010 年身体活动政策的演进与分析 ……………… 112
三、2010—2018 年身体活动政策的演进与分析 ……………… 116
四、小结 …………………………………………………………… 129

### 第四节　西方国家身体活动政策的重要文本解读 ………………… 130
一、美国 2018 年身体活动指导纲要 …………………………… 130
二、《2016—2025 年世界卫生组织欧洲区域的身体活动战略》 … 140
三、2018—2030 年世界卫生组织促进身体活动全球行动计划 … 152
四、小结 …………………………………………………………… 168

### 第五节　西方国家身体活动政策发展趋向 ………………………… 169
一、以健康促进为目标 …………………………………………… 169
二、重视平等化原则，向特殊群体倾斜 ………………………… 170
三、注重不同群体的个体化差异 ………………………………… 170
四、多部门合作增强 ……………………………………………… 171
五、科学化程度提高 ……………………………………………… 171
六、可操作性增强 ………………………………………………… 172
七、更加重视环境的影响 ………………………………………… 173

八、小结 ·························································· 173

## 第六章　西方国家身体活动政策对中国的启示 ··············· 174

一、提升大众健康政策的前瞻性和预判性 ·············· 175
二、提高身体活动政策目标群体的多样性 ·············· 176
三、提高身体活动政策的科学性和连续性 ·············· 177
四、重视身体活动政策中建成环境的作用 ·············· 178
五、提高身体活动政策的协作性和可操作性 ············ 179
六、小结 ·························································· 180

## 下篇　西方国家竞技体育政策理论、方法与趋向

## 第七章　西方国家竞技体育政策发展背景与研究意义 ············ 183

## 第八章　西方国家竞技体育政策核心概念与竞技体育历史演变 ····· 186

第一节　西方国家竞技体育核心概念界定 ·············· 186
一、研究国家界定 ·········································· 186
二、竞技体育政策 ·········································· 186
三、小结 ···················································· 188
第二节　西方国家竞技体育历史演变 ··················· 188
一、竞技体育制度历史演变 ······························ 188
二、奥运会奖牌榜历史演变 ······························ 191
三、小结 ···················································· 205

## 第九章　西方国家竞技体育政策分析理论模型 ················· 206

第一节　阶段模型 ·········································· 207

第二节　组织分析模型 ············································· 208

第三节　多元分析框架 ············································· 211

　　一、问题流 ····················································· 212

　　二、政策流 ····················································· 212

　　三、政治流 ····················································· 213

第四节　倡导联盟框架 ············································· 214

　　一、倡导联盟框架的核心概念 ································· 214

　　二、ACF 的主要特征 ··········································· 218

　　三、ACF 的子系统及其作用过程 ······························ 220

　　四、ACF 的分析 ················································ 223

　　五、ACF 的应用 ················································ 226

　　六、ACF 的评价 ················································ 227

第五节　小结 ······················································· 228

第十章　竞技体育政策成功要素研究方法 ·················· 229

第一节　竞技体育成功要素模型 ·································· 229

　　一、财政支持 ··················································· 233

　　二、体育运动参与度 ··········································· 235

　　三、整合式的政策发展与执行 ································· 236

　　四、竞技体育人才认定与培养系统 ···························· 237

　　五、竞技体育运动选手运动生涯中和运动生涯后保障系统 ···· 238

　　六、教练员的保障与培养 ······································ 238

　　七、训练设备 ··················································· 239

　　八、国际大赛机会 ·············································· 240

　　九、科学研究 ··················································· 240

第二节　竞技体育成功要素研究 ·································· 241

　　一、竞技体育成功要素的分类 ································· 241

　　二、宏观层面竞技体育成功要素研究 ························· 242

　　三、中观层面竞技体育成功要素研究 ························· 247

第三节　中国竞技体育 SPLISS 分析案例 ····················· 251

一、财政支持 ……………………………………………… 252

二、精英体育政策的治理、组织和结构 ……………… 256

三、体育参与 ……………………………………………… 257

四、人才认定与发展 ……………………………………… 260

五、运动员职业生涯及后期支持 ………………………… 263

六、训练设施 ……………………………………………… 264

七、教练配备和教练发展 ………………………………… 267

八、国内和国际赛事 ……………………………………… 268

九、精英体育的科研与创新 ……………………………… 270

十、小结 …………………………………………………… 271

第四节　小结 ……………………………………………… 273

第十一章　西方国家竞技体育政策趋向研究 ………… 274

第一节　西方国家竞技体育政策的相关概念和方法 …… 274

一、研究内容 ……………………………………………… 274

二、研究方法 ……………………………………………… 274

三、小结 …………………………………………………… 277

第二节　西方国家竞技体育政策具体内容及其影响研究 … 277

一、竞技体育政策要素研究 ……………………………… 277

二、竞技体育政策国家特征研究 ………………………… 279

三、竞技体育政策法律研究 ……………………………… 284

四、体育政策对国际竞赛结果影响的研究 ……………… 285

五、竞技体育政策对比研究 ……………………………… 286

六、竞技体育发展趋势研究 ……………………………… 287

七、小结 …………………………………………………… 287

第三节　不同国家竞技体育政策特征与发展趋向分析 … 288

一、美国竞技体育政策特征与发展趋向 ………………… 288

二、英国竞技体育政策特征与发展趋向 ………………… 294

三、德国竞技体育政策特征与发展趋向 ………………… 300

四、法国竞技体育政策特征与发展趋向 ………………… 303

五、澳大利亚竞技体育政策特征与发展趋向 ……………………… 306

六、挪威竞技体育政策特征和发展趋向 …………………………… 311

**第四节　西方国家竞技体育政策特征与发展趋向** ……………… 315

一、发展特征 ………………………………………………………… 315

二、发展趋向 ………………………………………………………… 318

三、小结 ……………………………………………………………… 321

**第五节　西方国家竞技体育政策对中国的启示** ………………… 321

一、加强体教结合 …………………………………………………… 321

二、提高训练科学化水平 …………………………………………… 322

三、保持和完善"举国体制" ………………………………………… 323

四、建立评估机制和体系 …………………………………………… 324

**参考文献** …………………………………………………………… 325

# 上　篇

西方国家大众体育政策理论、方法与趋向

# 第一章

## 西方国家大众体育政策发展背景与研究意义

在西方国家,主要用"身体活动"(Physical Activity)来表示与竞技体育相对的大众体育。20 世纪 70 年代初期以来,西方大部分国家已相继进入经济稳定增长期,其生活水平有了显著提高。随着人们以静坐为主的生活方式增加,大众身体活动的时间和活动强度明显减少,患肥胖病和慢性疾病的概率也逐渐增加[1]。大量的研究认为[2],有规律的身体活动,不仅能够有效减少心血管疾病、中风Ⅱ型糖尿病、骨质疏松、肥胖病、结肠癌、乳腺癌等生理性疾病患病率,而且还有助于改善心理健康[3,4],延迟阿尔茨海默病发病[5]和改善生活质量[6]。根据世界卫生组织(World Health Organization,WHO)报道,长期缺乏身体活动是引发个体死亡的第四大因素,其导致全世界每年有 320 万人死亡。世界卫生组织认为,缺乏身体活动已经成为一个全球性的公共健康问题。

大众身体活动不足问题已经得到全世界的关注。2018 年 9 月 5 日,《柳叶刀・全球卫生》(*The Lancet Global Health*)发布的由 4 位世界卫生组织专家撰写的《2001 年至 2016 年全球身体活动不足的趋势》报告显示,全球超过 1/4 的成年人(28%或 14 亿人)身体活动不足,而一些国家占比高达 1/3。该报告指出,总体而言,自 2001 年以来,全球成人的活动水平基本保持不变,女性的活跃程度低于男性,全球水平差异超过 8%(男性为 32%,女性为 23%)。与中等收入国家(26%)及低收入国家(16%)相比,高收入国家更不活跃(37%)。这些数据表明,所有国家都需要优先考虑改善全国及各地区的身体活动环境,从而增加所有年龄及不同人群每天参与身体活动的机会[7]。

在大众体育政策的制定和指导方面,欧美等西方国家是引领者。早在 2008 年,美国卫生与公共服务部(U. S. Department of Health and Human Servises,HHS)就正式向美国国民发布了第一部有关身体活动的全方位指导手册——《美国身体活动指南》;2018 年,发布了更加完善的《2018 美国身体活动指南》,该指南建议,成年人应每周至少参与 3～5 次体育锻炼,每周 150～300 分钟中等以上强度的体育锻炼。2018 年约有 1/2 的美国人并没有达到目标活动量,且 1/3 的人没有参与中等以上强度的体育锻炼。在欧洲,有关研究表明,超过 1/3 的成年人大众体育锻炼参与不足[8]。欧盟成员国 2014 年调查报告的数据显示,15 岁以上的每 10 人中有 6 人从未或很少参与体育锻炼,超过 1/2 的人从不或很少从事其他类型的身体活动,如骑自行车、跳舞或园艺[1]。与此同时,欧洲大部分成年人每天静坐的时间超过 4 小时。针对上述问题,2013 年 7 月,欧洲区域国家的部长们通过了《2020 年健康背景下的营养和非传染性疾病维也纳宣言》,该宣言首次要求欧洲地区制定一项独立的促进大众体育锻炼的战略。世卫组织欧洲区域委员会第 63 届会议在土耳其切赫梅伊兹密尔进一步明确了这项宣言的具体任务,成员国在第 EUR/RC63/R4 号决议中也批准了该宣言[2]。

如何通过多种大众体育战略部署和政策制定来有效促进国民增加体育锻炼,从而促进健康,已经成为世界各国关注的焦点。1985 年,国际奥委会设立了大众体育委员会,1986 年在德国的法兰克福组织召开了自此开始每两年举办 1 次的世界大众体育大会。1989 年在加拿大多伦多举行的第 11 届世界健康大会调查表明,世界上有 89 个国家提出大众体育的目标。1990 年 5 月在芝加哥举行的世界大众体育健康与营养大会显示发展大众体育的国家数已接近 100 个。1993 年 6 月,国际奥委会和世界卫生组织在洛桑签订了双方合作备忘录,指出"双方合作的核心,是全民体育和全民健身"。1994 年,世界卫生组织开始和国际奥委会一起资助和组织国际大众体育联合会,该年在乌拉圭举行的第 5 届世界大众体育大会的主题是"大众体育与健康",大会宣言指出,"通过身体活动促进和平、健康,提高生活质量",还提出"2000 年体育为人人、健康为人人"的口号。自 1996 年起,联合国教科文组织、国际体育联合会总会也加入这一行列。

---

[1] European Commission. EU Action Plan on Childhood Obesity 2014-2020 [R]. Geneva：European Commission,2014.

[2] WHO Regional Office for Europe. Key facts on physical activity in the WHO European Region. Health topics,Disease prevention,Physical activity,Data and statistics [EB/OL]. [2017-03-20]. http：//www euro who int/en/health-topics/disease-prevention/physical-activity/data-and-statistics/10-key-facts-on-physical-activity-in-the-who-european-region.

国际大众体育大会向世界各国和地区提供了一个理想的进行大众体育知识传播和经验交流的场所。2002 年世界卫生日的主题是"身体活动",提出的口号是"运动有益健康"[1]。自 2004 年《饮食、身体活动与健康全球战略》[1]出版以来,WHO 制定了一系列相关战略和计划,如《2013—2020 年预防和控制非传染性疾病全球行动计划》[2]《世卫组织 2018—2030 年促进身体活动全球行动计划:加强身体活动,造就健康世界》[3]等,并一再呼吁世界各国和地区制定相关的国家身体活动政策。世界卫生组织建议成年人,包括老年人,每周至少进行 150 分钟的中等强度有氧运动,而且由较短时间所累积的中等强度活动的有氧运动也具有健康效益。儿童和青少年每天应进行至少 60 分钟的中高强度的身体活动。进行更多的身体活动能为成年人和儿童提供更多的健康效益。

在公共卫生发展的历史中,政策干预经常发挥重要作用。它们对大量人群产生影响的突出潜力表明,在促进健康、促进大众身体活动方面,还需要更加重视政策制定[9]。制定促进健康的国家大众体育政策需要政策层面的支持,同时需要相关机构,如国家和地方政府部门等利益攸关方以及私营部门通过遵循共同的目标、战略,以沟通、协作等方式来保持行动一致[10]。此外,通过制定政策可以保证更多的资源分配和更大的问责制,如果具有法律约束力,将有助于防止类似"自愿"性质的国家号召的失败[10]。在许多国家,虽然体育推广的历史较长,但长期以来,以促进健康为目的的身体活动的综合性国家政策仍然较少。但在过去几十年中,人们越来越关注在国家层面推进身体活动,并将其作为减少非传染性疾病(包括超重和肥胖)风险战略的一部分。除了身体活动带来的多重健康益处之外,还可以产生额外的、积极的社会回报,包括减少使用化石燃料、提升空气质量、减少道路拥堵、提高道路安全[4]。身体活动不足具有相当大的经济代价。例如,2013 年,在全球范围内,因缺乏身体活动产生的直接医疗费用估算

〔1〕 World Health Organization. Global strategy on diet, physical activity and health [R]. Geneva: WHO, 2004.

〔2〕 World Health Organization. Global action plan for the prevention and control of noncommunicable diseases 2013—2020[R]. Geneva: WHO, 2013

〔3〕 World Health Organization. Global action plan on physical activity 2018—2030: more active people for a healthier world [R]. Geneva: WHO, 2019.

〔4〕 World Health Organization. Global action plan on physical activity 2018—2030: more active people for a healthier world [R]. Geneva: WHO, 2019.

为 540 亿美元[11]。来自高收入国家以及低收入和中等收入国家(LMIC)的估计表明,1%~3%的国家医疗保健支出可归因于缺乏身体活动[12],这还不包括缺乏身体活动对精神健康和肌肉骨骼疾病的影响。此外,健康之外的社会成本,例如,使用汽车的潜在环境代价及相关化石燃料使用的增加,其总体成本和代价可能远不止所估算的数字。因此,积极参与身体活动既可以促进健康、预防疾病、提高生命质量,同时又能够有效减少国家医疗开支[13]。

与此同时,我国大众因缺乏身体活动而导致的健康问题也非常严峻。根据研究报道[14],中国因缺乏身体活动引发的冠心病、Ⅱ型糖尿病、乳腺癌、直肠癌和全因死亡率分别是 5.1%、6.4%、8.4%、9.2% 和 8.3%。针对由于缺乏身体活动而引发的慢性疾病问题,我国明确提出要"推进健康中国建设",《国民经济和社会发展第十三个五年规划纲要》提出了推进健康中国建设的重大任务。为贯彻落实党中央的决策部署,2016 年由国家原卫生计生委、发展改革委、财政部、体育总局等 20 多个部门共同研究起草,并由国务院正式发布了《"健康中国 2030"规划纲要》。该纲要作为未来推进健康中国建设的宏伟蓝图和行动纲领,坚持以保障国民健康为中心,从大健康、大卫生的高度出发,从国家层面制定整体性解决方案,全方位、全周期维护和保障人民健康,推动解决当前和长远的重大健康问题。

国内外大量研究表明,运动能够有效促进健康。西方各国已制定了许多积极的身体活动政策来促进国民增加身体活动,从而促进健康,而我国在这方面相应的政策和保障还相对缺乏[15],至今我国还没有一个针对不同年龄群体的身体活动指导纲要出台。因此,对西方国家大众体育政策理论、方法和趋向的研究将有助于我们思考如何从国家层面制定政策,从而有效提高大众运动参与,为健康中国建设保驾护航。

从理论、方法和趋向的视角,在具体内容上,本篇将从西方国家大众体育政策核心概念与发展历史出发、对西方国家大众体育政策制定实施的理论模型和研究方法以及对西方国家大众体育政策的理论、政策和趋向进行系统研究,并总结西方大众体育政策对我国大众体育政策制定和实施的启示,为我国大众体育政策的制定和实施提供些许参考。

第二章

# 西方国家大众体育政策核心概念与发展历史

## 第一节　西方国家大众体育政策核心概念及相关理念

### 一、西方国家界定

西方,通常指位于西半球、北半球的国家,包括欧洲全境,美国、加拿大、澳大利亚和新西兰。在《汉语倒排词典》中,西方指欧美各国,有时特指欧洲资本主义国家和美国。本书中,西方国家主要指欧美发达国家,包括美国、英国、德国、法国、澳大利亚、加拿大、意大利、新西兰、芬兰和挪威。

### 二、政策

不同的作者已经以不同的方式定义了政策。例如,施密德(Schmid)等人将政策定义为"联邦、州、市或地方的政府机构或非政府组织(NGO)(如学校)采取的立法或监管行动。"政策包括明确或隐含的正式或非正式的规则和设计标准[16]。埃扎蒂(Ezzati)等人将政策定义为"实现预期目标的行动指南,由政府,非政府或私营部门组织发起,并且可能是书面形式的(例如,在立法的政策文件中)也可能是不成文的(例如,在通常的实践中)"[17]。在本书中,将政策定义为由政府公共行政部门或非政府组织(如WHO)发布的实现预期目标的行动指南、计划和战略等书面文件。

### 三、大众体育、身体活动和体育锻炼

在西方国家,主要是用身体活动来表示与竞技体育相对的大众体育。美国

卫生部(1996)将身体活动定义为由骨骼肌收缩产生能量消耗并提高健康受益的身体运动[18]。世界卫生组织在美国卫生部定义的基础上将身体活动定义为：由骨骼肌的收缩产生能量消耗的机体运动。2009年，美国运动医学学会(ACSM)基本沿用了1996年美国卫生部的定义[19]，认为身体活动是由骨骼肌收缩引发能量代谢增加的运动，同时，体育锻炼是为了保持一种或几种生理能力而进行的有计划、有组织、重复性的身体活动。体育锻炼、体育活动和体力活动属于身体活动的下位概念，是指有计划、有组织、重复性的身体活动，目的是提高或保持一种或几种身体能力。根据以上的定义可以认为，身体活动是由骨骼肌收缩产生能量代谢的机体运动，而体育锻炼则属于身体活动的下位概念，是有目的、有计划地为了提高健康而重复进行的体育活动。

在我国，由于翻译的缘故，关于大众体育的提法较多，包括大众体育、群众体育、身体活动、体育锻炼、全民健身等，主要采用大众体育或身体活动两种表述，就目前大多数学者的观点来看，大众体育和身体活动这两个概念是可以相互通用的。

### 四、西方国家大众体育政策

在已有的关于西方国家大众体育政策的研究中，对于西方大众体育政策的提法也较多，包括大众体育政策[20]、身体活动政策/指南、全民健身计划[21]、大众健康政策[15]等，但主要采用大众体育政策的提法，因此本书统一采用西方国家大众体育政策来定义西方国家发布的与大众相关的身体活动政策/指南、全民健身计划和健康政策等。

### 五、小结

本节通过对西方国家和政策概念的界定，明确了本书的大众体育政策是指美国、英国、德国、法国、澳大利亚、加拿大、意大利、新西兰、芬兰、挪威为促进大众参与体育锻炼，实现大众健康预期目标的行动指南、计划和战略等书面政策文件。同时通过对大众体育、身体活动和体育锻炼概念的辨析，说明大众体育在西方和中国存在不同提法的现象。在西方国家，主要是用身体活动来表示与竞技体育相对的大众体育；而在中国已有的大众体育政策研究中，主要是采用大众体育政策来表示西方国家的身体活动政策。因此，本书统一采用西方国家大众体育政策来定义西方国家发布的与大众相关的身体活动政策/指南、全民健身计划和健康政策等。

## 第二节　身体活动与健康关系研究简史

早在中西方远古时代，"身体活动是良医"这一观念即被人们认识，但直到19世纪中叶，身体活动和具体疾病之间的定量关系才得以被西方医学界认知。随着人们关于身体活动对防治疾病(尤其是慢性疾病)功效的研究不断深入，身体活动对各个年龄群体，尤其是老年人群体的收益性影响已经被人们所认同和熟知。本节从中西方远古时代的身体活动和健康观念入手，概述其文化和观念的发展历程，并对身体活动和健康研究的现代发展简史进行综述。身体活动和健康研究领域的代表性研究为身体活动的健康效益提供了实证证据，这些研究作为西方国家身体活动政策的科学基础为身体活动政策成为公共健康政策的重要内容发挥了重要作用。

### 一、古代中西方文化中的身体活动和健康观念简史

大约60年前，身体活动流行病学作为一个新的研究领域出现了。在过去的25年里，随着相关科学认定的增加，介入治疗法得以被包括在该领域内。然而，构成身体活动流行病学领域基础的观点并不是全新的，上溯公元前3000年，通过身体活动促进人们健康和疾病预防的概念就已经在中国和古代西方医学文明中发展起来。大约公元前2500年，中国旨在促进人体健康的系统化锻炼运动已有记载[22]。这里旨在通过叙述身体活动与健康观念在历史上的关键概念变迁，来为身体活动流行病学的当下和未来发展提供一个基于历史考察的新视角。

在很多古老的文化中,人们都肯定了身体活动在促进身心健康方面的重要作用。以运动为手段去治疗疾病和促进人体健康的观念在古今中外的医学著作中都有提及,如表 2-1 所示。

表 2-1　运动即良医的古代历史发展进展

| 年　份 | 人　物 | 国别 | 著　作 |
|---|---|---|---|
| 前 2600—？ | 黄帝 | 中国 | 《黄帝内经》 |
| 前 2080—？ | 巴比伦国王 | 巴比伦 | 《汉谟拉比法典》 |
| 前 600—？ | 苏胥如塔（Sushruta） | 印度 | 《妙闻集》 |
| 前 460—前 377 | 希波克拉底（Hippocrates） | 希腊 | 《健康养生法》 |
| 129—199 | 伽伦努斯（Galenus） | 希腊 | 《论卫生学》 |
| 154—208 | 华佗 | 中国 | 《五禽戏》 |
| 1025—？ | 西尼（Ibn Sine） | 波斯 | 《医药标准》 |
| 1530—1606 | 梅尔丘里亚利斯（Mercurialis） | 意大利 | 《运动的艺术》 |
| 1633—1714 | 拉马齐尼（Bernardini Ramazzini） | 意大利 | 《工人疾病》 |
| 1648—？ | 约瑟夫·杜切斯尼（Joseph Duchesne） | 瑞士 | 《医学的艺术》 |
| 1710—1801 | 威廉·海伯登（William Heberden） | 英国 | 《医学记录》 |
| 1772—？ | 本杰明·拉什（Benjamin Rush） | 美国 | 《运动启示》 |
| 1867—1938 | 泰特麦肯齐（R. Tait McKenzie） | 加拿大 | 《教学和医学意义上的运动》 |

将身体活动纳入疾病治疗的理念,在古代中国医学著作中有所记载。早在公元前 2600 年,调息和运动就被认为是有益于健康的重要活动。古代中国将和谐、养生作为长寿的第一要义。写于公元前 2600 年、在中国现存较早的一部重要医学文献《黄帝内经》就建议人们通过按摩、锻炼来治疗和缓解风湿病。《黄帝内经》中还将锻炼和针灸记载为治疗疾病的处方[23],并记载"上古之人,其知道者,法于阴阳,和于术数,食饮有节,起居有常,不妄作劳,故能形与神俱,而尽终其天年,度百岁乃去",提倡"早卧早起,广步于庭"。

身体活动能够提升健康和延长寿命的功能,在古代西方文明中也有记载。早在公元前 2080 年,古巴比伦国王颁布的《汉谟拉比法典》中就有关于运动康复的条例。当代预防医学和公共健康方面的历史主要可追溯到古印度和之后的古希腊文明。《荷马史诗》中,太阳神阿波罗的儿子、医神阿斯克勒庇俄斯,因为拯救了许多濒危病人而欺骗冥界之王哈得斯,死于宙斯的雷电之下。尽管如此,由于女儿们继承了他的力量,他的遗愿得到了延续。其女医药女神帕那刻亚施药给病人,健康女神海及娅教导人们如何谨慎地生活来保重身体。直至今日,我们依旧以帕那刻亚的名字 Panacea 来指代康复剂、海及娅的名字 Hygiene 来指代健康护理。在《荷马史诗》中,也记载了荷马对于体操运动员的一种羡慕和推崇。在那段时期(前750),军事体操和身体活动被认为是城邦市民的责任。

公元前2040年左右,印度河文明就解释了疾病和健康之间的关系[24]。关于有文字记载的旨在健身和健康复原的身体活动或锻炼运用的历史,可以追溯到公元前9世纪古印度医药系统中的生命吠陀医学(即 ayurveda,生命的科学的梵文)。这一学科将运动和按摩作为风湿病的治疗方法进行了阐释[25]。梵文 ayurveda,中文一般译为阿育吠陀或生命吠陀医学,ayus 指的是生命,veda 指的则是知识或者智慧[26],两者结合在一起,其意思是指生命的科学,或是指生命或长寿的知识。来自印度的生命吠陀医学理论认为,人体是一个整体,阿育吠陀疗法将身、心、灵视为一个整体,它教导人们与自然界和谐共存,从而达到肉体、心灵和情绪上的健康[27]。阿育吠陀的原理认为造成人们生病的原因,是体内三大生命能量(doshas)的失衡。人体中的三大能量分别是瓦塔(vata)、皮塔(pitta)和卡帕(kapha)[26]。阿育吠陀医学认为,自然界和人体由以太、空气、火、水、土五种元素构成。人体内的三大能量也是由这五种元素构成:以太和空气结合形成瓦塔,火和水结合形成皮塔,水和土结合形成卡帕;一旦这三大生命能量太多或是不足都会使人们生病。身体的不平衡是由于不适当的饮食习惯、不正确的生活方式以及外伤、病毒等因素引起的。在这些因素中,有些因素是自己无法控制的,但是,生活方式和饮食却是自己可以控制的[24]。

早在公元前600年,印度医师苏胥如塔便将日常中等强度的运动作为针对糖尿病和肥胖病患者的医嘱,他甚至认为,身体活动对大脑健康也是有益的[24,27]。苏胥如塔视久坐的生活方式为肥胖症、糖尿病和早夭的成因,同样推荐身体活动为一种预防的良药[27,28]。在他的治疗和教学理念中,他非常推崇生命吠陀医学理论,并第一次记载了有关身体活动是治疗病人疾病的重要辅助形式的信息。在他的医疗日志中记载有"病人应该进行 50% 于其最大能力的运动，这样的运动对于治疗他的疾病是非常关键的"。在他的医疗理念中，他认为多进行身体活动、合理膳食、睡眠适中对疾病痊愈是很有意义的。对于肥胖病人而言，应该将身体活动的运动处方加入其治疗的处方之中，因为肥胖病人的卡帕的消耗量不足是导致疾病的重要原因。但是他不建议病人进行高强度运动，因其存在导致病人死亡或引发其他疾病的风险。但在大约公元前 480 年，一名希腊医师希罗狄克斯（Herodicus）专门研究治疗体操（当时的三大类医疗实践之一），他的治疗方法却主要是剧烈运动。

古希腊医师对欧洲医药学的影响到了中世纪逐渐式微，但在文艺复兴时期一些古希腊原始手稿出现后再度兴起。以"医药之父"著称的希波克拉底（前460—前377），是继承苏胥如塔的传统而成长起来的，他同时也被尊称为"首位流行病学家"[29]。他把毕生大部分精力投入到运动和健康恢复领域[24,30]。他保存了疾病与气候、居住条件、生活习惯（如饮食和运动等）之间的联系的记录，同时区分了在不同地方、不同时间盛行的流行病[31]。在他的日志中记载，"要想获得积极健康的人需要具备积极健康的知识和意识。这种知识中就包括要积极参与锻炼，从而远离疾病"。在希波克拉底的《健康养生法》一书中，他写道："单靠饮食并不能保证一个人的健康；还必须要运动。虽然饮食和运动加工的是相反的东西，却共同运作来产生健康……并且很有必要……去认识不同类型运动的功效，包括自然的运动和人工的运动（身体活动），去了解这两种运动中的哪一种倾向于增重、哪一种倾向于减重；同时不限于此，还要去寻找运动和饮食的量、病人的体质、个体的年龄之间的均衡……运动应当多样化，跑步应双轨型地逐渐增加……疾走应在运动后，短走应在饭后的阳光中，长走应该于清晨温缓地开始，逐渐加速到剧烈程度，最后再轻缓地结束。"他是有记载以来西方第一个把身体活动作为治疗疾病的药方推荐给病人的医生。他的医学日志中还记载，"对于治愈疾病和保持健康而言，医学最重要的部分在于从事体操这样的锻炼，这对一个人的健康而言至关重要。"[24]他质疑了前人倡导的治疗性运动太过费力，自己则推荐了一些诸如散步和其他中等强度的运动方式。在公元前 4 至 2 世纪，很多古希腊从事医药学研究和教学的医师都建议人们进行不同强度的运动来保持健康和抵抗各种疾病。

受希波克拉底医学理念影响,公元前4世纪,希腊希罗狄克斯和古埃及亚拉山大地区的埃里斯特拉斯(Eristratus,前304—前250)都推崇中等强度的运动,而公元前1世纪,希腊的阿克莱皮亚德(Asclepiades),作为希波克拉底疗法的后继者,向他的病人们推荐步行和跑步[32]。之后,希腊哲学家、马其顿国王亚历山大大帝的老师亚里士多德(Aristotle)拓展了以上观点,他说道:"以下是运动结果的例子:身体的健康是喜爱体操的结果;一个人若是病态的,则是不在乎运动的结果。"

之后,查卡(Charaka,1世纪—2世纪)也很认同"生命吠陀医学"的理念,认为人的疾病来源之一是因为卡帕消耗的不足,他赞成苏胥如塔的医学理论,将身体活动作为治疗病人疾病的处方。但是他认为,可以将中高强度运动加入肥胖和糖尿病的治疗方案中[24,33]。

伽伦(Galenus)是一位杰出的希腊医生(129—216)。在古希腊,他被认为是仅次于希波克拉底的第二个医学权威。他在罗马工作过一段时间,其教学和思想方法主导了欧洲药学界长达一千年。他在解剖学和流行病学领域作了详细的著述和阐释,也是第一位系统地描述人体、提出收缩是肌肉最简单的运动形式的科学家。他相信,某些形式的运动可以在一定程度上治疗多种疾病,并且根据作用和目的为运动形式分类。在他的医学实践和著作中,伽伦进一步解释了他的理念:任何人,无论是运动员、健康的成人和幼儿、残疾人,甚至婴儿——都可以从运动中得到裨益。他非常推崇希波克拉底的医学理论[24,34],认为人体需要在自然和非自然状态中寻求平衡才能获得健康。他将锻炼分为不同的强度,认为中强度的锻炼对健康最有意义,他相信,锻炼能够给人带来一种积极的影响,人体能够通过锻炼达到一种新的平衡,并使人的身心都达到协调统一。

与此同时,几千年来,中国和印度文化均衍生出了一套强调锻炼之于健康意义的哲学体系,其中就包括道教和瑜伽。在《周易》中,我国古人提出了阴阳的理念,提倡阴阳调和,而运动就被认为是"阳"。人处于疾病等"阴"的状态之中,需要适当的"阳气",也就是进行适当运动来维持健康。在东汉,华佗创编了"五禽戏",以运动来保持健康和治疗疾病[35]。中国的导引养生等功法都是通过适当的身体锻炼来达到治疗疾病的目的。在西方文化中,古希腊强调身体活动对健康、生活质量和人体寿命的效用。早在公元前5世纪,希腊医师就向人们推介健康法则——呼吸新鲜空气，食用高质量的食品，饮用合适的饮料，积极参与锻炼，保证充足的睡眠。

即使是在欧洲的中世纪时期，希腊以运动来治疗疾病的传统仍被阿拉伯人所记录，随后从阿拉伯语翻译进拉丁的医疗手册塔库尼姆卫生杂志（the Tacuinum Sanitatis）中。而波斯的医生西尼（a. k. a. Avicenna）在1025年所写的《医药标准》，成了十五六世纪欧洲最具有影响力的医学书籍。在这本书"老年人的养生法"一章中推荐步行，这被视为将运动作为老年人之药的先声[36]。据传闻，亚里士多德所写的《阿里亚·阿斯拉尔》（Sirral-asrar）一书，被视为著名医学之诗《养生方》（Regimen Sanitatis Salernitanum）的基础。《养生方》于12世纪在意大利萨勒诺的医学院出版，其中提到饭后散步的健康益处、将运动作为泻药的一种应用[37]。12世纪的犹太哲学家，拉比摩西本弥母（Rabbi Moses ben Maimum）（被熟知为迈蒙尼德），他同时是开罗的大祭司与埃及苏丹阿尤布王朝的创建者萨拉丁的医生，在米书拿律法中写道："一个人如果有久坐的生活方式、不运动……即使他吃的食物很好、同时依照适宜的医学原则来照顾自己，但他还是会过着疼痛的日子，并且健康会衰减……在所有种类的运动中最有益处的，则是能使灵魂欣喜的体操……"[38]

文艺复兴期间，意大利的学者们重新燃起对古希腊体操的兴趣，并将其作为教育的一个基础部分来推广。14世纪意大利的桂冠诗人弗朗切苏斯·佩特拉齐（Francesco Petrarca）在他1354年的作品《抵制医生》中，称赞运动是一种可以取代"使身体中毒"的药的自然疗法[39]。15世纪中期，巴蒂列奥尼（Leon Batista Alberti）推崇运动，称运动"从幼年时期始，能强化肌肉、促进循环、调整神经系统"。他还说随着年龄的增长，运动对于这些功能的维护会变得更加重要。马菲乌斯·维吉乌斯（Maffeus Vegius）在他15世纪的《儿童与其良好习惯的教育》一书中，区分了轻度娱乐性的运动和旨在强化身体的高强度运动，建议身体活动要适度。帕拉塞尔苏斯（Paracelsus，1493—1541）是瑞士医学家，他在对于疾病研究中就记载了这样一个发现[40]：人们的任何行为，包括饮食、医药、喝酒和锻炼，超过一定的剂量，对人体都是一种伤害。

15世纪时，意大利的维吉里厄斯（Vergerius）和维多利诺（Vittorino）成了儿童运动和锻炼的早期倡导者。他们建立了一所学校，在那里孩子们通过参加特别设计的一些活动和锻炼来满足他们身体成长的需要，同时所有的孩子都在运动场参加多种活动。

在 1553 年的西班牙，一位名叫克里斯托·巴尔门德斯（Cristobal Mendez）的医生出版了有关身体锻炼最早的纸本书籍，其中他推介了一些适合老年人和病人的运动形式，提出"最不需花费高昂成本且可利用多种方式来保持健康的方法，就是好好锻炼。"

尽管 15 世纪伟大的教育家们都推崇把运动作为一生的习惯，但当时的医生们却不尽接受。这种看法在文艺复兴时期被倡导人们从久坐的生活方式转向运动的意大利医生希罗米穆斯·梅亚里亚利斯（Hieronymus Mercurialis）所改变。梅亚里亚利斯是文艺复兴时期最著名的医生，他在 1569 年出版了六卷本《运动的艺术》。他对运动进行分类，并鼓励所有习惯久坐的人进行运动。他对病人和残疾人应采取何种运动形式提出建议，推荐康复中的病人和体质逐渐弱化的老年人去做专门的运动而达到不致使疾病恶化的效果，这都为之后恢复性训练和治疗的理论打下了基础[29]。

出于促进健康的目的，梅亚里亚利斯用高强度的爬山来代替早期文艺复兴家所推崇的被动式运动。他认为跑步、跳绳、爬山、摔跤是运动的健康形式，推荐以球类运动来保持和强化上半身的健康。

自古希腊以来，最早尝试诠释运动益处的医生之一，是法裔瑞士籍的药理学家约瑟夫·杜切斯尼，1648 年他在《国医世家》（Ars Medica Hermetica）一书中写道："体操对于身体的基本目的在于释放过剩的体液、规律消化过程、强化心脏和关节功能、促进皮肤毛孔的打开、通过剧烈的呼吸来加强肺内的血液循环[41]。"

从 1690 年到 1731 年，意大利医学家拉马齐尼（1633—1714），被认为是第一个流行病学者[42]，他同时被称作是职业病学研究之父。他通过对比各种职业人的患病情况发现，经常保持运动行为的职业者（例如，邮递员），相比经常静坐的理发师，更不容易患病。

1772 年，费城医生、"美国精神病学之父"本杰明·拉什，发表了《运动启示》一文，文中他将运动和锻炼向青年人和老年人作了推荐。他的"联邦大学计划"中包括了提高身体力量和促进健康运动的相关内容。之后英国医生威廉·海伯登(1710—1801)发表于1802年的心脏病个案史中总结道："我了解到一个心脏病患者给自己布置了每天锯半小时木头的任务,现在他的病已经快要痊愈了。"[43]他在医学日志中还描述,有一位患心绞痛的患者,每天规定自己花半个小时时间做切割木头的运动,居然治愈了自己的疾病,这是历史上第一个有关身体锻炼治愈心绞痛的记载。但是直到美国内战和"一战"期间,医生们才变成"运动促进健康"的主要倡议者。他们的倡导有利于我们当下对运动与更有益、更健康的生活之间关系的理解以及将运动作为预防医学的一种形式。

1853年,爱德华·希区柯克(Edward Hitchcock, 1828—1911)从哈佛医学院毕业之后与其父亲发表了关于男女生运动和健康之间关系的讨论。其中说到,对于学校而言,体操室和图书馆一样重要[44]。希区柯克于1861年就任阿默斯特学院体育教育和卫生部门的主任,在连任的50多年中讲授解剖学、生理学、体育文化学和卫生学。1885年他被选为体育教育促进协会的首任主席。

身体活动在预防医学中的角色被1878年耶鲁医学院的毕业生、1880年哈佛海明威体育馆的首任主任达力·萨金特(Dudley Sargent)进一步提倡。他在哈佛测试健康的首批人员之一是西奥多·罗斯福(Theodore Roosevelt)。萨金特还在剑桥大学、麻省理工成立了私人体育馆,也就是为人所熟知的保健体育馆。在那里,他为在哈佛附医学院(后面变成了拉德克利夫学院)就读的哈佛女学生开发了一项运动项目。萨金特在1904年出版了《健康、力量和能力》一书,书中他探讨了剧烈运动的重要性,还列举了能够增强儿童和各个年龄层男性体质的运动[41]。

在麦吉尔大学本科毕业并拿到医学学位的加拿大人泰特麦肯齐(1867—1938)延续了希区柯克的研究。在毕业和一次短期的医疗实习后,泰特麦肯齐以解剖学讲师的身份回到了麦吉尔大学,随后成了体育教育的医学主任。他在1904年前往宾夕法尼亚大学,在那里担任教授和体育教育的主任。1909年泰特麦肯齐出版了《教学和医学意义上的运动》一书,书中讨论了运动生理学和运动调节的系统。他还构想了针对残疾人士的体育教学方法。这本书的下半部则探讨了治疗疾病的运动的用法,为近代运动医疗与康复奠定了基础。

这些早期的体育教育家们的影响力在20世纪前叶的美国和欧洲还一直延续,到1954年美国运动医学院成立之时达到了高潮。尽管其间产生了有很多关于生理方法的应用、身体活动与健康的相关研究成果[27,45]，但他们的很多工作都在关注疾病的表现、二级预防及康复训练。

相比之下，汤姆斯·库雷顿（Thomas K. Cureton）在研究慢性病的一级预防和衰老过程中身体功能的维持方面所做的先驱性努力尤其值得注目。1944年，汤姆斯·库雷顿就任伊利诺伊大学身体健康研究实验室主任，他在健康生理学上所做的开创性研究为当今"多样化的运动和公众健康是相关的"这一认知奠定了基石。他还身体力行，72岁的他于1973年在芝加哥举办的第一届国家游泳锦标赛中赢得了5枚金牌，之后一共保持了14项世界级和国家级的游泳纪录[46]。并且，他所培养出的博士生，对身体活动与健康方面的研究都有后续的贡献，并为身体活动的现代流行病学研究提供了很多支持性的实验证据，这些杰出人士包括亨利·蒙托耶（Henry Montoye，1949年美国首项体育学博士奖金的获得者）和包括他在内的美国运动医学院的5位校长，另4位是查尔斯·蒂普顿（Charles Tipton），詹姆斯·斯金纳（James Skinner），迈克尔·L.波洛克（Michael L. Pollock），威廉·哈斯克尔（William Haskell）。

在欧洲，生理学家和医生们在身体活动流行病学领域做出的杰出贡献可以追溯到玛蒂·卡尔沃恩（Marti J. Karvonen）所做的早期工作中。他是芬兰前卫生局局长，在由著名的明尼苏达大学的营养研究员安西尔·健（Ancil Keys）于1959年启动的7国饮食与健康的实证研究中，领导了芬兰团队。安西尔·健在1948年成立了明尼苏达大学的生理卫生实验室，这个实验室一共产生了5名美国运动医学院的嘉奖和荣誉获得者，在身体活动流行病学上有着关键性的影响力。在这些先驱者的推动下，运动生理学家关于身体活动在健康上的机制的了解程度呈几何级数增长，并拓展到运动和疾病的分子生物学[41]。

艾伦·瑞安（Allen J. Ryan）是基层医疗期刊《医师与运动医学》的创始编辑和20世纪六七十年代威斯康星大学运动医学领域的先驱者。最早期的身体活动与健康史的现代综述中，有一篇就是他的著作[47]，他总结道："健康的概念要比疾病成因的知识更久远。"在《论卫生学》一书中，公元2世纪、希腊罗马时期的医师克劳迪斯·伽伦努斯（Claudius Galenus）（1951），如此赞颂运动的真理："我认为运动的好处主要有两方面，一方面利于人体排泄物的排出；另一方面利于身体各部位保持良好的状态。由于剧烈的动作才是运动，因此运动时的身体必须满足三点要求,即能抵抗相互间摩擦的器官的硬度、内在温度的提高和呼吸系统的加速动作。"

## 二、身体活动与疾病健康学术研究简史

### (一) 身体活动与疾病健康关系的研究

自石器时代以来,人们的生产方式经历了从狩猎到农耕,再到工业社会的改变,时代的变迁带给人们身体运动等生活方式的变化也是巨大的。相对于远古时期,现代身体活动对人们的健康更加重要[48]。有关身体活动和疾病、健康之间关系的研究已有多年历史。

早在 1700 年前,意大利人拉马齐尼在研究中发现[49],经常静坐工作的理发师相对于经常活动工作的邮递员更容易患病。现代运动科学的研究源于 1800年剑桥大学和牛津大学对于赛艇选手的研究,该研究认为,赛艇选手要比其他人群更加长寿和健康[50]。1915 年,史密斯博士报道,虽然生活方式的改变导致了人们患肾病、心脏疾病和血液疾病的概率越来越高,但体力劳动者患以上疾病的患病率仍然较低。1922 年,第一次世界大战之后,西尔弗斯滕(Silversten)和达利斯特罗姆(Dahlstrom)发现,参与身体活动较多的职业者比参与较少的职业者的死亡率更低[51]。

1843 年,盖伊(Guy)研究了从事不同强度和频率工作的工人之间全因死亡率的差异,认为体力活动较多的工人全因死亡率显著低于从事体力活动较少的工人。因此,他认为身体活动是对健康非常有利的生活方式。同年,盖伊在他研究中描述了积极参与身体锻炼的人[52],其死亡率低于不积极参与身体锻炼者。1863 年,爱德华·史密斯(Edward Smith)发现[53],伦敦的理发师比码头工人身体活动较少,更容易患病。

1846 年,爱德华·史密斯对农民群体中从事较多和较少劳动的人分别进行研究后得出结论:从事较多的身体活动能够有效地减少农民的全因死亡率[53]。之后很长一段时间里,一方面随着药物对人体疾病治疗的效果越来越得到信任,人们在身体活动对疾病健康治疗方面的研究因而被忽视乃至于停滞,甚至有医

生认为对心脏病人而言,身体活动对疾病的康复是有害的,是一种禁忌[54];另外一方面是文化的影响,无论在西方还是在中国,运动和锻炼被视为不优雅的生活方式[55]。

直到 1939 年,赫德利(Hedley)描绘了心血管疾病的全因死亡率和职业之间的关系[56],他发现商人患心血管疾病的全因死亡率远远高于从事体力劳动者的工人,然而他的研究结论倾向于指出商人死亡率高是情感和社会因素导致。赫德利的研究工作得到了被称为"身体活动流行病学研究之父"的莫里斯的重视。

1950 年,莫里斯等人在对长期缺乏活动的公共汽车司机和邮递员的研究中发现[57],与其他工作活动较多的群体相比,长期缺乏活动是导致司机和邮递员群体心血管疾病发生率急剧上升的主要原因。这是第一个对锻炼的强度和健康关系的研究。他的研究认为,人们从事较多的身体活动性工作将会更大程度地减少由心血管疾病导致的全因死亡率。

从此之后,身体活动对于疾病和健康的效果研究再次引起医学和流行病学领域的重视。1951 年,帕芬巴格和黑尔(Hale)对年龄在 34～65 岁的 3 000 多名码头工人的身体活动情况和疾病健康关系展开纵向追踪研究[58],随后,他们又对 44 585 名男性码头工人进行了为期 16 年的纵向追踪研究。在研究期间,888 名工人死亡,其中 291 名工人死于缺乏运动引发的心血管疾病。帕芬巴格研究发现,参与较多身体活动的工人(每天活动>4 200kJ),由心血管疾病引发的全因死亡率远远低于参与较少身体活动者(<4 200kJ)。1975 年,帕芬巴格等人进一步研究了 6 000 名以上的码头工人身体活动和心血管疾病关系的情况,他的研究表明[58],高(7 850kJ)、中(6 200kJ)和低(3 600kJ)3 组身体活动情况和心血管疾病(CVD)之间的全因死亡率每年分别是 5.6/10 000 和 15.7/10 000 和 19.9/10 000。

自此,身体活动对慢性疾病和健康的影响更加得到学界重视,大量的研究成果开始发表。1962 年,帕芬巴格教授开展了著名的哈佛大学校友身体活动和心血管疾病之间关系的健康调查[59,60]。调查结果发现,大学生参与身体活动的程度,和其心血管疾病以及全因死亡率之间存在负相关关系。1965 年,塞缪尔·夏皮罗(Samuel Shapiro)等人[61]采用问卷方式对纽约健康保险计划会员进行调查,主要研究身体活动习惯和致命性、非致命性心脏病的关系。该研究发现,积极参与身体活动的男性群体心肌梗塞的患病率和全因死亡率低于很少参与身体活动的男性群体。1976 年，亨利·蒙托耶等人对泰康(Tecumseh)社区男性进行的问卷调查发现[62]，排除饮食因素，积极参与身体活动的群体，其血清甘油三酯水平显著低于很少参与身体活动的群体。1978 年，泰勒(Taylor)教授等人以美国铁路工人为调查对象，对身体活动能否有效预防和治疗心脏病问题进行研究[63]，其研究结果表明，积极参与身体活动的铁路工人比经常静坐的工人患心脏病的概率和全因死亡率更低。1979 年，马格努斯(Magnus)等人对人们走路、骑自行车和个人花园劳作等身体活动习惯和急性冠状动脉疾病之间的关系进行了追踪研究[64]，研究结果认为，身体活动对急性冠状动脉疾病的收益效果需要人们每年持续保持这些身体活动习惯 9 个月以上才能够显现，短期的身体活动行为和短期高强度身体活动不能对该疾病产生收益性影响。普威尔(Powell K E)于1987 年的研究探讨了身体运动和冠心病(coronary heart disease)发生率之间的关系后认为[65]，缺乏身体活动是导致此疾病的主要原因。

20 世纪 90 年代后，随着大量有关身体活动对健康影响的研究报告发表，身体活动和健康之间的关系得到了学者们的共同承认。进入 21 世纪之后，国内外大量的研究已经证实，身体活动和慢性疾病患病率之间存在着一种线性关系，即越缺乏身体活动的人，其患慢性疾病的概率就会越高，越经常进行身体活动的人，其患慢性疾病的概率越低。

（二）身体活动与健康的经典研究

在莫里斯教授和他的同事们在 20 世纪 40 年代开始研究冠心病(CHD)前，身体活动和罹患慢性病风险间的联系还没有得到科学意义上的验证。他的研究是基于威廉·奥斯勒(William Osler)教授对不同职业群体患慢性疾病具有差异的启发，认为不同职业和死亡率之间存在着重要关系。20 世纪以前，人们患心血管疾病的概率是比较低的。约翰·霍普金斯医院的威廉·奥斯勒，在他的医学日志中记载，"7 年间，他只接触了 4 例心血管疾病患者"[53]。在当时主要以贫苦人民患感染性疾病为主。到 1910 年，奥斯勒医生在他的医学观察中记载，"在短短不到 20 年的时间里，他已经接触了 208 例心血管疾病患者"。

20 世纪 50 年代早期，莫里斯构建了这样的假设：在身体活动较丰富的岗位上工作的人相比静坐性工作的人患缺血性冠心病的概率要低，即使他们患有冠心病,其发病年龄更晚、病情相对更轻[57]。1948年,莫里斯教授开始了现代流行病学的研究[57]。

随后,莫里斯教授对邮递员和政府工作人员(电话接线员)进行了对比研究[66]。研究结果表明,因为工作性质原因,经常处于活动状态中的邮递员相对于长期静坐为主的接线员患慢性疾病的概率要低。最初,莫里斯教授对这种现象的解释是因身体锻炼的能量代谢不同所导致的,但是,很多学者质疑,产生这种现象的原因可能与工作性质本身有关,政府工作人员等,在心理上可能更操心劳累,所以患心血管疾病概率较高。随后,莫里斯教授在对身体锻炼较少、劳心也较少的秘书员和接线员等职业人群进行研究后发现,其患心血管疾病的概率和政府工作人员类似。因此,莫里斯教授证实了主要导致高血压患病率高的原因是身体锻炼较少,不是劳心的缘故。随后,莫里斯教授做了大量深入的研究,证明缺乏身体锻炼是导致人们患慢性疾病的重要原因。1960年,莫里斯教授[67]又对不同强度的身体锻炼项目对人们慢性心血管疾病的影响进行了深入研究。他发现经常参与较高强度(跑步、游泳、自行车等)身体锻炼的人群相比参与较低强度(高尔夫、跳舞、乒乓球等)项目的人群能够更好地预防心血管疾病发生;并且,高强度身体锻炼与高强度体力活动相比,预防慢性疾病的效果更好[67,68]。经过30年的研究积累,西方国家各阶层也越来越意识到参与身体锻炼的重要性[68]。1990年,一些重要的研究证据表明[69],积极参与身体活动,如游泳、球类运动、自行车、跑步等可以有效地防止心脏病的发生。

在莫里斯提出"身体活动较丰富的岗位上工作的人相比静坐性工作的人患缺血性冠心病的概率低,即使他们患有冠心病,其发病年龄更晚、病情相对更轻"[57]的假设后,关于职业性和业余时间的身体活动和疾病的许多重要研究在全球范围内展开,其中有芬兰伐木工人研究[70]、美国铁路工人研究[71]、冠心病的七国研究[72]、伯明翰(麻省)心脏病研究[73,74]、泰康(马萨诸塞州)社区卫生研究[75]等多项研究。这些研究都是关于身体活动和疾病健康关系的重要研究,对推动身体活动流行病学发展起到了重要作用。

### 1. 伯明翰心脏病研究

伯明翰心脏病研究始于1948年,该项研究由托马斯·罗伊尔·道伯(Thomas Royle Dawber)主持,他于1949—1966年选取了居住在距波士顿20英里的马萨诸塞州伯明翰地区、年龄在30～62岁的5 209名男女作为第一批样本进行研究[76]。研究样本均同意参加由美国国立卫生研究院(NIH)心脏研究所发起的这项长期研究计划。最早的参加者每两年进行一次身体检查,包括静态心电图、胸部 X 线检查、尿液和血液检查。1971 年,研究者开始对最早期的样本人群及其配偶的5 135名成年后代做跟进研究;1995 年,500 名伯明翰新居民加入到后续研究中。因此,尽管最早参与研究的5 209人中75%已经去世(主要死于心血管疾病),但这些新的受试者也将确保伯明翰研究持续下去,并继续提供关于健康风险的重要信息。这项研究的数据显示,身体锻炼与降低患心脏病的风险率有关[77]。此外,研究还发现了吸烟、高胆固醇、高血压也是心脏病发病的风险因素。2002 年,进行了第三代研究招募,至今,该研究已经发表了1 000篇以上的学术论文。

**2. 泰康社区卫生研究**

20 世纪 40 年代,美国密歇根大学的流行病学教授小托马斯·弗朗西斯 (Thomas Francis Jr)博士构思了基于社区开展整体研究的想法,这是一项主要研究心血管流行病影响因素的纵向追踪研究。该研究内容包括生物学因素、身体因素和社会环境因素,试图揭示人们如何才能维持良好的健康状态以及有些人为什么容易生病[75,78]。这类社区研究始于1957 年的密歇根泰康社区研究,1959年该社区有90%的成员参与了该研究。泰康社区距底特律西南部55 英里,是一个有着9 500多人的城郊混合社区。这项研究共进行 3 个周期的健康检查:第一个周期是1959—1960 年,有8 641名年龄在 20 岁及以上的居民参加了身体检查(其中88%的人符合本项研究的要求),包括静态心电图检测、肺功能检测、胸部 X 线检查、形态学测试,以及血液和尿液的检查,其中还包括了300 余项生活方式调查问题;第二个周期是1961—1965 年,对大多数原始参加者进行重复测验,并增加2 500名新的受试者。除了增加手部和颈部的 X 线检查,研究还对16~69 岁男性进行了身体锻炼水平评估,采用亚极量台阶试验评估受试者的运动中心率反应和运动后恢复能力;第三个周期是1967—1969 年,测试中增加了跑台实验。1974 年,蒙托耶发表了一份在这项研究中发现的身体锻炼、体质和健康风险因素之间关系的全面总结[75]。令人遗憾的是,该研究在1973 年因为失去研究基金的资助而中断。

**3. 旧金山码头工人研究和哈佛大学校友健康研究**

关于身体活动和健康最持久与最令人信服的研究是由美国帕芬巴格开展的关于旧金山码头工人研究和开始于 20 世纪六七十年代的哈佛大学校友健康研究,这两项是身体活动与健康研究史上著名的研究典范[59,79,80]。这些研究使身体锻炼越来越成为公共卫生与预防医学关注的重要内容,并成为促进公民健康的一个重要方法,同时表明身体活动的不足已经成为一个重要的公共健康问题。继莫里斯教授在英国职业工人身体活动和心血管疾病之间的关系研究结果报道之后,帕芬巴格教授开始了两项身体活动和心脏病之间的研究,进一步提升了证据的可信度。

在哈佛校友的研究中,作者追踪了 36 000 名男性校友 1916—1950 年的身体活动情况。帕芬巴格教授调查了校友每天爬楼梯的数量、走路的距离和体育活动参与情况,研究人员将身体活动情况和健康疾病的结果进行相关分析,然后将身体活动能量代谢消耗值和身体健康情况进行相关分析。研究发现,每天爬楼梯超过 50 级,或走路超过 5 个街区,或每周参与 1 次高强度身体活动的校友,相比没有参与以上身体活动的校友,患心脏病的概率小很多;而每周只进行低强度体育活动的群体,其患心脏病的概率并未降低。这些追踪的内容主要包括身体锻炼以及在校期间和毕业后的身体锻炼的参与情况及所患疾病的情况。研究以问卷形式进行,同时,帕芬巴格教授还通过哈佛校友的死亡人数和死亡原因的名单记录,将身体锻炼的能量代谢活动以 8 400kJ/wk 为分界点,分为低身体锻炼组和高身体锻炼组。在 1978 年,帕芬巴格教授[80]记录的 572 名患心血管疾病的校友中,215 人死于该疾病,身体锻炼和心血管疾病之间的关系被建立起来。哈佛大学校友身体锻炼和心脏病之间的定量关系被报道,从 2 100kJ/wk 到 8 400kJ/wk 的身体锻炼能量代谢之间的患病风险率也被报道。帕芬巴格对相同职业群体之间的对比研究比不同群体之间(比起莫里斯在英国不同职业群体研究)的对比研究更有说服力。帕芬巴格教授于 1970 年出版了他的研究成果[79],这个研究发表的时间和莫里斯对于英国工人研究发表的时间一致。后者研究指出,货物管理者比静坐的其他行政管理人员,每天多于 1 000 卡路里的身体锻炼能够显著降低他们心血管疾病的患病率。帕芬巴格教授还提出了每周 2 000 卡路里身体锻炼的最佳活动负荷的概念,此活动强度能有效降低心血管疾病和心脏病[60]。

### 4. 有氧中心纵向研究

莫里斯和帕芬巴格只是对身体锻炼和疾病健康之间的关系进行了研究,并未涉及受访者本身的体质情况。基于体质健康基础上的身体锻炼情况,以及体质和健康之间的关系研究,比起单纯从职业上区分身体锻炼情况,更能有力地支持身体锻炼和健康之间的关系。当然,体质有很大的遗传因素,但身体锻炼对提高体质的效果是毋庸置疑的。明尼苏达大学的亨利·泰勒(Henry Taylor)教授[81],是第一个利用有氧能力实验室测试铁路工人有氧能力的流行病研究学者。他的研究发现[82],体质最好的前1/4的工人患心血管疾病的概率要比体质最差的1/4的工人低50%。

有氧中心纵向研究(Aerobics Center Longitudinal Study,ACLS)是一项关于饮食、身体锻炼以及其他生活方式因素对人类死亡率和患慢性病的风险率影响的追踪研究[41]。在同类研究中,ACLS是规模最大的前瞻性研究,其数据来源于1970年起在得克萨斯州达拉斯库珀诊所为超过80 000例病人所做的客观测试。史蒂文·布莱尔(Steven Blair)教授和他的同事们在30年间追踪了有氧能力和健康之间的关系[83,84]。该中心30年来共测试了超过80 000名受试者,很多受试者参与了多次测试。研究结果表明[85],身体素质保持在中等以上的受试者,其死亡率会有显著性下降。该研究报道,通过为期12年的2 603名年龄在60岁及以上的老年人的追踪,研究结果显示其死亡率有着显著性下降;死亡率在有氧能力保持最高的群体中,其死亡风险率降低至20%。该中心在其他年龄群体中的研究结果和老年群体中的结果基本一致。该中心的研究结果中[86]发现,相对于吸烟、糖尿病、高血压、高胆固醇、肥胖等其他疾病因素,较低的有氧能力是更加容易致人死亡的指标[87]。ACLS的独特性在于它的临床检验和健康测试包括了对力量的测试和对有氧活动能力的跑步机测试。样本群体中大约90%是非西班牙裔白人,80%左右的人达到本科学历。到2004年这个样本群体中死亡人数超过5 000例。该中心根据20世纪80年代和90年代从病人那收到的周期性的邮寄反馈调查来鉴定死亡案例,并对病人们的身体锻炼的健康习惯进行监测。

库珀学会(The Cooper Institute,库珀诊所的非营利性研究分会),由库珀

（Kenneth H. Cooper）于 1970 年建立，库珀博士早年是一名空军医生，后来研究兴趣转向身体锻炼和预防医学领域。库珀被誉为"有氧运动之父"，其 1968 年出版的一本专著《有氧运动》风靡全球，12 分钟有氧跑和 1.5 英里有氧测试跑概念均由库珀博士提出。20 多年以来，这项研究一直由库珀学会来管理，如今负责人是在南卡罗来纳大学公众健康阿诺德学院的运动科学与流行病学、生物统计学部门任职的史蒂文·布莱尔教授。

ACLS 共发表了超过 100 篇关于健身与死亡率及心血管疾病、癌症、肥胖症、糖尿病、高血压病、抑郁症、代谢综合征等疾病的风险率关系的文章。史蒂文·布莱尔等人在 1989 年发表的第一篇 ACLS 关于健身与死亡风险率降低之间关系的论文是身体活动流行病学领域中引用量最高的文章之一，被引用超过了 1 500 次。

### 5. 美国护士健康和健康专业研究

1976 年，美国护士健康和健康专业研究（The U. S. Nurses' Health and Health Professional Studies）追踪了超过 100 000 名女性护士的健康和身体锻炼行为[88]。护士健康研究是持续时期最长的女性群体研究，被誉为女性健康研究的"祖母"。该研究由哈佛医学院、布莱根妇女医院的弗兰克·斯皮尔（Frank Speizer）博士在 1976 年发起，以超过 120 000 名年龄在 30～55 岁之间的已婚的护士为样本，旨在研究口服避孕药、吸烟和患慢性病的风险率之间的关系。这项研究在 1980 年到 1982 年间问及运动相关的问题，1986 年后大约每隔一年询问更详细的问题。一共有大约 240 000 名女护士参与了这项研究。参与者每两年收到一份关于她们医疗史的详细问卷，每 4 年收到关于过去的 24～28 个月内她们的身体锻炼习惯的详细问卷。在问卷中，研究者把生活方式和心血管疾病患病情况进行分析，建立了身体锻炼和女性心血管疾病之间的定量关系。1999 年的报道中提到[89]，该研究调查了 72 000 名年龄在 40～65 岁之间的女性护士的身体锻炼和心血管疾病之间的关系情况，认为身体锻炼和慢性疾病之间存在着相反的关系。该研究报道了较低、低、高、较高四种身体活动水平护士产生慢性疾病的患病率分别为 54%、46%、35% 和 23%。通过对家族历史、吸烟和各种危险行为进行调整后，身体锻炼水平和患慢性疾病风险率之间的关系也在 34%、

26%、19%和12%。曼森(Manson)等人研究展示[89]，每周参与150分钟身体锻炼的女性，其患慢性疾病的患病率将下降35%，尤其对中年女性，其身体锻炼对降低慢性疾病的影响更大。

## 三、小结

本节从身体活动与健康关系研究的历史来看，从古至今的研究表明，进行足够的身体活动是保持健康和预防疾病的重要手段。越来越多的研究表明，身体活动能够治疗和预防包括糖尿病、骨质疏松症、中风、肌萎缩症、直肠癌、乳腺癌等常见的老年人疾病，亦能够对人体的大脑健康有所助益。随着大量实证研究的出现，西方国家和各种健康组织越来越意识到鼓励大众参与身体活动的重要性，并基于实证研究证据，开始制定促进健康的大众体育政策，例如，从1990年起，美国专家委员会和世界卫生组织就制定政策向公众推荐每周至少3次、每次至少30分钟的身体活动和健康锻炼的标准。身体活动与健康关系研究的发展为西方大众体育政策的制定奠定了科学基础。

第三章

———————

# 身体活动健康行为的理论模型

## 第一节　身体活动健康行为促进的社会
## 心理学理论模型

身体活动是一种健康行为,利用政策手段促进大众积极参与身体活动,需要充分利用身体活动的个体行为理论去促进大众体育,才能取得良好的效果。

社会心理学家莱文(Lewin)于 1935 年最早提出了场理论(Field Theory)。他认为,人的心理和行为是人们的内部需要和外部环境相互作用的结果,他借用物理学中的磁场概念,把人过去和现在的内在需求看成是内在的心理力场。场理论是关于人的活动行为的早期理论之一,当代许多健康行为理论都是在该理论的基础上建立的。1940—1950 年,第二次世界大战结束后,研究者开始关注个体是如何做出健康决定的以及健康行为的决定因素。1950 年,罗森斯托克(Rosenstock)等人,首次研究美国民众参与结核病筛查活动的原因,提出了健康信念模型(Healthy Belief Model,HBM),这是第一个关于健康行为的理论模型。随后,1953 年,美国耶鲁大学的心理学家霍夫兰(Hovland)提出了说服理论(Persuasion Theory),说服理论是关于如何通过说服或劝导来干预人的行为的系统思考。1970 年开始,学界将以上的健康行为理论引入到促进人们积极参与身体活动的具体理论模型之中。1975 年,菲什贝因(Fishbein)和阿杰恩(Ajzen)提出身体活动和健康的理性行为理论(Theory of Reasoned Action,TRA)。1977 年,班杜拉(Bandura)提出了促进身体活动和健康的自我效能理论(Self-Efficacy Theory,SET)。1983 年,普罗查斯卡(Prochaska)和狄克里门特(DiClemente)提出了身体活动和健康行为的转化理论(Transtheoretical Model,TTM)。此外,研究者还不断完善、改进已有理论。1985 年,阿杰恩在他提出的身体活动和健康的理性行为的基础上,引入"感知行为控制"变量,提出了身体活动和健康的计划行为理论(Theory of Planned Behavior,TPB)。1986 年,班杜拉以身体活动和健康的自我效能为核心,丰富了原有理论,提出了身体活动和健康的社会认知理论(Social Cognition Theory,SCT)。1989 年,在身体活动和自我效能理论的基础上,福克斯(Fox)和科尔宾(Corbin)提出了身体自我感知简况(Physical Self-Perception Profile,PSPP)。1990 年,桑斯特伦(Sonstroem)和摩根(Morgan)在身体活动和健康自我效能感理论基础上,提出了锻炼和自尊模型(The Exercise and Self-Esteem Model,EXSEM)。随后,马什(HW Marsh)[90],麦考利(E McAuley)[91],斯彭斯(JC Spence)[92],莱思(LM Leith)[93],麦当芬(MG McDonald)[94]对以上身体活动和健康的经典理论进行了深入研究和分析,为身体活动的干预研究及其实践奠定了很好的理论基础。归纳整理的身体活动行为理论模型具体见表 3-1。

**表 3-1　身体活动行为理论模型**

| 提出年份 | 理论名称 | 理论提出者 | 目标人群 | 理　论　定　义 |
|---|---|---|---|---|
| 1952 | 健康信念理论(HBM) | 霍赫鲍姆(Hochbaum)罗森斯托克凯格尔(Kegels) | 成年人/老年人 | HBM 认为,个体感知、积极采取行动、相信自己能采取推荐的行动是行为转变的重要因素 |
| 1953 | 说服理论(PT) | 霍夫兰 | 青少年/成年人 | 他人的劝说可以改变个体的精神状态(态度、规范、自我效能),从而使个体行为发生改变 |
| 1975 | 理性行为理论(TRA) | 菲什贝因阿杰恩 | 青少年/成年人 | 对于完全受意志控制的行为,态度、主观规范可以通过意向来引导,从而影响行为 |
| 1975 | 保护动机理论 | 罗杰斯(Rogers) | 青少年/疾病群体 | 通过认知调节过程的威胁评估和应对评估解释行为改变的过程,从动机因素角度探讨健康行为,是行为改变的主要理论 |

| 提出年份 | 理论名称 | 理论提出者 | 目标人群 | 理 论 定 义 |
|---|---|---|---|---|
| 1980 | 自我决定理论(SDT) | 德西(Deci)瑞安(Ryan) | 成年人 | 该理论认为,动机的自主性越高,人们的锻炼意向就越强,动机对锻炼行为的预测力也越强 |
| 1977 | 自我效能理论(SET) | 班杜拉(Bandura) | 青少年和老年人 | 个体对某项行为的坚持度和努力度与其自我效能的水平密切相关 |
| 1983 | 转化理论(TTM) | 普罗查斯卡狄克里门特 | 青少年和老年人 | 行为的发展变化分为6个阶段:前意向期、意向期、准备期、行动、维持期和停止期 |
| 1985 | 计划行为理论(TPB) | 阿杰恩 | 青少年/成年/老年 | 个体的态度、主观规范和感知行为控制可以通过意向引导,从而影响行为,同时感知行为控制还可以直接影响行为 |
| 1986 | 社会认知理论(SCT) | 班杜拉 | 青少年/老年人 | 人们会把自己的知觉、思想和信念主动赋予事物,正是对于世界的这种组织、知觉和解释,影响着人们在所有情境尤其是社会情境中的行为方式 |

## 一、健康信念理论

美国心理学家罗森斯托克在 20 世纪 50 年代提出了健康信念模型,布克(Bwcker)和迈曼(Maiman)对其进行了修订[95]。该理论最核心的观点认为人们行为的改变取决于对自身疾病威胁的认知和对行为改变的期望。对自身疾病威胁的认知包括主观觉察易感性和主观觉察严重性,即个体对自身可能患某种疾病的认识以及对疾病后果的认识。行为改变的期望包括主观觉察收益和主观觉察障碍,即采取行动后的好处和将要为此付出的代价。后来又有研究者将行动线索和自我效能两个变量纳入 HBM 中,认为自觉症状、媒体宣传、亲友患病以及医生的建议和对自身采取行动能力的自信程度也是人们采取健康行动的重要原因[96]。另外,年龄、性别、种族、社会经济地位以及知识等人口社会学因素对上述认知因素具有调节作用。健康信念模型示意图如图 3-1 所示。

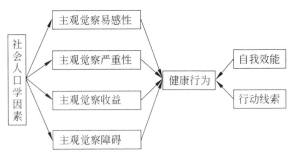

图 3-1　健康信念模型示意图

斯莱克(Slenker)等人[97]运用该模型对 124 名慢跑者和 96 名没有锻炼行为的人进行预测,研究结果发现,慢跑者和不进行任何锻炼的人在健康问题严重性的主观觉察、慢跑的障碍、慢跑的益处和引起慢跑的线索方面均存在差异。其中,HBM 的成分之一主观觉察障碍是区分慢跑者和不锻炼者的最重要因素。不锻炼将他们的久坐不动归结为没有时间、家庭和工作责任、恶劣的天气和缺乏兴趣、动机等,而这些因素不但是可能改变的,而且也完全可能由个人所控制。

科普莱尔(O. Colulell)等人应用健康信念模型,对 69 名肥胖青少年和 100 名非肥胖青少年的节食和锻炼行为进行了预测。研究结果发现,节食的收益是对肥胖青少年节食行为最强有力的预测因子,而对可能引起肥胖的主观觉察易感性则最好地解释了非肥胖青少年目前的节食行为。研究结果还表明,没有一个健康信念模型的构成成分有效地预测了非肥胖青少年的锻炼行为,同时指出健康信念模型对锻炼行为的解释能力是有限的。

李京诚等人[98]认为,HBM 在运用到锻炼行为领域时还需要克服自身的缺陷,如锻炼行为与预防性健康行为之间的差异,以及个体参与锻炼动机的广泛性。

毛荣建等人[99]认为,健康信念模型不经修订就应用于锻炼或身体活动是有问题的,因为许多人进行锻炼不是由降低患病危险的动机所激发。对于预测锻炼或身体活动的参与和保持,健康信念模型整体上并不成功。然而,人们比较支持健康信念对不参与锻炼的预测。

健康信念模式作为一种社会心理模式,它未充分考虑到环境和社会准则等因素对行为转变的作用,因此在理论建构上存在一定的缺陷。进入 20 世纪 90 年代后,健康信念理论受到了质疑。

## 二、说服理论

说服(persuasion)被定义为"通过接收他人的信息而产生态度的改变",在早期传播学研究中占有很重要的位置,霍夫兰基于学习理论(learning theory)开始了说服理论的研究。霍夫兰的观点:态度是由学习得来的,并且态度改变是在学习的过程中同时进行的。该理论是基于一个非常重要的试验而得出的,在"二战"中,霍夫兰选择 4 部电影让美军士兵观看,然后通过问卷调查士兵看电影之前和之后的态度,结果发现,电影想要激励战斗意志和鼓舞军心的目标没能达到。随后,霍夫兰转向对"单方面和正反两方面的消息"进行研究,也就是对"宣传策略"之一的"洗牌作弊"进行研究。试验通过对 2 个组分别给予正面、正反面消息,另外一个控制组不给予任何消息,然后调查得出:"单方面消息对最初赞同该消息者最有效,而正反两方面消息则对最初反对该消息者最有效"。后来的研究还发现,正反面消息对高文化程度者更有效。

说服理论不但希望能够通过宣传使态度改变,还希望说服能引起行为的改变。但是费斯廷格认为:态度改变可能并不自动带来行为改变,其中一个原因是造成原来态度改变的环境因素在态度改变之后仍然在起作用。

## 三、理性行为理论

阿杰恩和菲什贝因提出的理性行为理论(后来在此框架上形成计划行为理论)。这个理论指出:作出参与某一特定行为的决定是一个以目标为导向的遵循逻辑顺序的推理过程。这里考虑了对行为的选择,行为的每一个结果都被衡量过后,才作出行动或不行动的决定,那么这样的决定就反映了行为的意向。菲什贝因、阿杰恩和其他很多研究者认为在确定的情境下,它可以很好预测我们会做什么。根据该理论,意向反过来由两个因素决定:一是对行为的态度——人们对某种行为完全持正面的或负面的评价(不管他们是否意识到正面的或负面的评价);二是主观标准——人们对别人会赞成或者不赞成某种行为的感知。

这一理论假设的前提:人们的行为是有理性的,各种行为发生前要进行信息加工、分析和合理的思考,一系列的理由决定了人们实施行为的动机。该理论针对人的认知系统,阐明了行为信念、行为态度和主体规范之间的因果关系。这一理论模式已经在饮食行为、艾滋病预防行为、锻炼、吸烟、饮酒等健康相关行为和卫生保健研究中得到了广泛的应用和成功的尝试。

在理性行为理论的实施效果方面,巴戈齐(Bagozzi)[100]对美国、意大利、中国、日本4个国家的青少年快餐饮食和身体活动行为进行干预,结果发现理性行为理论对美国人、意大利人、中国人、日本人的快餐饮食和身体活动行为都是有效的,其中在美国青少年身上体现最明显。总体而言,该理论对西方人(美国、意大利)行为的解释性比东方人(日本、中国)更好。在自我效能理论干预效果方面,自我效能与身体活动之间具有显著相关,伊什曼(Dishman)等人[101]的研究结果均支持这一观点。马库斯(Marcus)等人[102]的研究表明:自我效能可以预测内科病人出院后的运动行为。麦考利等人[103]的研究表明:老年人的运动频率是自我效能整体增长水平的显著预测指标。自我效能可分为多种类型,布兰查德(Blanchard)等人[104]的研究表明,任务自我效能与身体活动行为之间的关系随时间推移显著变弱,对久坐人群进行身体活动咨询干预需要以障碍自我效能和任务自我效能为基础。但奥兰德(Olander)等人[105]发现,有些行为改变的技巧可以显著提高肥胖人群参与运动锻炼的自我效能感,但大多数的技巧促进了肥胖人群的锻炼行为,却无法提高其自我效能。总之,自我效能与身体活动行为之间有显著相关,可以以自我效能理论为基础,对身体活动行为进行干预。

## 四、保护动机理论

保护动机理论是指通过认知调节过程和应对评估来解释行为改变的过程,

从动机探讨健康行为,是行为改变的主要理论,该理论认为来自环境和人际间的威胁为健康的个体提供动力以判断威胁健康的程度、威胁健康的能力。按照行为形成的模式,保护动机理论框架分为3个部分:信息源、认知中介过程及应对模式。其中,认知中介过程是其核心部分,包括两个评估过程:威胁评估(threat appraisal)和应对评估(coping appraisal)。威胁评估是对不健康行为的评估,是个体认为该行为的内部回报(主观上获益感)、外部回报(客观上获益感)、严重性(危险行为可能带来的负面影响)、易感性(自身暴露于危险行为的可能性)的综合结果。内部回报和外部回报增强适应不良性反应(maladaptive response),严重性和易感性弱化适应不良性反应,恐惧在威胁评估中起间接作用,与严重性相互影响。应对评估是评价个体应付和避免危险的能力,是反应效能(健康行为有益的信念)、自我效能(采取健康行为的信心)、反应代价(采取健康行为需要克服的困难)的综合结果。反应效能、自我效能增加适应性反应(adaptive response)的可能性,反应代价降低适应性反应的可能性。根据威胁评估和应对评估的结果,看是否产生保护动机,最终产生行为的变化。该理论认为保护最好的衡量方法是行为意向。整个认知中介过程由信息源启动,信息源包括个人因素和外界环境因素。保护动机最终归结为应对模式,包括适应性反应(如改变不健康行为)和适应不良性反应(继续维持不健康行为)。同时应对模式又可以反馈信息源再次影响认知中介过程,从而形成循环的连续反应。其中,威胁评估包括4个因素:内部奖励、外部奖励、知觉到严重性和知觉到易感性。应对评估包括3个因素:自我效能、反应效能和反应代价。内部奖励指个体卷入某种特定的活动或者行为时所体验的自我满足或者内在的积极感受。外部奖励指来自同伴、家庭或其他社会团体可以强化个体行为的因素。这两个因素是抵御健康行为的因素,它们能更好地解释为何有些人拒绝采取某些有利于健康的行为,如戒烟、乳腺癌的早期自我检查等。内部奖励是实施不良行为所带来的主观愉快感受,如吸烟所致的快感;外部奖励是不良行为所带来的某种客观"好处",如吸烟所致的交往便利。

## 五、自我决定理论

自我决定理论(Self-Determination Theory,SDT)是德西和瑞安于20世纪80

年代提出的,围绕动机及其发展为核心的理论。该理论把动机看成是一个从无动机(个体没有进行某个行为或参加某项活动的意向)、外部动机(个体进行某个行为的目的与行为本身无关,是为了获得某种结果)到内部动机(个体参加某项活动与外在奖励无关,是为了活动本身存在的满足感)的连续体,外部动机按自我决定性大小依次分为外部调节、内摄调节、认同调节和整合调节,其自主程度依次增大,如图3-2所示。人们的3种基本心理需求——自主需求、能力需求和归属需求是促使外部动机向内部动机转化的关键。行为调节越接近内部动机,即动机的自主性越高,人们的锻炼意向就越强,动机对锻炼行为的预测力也越强[106]。但将该理论应用在锻炼行为上存在以下3个问题:其一是未阐释内外动机之间的关系以及各自在身体锻炼行为激发中的作用[106];其二是过分强调内部动机对锻炼行为的促进作用,忽视了社会环境等外部因素对行为的影响;其三是重点强调外部动机如何向内部动机调节和转化,未详细阐明动机如何促进锻炼行为、动机对锻炼行为有多大的解释度。

图 3-2　外部动机的自我调节

## 六、自我效能理论

### (一) 自我效能理论的起源及内涵

自我效能理论(Self-Efficacy Theory,SET)是班杜拉社会学习和社会认知理论的一部分。班杜拉认为,人的行为是由个人、环境和行为三者共同决定的,因此社会认知理论也被称为"交叉决定论",在个体因素中,自我效能感被视为对行为有着重要意义的因素,因此,班杜拉展开了对自我效能感(perceived self-efficacy)的研究。自我效能感第一次提出是在其著作《思想和行为的社会基础》一书中[107],其后经过几年不断的理论研究和探索,于1982年形成了自我效能理论体系[108]，其结构图如图 3-3 所示[99]。对于自我效能感的概念，不同的学者有不同的定义，目前来说，最为成熟的定义应属王艳喜[109]等人综述了 9 种对自我效能感的定义研究后总结的：自我效能感是指"个体在特定情境中对自己某种行为能力的自信程度，即自己在面临某一具体的活动任务时，是否相信自己或在多大程度上相信自己有足够的能力去完成该活动任务"。该定义和班杜拉对自我效能感的解释一致，即自我效能感并不是指的能力本身，而是指个体对自己能否完成某个任务的一种自信心，所以才会有一些人在做某些事上能力不强，却自信心很高的现象，信念是行为的基础[110]。自我效能感不是一成不变的，在面对不同的任务、不同的情景时，自我效能感会发生变化，因此，除了有一般自我效能感外，还存在特殊情境下的自我效能感，根据社会认知理论，自我效能感帮助我们决定人生角色的选择和从事的活动以及为之付出的努力，尤其是在面对困难的时候，我们能够坚持多久[111]。自我效能感能影响人的选择过程、思维过程、动机过程和身心反应过程。对选择的影响体现在：一般来说，当需要个体对环境做出选择时，人们习惯于选择自己能够有效应对的环境，或一个活动可以通过不同的方式实现时，人们可能会根据自己的知识和技能选择最能驾驭的方式；对思维的影响主要表现在目标设定和归因活动中，自我效能感强的人往往会给自己设定比较高的目标来实现其成就感，并倾向于把成功归因于努力，把失败归因于自身条件的不足，反之，自我效能感低的人习惯将失败归因于外在条件；对动机的影响体现在自我效能感高的人能在十分艰难的环境中坚持自己从事的创造性活动，不受外部环境的影响；对身心反应的影响表现在自我效能感强的人不会在面对将要到来的困难处境前感到担心、害怕，而自我效能低的人则会出现焦虑、不安等情绪反应[112]。除了自我效能感以外，自我效能理论体系中还有一个非常重要的因素，就是结果期望（self-efficacy expectancy）。结果期望是指个体对将要执行的某个行为可能会产生的某种结果的期望，一般来说包括生理结果、社会结果和自我评价结果[99]。以锻炼行为来说，个体的期望可能是想要通过锻炼获得健康的体质、健美的身材、结交到志同道合的朋友或满足自己的兴趣等[113]。对结果的预期越积极，个体也将会为行为付出更多的努力。

（二）影响个体自我效能的因素

在自我效能理论中，影响个体自我效能的因素有 4 个：成功经验、替代经验、

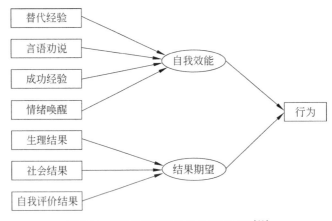

图 3-3　自我效能理论体系结构示意图[99]

言语劝说和情绪唤醒,因此,也可以通过培养这 4 个因素来提高个体的自我效能。

（1）成功经验:是指个体在活动中体验到的成就感,由过去成功的表现或经验组成,是个人自我效能感获得的最基本和最重要的途径。成功的经验具有正强化作用,能增强自我效能,而失败的经验却会降低自我效能。

（2）替代经验:在多数情况下,个体第一次尝试进行某行为不是因为以前的成功经验,而是通过观察他人行为学习而来,所以替代经验是一种间接经验,它是指通过观察与自己处在相同情境下的他人的行为和结果,获得关于自我可能性的认识,他人的成功将对个体的自我效能感提升产生积极的影响,而他人的失败也可以导致个人不再有勇气去尝试相同的新鲜事物。

（3）言语劝说:是指通过他人的鼓励、评价、建议和劝告来增强个体的自我效能感,尤其重要的是他人对个人行为的支持和权威人士对个人能力的肯定,对提高自我效能感有显著意义。但需要注意的是如果这种肯定与个人实际能力不相符,那么有可能在行为执行的过程中,因为达不到目标而降低自我效能[114]。

（4）情绪唤醒:是指个体的情绪状态与生理状态也会影响自我效能感的水平。比如,生理上的疲劳、疼痛,情绪激动、焦虑、紧张害怕等容易影响个体对自我能力的判断,降低自我效能感。

## （三）国内自我效能理论研究

国内对于自我效能理论的研究涉及自我效能量表的修订及相关量表的开发和应用、体育教学情境下学生自我效能的培养、以自我效能为干预手段、考察教学效果的实验研究、自我效能与其他因素的关系等5大类。

孙拥军等人[115]以沈阳市885名大学生为测查对象，对国外1982年研发的《身体自我效能量表》进行了量表的本土化研发，并对该量表在中国大学生群体中的信度和效度进行了验证研究，研究结果认为，该量表的信度在0.69~0.79，该量表具有较好的内容效度和结构效度。

自我效能理论是目前行为科学和锻炼心理学领域内研究得最为深入、得到验证最多的理论之一。自我效能理论在预测、解释、说明及干预锻炼行为方面发挥着重要作用[113]。关于锻炼自我效能感，不同的研究者有不同的定义。我国学者王春艳认为，"锻炼自我效能是指个体在许多特定，各种不同条件下进行持续规律锻炼行为所需能力的信心或信念"[116]；莫特尔（Motl）认为，锻炼自我效能是指"对自己积极参与身体锻炼能力的信念"[117]；维姬（Vicki）等人通过综述了55篇关于青少年锻炼自我效能感的研究后将锻炼自我效能感定义为对自己进行锻炼的能力的信念和感觉自己在有困难、有障碍的情况下仍然能坚持锻炼的信心[118]。尽管各个学者对锻炼自我效能定义的说法不尽相同，但想要表达的核心观点是一致的。自我效能感和锻炼行为相互作用，相互影响，互为因果。一方面，锻炼自我效能能够增加个体锻炼行为的参与度；另一方面，个体锻炼参与度的增加也会帮助提升个体的自我效能感。

国内外研究均表明：自我效能感与身体锻炼行为有正相关关系[119]，自我效能感能有效预测锻炼行为[120]。杜宇立等人的研究表明：自我效能感能独立解释中学生锻炼行为16.9%的变异量，因此对自我效能感的干预有利于增加青少年体育锻炼量[121]。另外，克服锻炼障碍效能感也是增加青少年锻炼量的一个方法，克服锻炼障碍自我效能感能解释28%的自愿参加身体锻炼的变异[122]。胡艳[123]对提升大学生锻炼自我效能进行了干预实验，方法如下：要求学生每周都要描写阻碍自己锻炼的因素，以及克服这些困难的方法，一式两份，一份交于老师，一份自己保留，每周自己在克服的困难上打钩评价，4周后进行后测时要求交回,并将其作为平时体育成绩的 50%。4 周实验结束后,发现该方法对提高大学生的锻炼行为有显著效果。无独有偶,格雷布鲁克(Glazebrook)等人[124]对来自 20 所学校的 392 名孩子的锻炼自我效能感进行了 12 周的干预研究,一组为实验组,一组为对照组。采用的干预方法主要有:让孩子们每天写锻炼日记、观看街舞录像,对于超重的儿童,还需要对他们的锻炼动机进行访谈,并询问其锻炼目标是什么。实验前两组无论是自我效能感水平还是腰围和身体重量指数(BMI)均无显著性差异,12 周后,实验组学生的自我效能感显著提高,且实验组中超胖儿童的腰围和 BMI 明显下降。反过来,体育锻炼行为也能提升个体的自我效能感。麦考利[125]对 114 名受试者的研究表明,在对受试者锻炼行为进行干预时,添加自我效能这一因素的干预,能起到更好的效果,具体表现为锻炼频率增加,单次运动时间增长,步行运动千米数增加,且受试者在完成锻炼后,自我效能感水平有显著提高,提升了再次进行锻炼的自信心。这说明自我效能感能促进锻炼行为,而锻炼行为的成功体验反过来也能提升自我效能感,这与我国学者盛建国等人的研究结果一致[126]。

自我效能感除了能影响到锻炼量的多少,也能影响锻炼行为的选择和坚持及努力程度,自我效能感高的人会选择难度高、有挑战性的项目,且坚持锻炼的时间更久[127]。不仅如此,自我效能感还能影响个体锻炼行为的动机水平、成败归因、绩效结果以及情感反应等[128],并能影响与锻炼行为相关的其他因素。例如,卢琳等人的研究结果表明:自我效能感能通过缓解女大学生对锻炼的拖延倾向而间接促进余暇时间的体育锻炼[129];陈作松的研究还表明,自我效能感能有效预测中学生的锻炼态度、锻炼控制感和锻炼意向[130]。另外,环境因素也能通过影响自我效能感来对锻炼行为产生影响,诸多研究表明:家庭、学校和同伴对青少年体育锻炼的满意度能通过自我效能这一中介变量来影响学生的锻炼行为[130]。因此,有效运用青少年外在环境的社会支持系统提升自我效能进而影响其体育锻炼的满意度,形成一个正向的循环机制,从而促进青少年体育锻炼习惯的养成非常重要[131]。

## 七、转化理论

早在 20 世纪 50 年代就有了转化理论(Transtheoretical Model of Behavior

Change, TTM）的雏形。美国罗得岛大学心理学教授普罗查斯卡在准备成为精神治疗师的时候，父亲因无法相信心理治疗最终死于酒精中毒和抑郁症，普罗查斯卡教授没能用心理治疗帮助父亲，也无法理解为什么心理治疗得不到信任，他在认真思考的同时，以此为契机在心理治疗方面做了更多的研究。后来他在与别人合写的《向好方向转变》一书中指出：对大多数人来说，从不健康的行为改变到健康行为通常是有挑战性的，改变通常是一个长期的过程，不会马上发生，并且是包括了几个阶段的过程，在每一个阶段，每个个体的认知和行为不同，任何简化行为改变的方式都是不恰当的，这直接导致了转化理论领域的产生。

转化理论最早应用于戒烟活动之中，后因结合了许多其他理论模型与基础，开始广泛应用于如吸毒、酗酒、减肥和身体活动等领域。转化理论的重点是告诉我们行为变化是如何产生的，而不是行为变化为什么会发生。转化理论所述个体从不活动到活动再到保持活动的动态变化是一个复杂的过程，使用单一的方法和理论要说明这个问题是很困难的，在行为的各种因素及变化过程中，不可能只用一种理论来解释说明，要把行为变化看成一个动态的过程，描述一个不健康的行为向一个健康行为转变的过程。

司琦[132]首次引进和翻译了基于转化理论而开发的反映整体阶段变化模型的量表，以大学生为研究对象，对测量工具进行了本土化修订，并随后对我国大学生身体活动行为的变化阶段分布特点进行了调查研究，提出了3个解释大学生身体活动行为阶段发展变化的心理决定因素模型。司琦[133]以经过"本土化"改造的阶段变化理论模型和"阶段变化量表"为基础，进一步对影响大学生锻炼行为阶段变化的各心理因素间的路径进行分析研究，对3个影响大学生锻炼行为阶段转换模型构成要素间的因果关系进行了分析说明。

方敏等人[134]根据转化理论，使用变化阶段、自我效能和均衡决策3个因素，对12～18岁青少年锻炼行为的变化阶段分布特点、心理决定因素随变化阶段的发展趋势，以及心理因素对锻炼行为的影响程度进行了研究。研究结果发现：青少年身体活动参与率低，且高中生低于初中生，女生低于男生，随锻炼行为的阶段变化，影响青少年参与身体活动的自我效能、锻炼收益因素呈现上升趋势，而锻炼弊端因素则出现下降趋势，与理论假设相符；经多元回归分析，心理决定因素对青少年身体活动行为总变异的解释超过四成，其中自我效能预测青少年身体活动参与行为的能力最强。此后基于转化理论的各类研究在国内迅速展开。

在转化理论干预效果方面,关于转化理论是否适用于身体活动水平的干预,研究结果不一致。有些研究表明,转化理论适用于身体活动干预,布利斯默(Blissmer)等人[135]通过16周的集体活动干预,发现40%的大学教职工的运动行为前进了一个或几个阶段,21%～32%的受试者维持在之前水平;约翰逊(Johnson)等人[136]基于转化理论的肥胖管理干预,结果显著提高了他们的健康饮食、运动、情绪管理水平;约翰逊等人[137]发现,身体满意度与转化理论中的变化阶段成正相关。相反,还有一些研究表明,转化理论不适用于身体活动干预,如库尔尼亚(Courneya)等人研究发现,身体活动行为中存在终止期的证据不足,因为只有4%的大学生受试者处于终止行为期,且这一比例在维持期和终止期无差别;尼格(Nigg)等人[19]发现,诱惑因素与成年人的身体活动之间无显著相关。总之,转化理论虽然在身体活动领域中得到了广泛应用,但目前对该理论干预的效果研究结果不一。

## 八、计划行为理论

### (一) 计划行为理论的起源

计划行为理论是菲什贝因和阿杰恩在理性行为理论(the Theory of Reasoned Action,TRA)的基础上发展而来的。1980年,菲什贝因和阿杰恩通过检验前人有关态度的研究后,提出了解释态度与行为之间关系的社会心理学理论,即理性行为理论[138]。根据理性行为理论,人们行为的发生均是受意志控制的,所以TRA能解释人们所有的行为,然而,在实际情况下,个体的很多行为往往不仅受自主行为意志的控制,还受到诸多如个人能力和环境之类的其他因素的影响[139]。因此,用理性行为理论解释和预测个体行为,其解释度较低。阿杰恩针对理性行为理论的这一缺陷,发现只有当个体能够充分控制自身的行为时,行为意向才能更好地预测行为。因此,阿杰恩将知觉行为控制(Perceived Behavior Control,PBC)这一变量添加到理性行为理论中,丰富了理性行为理论的内涵,提高了知觉行控制对行为的预测力,形成了新的行为改变理论——计划行为理论(the Theory of Planned Behavior,TPB)[140],阿杰恩在 1991 年发表了《计划行为理论》一文,这标志着计划行为理论开始走向成熟。

（二）计划行为理论的内涵

计划行为理论从结构上来说可分为三层:一是行为由行为意向决定,意图越强烈,行为发生的可能性就越大;二是行为意向由个体对行为的态度、主观规范和知觉行为控制[141],对进行某项行为态度越肯定,受到他人的支持度越大,知觉行为控制越强,行为意图就越强;三是凸显信念是行为态度、主观规范和知觉行为控制的情感与认知基础,其结构如图 3-4 所示[142]。从主要内容上来说,可以分为 5 要素,即行为态度、主观规范、知觉行为控制、行为意向和实际行为[143]。接下来将分别论述 TPB 理论中 5 要素的具体内涵和表现。

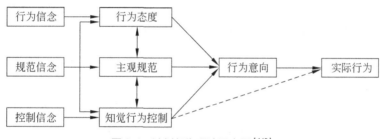

图 3-4 计划行为理论示意图[142]

行为态度(Attitude toward The Behavior,AB):是指个体对自己或他人采取某种行动所持的肯定、否定或中性的评价意见,或者是对某种行为的情感,喜欢还是不喜欢,前者为工具性态度,后者为情感性态度,行为态度反映了个体对行为的倾向,它将直接影响行为意图的产生。行为态度受行为信念的影响,行为信念包含结果评估(evaluation)和信念强度(strength of belief)。结果评估是指对进行某项行为可能会带来哪些结果的预测,而信念强度是指这些预期结果发生的可能性大小。

主观规范(Subject Norm,SN):是指个体对某行为所感知到的社会压力,即重要他人或团体(如家人、朋友、所在集体、社会等)对该行为所持的肯定、否定或中性的评价意见,当个体所感知到的外在压力越小,获得他人的认同和支持越大时,越容易产生进行某项行为的意向。主观规范受规范信念(normative belief)和顺从动机(motivation to comply)的影响。规范信念是指个体对重要他人对某项行为支持程度的预期,而顺从动机是指个人对重要他人或团体意见和态度的服从。

知觉行为控制(Perceived Behavior Control,PBC):是指个体对某行为的难易程度的知觉,自己感到是否有足够的选择权,这种选择权常常与个人对执行某行为的能力大小和是否处在有利于行为进行的环境条件下有关,当个体认为自身对执行某行为有足够的选择权和控制能力时,就对进行该行为有更大的意向,也可不通过意向的中介作用直接对行为本身起作用[141]。知觉行为控制受到控制信念(control beliefs)和知觉强度(perceived power)的影响。控制信念指的是个体感知到的有可能阻碍或者促进行为进行的因素有哪些,而知觉强度则是指个体对这些因素可能在多大程度上影响行为执行的感知[144]。

行为意向(Behavior Intention,BI):是指在某种条件下,个体是否具有采取某种行为的打算,或愿意在多大程度上去尝试某种行为,计划为此付出多少努力。行为意向直接关系到行为的产生,是行为产生的最后环节,行为态度、主观规范和知觉行为控制通过作用于行为意向来间接影响行为本身。

实际行为(Behavior,B):是指个体已经采取或执行了某个行动,是TPB理论最终要预测的结果,而前4个要素是行为发生的原因和形成机制。

五大要素共同构成了TPB理论模型,该理论模型结构简洁、全面,既考虑到了个人因素(行为态度,知觉行为控制)对行为的影响,又涉及社会环境因素(主观规范)对行为的影响,因此,从诞生之初就受到社会各界的广泛关注,被应用在诸多领域,且取得了不错的评价。在锻炼行为领域,被认为是能够成功解释青少年锻炼行为的理论模型[145]。

（三）计划行为理论在锻炼行为上的应用

计划行为理论被广泛应用于各大领域的行为干预,具有良好的预测力和解释力,为行为改变相关研究提供了坚实的理论基础。应用TPB理论进行研究的领域主要有:健康饮食领域,如纤维素的摄取、咖啡因摄入、慢性病患者饮食自我管理;成瘾行为,如吸烟、嗜酒、食欲、药物;临床医疗与筛查行为,如体检、癌症筛查;社会与学习行为,如学习、投票选举、献血和违规行为;运动行为,如慢跑、骑自行车、登山、特殊病人的身体锻炼行为等[142]。

在锻炼行为领域,无论是国内研究还是国外研究都显示计划行为理论具有良好的解释力。国外在该领域的研究早在 20 世纪 90 年代初就开始了,布卢(Blue)和戈丁(Godin)的研究证明:计划行为理论能够有效地预测人们的锻炼行为[146,147]。汪克尔(Wankel)[148]基于 TPB 理论对 4 000 多名加拿大人的锻炼行为进行了调查,发现在预测身体锻炼意向方面,不同年龄组和性别组的态度、主观规范和知觉行为控制对锻炼意向的解释度为 25%～35%,且知觉行为控制和主观规范随着年龄的增大,对锻炼意向的预测能力越高,而态度对意向的预测力随着年龄的增大而下降[149]。罗森(Rosen)对习惯静坐的大学生进行了相关研究,结果表明锻炼行为意向是大学生进行实际锻炼最主要、最有力的预测变量。迪安(Dean)等人基于计划行为理论对影响老年人参与力量锻炼的因素进行了探究,该研究以随机抽取的 200 名年龄 55 岁以上的老年人为被试,结果表明,态度、主观规范和知觉行为控制与锻炼意向均具有明显的相关性,尤其是主观规范和知觉行为控制与锻炼意向的相关关系十分突出[113]。豪森布斯(Hausenblas)[150]对 31 个研究的元(Meta)分析结果表明:锻炼态度和知觉行为控制与锻炼意向和锻炼行为都有较大的相关性,主观规范和锻炼意向有中等强度的相关关系,主观规范和锻炼行为无相关性,TPB 理论对预测锻炼行为有相当大的效用,应用该理论进行干预还能帮助锻炼参与者理解、激发和坚持身体活动。这与本杰明[151]等人的研究结果一致,本杰明也对 99 个基于 TPB 理论的身体活动相关研究进行了元分析,发现 TPB 理论中的所有变量都与身体活动水平有显著性正相关关系,其中行为意向与身体活动水平有最强的相关关系,效应值很大,$r_z = 0.5$;知觉行为控制和主观态度与身体活动水平有中等强度相关关系,效应值中等大小,分别为 $r_z = 0.36$ 和 $r_z = 0.30$;主观规范与身体活动水平关系最弱,$r_z = 0.17$。TPB 理论在肥胖超重等领域的研究也是热点之一。普洛尼科夫(Plotnikoff RC)等人[152]对来自阿拉伯和加拿大的 427 名超重和 133 名肥胖人群的研究中,发现对锻炼的态度、所感知到的重要他人或团体对锻炼行为的意见以及知觉行为控制能分别解释锻炼意图和锻炼行为的 62% 和 44%,当把超重和肥胖人群分开统计时,发现 TPB 理论能解释超重人群 65% 的锻炼意向和 38% 的锻

炼行为,而对于肥胖人群来说,TPB 对其锻炼意向和锻炼行为的解释度均为
56%。此结果说明利用 TPB 理论能高度预测超重和肥胖人群的锻炼行为,人们
锻炼行为的形成和 TPB 理论中的 3 要素有密切关系。

　　国内最早将 TPB 理论应用在身体锻炼行为领域的是李京诚,他的研究结果
表明,TPB 中的知觉行为控制提高了模型对锻炼行为的预测力,行为态度能预测
行为意向,知觉行为控制、行为意向以及自我效能感则能够预测身体锻炼的次数
和时间[153]。方敏[154]的研究表明,计划行为理论能很好地预测青少年锻炼行
为,并且具有普适性,在其研究中,对行为起主要作用的是知觉行为控制,TPB 理
论能解释锻炼行为 40%的方差。唐茜[155]的研究也说明 TPB 理论对我国青少年
休闲身体活动有中等强度的预测力,其中行为态度和知觉行为控制能联合预测
青少年进行休闲身体活动意向的 33.2%,而主观规范不能预测行为意向。在对
TPB 理论的研究中,绝大多数都集中在利用模型来预测行为,而应用该模型的理
论基础进行干预的研究较少。郭强[156]就曾基于计划行为理论对 50 名在校大学
生进行了 9 周的干预,干预方式为信息型干预和行为型干预。信息型干预内容
包括:锻炼的益处、方法、运动处方设计、运动损伤预防等,学习采用集中讲授、
讨论和观看教学录像的形式进行,每周 1 次,每次 90 分钟;行为型干预内容包
括:教授三大球和羽毛球、乒乓球技能,锻炼形式有个人练习、小组练习和比赛,
每周三次 60～80 分钟的练习。9 周后,被试的锻炼态度、动机、主观控制感和锻
炼价值观均有显著提高,其研究不足之处是未对心理水平与锻炼行为的参与和
坚持之间的关系进行分析。

　　尽管国内外研究普遍认可了 TPB 理论对锻炼行为的预测力,但是人们发现
TPB 理论对锻炼意向的预测远高于锻炼行为本身,也就是说,尽管人们有锻炼意
向,很多时候也不会产生锻炼行为,早在 1986 年,研究者们就意识到了这点[157]。
希兰(Sheeran)将这种现象称为意图与行为之间的鸿沟[158]。戈丁和康纳
(Conner)在研究中发现,对有锻炼意向的人进行随访,仅有 33.9%的人会将意图
转化为行为,因此,他们认为锻炼意图是锻炼行为改变的必要条件而非充分条
件[159]。通过总结他人的研究结果,发现在行为意图和行为之间存在着 4 个中介
变量,即执行意向、行动计划、锻炼习惯和自我效能感,这 4 个变量均能提高锻炼
意图到锻炼行为之间的解释度。高尔威泽(Gollwitzer)发现,执行意向能帮助填

补锻炼意向与锻炼行为之间的鸿沟,尤其是当个体有了详细的执行计划后,锻炼行为更易发生[160]。艾丽安(Ariane)对 26 项通过用锻炼执行意向来干预锻炼行为的研究进行了 Meta 分析,结果表明,对执行意向的干预能够提高人们的锻炼水平。干预后的总体效果量为 0.31,随访的效果量为 0.24,该值与随访时间无关,尽管从效果量来看,执行意向对提高锻炼量来说只有低到中等的效果,但是仍然不能否认其对锻炼行为有促进作用[161]。行动计划就是详细的规划行为的时间、地点和方式[162]。康纳认为,“行动计划”是锻炼意向和锻炼行为的调节变量,在他的研究中,将受试者分为两组:第一组($N=777$)在实验前需填写 TPB 问卷,同时还需要为自己制订详细的未来两周的锻炼计划,两周后报告自己的锻炼行为;第二组($N=356$)在实验前只填写 TPB 问卷,不制订锻炼计划,两周后也报告自己的锻炼行为,结果显示第一组的运动量明显高于第二组,说明制订详细的锻炼计划和目标能有效促进锻炼行为[163]。国内的方敏对 TPB 模型进行整合后对青少年的锻炼行为进行了预测,结果显示整合后的 TPB 模型对锻炼行为的预测度提高了 7.8%。该研究提示:对于生活模式单一固化的中学生来说,协助他们制订一份具体可行的锻炼计划有利于把他们的锻炼意向转化成锻炼行为,这也是保障他们在课外进行身体活动的重要措施,但值得注意的是,制订计划应与个体运动技能的提高和支持性锻炼环境的营造相结合[154]。胡艳的研究表明:通过让大学生报告自己本周的锻炼计划和制订下周的详细锻炼计划,连续报告 4 周,且报告作为平时体育成绩的 50%,该干预方法明显提升了大学生身体活动的参与度[123]。项明强对小学生采用行动计划进行干预的研究也表明,行动计划不仅能够提高小学生 1 周内的锻炼水平,且其效果能持续到 1 个月以后,同时,实验组小学生的锻炼意向也加强了,这证明了详细的锻炼计划可以促使锻炼意向向锻炼行为转化。从此研究还可以看出,“行动计划”干预简单经济,只需要引导被试制订计划,对制订的计划进行评价并鼓励被试完成计划。锻炼行为习惯也是影响锻炼行为的重要因素,冯海涛等人将锻炼习惯这一变量加入 TPB 理论模型后,使模型对锻炼行为的解释度从 23% 提升到 33.1%[164]。海格(Hagger)对 72 项以 TRA 和 TPB 理论为基础预测锻炼行为的研究进行了 Meta 分析,结果表明,TRA 能够分别解释锻炼意向 37.27% 和锻炼行为 26.04% 的变异;引入了

PBC 这一变量后的 TPB 理论提高了模型的解释度,能够分别解释锻炼意向和行为的 44.50% 和 27.41% 的变异;当把自我效能感这一变量引入后,发现整个模型的解释度又提高了,能分别预测锻炼意向和锻炼行为 50.30% 和 29.10% 的变异,且自我效能感还能独立解释锻炼行为 39.27% 的变异;而当把自我效能感和过去的行为经历这两个变量加入后,发现整个模型能解释锻炼行为意向 86.60% 的变异,解释锻炼行为 48.16% 的变异[165]。

## 九、社会认知理论

社会认知理论是班杜拉于 1986 年提出的。该理论提出了影响行为发展的 3 个因素,即个人因素、行为因素以及环境因素,其中个人因素包括认知、情绪和生理 3 种成分。社会认知模型作为因果关系的模型,其 3 个主要因素之间是交互作用共同决定的,即三者相互影响,互为决定因素[166]。社会认知理论指出,个体学习行为首先是模仿其他人的行为,然后通过认知来获得信息,通过支配行为的预期值动机、预期结果得益、实际行为的自我效能,从他处得到的社会支持比例增强。在个人因素的认知成分中,自我效能感对决定人的行为及实现目标具有极其重要的作用。瑞杰斯基(Rejeski)[167]认为,应用社会认知理论于锻炼行为研究的基本局限是没有评价增强价值。也就是说,完成行为的自信心很重要,但如果个体对行为产生的结果没有评价,也就无法说明自信心对人的行为的影响作用。而且,很少有理论构架特别强调对行为的其他影响。

在社会认知理论方面,布思(Booth)等人[168]以老年人为受试者,发现高自我效能感、朋友或家人的交流、有规律的锻炼习惯、对散步益处的认知、体育设施的便捷等因素与积极的运动行为显著相关。斯奈霍塔(Sniehotta)等人[169]发现提高 CHD 病患的自我管理技巧,可以促进健康行为,提高身体活动水平。约瑟夫[170]以肥胖女大学生为受试者,通过 6 个月的基于网络的知识干预,结果表明,受试者来自朋友的社会支持,以及运动的自我管理水平均显著提高,平均每周运动时间提高了 33.23 分钟。总之,社会认知理论对身体活动水平有良好的干预效果。

## 十、小结

综上所述,身体活动对健康的作用得到科学证实之后,如何促进人们积极参与身体活动行为成为学者们关注的一个研究内容。学者们开始试图基于各种个体行为的理论模型去理解和解释身体活动这一积极健康行为。其中,计划行为理论和自我效能理论在解释和促进身体活动的行为理论中占据了主导地位。然而,对身体活动健康行为的理解和促进,仅仅从个体心理层面进行干预是远远不够的,还需要从家庭、社会和国家层面进行多维度、综合性的政策干预才能取得良好的效果。因此,学者们开始探索身体活动健康行为促进的环境生态理论模型,下一节将对这一理论模型进行详细说明。

# 第二节　身体活动健康行为促进的<br>环境生态理论模型

## 一、健康生态模型理论

第一次世界大战后,芝加哥社会学派(Chicago School of Sociology)的社会学学者创立了社会生态学模型(Social Ecological Model)并将其引入城市研究(urban studies)。该模型引导城市研究从单纯关注微观环境的传统行为科学发展到关注宏观环境与个人行为复杂交互影响的新阶段,拓展了发展心理学的视角。20 世纪 70 年代,尤里·布朗芬布伦纳(Urie Bronfenbrenner)提出了基于社会生态学模型的人类发展生态框架(Ecological Framework for Human Development)。该框架于 20 世纪 80 年代逐渐发展成为一套完整的理论体系,并经尤里·布朗芬布伦纳不断修订,直至其 2005 年去世。尤里·布朗芬布伦纳生态模型的核心是基于个体和遗传发育史的青少年生理和心理构成。这种构成持续受到青少年周边微系统(microsystem,如家庭、学校、居住地周边的物理和社会环境)和中系统(mesosystem,即不同环境之间的交互作用)的影响和改变。此外,社会、政治和经济形态等外部系统（exosystem）通过影响微系统的结构和可获得性（availability）间接作用于青少年健康。同时,社会、政治和经济形态等外部系统本身会受到大众认知、态度和行为规范等宏观系统（macrosystem）的影响。詹姆斯·萨利斯（James Sallis）和凯伦·格兰兹（Karen Glanz）等学者将基于社会生态学模型的人类发展生态框架应用于建成环境对青少年以及成年人群健康行为和健康结果的研究,取得了一系列有影响力的科研成果,并逐渐形成及丰富了相关方法论。

### （一）生态模型的历史与背景

"生态学"一词源于生物科学,是指生物与其环境之间的相互关系。生态模型已经在行为科学和公共卫生中得到发展,它们关注的是人们在物理和社会文化环境中的互动性质[171]。建成环境和政策层面将生态模型与广泛使用的、强调个人特征、技能和近端的社会影响（如家人和朋友,但没有明确考虑更广泛的社区）的理论区分开来。生态模型可用于整合来自侧重于心理、社会和组织层面影响的理论和模型的结构。生态模型可以提供整合多种理论的框架,并作为元模型,以确保在制定研究和干预健康行为的综合方法时考虑环境和政策因素。

当环境和政策支持健康行为的选择时,个体可以实现健康行为的最大化,并会受到激励和教育去做出健康行为的选择（加拿大公共卫生协会,1986）。当环境不支持时,对个体健康行为的教育对其行为仅产生微弱和短期的影响。然而,仅提供丰富的蔬菜,设置人行道或提供便利获取的避孕套并不能保证人们会利用这些资源[172]。因此,生态模型的核心主张是采用个体层面和环境与政策层面干预的组合来实现健康行为的实质性积极变化和维持。

各国和国际公共卫生计划的权威性文件反映了该领域对宏观的、多层次的健康行为生态视角的普遍接受和热情。这些文件包括《健康人2020目标》[1]《美国医学院关于健康行为的报告》[2],以及儿童肥胖预防的内容和建议[173],

---

〔1〕 United States Department of Health and Human Services. Healthy People 2020. 〔EB/OL〕. 〔2019-12-23〕. https：//www.healthypeople.gov.

〔2〕 Institute of Medicine. Health and behavior：The interplay of biological, behavioral, and societal influences. 〔M〕. Washington,DC：National Academies Press,2001.

《澳大利亚国家预防性健康战略》[1]《世界卫生组织烟草控制框架公约》[2]《世界卫生组织的饮食,身体活动和健康战略》[3]。这些对大范围使用生态模型的倡议促使研究人员和实践者充分了解生态模型的性质、优点和缺点,并为指导应用提供有关多层面相关关系和干预措施的证据。

## (二) 生态模型可以整合多种理论

以前的大多数健康行为理论和模型只描述了一个层面中的变量如何影响行为或指导一个层面的干预方法。这些理论和模型为制定干预措施提供了有用的指导,并且有证据表明所有干预措施都有效。然而,采用单一理论或模型作为研究或干预的基础并不是最佳的。生态模型的核心原则是各层面影响都很重要。因此,相关性或决定因素的多层面研究应该比一个级别的研究能更好地解释行为,并且多级干预通常比单级干预更有效。生态模型的缺点在于,它们不一定指定预期对行为影响最大的每个级别的变量或过程,它们没有具体说明这些影响可能因不同行为而有所不同,并且可能无法对所有行为进行干预。生态模型提出了研究设计和测量方面的挑战,实施多层面研究和干预可能很困难甚至不可能,部分原因是研究人员不太可能控制所有相关干预措施。

生态模型的一个重要优势是它们可以提供一个框架,用于整合其他理论和模型,以创建一个研究设计和干预的综合方法。多层面生态框架可以引导研究人员选择能够指导综合研究和干预措施发展的包含个人、社会和组织层面的模型,而不是选择一种模型来指导研究或干预。

生态模型不会取代其他健康行为理论,而是在更广泛的背景中,承认每种理论的价值。因此,生态模型可以被认为是一种元模型,可以将其他模型组织成一个连贯的整体。它可以帮助我们更全面地了解影响特定行为的因素以及改变这

---

[1] National Preventative Health Taskforce. Australia:The healthiest country by 2020:National Preventative Health Strategy—the roadmap for action. Canberra:Australian Government,Preventative Health Taskforce,2009.

[2] World Health Organizatio. WHO Framework Convention on Tobacco Control. [R]. Geneva:WHO, 2003.

[3] World Health Organizatio. Global strategy on diet,physical activity and health. [R]. Geneva:WHO, 2004.

些行为可能需要的因素。生态模型可以帮助我们使用所有可用的工具,无论工具是概念、测量方法还是干预策略。使用健康行为生态模型的一个挑战是从现有的理论和模型中确定哪些是对于研究目的、特定行为和感兴趣的群体最合适和最有影响力的理论和模型。

### (三) 生态模型的历史

当代生态模型在公共卫生中的扩散是基于行为和社会科学中丰富的概念传统[174],如表 3-2 所示。从早期概念出发,只有感知环境是重要的看法[175],强调环境对行为的直接影响[176]。早期的模型被开发并广泛应用于各种行为,但最近被创建的模型主要用于为健康促进计划和策略的发展提供信息[171,177-182]。行为影响因素维度的分类主要包括尤里·布朗芬布伦纳的微观、中观和外部系统分类法以及麦考利及其同事的五个层面的分类法即内心、人际、制度、社区和政策[180]。表 3-2 的第一部分描述了主要用于解释行为的模型;第二部分包含主要用于指导干预的模型。一些模型被设计为适用于许多健康行为[179,181,184,185],而其他模型则针对特定行为而设计[177,178,182,186]。

表 3-2　历史和当代生态模型

| 作者/模型 | 主 要 观 点 |
| --- | --- |
| 库特·勒温(Kurt Lewin)(1951):生态心理学 | 生态心理学是研究外部环境对人的影响 |
| 罗杰·巴克(Roger Barker)(1968):环境心理学 | 行为环境是行为发生的社会和物理情境。人们所处的环境可以比人们的个人特征更准确地预测人们的行为 |
| 摩斯(RudolphMoos)(1980):社会生态学 | 定义环境因素的四个类别:①物理环境:自然特征(天气等)和建成(建筑物等)环境。②组织环境:工作场所和学校的规模与功能。③人类聚集:环境中人们的社会文化特征。④社会氛围:对特定行为的社会环境的支持 |
| 尤里·布朗芬布伦纳(1979):系统理论 | 确定三个层面的环境影响:①微观系统由家庭成员和工作组之间的互动组成。②中间系统由家庭、学校和工作环境组成。③外部系统由更大的经济、文化和政治社会系统组成 |

| 作者/模型 | 主 要 观 点 |
|---|---|
| 托马斯·格拉斯(Thomas Glass)和马修·麦卡蒂(Matthew McAtee)(2006)：ecosocial 模型 | 对生物在社会中的行为的影响进行概念化并划分为物理环境和社会环境两个维度 |
| 斯金纳(BF Skinner)(1953)：操作学习理论 | 主要模型是环境→行为。环境中的加强者和线索直接控制行为。最近，霍维尔(Hovell)，瓦尔格(Wahlgren)和格尔曼(Gehrman)(2002)提出了一种基于斯金纳操作学习理论的行为生态模型 |
| 班杜拉(1986)：社会学习和社会认知理论 | 提出环境和个人因素对行为的影响。班杜拉主要强调社会环境，很少涉及物理、社区或组织环境的角色 |
| 麦考利等(1988)：健康行为的生态模型 | 确定健康行为的五个影响源：内在因素、人际关系过程和初级群体、制度因素、社区因素和公共政策 |
| 丹尼尔·斯德哥尔摩(Daniel Stokols)(1992,2003)：健康促进的社会生态模型 | 该模型基于四个假设：①健康行为受物理环境、社会环境和个人属性的影响。②环境是多维的，具有社会或物理，实际或感知，离散属性(空间安排)或结构(社会气候)等维度。③人与环境的相互作用发生在不同的聚合水平：个人、家庭、文化群体或整个人口。④人们影响他们的环境，然后改变的环境会影响健康行为 |
| 德博拉·科恩(Deborah Cohen)等(2000)：结构—生态模型 | 定义了四类结构化的环境影响因素：①保护性或有害消费品的可用性。②物理结构(或产品的物理特性)。③社会结构和政策。④媒体和文化信息 |
| 布里安·弗雷(Brian Flay)和约翰·佩特雷蒂斯(John Petraitis)(1994)：三元影响理论 | 假设基因和环境会影响所有行为。影响行为的三个维度分别是内在的、社会的和社会文化的 |
| 凯伦·格兰兹等(2005)：社区食物环境模型 | 提出影响饮食行为的关键结构：食物的可用性、价格、位置和营销，以及营养信息，并将其运用到餐馆和食品店中 |
| 爱德温·费希尔(Edewin Fisher)等(2005)：自我管理模式 | 基于个人技能和选择的整合以及他们从社会环境和社区的物理和政策环境中获得的支持 |
| 大卫·洛曼(David Lohrmann)(2010)：学校健康计划生态模型 | 描述协调学校健康计划的生态模型，强调内在因素、人际关系过程和主要群体、制度因素、社区因素和公共政策之间复杂的相互关系 |

| 作者/模型 | 主 要 观 点 |
|---|---|
| 大卫·奥格尔维(David Ogilvie)等(2011):步行和骑行生态模型 | 在改善步行和骑自行车的基础设施方面,开发了一个应用型生态框架,利用该框架可以在异质和复杂的干预环境中测试当前关于环境变化对行为影响效果的理论 |
| 健美·杉山(Takemi Sugiyama)等(2012):目的地和路线影响模型 | 扩展环境影响的特殊性原则,根据目的地(存在、接近度、质量)和路线属性(人行道、连通性、美学、交通、安全)对通勤和休闲步行的建成环境决定因素进行分类 |
| 内维尔·欧文(Neville Owen)等(2011):久坐行为模型 | 通过调整活跃生活的四个领域的生态模型来扩展行为特定生态模型的原则,以解决久坐行为(简单地说,过多坐姿与过少运动)的健康风险 |

注:该表根据 Glanz(2015)第 46~47 页内容归纳整理。

生态模型的开发不仅适用于特定的健康行为,而且适用于行为的子集和环境属性的具体类别。例如,奥格尔维(Ogilvie)等人[187]的生态模型规定了步行和骑自行车的基础设施要求。杉山(Sugiyama)等人[188]对与行走相关的路线和环境属性进行了更具体的观察。久坐行为的多层次模型基于这样一种观点,即坐姿是一类不同于身体不活动以及有其自身前因和后果的行为[189]。这种日益增长的多样性和向专业模型的转变说明了生态模型的实际可操作性、适应性和稳健性。

人们一致认为,生态模型是概念化多层面健康行为决定因素的有用框架,它们被广泛用作设计综合多层面干预的指南。至少美国和荷兰的健康促进计划协调员已认同生态模型的实用性[190]。然而,基于《健康教育与行为》杂志过去 20 年的 157 篇干预文章,对健康促进计划所针对的生态方面进行了检查,发现已有研究的干预措施主要是关于个人和人际关系层面的,而机构、社区和政策层面的干预研究极少。

生态模型具有启发性价值,促使研究者考虑多层面的影响和干预,但生态模型没有明确所有健康行为的结构或变量。为了提高生态模型的效用,研究者确定了适用于所有行为应用的一般原则。

（四）健康行为的生态学视角：五项原则

**原则1：健康行为影响的多层面性**

生态模型指出,尽管相对影响可能因目标行为和背景而异,多个层面的因素（通常包括内在、人际、组织、社区和公共政策层面）可以影响健康行为。社会文化因素和物理环境可能适用于多个层面,例如,组织和社区层面。包含所有这些影响层面将生态模型与主要关注一个或两个层面的理论区分开来。

**原则2：环境背景是健康行为的重要决定因素**

环境心理学家[191]认为,人们所处的环境可以比人们的个人特征更准确地预测人们的行为。包含社会和物理环境变量是生态模型的定义特征之一。行为环境[176]是行为发生的社会和物理情境,生态模型开启了干预这些环境的可能性。"行为环境的重要性在于它们通过促进和劝阻或禁止他人来限制行为范围"[191]。环境背景可以塑造或约束健康行为的个体和人际决定因素。

**原则3：各层面行为影响因素之间是相互作用的**

各层面行为影响因素的相互作用意味着变量协同工作。相互作用不直接涉及统计相互作用;但可以通过统计交互效应来研究跨层次影响或相互作用。例如,具有避免体重增加高动机的个体可能具有与较低动机的个体对去快餐店的个体可能会有不同的反应。当政策结合医生建议,对有规律参与身体活动的给予保险折扣以及在所有街道上设置人行道来支持积极生活时,提倡积极生活政策可以更好地发挥作用。由于生态模型指出了多个层面的影响,并且每个层面可能存在多个变量,因此可能难以辨别哪个层面的交互最重要。

**原则4：生态模型应该是行为特定的**

当生态模型适合特定的健康行为时,它们对指导研究和干预最有用。通常,环境和政策变量是行为特定的。比如夜总会中避孕套的供应与饮食行为无关,郊区的自行车道不太可能影响酒精摄入量,与食品补贴相关的政策和防晒行为几乎没有关系。相比之下,个体理论中的关键结构,如自我效能和结果期望,适用于许多行为。确定特定于每种行为的环境和政策变量的需求是生态模型开发和使用中的一项挑战,因为从一种行为中吸取的经验教训(例如,促进慢跑)可能不能应用到明显相同的行为(如步行去工作)。

**原则 5：多层次干预应该在改变行为方面最有效**

多层面干预优于单一层面干预的原因是各层面的影响都有重要作用。有许多仅针对个人层面的干预措施,对行为的影响较小且是短期的。当政策和环境支持目标行为变化时,旨在改变信念和行为技能的教育干预措施可能会更好地发挥作用。同样,环境变化本身可能不足以改变行为。针对个人层面的干预措施可能是密集的,对少数选择参与此干预计划的人产生很大影响,但变化往往是暂时的,除非这些人已经处于支持性环境或受到健康促进政策的影响。而组织、环境和政策层面的变化可以长期持续,并影响更多的人。

## (五) 生态模型在健康行为中的应用

本部分描述了生态模型在健康行为研究和干预中的应用,首先反映在烟草控制的全面、多层次干预的经验教训上;其次,反映在基于生态学的身体活动和久坐行为研究如何提高对这些行为的理解和生态模型原则的评估上。

### 1. 生态模型在烟草控制中的应用

数十年的烟草控制取得了显著的成功,一些工业化国家的吸烟率降至 20%以下。对烟草控制工作成果的系统研究已经确定了烟草控制的有效组成部分,即广泛提供临床戒烟计划、大众媒体宣传活动、限制吸烟机会的监管工作、使卷烟更加昂贵的经济方法以及全面的多层面计划结合的方法[192,193]。烟草控制为原则 5 提供了强有力的支持(多层面干预应该在改变行为方面最有效)。

烟草控制虽然不能提供干预其他健康行为的精确模板,但它提供了一个有力的例子,说明将健康促进议程从个人责任和个人变化重点转向更广泛的环境和政策举措的有效性[186]。全民烟草控制活动始于旨在通过公共教育和大众媒体影响吸烟者个人的计划,从而使公众对烟草的成瘾性有了更广泛的认识。随着有关行业开始控制这些成瘾特性和二手烟不良影响信息的广泛传播,公众开始支持广泛的变革,包括工作场所禁烟令。同时,基于烟草行业广告会诱使青少年产生吸烟行为的证据,大众对烟草行业的广告采取限制的变革表示了支持。因此,大众媒体的干预来教育个人支持政策的改变,说明了原则 3(跨层次行为影响的相互作用)。随着社会对烟草控制举措的接受度上升,政策和环境干预措施的实施影响了数百万人,如烟草税、有限的自动售货机通道、无烟工作场所和餐馆(原则2环境背景是健康行为的重要决定因素)。补充教育活动的目的是建立在这种势头的基础上,以便对吸烟进行反规范化并强调烟草业的欺骗行为,从而为政策变革提供支持(原则5多层面干预应该在改变行为方面最有效)。

遵循健康行为生态模型的这些原则,博兰(Borland)等人[192]描述了检查烟草使用的社会生态学的框架。由于适用于解决控制法律但高度成瘾性物质的交付的策略,它们侧重于监管行动,例如定价、禁止吸烟和限制访问,这些行动具有广泛影响并且已被证明是有效的。

烟草控制虽然可以从生态模型中获得如此多的指导作为强调环境和政策干预的综合方法,但可能无法提供关于对其他健康行为有效的直接指导。例如,似乎有助于肥胖流行的食品、电子娱乐和汽车行业实际上不能被描绘成完全的恶棍,就像烟草业一样[195]。然而,在烟草控制方面,我们有一个模型,用于对人口和长期健康行为变化采取高效综合方法,显示多层次干预的关键作用。

被许多国家效仿的烟草控制取得了显著成功,说明了可以应用于其他健康行为的以下3个重要经验[194]:

(1)把改变的努力仅仅集中在教育和激励个人上,不太可能造成人们的变化,就像基于团体的戒烟计划一样。

(2)对于某些行为和群体,可能会有特别强大的影响力。在烟草控制方面,价格政策已注意到这一点。

(3)即使对健康风险有充分且严肃的认识,广泛的社会规范变化以及对环境和政策举措的支持可能需要几十年的时间才能形成。

**2. 生态模型应用于身体活动和久坐行为**

身体活动研究领域已经从广泛认识到环境对身体活动行为影响作用延伸到环境对久坐等健康行为的影响作用中。鉴于生态模型在身体活动研究中的广泛使用,我们描述了一个身体活动的生态模型,并着重对模型评估和干预措施开发方面的进展进行介绍。

在《柳叶刀》身体活动系列中,李(Lee)等人[14]研究表明,在所有收入水平的国家(包括高、中和低收入水平),缺乏身体活动是导致非传染性疾病的主要原因,而且每年导致超过 500 万人死亡。鲍曼(Bauman)等人[196]解释了如何全面了解人们为什么身体活跃或不活跃可以促进基于证据的整体人群多层次干预计划,最有效的干预计划应该是针对多个不活动的风险因素(原则 1 健康行为影响的层面性)。他们认为生态模型可以适当地将注意力集中在人们进行身体活动的环境上,这需要与传统上不属于卫生部门的群体结成伙伴关系,共同负责这些环境,包括城市规划、交通、公园、建筑和教育部门。

(1) 身体活动的生态模型

至今为此,学者们已经发表了几种特定的身体活动生态模型,其中,一种是用于指导拉丁美洲人群背景下的社区干预的模型[197]。图 3-5 所示的例子综合了公共卫生、行为科学、交通和城市规划、政策研究和经济学以及休闲科学领域的研究结果和概念[172]。该模型有一个常用的分层或"洋葱"结构来表示多层次的影响,但具有三个显著特征。第一,该模型围绕 4 个身体活动领域组织:积极交通、职业活动、家庭活动和积极娱乐,这反映了原则 4(生态模型应该是行为特定的)。第二,某些类型的相关影响与行为发生的背景无关。例如,信息环境无处不在,医疗保健机构的咨询可能会影响其他地方的身体活动。第三,社会和文化环境在多个层面上运作。研究者可以针对特定的身体活动行为(例如,步行上学、使用公园)和人口亚群(例如,低收入群体、农村居民)开发其他生态模型。

(2) 久坐行为的生态模型

我们将通过对图 3-5 中描绘的模型进行调整,来了解对久坐行为的多种影响因素[189]。最近的研究表明,大量久坐行为可以使患 Ⅱ 型糖尿病、心血管疾病、乳腺癌和结肠癌的风险增加,简单地说,过多的坐姿,与身体活动过少不同[198]。虽然关于久坐行为相关性的研究还比较少,但已有研究表明生活在高步行街区的澳大利亚女性[199]观看电视的时间较少,而生活在低步行街区的电视观看时间增加了四年[200]。

(3) 支持生态模型的经验证据的需求

虽然生态模型已被广泛用于身体活动的研究和干预,但对生态模型原理的实证检验仍具有重要意义。鲍曼[196]通过系统综述发现了在所有生态层面上身体活动一致相关的证据,这支持了原则 1。下面,我们提供了评估生态模型原则的研究实例,并说明了多层面模型如何指导干预。

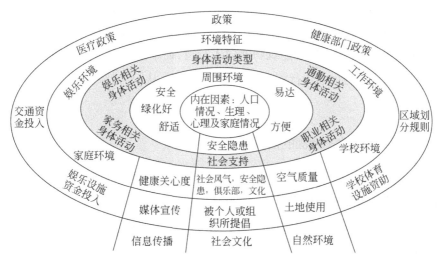

图3-5　活跃生活的4个领域的生态模型

注：本图取自参考文献(詹姆斯·萨利斯,2006)。

很少有研究研究过身体活动与个体、社会和环境相关性的相对重要性。早期的研究发现,建成环境变量,例如,人行道和附近目的地的存在,影响最小[201,202]。澳大利亚的一项研究表明,在控制个人特征后,建成环境因素仍然与行走重要相关,例如,个人选择居住在附近的原因[203]。美国的一项研究记录了人口统计学/生物学(年龄和性别)、心理学(自我效能)和环境层面的总体身体活动的显著相关性,而不是社会层面[204]。后一项研究发现,客观测量的建成环境变量、零售面积比(零售FAR)与性别密切相关。很少被研究的零售FAR反映了两个方面:一是靠近零售目的地;二是它们是否专为行人设计。零售FAR是研究地区商店空间与土地面积的比率,如果比例高,则可能意味着行人直接从人行道进入商店,如果比例低,则可能意味着商店被停车场所包围。因此,观察到的与心理社会变量相关的环境变量强度可能取决于所研究的具体变量。

能够对原则2进行检验是得益于地理信息系统(GIS)对环境属性客观测量的进步。环境测量对于将生态模型应用于身体活动的进展至关重要。步行性的城市规划概念是指居民可以轻松地从家中走到商店和学校等日常目的地的社区设计。通过GIS中的多组件步行性测量推进了对步行性的研究,该测量结合了住宅密度、土地使用的混合(例如,家庭、商店附近的政府服务)、街道连接(连接的街道为行人提供直接路径)和零售 FAR(建筑面积比;如果建筑面积与土地面积的比例很高,通常意味着建筑物通向人行道,而不是被停车场包围)[205]。该技术允许对整个地区的步行能力进行评估和绘图,从而为特定社区的改进提供规划支持。

### (六) 探索生态层面的相互作用

跨层面互动的原则很重要,因为理解这种互动可以帮助研究者设计出有效的干预措施。现在正在出现跨层面相互作用的研究,但根据参与者的特征,可能会发生不同的相互作用。詹姆斯·萨利斯等人[195]在 20～65 岁成年人中,发现社会心理和环境变量对于总体身体活动或步行出行的重要交互作用很小。然而,在休闲步行分析中的几个相互作用都具有相同的模式。有利的环境条件,例如,附近有公园,对于有不良心理社会条件的人,例如,许多感知障碍或不喜欢身体活动的人,似乎最有帮助。

一项对 66 岁及以上人群的研究发现,可以通过环境变量的相互作用对参与者的身体活动进行心理上的影响,如步行出行和散步休闲,但老年人的模式不同[206]。对于老年人来说,支持性环境,如步行性和人行道,对于那些有良好心理社会变量的人来说似乎更为重要,例如,社会支持和自我效能。这意味着改善环境和个体干预的结合可能对老年人最有效。

### (七) 改进研究设计: 前瞻性和准实验研究

基于生态模型的建成环境和身体活动研究的主要批评是这一模型的研究证据主要来自横断面研究。这可能导致自我选择偏见,因为喜欢走路的人可能选择住在步行街区。文献表明,自我选择并不能解释邻里环境与身体活动之间的整体关联[207],但更强的研究设计提供了更好的因果关系证据。最近的研究论证了环境属性与身体活动和久坐行为的前瞻性关系。例如,志村(Shimura)等人[208]表示,在高步行街区,走路出行的中老年人中,四年来的身体活动下降幅度较小。杉山等人[188]证明了邻里可行走和个人层面属性之间的相互作用,解释了澳大利亚成年人四年来电视观看时间的变化。

该领域最雄心勃勃的前瞻性研究是澳大利亚珀斯的 RESIDE 项目,旨在评估与步行社区设计一致的宜居社区政策[209]。大约 1 400 名成年人在搬到新社区之前和之后的 12 个月进行了测量,这些社区是根据宜居社区政策或以前的政策建造的,这些政策偏向于较少步行,更加以汽车出行为导向的设计。通过自我报告和客观评估邻域特征的变化,并且"前"和"后"邻域的环境差异与每个社区的交通和休闲步行的变化显著相关。对于新社区中的每种类型的新增目的地,例如,食品店、服装店或图书馆,可以使成年人每周增加步行约 6 分钟。对于新社区中的每种类型的新增娱乐设施,例如,公园或健身俱乐部,可以使居民每周增加休闲步行约 17 分钟。RESIDE 项目的研究结果增强了对邻近环境可以影响身体活动的许多观察和横断面研究结果的信心[196,210]。然而,作者指出了一个挑战,因为需要几年时间才能建造宜居社区的所有设施,因此全面评估需要多年的测量和研究。

（八）国际研究的经验

基于生态学的环境属性研究的一个核心问题是在单一国家进行的研究中,社会、环境和政策变量的差异不大[202,211]。例如,随机抽样的美国城市居民可能会产生很少重视积极交通(步行和骑自行车)的成年人,他们只有有限的社交来支持步行交通,以及很少的高步行社区。而在许多欧洲城市随机抽样可能会产生很少的态度消极的参与者,他们对主动交通有广泛的社会支持,而且很少有低步行街区。在一个研究区域内,与公园资源或分区法律相关的政策可能没有变化。缺乏变异可导致低估效应大小和无法检验重要假设。因此,必须进行在环境和政策变量上差异较大的对比研究,以确保这些因素的变化。增加环境变化的一种方法是进行国际研究。

有一项研究将来自 11 个不同国家的数据结合起来,使用常用方法对整体身体活动与其感知环境相关性进行了研究。结果显示,7 个环境变量中的 5 个与达到身体活动指南标准显著相关,从而支持了建成环境变量的国际相关性,包括混合土地利用、人行道和公园通道[34]。多国比单一国家研究所报告的显著性更强,可能是因为来自多个国家的研究数据,其环境变量变化大,对行为产生的影响结果更著显著性。

还有一些研究,通过了来自美国、澳大利亚和比利时的数据的一系列分析研究了感知邻域环境属性与成人休闲身体活动[212]、交通相关步行和骑车[213]、静坐时间[214]以及社会心理和休闲时间活动环境的相互作用的关联[215]。在这些研究中,美国和澳大利亚的环境与身体活动相关结果的关联大致相似,但比利时则不同。例如,凡·戴克(Van Dyck)及其同事[212]发现,"休闲步行友好"指数和"休闲时间活动友好"指数分别与休闲步行和休闲时间身体活动呈正线性相关。除比利时外,所有研究地点的关联都显著。即使是这三个国家的样本也发现了可能反映不同环境和文化背景的重要差异,但这些差异说明了支持环境检验的生态模型的价值。

## (九) 生态模型在身体活动干预中的应用

生态模型被直接或间接地用于指导许多身体活动干预的设计,如来自 6 个国家的国家身体活动计划摘要所示[216]。生态模型在所有计划中都有体现,包括在多个层面上推荐干预措施,强调环境和政策战略和并针对社会的多个部门(例如,教育、医疗、交通和公园)。生态模型的应用已成为基于社区的身体活动干预的标准。其中一个例子是"设计塑造积极生活"(Active Living by Design),它支持全美 25 个社区制定了干预措施,其中大多数是低收入或少数民族社区[217]。项目为 5P 模型开发了联盟,以实施干预措施。该项目提出了 5P 多层次干预方法:即准备(发展伙伴关系)、促进(改变观念和知识)、计划(针对个人或组织)、政策(通常在组织或地方政府层面)和物理项目(建成环境)。各社区则根据该方法实施干预措施。

骑自行车的研究文献说明了评估多级干预的困难。运输研究人员评估的骑自行车干预措施主要包括增加自行车道、停车场、与公共交通的融合、开展自行车租赁、标牌、教育和推广、实施骑自行车的激励措施以及增加汽车与骑车人碰撞处罚等政策。在长期循环干预之前和之后的对比研究中,普施尔(Pucher)等人收集了世界上大约 20 个城市的未发表的交通运输数据,所有这些案例研究都证明了自行车运动的显著增加,无论政策实施前骑自行车的人数比例是 1%还是20%。最终结论认为,基于多级干预的措施在促进骑自行车的效果上优于单一政策的效果[218]。但是,案例研究不是随机的,也没有提供比较城市,因此必须谨慎地得出结论。然而,对这些结果的一种解释是,单层干预通常无效,但多层次干预有一些影响,符合原则5。

（十）生态模型批判

**1. 优点和局限**

生态模型一直是健康促进实践的核心。卫生组织和政府机构越来越多地采用多层面干预来解决最紧迫的健康问题。随着烟草使用生态干预的成功,人们高度期望与生态模型原则相一致的干预措施可以通过改善促进身体活动和营养行为的环境和政策来扭转肥胖流行。医学研究所[219]、卡普兰(Koplan)等人[173]和世界卫生组织提出了需要政策和环境变化的肥胖解决方案。生态模型的应用越来越受重视,需要我们对其优点和局限进行批判性检验。

生态模型的一个关键优点是它关注多层面的影响,从而拓宽了干预措施的选择范围。基于生态模型的多层面干预项目与那些只会对项目参与者产生影响的干预项目相比,其通过对政策和环境层面的干预可以影响到几乎所有人口。政策和环境干预措施建立了可以持续维持行为变化的环境和激励措施,有助于解决许多单独指导的干预措施维护不善的问题。尽管多层次干预的价值尚未通过与单层方法的直接比较得到明确证明,扩大研究的行为决定因素的范围并指导多级互动的发展可以说是生态模型的一个关键优点。

生态健康行为模型的局限是它所假设的最重要的影响缺乏特异性。这给健康促进专业人员确定每种行为应用的关键因素带来了更大的负担。然而,一些生态模型提供了更多关于行为影响的指导。即使是针对特定行为的生态模型,它也存在相关的局限,即缺乏关于更广泛的影响因素如何运作或者结构如何跨层面互动的信息。虽然模型拓宽了视角,但是没有确定具体的结构或提供有关如何使用生态模型来改进研究或干预的指导。相比之下,健康行为的个体层面的心理社会理论更有可能确定影响行为的结构和机制。对于那些使用生态模型的人来说,一个巨大的挑战是开发更复杂的模型,从而产生可检验的假设和有用的干预指导。同时,在多个层面上进行干预可能受到预算和实际局限的限制,例如,政策和环境不受调查人员的控制。然而,即使必须选择一个特定的干预水平,生态模型也可以帮助将特定的行为和干预放在全面理解特定行为的多个决定因素的更大的背景中。

**2. 原则检验的进展**

在过去几年中,原则检验取得了进展,对于一些行为已经积累了对生态模型的大多数原理的经验支持,如前面关于身体活动的部分所示。关于原则1,许多主题领域的研究表明,健康行为影响具有多层面性。许多基于生态学的研究包括环境变量和支持原则2。对原则1和原则2的这种支持表明了对多层面模型的需求,并强调了在研究设计和干预措施时确保组织、建成环境和政策层面影响的价值。

原则3仅在身体活动领域获得初步支持。目前尚无法对变量如何跨层面相互作用做出明智的假设,并且需要进行进一步的研究,因为理解跨层面的相互作用可以为有效的多层面干预提供信息。至少在身体活动领域,关于特定行为的模型得到了很好的支持。有充分的证据表明,心理社会变量主要与休闲时间的身体活动有关,并且在休闲和交通方面存在不同的身体活动环境相关性。原则5,关于多层面干预的预期优势,是最重要和最不受支持的原则。这是最重要的,因为它有可能改善健康干预措施。但是相关的证据都是间接的,正如上面描述的骑自行车干预所示[218]。只是证明多层面干预是有效的,并不能充分检验这一原则。在对照研究中比较单层和多层干预的复杂性是一项重大挑战。

（十一）生态模型应用与评价面临的挑战

生态学原理指出了难以通过实验设计对个人、社会和社区特征的复杂的相互作用进行检验。实验设计的典型目标将单一干预与其背景的影响隔离开来,在概念上与生态重点研究干预组件如何与其背景相互作用是不一致的。尽管采用多层面干预的对照实验对设计和实施具有挑战性,但严格的分析策略可以得到有效应用[220]。例如,促进儿童哮喘管理的社区计划使用结构方程建模和非随机设计评估程序对个人、社会和社区因素进行了干预[186]。个体层面因素,如父母对哮喘的态度预测了儿童的医疗利用率。非专业哮喘工作者和哮喘管理课程的社会支持预测了急诊室和医院护理的减少。因此,针对多个层面的干预预测了儿童哮喘的相关结果。

根据定义,生态模型的研究将比单一层面的行为研究要求更高。在多个层面制定和收集影响措施,扩大调查小组所代表的学科数量,在多个层面概念化和实施干预措施,以及使用更复杂的统计战略,这些都对调查人员和计划评估人员提出了更高的实质性要求。然而,多层面研究是产生知识的唯一途径,这些知识将导致有效的多层面干预。

不应低估实施多层面干预的实际困难。改变政策和环境所需的时间长度对于要求在一定期限内完成干预计划的研究者来说是一种威慑。很少有环境变量和利益政策是由卫生专业人员控制的,而变革需要一个在时间和结果上无法预测的政治过程。为了实施多层面的干预措施,公共卫生专业人员必须在宣传和政治变革方面变得更加熟练,或者与拥有这种技能的人合作。尽管如此,为解决21世纪的重大卫生问题需要采取多层面干预的共识正在促使政府和非政府卫生机构设计和实施多层面干预措施,以对抗烟草使用、肥胖、糖尿病、缺乏运动、饮食不良、酒精和药物滥用、暴力、艾滋病毒/艾滋病和其他公共卫生祸害。公共卫生行动的必要性迫切需要研究人员为多层面干预措施提供证据基础以促进多层面干预的发展。

### (十二)用于概念化健康行为和干预的多层面影响的复杂系统模型

生态模型有助于拓宽对健康行为的原因和解决方案的看法,并且它们被用于指导全球多层面干预的发展。可以说,在过去十年左右的时间里,生态模型已经激发了范式的转变,至少在一些健康行为和公共健康问题中,如肥胖。虽然生态模型告诉我们变量跨层面交互,但模型并未说明这些变量如何相互作用或哪些变量相互作用。这是一个重要的限制,这需要进一步改进概念模型。

复杂系统模型可用于尝试理解非线性相关的异构组件系统、反馈循环和适应环境变化的特点[221,222]。这是对大多数健康行为和慢性病的诸多影响的良好描述。复杂模型已被用于预测多年来的天气模式和气候变化,并且它们也被用于研究传染病暴发。复杂系统模型对慢性病的最相关和最著名的应用是超过100种生理、心理、行为、环境、经济和政策对肥胖的影响图,其中有300个影响箭头和100个反馈循环。开发复杂系统模型的过程迫使研究人员指定所有相关变量,并明确假设变量如何相互作用。计算方法可用于估计改变一个或多个组成部分对其他组成部分和结果的影响[222]。因此,可以将不同干预策略的效果建模为决策提供帮助。这些模型可以帮助我们确定干预组成部分之间的协同作用，可能是意外后果，以及系统如何随着时间的推移而发展。因此，复杂的系统模型可以采用生态模型的多层面框架，使其更加明确和定量，我们可以希望能够为多层次干预提供更好的建议。计算方法可用于估计改变一个或多个组成部分对其他组成部分和结果的影响[222]。

复杂系统模型在肥胖人群中的应用大多是概念性的。这意味着模型使用模拟数据，调查人员指定变量和交互类型，下一步是系统地建立具有多级数据的模型，然后测试不同类型的相互作用，以预测经验结果。虽然人们对复杂的系统模型有很大的热情，但尚未证明它们在研究和改善健康行为和结果方面的具体价值。

## 二、健康生态环境研究

在健康行为生态环境研究方面，麦考利，比诺（Bibeau），施特克勒（Steckler）和凯伦·格兰兹[180]；丹尼尔·斯德哥尔摩[171]；布里安·弗雷和约翰·佩特雷蒂斯[177]；德博拉科恩，斯克里布纳（Scribner）和法利（Farley）[184]；爱德温·费希尔，布朗森（Brownson），希思，卢克和萨姆纳[186]；凯伦·格兰兹，詹姆斯·萨利斯，萨恩斯（Saelens）和弗兰克（Frank）[178]；托马斯·格拉斯和马修·麦卡蒂[179]；丹尼尔·斯德哥尔摩，格里兹沃茨（Grzywacz），麦克马洪（McMahan）和菲利普（Phillips）[181]；斯托里（Story），卡普兰（Kaphingst），罗宾逊（Robinson-O'Brien）和凯伦·格兰兹[182]等学者研究生态环境对人的健康行为的影响。一些学者在健康行为的研究中，依据"人类发展生态模型"提出了基于健康维护和健康促进的健康生态环境模型，表3-2是对学者提出的健康生态环境模型的汇总。这些模型主要用于解释健康行为、指导健康干预、健康促进和健康维护的研究与实践。

在学者们提出和建构健康行为生态模型的同时，也有学者对健康行为模型进行了理论和实践的研究。科克（Kok）等人[190]研究发现，生态模型是决定多层面健康行为有用的理论框架，同时具有实用性，被广泛运用在综合多层面干预健康的行动指南中。然而，《健康教育与行为》杂志对过去20年157篇健康促进计划与对应的生态等级水平的研究发现,更有效的干预措施是针对个人和人际关系,而不是制度和社区。加拿大公共卫生协会(2006)指出,当环境和政策支持人们做出健康的选择时,健康行为被认为是最大化的,并且个体受到激励和教育以做出这些选择;当环境和政策不支持健康选择时,即使实施健康选择的教育,也只能对其健康行为产生微弱的影响。也有学者对健康行为生态模型的使用进行研究。默瑟(Mercer)等人[193]、爱德温·费希尔等人[186]、格林(Green)等人[194]和博兰等人[192]结合健康干预的案例研究,总结了健康行为生态模型在健康行为干预使用中应当注意的原则性问题。

在我国,体育与健康领域开始关注健康行为生态环境的时间较晚,研究内容也较为基础,多数是以研究综述为主。一些学者就生态学模型的诞生情况、发展进程、内在含义、在体育领域具体实践情况和未来的发展潜力进行总结评述[223-225]。一些研究开始关注将生态学模型运用到体育锻炼中实施干预,发现我国关于物理和社会环境的变化能致使锻炼行为改变的假设还没有得到验证,基于环境变量对我国民众身体活动的探究比较符合我国的国情,基于政策和环境干预人们的身体活动涉及人群复杂不易执行等问题[226]。有研究通过对中小学生健康行为的调查发现,中小学生身体活动受到多层面因素干扰,学生的身体活动受来自个体、社区、组织水平的满意度的影响比学生进行身体活动时所得到的来自父母、同龄人及学校老师支持的称心度的影响更大;不同年龄段学生对影响自身身体活动的因素的看法也不同,其中学生对身体活动的环境影响因素的赞成度最低[227]。

有学者分析了国内外体育活动领域生态学模型的研究现状,对锻炼行为生态学模型的提出、内涵以及研究进展进行分析,认为应当针对我国当前的实际情况,创新锻炼行为影响因素与健康促进相互作用的社会机制和制度,营造促进各群体锻炼行为的生态环境,构建适合我国各群体发展的锻炼行为生态学模型[228]。也有研究基于社会生态学理论模型分析社会生态学理论作用于运动健康行为的工作原理,发现社会生态系统各层面中的因素对青少年的运动健康行为产生了不同影响,这些因素主要发生在个体的心理、家庭、学校、同伴、社区等环境中,且各层面因素间相互作用和影响[229]。此外,还有研究基于社会生态学理论分析影响 6~17 岁学生营养健康的环境生态学和社会决定因素,提出中国学生人群的环境可分为微系统、中系统、外系统和宏系统,学生营养健康干预策略需要从宏系统到微系统进行系统思考。其中学生的个体知识、态度和行为水平是学生建立营养健康行为的必要条件,家庭、学校和社区等引导着营养健康行为变化的方向,政策因素是营养健康行为的强大动力[230]。可见,目前我国学者对于健康行为生态学方面的研究处于起步阶段,现有的研究对象多数是以学生群体为主,并且从研究内容来看,很多研究是研究综述,针对不同人群的实证性研究较少。

## 三、小结

根据健康生态模型理论,在大众体育政策制定的微观层面,大众体育参与受到人文环境(涵盖家庭、学校和社会环境)、建成环境(涵盖住所周边土地使用、商业活动、交通通勤、建筑设计、小区绿化和体育设施、学校运动及饮食场所和设施)、政策环境(涵盖教育、税收、城市规划、空气及噪声污染治理等国家和地方政策、法律和法规)和经济环境(涵盖经济发展水平和经济周期、收入水平、就业率、物价指数等)的多重影响,因此,需要多维度的综合干预手段。在身体活动政策制定的宏观层面,需要从国家层面进行立法,同时需要国家机构中的交通、规划、卫生和体育等部门的协作,才能取得比较理想的大众体育促进效果,积极促进大众体育政策的立法和实施,不仅能够使社会大众健康受益,而且能降低国家的医疗负担。

第四章

———————————————————————

# 身体活动健康行为的研究方法

## 第一节　国际成年人身体活动问卷
## 的信度和效度验证

### 一、引言

身体活动不足是导致慢性病、残疾、过早死亡的主要因素[231]。而适度、有规律的身体活动对不同生命周期的身体健康皆有裨益[232]。比如,身体活动不仅可以增强人们的心理健康,还可以增强人们的身体素质[233];经常进行规律身体活动的人患慢性病的概率较低[234]。也有研究指出,规律性的身体活动可以改善焦虑、抑郁患者的精神状态[235]。身体活动根据其强度可以分为不同等级,而不同等级的活动强度对健康的影响也各不相同[236]。所以,在身体活动与健康关系的研究领域,身体活动的测量和评价十分重要[233]。

对身体活动的测量可以分为客观仪器测量法和主观问卷测量法[237]。在实际研究中,加速度计和计步器因为其体积较小、易于佩戴、结果准确而被广泛使用。客观的仪器测量法虽然比较精确,但因成本过高,不利于在大范围的研究中推广使用。而主观的问卷测量法因便利性、低成本等优点,在大样本量的研究中发挥着非常重要的作用[238]。因此,研究者们开发了许多用于评价身体活动的问卷。但由于这些问卷的形式不同,使不同国家和地区之间的研究结果难以进行比较[239]。为了解决这个问题,世界卫生组织联合美国疾病控制和预防中心(U. S. Centers for Disease Control and Prevention)于 1998 年设计了国际成年人身体活动问卷(International Physical Activity Questiormatire, IPAQ),用以比较不同国家人们的身体活动情况。IPAQ 通过受试者回忆过去一周的身体活动水平来测量其总体身体活动水平,IPAQ 又分为长问卷和短问卷两个形式。长问卷有 27 道问题,可以测量工作、家务、通勤、闲暇和静坐五种身体活动等级;短问卷有 7 道题目,可以测量高强度、中强度、步行和静坐四种身体活动等级。与长问卷相比,由于短问卷具有只用填写较少的题目便可以测量四种身体活动等级的便利性特征使其在国际研究身体活动与身体健康领域得到了广泛应用。

一个问卷是否能够得到有效的、稳定的结果,即问卷的效度和信度是影响最终研究结果的重要因素。如果国际成年人身体活动问卷在应用过程中能够表现出良好的信度和效度,那么其将在身体活动和健康关系的研究领域发挥较大作用。于是,为了检验国际成年人身体活动问卷的效度和信度,学者们在不同国家和地区中展开了广泛的研究。

然而在国外检验短版 IPAQ 的信度、效度的研究中,研究对象多为老年人[240-242];在国内的相关研究中,研究对象也多为中老年人[243,244]。现有研究对大学生,尤其是对独生子女大学生的关注较少。所以我们的研究便着眼于此,研究 IPAQ 在独生子女大学生群体中信度、效度的情况。

## 二、研究对象与研究方法

### (一) 研究对象

由于特殊的社会历史原因,我国独生子女人数众多。独生子女在社会的发展和国家的建设中扮演着越来越重要的角色。而大学阶段的教育和社会化在人的一生中起着重要的作用,大学生也是我国最年轻、最具有活力的群体之一。

清华大学的学生综合素质较高,且来自全国各地,具有很大的研究意义。所以研究招募了 160 名清华大学 2017 级本科生作为本研究对象,最终有 158 名同学完整地参与了整个研究过程。其中男生 95 人,女生 63 人,所有研究对象身体健康状况良好,无心血管、高血压等不利于运动的疾病。

## （二）研究方法

### 1. 文献研究法

研究在中国知网（CNKI）、科学之网（Web of Science）等数据库和谷歌学术搜索（Google Scholar）中以"IPAQ""Reliability""Validity"为关键词进行检索，查阅文献。梳理完文献后，在前人的研究基础上开展了本次研究。

### 2. 实验法

为了检验 IPAQ 的效度，在研究过程中，我们选择了在客观测量身体活动中广泛使用的体积小巧、易于佩戴的 ActiGraph GT3X+加速度计。研究中，受试者被要求将加速度计佩戴在手腕上，持续时间为一个自然周。实验期间除了游泳和洗澡之外，受试者不得摘下加速度计。在一个自然周的佩戴结束后，研究人员立刻收回加速度计，根据其记录的数据来测量受试者过去一周的身体活动水平。根据测量数据，将其划分为高强度身体活动、中强度身体活动和轻度身体活动。并根据一定的公式转化，将不同等级的活动水平转化为消耗的卡路里。

为了进一步了解受试者的身体情况，研究测量了受试者的身高、体重信息，并进一步整理出受试者的身体质量指数（身体质量指数=体重/身高$^2$）。

### 3. 问卷调查法

研究将 IPAQ 翻译成中文后，让受试者先根据过去一周的身体活动情况填写一份问卷。在佩戴加速度计的一个自然周结束后，再让受试者填写一份问卷。研究人员根据问卷填写的结果，测算出受试者过去一周的高强度身体活动、中等强度身体活动、步行和静坐这四项身体活动情况。

### 4. 数据统计法

研究选用了统计软件SPSS 24.0 处理研究中的数据。在计算相关性时，由于受试者身体活动的数据并不属于正态分布，所以选择了 Spearman 方法来计算相关性。比较不同性别测量数据差异的时候，研究选择了单因素方差分析来计算差异是否在统计学上具有显著性。

## 三、研究结果

在整个研究过程中,有 2 名同学因为个人原因没有完整地参与,所以该研究的有效样本量为 158 份。

### （一）信度研究结果

如表 4-1 所示,共有 160 人参加前测,其中 95 人为男生,65 人为女生。在年龄层面,所有测试者的平均年龄为 18.61 岁,男生的平均年龄为 18.51 岁,女生的平均年龄为 18.75 岁。男女生在年龄层面上差异不具有显著性。在身高层面,所有测试者的平均身高为 170.65 厘米,其中,男生平均身高为 175.81 厘米,女生平均身高为 163.11 厘米,男生平均身高比女生高 12.70 厘米($p<0.001$)。在体重层面,所有测试者的平均体重为 63.27 千克,男生平均体重为 68.59 千克,女生平均体重为 55.46 千克,男生平均体重比女生重 13.13 千克($p<0.001$)。在身体质量指数(BMI),所有测试者的平均 BMI 为 21.60,男生的平均 BMI 为 22.12,女生的平均 BMI 为 20.84,均在正常值 18.5 到 25 之内。男生的平均 BMI 比女生高 1.28,并且男女生之间存在显著差异($p<0.05$)。

表 4-1　前测基本情况

| | 总计 | 男生 | 女生 | $p$ |
|---|---|---|---|---|
| 人数 | 160 | 95 | 65 | |
| 年龄/岁 | 18.61±1.06 | 18.51±1.18 | 18.75±0.85 | 0.145 |
| 身高/厘米 | 170.65±8.35 | 175.81±6.02 | 163.11±4.78 | <0.001 |
| 体重/千克 | 63.27±12.40 | 68.59±12.70 | 55.46±6.44 | <0.001 |
| BMI(千克/平方米) | 21.60±3.10 | 22.12±3.48 | 20.84±2.27 | 0.010 |

如表 4-2 所示,共有 158 人参加后测,其中 95 人为男生,63 人为女生。在年龄层面,所有测试者的平均年龄为 18.60 岁,男生的平均年龄为 18.52 岁,女生的平均年龄为 18.73 岁。男女生在年龄层面上不具有显著差异。在身高层面,所有测试者的平均身高为 170.63 厘米,其中,男生平均身高为 175.60 厘米,女生平

均身高为163.12厘米，男生平均身高比女生高12.48厘米，且差异具有显著性（$p<0.001$）。在体重层面，所有测试者的平均体重为62.45千克，男生平均体重为66.94千克，女生平均体重为55.68千克，男生平均体重比女生显著高13.13千克（$p<0.001$）。在BMI层面上，所有测试者的平均BMI为21.38，男生的平均BMI为21.68，女生的平均BMI为20.93，均在正常值18.5到25之内。但男女生的平均BMI并没有显著差异。

表4-2　后测基本情况

| | 总计 | 男生 | 女生 | $p$ |
|---|---|---|---|---|
| 人数 | 158 | 95 | 63 | |
| 年龄/岁 | 18.60±1.03 | 18.52±1.16 | 18.73±0.78 | 0.200 |
| 身高/厘米 | 170.63±8.35 | 175.60±6.19 | 163.12±4.85 | <0.001 |
| 体重/千克 | 62.45±11.34 | 66.94±11.61 | 55.68±6.63 | <0.001 |
| BMI(千克/平方米) | 21.38±3.03 | 21.68±3.38 | 20.93±2.37 | 0.125 |

如表4-3所示，在高强度身体活动层面上，男女生的每周平均值为89.33分钟。其中男生为每周平均93.48分钟，女生为每周平均81.86分钟。在中等强度身体活动层面上，男女生的每周平均值为176.82分钟。其中男生为每周平均182.28分钟，女生为每周平均168.05分钟。男女生中等强度运动的时间在每周总运动时间上都有着最大的占比，分别为51.26%和49.17%。在步行层面上，男女生的每周平均值为138.84分钟。其中男生的每周平均值为150.39分钟，女生的每周平均值为120.92分钟。在总身体活动层面，男女生的平均值为344.96分钟，其中男生为370.74分钟，女生为305.45分钟。在高强度活动MET(代谢当量)值层面上，男女生的平均值为714.60，其中，男生的平均值为747.85，女生的平均值为654.91。在中等强度活动的MET值上，男女生的平均值为707.29，其中，男生的平均值为729.11，女生的平均值为672.21。在步行MET值上，男女生的平均值为458.17，其中，男生的平均值为496.30，女生的平均值为399.03。在总身体活动的MET值上，男女生的平均值为1 731.18，其中，男生的平均值为1 759.68，女生的平均值为1 443.93。虽然上述的各项指标在总体上男生的都高于女生的，但在统计学水平上（$\alpha=0.001$）差异都不具有显著性。

表 4-3　身体活动前测基本情况

| 身体活动纬度 | 总计 | 男生 | 女生 | $p$ |
|---|---|---|---|---|
| 高强度身体活动(分钟/每周) | 89.33±80.99 | 93.48±83.38 | 81.86±76.88 | 0.448 |
| 中强度身体活动(分钟/每周) | 176.82±133.79 | 182.28±137.11 | 168.05±129.00 | 0.534 |
| 步行(分钟/每周) | 138.84±125.87 | 150.39±137.03 | 120.92±105.13 | 0.202 |
| 总身体活动(分钟/每周) | 344.96±232.22 | 370.74±245.67 | 305.45±205.63 | 0.085 |
| 高强度身体活动代谢当量(千卡/每周) | 714.60±647.92 | 747.85±667.07 | 654.91±615.00 | 0.448 |
| 中强度身体活动代谢当量(千卡/每周) | 707.29±535.16 | 729.11±548.44 | 672.21±516.03 | 0.534 |
| 步行代谢当量(千卡/每周) | 458.17±415.39 | 496.30±452.21 | 399.03±346.92 | 0.202 |

如表 4-4 所示,在高强度身体活动层面上,男女生的每周平均值为 102.92 分钟,比前测时每周提高了 13.59 分钟。其中,男生每周为平均 93.48 分钟,女生每周为平均 81.86 分钟。在中等强度身体活动层面上,男女生的每周平均值为195.73 分钟,比前侧时每周提高了 18.91 分钟。其中,男生每周为平均 182.28分钟,女生每周为平均 168.05 分钟。男女生中等强度运动的时间在每周总运动时间上都有着最大的占比,分别为 44.15% 和 49.18%。在步行层面上,男女生的每周平均值为 178.92 分钟,比前测时每周提高了 40.08 分钟。其中,男生的每周平均值为 181.28 分钟,女生的每周平均值为 175.24 分钟。在总身体活动层面,男女生的平均值为 425.41 分钟,比前测时每周提高了 80.45 分钟。其中,男生每周为 443.47 分钟,女生每周为 398.17 分钟。在高强度活动 MET(代谢当量)值层面上,男女生的平均值为 823.34,比前测时提高了 108.74,其中,男生的平均值为 902.61,女生的平均值为 699.73。在中等强度活动的 MET 值上,男女生的平均值为 782.91,比前测时提高了 75.62,其中,男生的平均值为 782.67,女生的平均值为 783.30。在步行 MET 值上,男女生的平均值为 590.44,比前测时提高了

132.27,其中,男生的平均值为 598.23,女生的平均值为 578.29。在总身体活动的 MET 值上,男女生的平均值为 1 993.60,比前测提高了 262.42,其中,男生的平均值为 2 106.76,女生的平均值为 1 822.96。如同前测,虽然上述的各项指标在总体上男生的都高于女生的,但在统计学水平上($\alpha = 0.001$)差异都不具有显著性。

表 4-4　身体活动后测基本情况

| 身体活动纬度 | 总计 | 男生 | 女生 | $p$ |
|---|---|---|---|---|
| 高强度身体活动(分钟/每周) | 102.92±72.47 | 112.83±77.04 | 87.47±62.23 | 0.035 |
| 中强度身体活动(分钟/每周) | 195.73±146.38 | 195.77±137.11 | 195.82±151.81 | 0.995 |
| 步行(分钟/每周) | 178.92±178.86 | 181.28±177.62 | 175.24±182.51 | 0.853 |
| 总身体活动(分钟/每周) | 425.41±261.38 | 443.47±282.65 | 398.17±224.99 | 0.287 |
| 高强度身体活动代谢当量(千卡/每周) | 823.34±579.76 | 902.61±616.30 | 699.73±497.83 | 0.035 |
| 中强度身体活动代谢当量(千卡/每周) | 782.91±585.50 | 782.67±574.77 | 783.30±607.24 | 0.995 |
| 步行代谢当量(千卡/每周) | 590.44±590.22 | 598.23±586.15 | 578.29±602.28 | 0.853 |
| 总代谢当量(千卡/每周) | 1 993.60±1 112.41 | 2 106.76±1 224.48 | 1 822.96±900.63 | 0.117 |

　　如表 4-5 所示,受试者前后测各项数据的相关系数为 0.308～0.503,并且都在 $\alpha = 0.001$ 水平上具有显著差异。除了高强度运动的相关系数小于 0.4 之外,其余所有相关系数都大于 0.4 而小于 0.6,可以认为各项数据的相关程度良好,有着较好的信度。高强度运动的相关系数为 0.308,可以认为前后测数据之间存在着较弱的正相关关系。中等强度运动的相关系数为 0.475;步行活动的相关系数为 0.503;总身体活动的相关系数为 0.435;高活动代谢当量的相关系数为 0.425;中等强度活动代谢当量的相关系数为 0.475;步行活动代谢当量的相关系数为 0.503;总代谢当量的相关系数为 0.418。因此,可以认为,这些前后测数据

之间存在着中等的正相关关系。

表 4-5　信度研究受试者身体活动前后测相关性一览表

| 问 卷 变 量 | 相关系数 | $P$ |
|---|---|---|
| 高强度身体活动 | 0.308 | <0.001 |
| 中强度身体活动 | 0.475 | <0.001 |
| 步行 | 0.503 | <0.001 |
| 总身体活动 | 0.435 | <0.001 |
| 高强度身体活动代谢当量 | 0.425 | <0.001 |
| 中强度身体活动代谢当量 | 0.475 | <0.001 |
| 步行代谢当量 | 0.503 | <0.001 |
| 总代谢当量 | 0.418 | <0.001 |

（二）　效度研究结果

如表 4-6 所示,在问卷调查的高强度活动层面上,男女生的每周平均值为 88.66 分钟,其中,男生的每周平均值为 93.77 分钟,女生的每周平均值为 80.04 分钟。在问卷调查的中等强度身体活动层面上,男女生的每周平均值为 175.75 分钟,其中,男生的每周平均值为 186.22 分钟,女生的每周平均值为 159.35 分钟。在问卷调查的步行活动层面上,男女生的每周平均值为 139.54 分钟,其中,男生的每周平均值为 151.81 分钟,女生的每周平均值为 120.29 分钟。在问卷调查的总身体活动层面上,男女生的每周平均值为 344.14 分钟,其中,男生的每周平均值为 376.21 分钟,女生的每周平均值为 296.03 分钟。在问卷调查的剧烈身体活动代谢当量层面上,男女生的平均值为 709.27,其中,男生的平均值为 750.12,女生的平均值为 640.33。在问卷调查的中等强度身体活动代谢当量上,男女生的平均值为 703.01,其中,男生的平均值为 744.89,女生的平均值为 637.40。在问卷调查的总身体活动代谢当量上,男女生的平均值为 1 576.27,其中,男生的平均值为 1 725.84,女生的平均值 1 351.90。虽然上述各指标总体上男生的平均值都高于女生,但在统计学水平上($\alpha = 0.001$)差异都不具有显著性。在问卷调查的总卡路里消耗量层面上,男女生的平均值为 101 726.50,其中,男生的平均值为118 336.13,女生的平均值为76 821.07,男生消耗的卡路里显著高于女生($p<0.001$)。

表 4-6　效度研究身体活动后测基本情况

| 身体活动纬度 | 总计 | 男生 | 女生 | $p$ |
|---|---|---|---|---|
| 问卷调查 | | | | |
| 高强度身体活动(分钟/每周) | 88.66±77.88 | 93.77±80.78 | 80.04±72.74 | 0.335 |
| 中强度身体活动(分钟/每周) | 175.75±133.35 | 186.22±141.43 | 159.35±118.88 | 0.224 |
| 步行(分钟/每周) | 139.54±125.89 | 151.81±137.48 | 120.29±103.56 | 0.163 |
| 总身体活动(分钟/每周) | 344.14±235.26 | 376.21±257.40 | 296.03±189.30 | 0.032 |
| 高强度身体活动代谢当量(千卡/每周) | 709.27±623.05 | 750.12±646.24 | 640.33±581.91 | 0.335 |
| 中强度身体活动代谢当量(千卡/每周) | 703.01±533.40 | 744.89±565.74 | 637.40±475.53 | 0.224 |
| 步行代谢当量(千卡/每周) | 460.49±415.44 | 500.98±453.68 | 396.97±341.74 | 0.163 |
| 总代谢当量(千卡/每周) | 1 576.27± 1 056.91 | 1 725.84± 1 150.41 | 1 351.90± 859.00 | 0.026 |
| 总消耗卡路里(千卡/每周) | 101 726.50± 73 840.37 | 118 336.13± 81 909.36 | 76 821.07± 50 902.22 | <0.001 |
| 加速度计测量 | | | | |
| 重度身体活动(分钟/每周) | 7.57±77.88 | 9.25±6.82 | 5.08±77.88 | 0.004 |
| 高强度身体活动(分钟/每周) | 30.73±32.56 | 35.57±32.56 | 23.58±31.26 | 0.019 |
| 中强度身体活动(分钟/每周) | 308.91±125.06 | 299.51±125.70 | 322.79±123.72 | 0.240 |
| 轻度身体活动(分钟/每周) | 17 858.09± 5 141.49 | 19 360.01± 4 587.39 | 15 638.83± 5 143.61 | <0.001 |

| 身体活动纬度 | 总计 | 男生 | 女生 | $p$ |
|---|---|---|---|---|
| 总中高强度身体活动（分钟/每周） | 347.21±145.40 | 344.33±145.40 | 351.46±139.00 | 0.756 |
| 消耗卡路里（分钟/每周） | 1 778.42±1 003.77 | 1 966.81±782.62 | 1 500.05±782.62 | 0.003 |
| 平均消耗卡路里（分钟/每周） | 140.13±84.8 41.14±0.07 | 142.93±85.85 | 136.00±83.78 | 0.607 |
| 代谢当量（分钟/每周） | 1.14±0.07 | 1.12±0.06 | 1.17±0.08 | <0.001 |
| 步数（分钟/每周） | 38 730.02±15 506.72 | 36 984.18±15 780.33 | 41 309.69±14 834.52 | 0.078 |

在加速度计测量的非常剧烈的身体活动层面上，男女生的平均值为7.57，其中，男生的平均值为9.25，女生的平均值为5.08。在加速度计测量的高强度身体活动层面上，男女生的平均值为30.73，其中，男生的平均值为35.57，女生的平均值为23.58。在加速度计测量的中等强度的身体活动层面上，男女生的平均值为308.91，其中，男生的平均值为299.51，女生的平均值为322.79。但上述的3个指标在统计学（$\alpha=0.001$）水平上并没有显著差异。在加速度计测量的轻度身体活动层面上，男女生的平均值为17 858.09，其中，男生显著的比女生高3 721.18（$p<0.001$）。在加速度计测量总的MVPA层面上，男女生的平均值为347.21，其中，男生的平均值为344.33，女生的平均值为351.46。在加速度计测量的每周卡路里消耗层面上，男女生的平均值为1 778.42千卡每周，男生的平均值为1 966.81千卡每周，女生的平均值为1 500.05千卡每周。在平均每天卡路里消耗的层面上，男女生的平均值为140.13千卡每天，男生的平均值为142.93千卡每天，女生的平均值为136.00千卡每天。同样，上述3个指标在统计学（$p=0.001$）水平上并没有显著差异。在加速度计测量的平均代谢当量上，男女生的平均值为1.14，其中，男生的平均值为1.12，女生的平均值为1.17，女生显著高于男生0.05（$p<0.001$）。在加速度计测量的步数层面上，男女生的平均值为38 730.02，其中，男生的平均值为36 984.18，女生的平均值为41 309.69，但这一差异在统计学水平上（$\alpha=0.001$）差异不具有显著性。

受试者后测数据与加速度计测量数据的相关性如表 4-7 所示。其中,后测高强度的身体活动与加速度计测量的高强度身体活动的相关系数为 0.347,$\alpha =$ 0.001 水平上差异具有显著性。后测总身体活动与加速度计测量的总身体活动的相关系数为 0.403,并在 $\alpha = 0.001$ 水平上差异具有显著性。后测步行活动与加速度计测量的步行活动的相关系数为 0.134,但在 $\alpha = 0.01$ 水平上差异不具有显著性。结合国际上研究成果,可以认为本研究所采用问卷量表在本实验对象身上体现出了较好效度。

表 4-7　效度研究相关性一览表

| 身体活动纬度 | 总计 | $P$ |
|---|---|---|
| 高强度身体活动 | 0.347 | <0.001 |
| 总身体活动 | 0.403 | <0.001 |
| 步行 | 0.134 | 0.126 |

## 四、分析与讨论

本研究发现,在信度研究上,国际成年人身体活动问卷有着较好的信度。在 $p<0.001$ 水平上,前后两次问卷测试结果的相关性为 0.308～0.503;在效度研究上,国际成年人身体活动问卷有着较好的效度。在 $p<0.01$ 水平上,通过国际成年人身体活动问卷测出受试者高强度身体活动和总身体活动,与加速度计测得结果的相关性分别为 0.347 和 0.203。

国内外针对国际体力短问卷的信度展开了广泛研究,覆盖了英国[240]、瑞士[245]、立陶宛[246]、墨西哥[247]、尼日利亚[248,249]、日本[241]、中国[250,251]等多个国家的不同人群,得到的信度结果为 0.30～0.89[237,242,246,252,253]。从这可以看出,国际体力短版问卷在不同群体上有着不同的信度结果,这也从侧面证明了本研究的重要性。具体而言,在本研究的信度检验中,信度最低的为高强度身体活动($r=0.308$),略低于国内外的研究结果。这可能与以下两个原因有关:①从信度检验前后测的基本情况中可以看出,独生子女大学生群体较少参与高强度的身体活动,因而对可能对高强度身体活动认知不明确,导致在填写问卷中出现误差;②独生子女大学生群体可能会出于保护自尊心的缘故,对高强度身体活动做出了不准确的估计。而信度最高的为步行活动,相关系数为 0.503。这可能与独生子女大学生群体较多地采用步行这一身体活动有关。

在国内外针对国际体力短问卷的效度研究上,效度研究的结果区间为 0.11~0.88[237,240-242,245,246,248,252-258]。可以看出,不同国家的不同人群所得到的结果有些较大的差异。在本研究的效度检验中,效度最高的为总身体活动这一维度,相关系数为 0.403。这说明独生子女大学生群体对自己总身体活动这一维度有着较好的把握。效度最低的为步行这一维度,相关系数为 0.134,但这一结果在统计学上并不显著。

综合来看,本研究仍有不足之处,总结起来有以下两点:①研究对象为清华大学的大学生,虽然他们来自不同的省份,但在样本代表性上仍有不足之处;②为了保证信度、效度检验的顺利进行,本研究的抽样方法为方便抽样。所以,在以后的研究中,应采用随机抽样的方法面向更多的大学生开展研究,以获得一个更加准确、可靠的结果。

## 五、研究结论

本研究关注于独生子女大学生这一特殊的群体,开展了国际体力短版问卷信度、效度研究。综合国内外的研究结果,可以认为国际体力短版问卷在独生子女大学生的群体中体现出了良好的信度和效度,即国际体力短版问卷对于独生子女大学生群体而言,是一个可接受的测量身体活动的量表工具。

# 第二节　哈佛大学生身体活动问卷的信度和效度验证

## 一、引言

随着手机、电脑和电视等电子设备的发展,人们在生活和工作中花费越来多的时间从事久坐行为[259,260]。目前,身体活动不足已成为全球第四大死亡风险因素[1]。从事规律的身体活动对不同年龄人群的身心健康都具有积极影响。根据《2018 年美国身体活动指南》报道,大量研究证据表明,身体活动与全因死亡率、心血管疾病死亡率和发生率、冠状心脏病、中风、心力衰竭、Ⅱ型糖尿病、乳腺癌、结肠癌、膀胱癌和子宫内膜癌之间存在剂量反应关系[2]。"运动是良医"的理念已成为国内外学术界的共识。

在建立身体活动和健康关系的研究历史中,具有里程碑意义的研究之一是美国帕芬巴格教授于 20 世纪 60 年代早期发起的哈佛大学校友健康研究(Harvard Alumni Health Study,HAHS)[261]。为了测量哈佛大学生和校友的身体活动水平,帕芬巴格教授开发了哈佛大学生身体活动问卷(Harvard Alumni Health Study Physical Activity Questionnaire,HAHS-PAQ),也称 Paffenbarger 身体活动问卷(The Paffenbarger Physical Activity Questionnaire,PPAQ)或大学校友身体活动问卷(College Alumnus Questionnaire Physical Activity Index)。通过这份问卷,他研究了身体活动与多种健康结果的关系,包括寿命[60,262,263]、冠心病[80,236]、中风[80,264]、Ⅱ型糖尿病[265]、高血压[265]、特定部位癌症[266]、消化性溃疡[267]、抑郁症和自杀[268]。基于该问卷的研究数据,他将身体活动和心血管疾病之间的定量关系建立起来,发表了关于身体活动和中风、高血压、糖尿病、寿命等主题的研究报道。哈佛大学校友健康研究身体活动问卷也成为专门调查大学生和校友身体活动的重要工具。

虽然现在有三维加速度计等身体活动测量工具,但因价格和仪器测试的周期较长与无法测试具体的活动内容等问题,身体活动问卷仍然是身体活动与健康流行病学研究的重要工具[261,269,270]。身体活动问卷具有适用于大样本调查且成本低、相较于仪器佩戴较少干扰受试者正常行为、可以获取和灵活调整所有维度身体活动信息(包括具体活动内容、频率、持续时间和强度)等优势[9]。哈佛大学生身体活动问卷作为身体活动测量的经典问卷之一,其信度和效度已被广泛验证,但调查对象主要是欧美白种人,部分涉及非洲裔美国人和拉丁裔美国

---

〔1〕 WHO. Physical activity [M]. World Health Organization. 2017.

〔2〕 HHS:US Department of Health Human Services2018.

人,而且该问卷是专门为大学生和校友群体开发设计的,目前该问卷在中国人群样本中尚未有研究报道[271]。因此本研究首次以中国大学生为样本对哈佛大学生身体活动问卷(HAHS-PAQ)的信效度进行验证。

## 二、研究对象与研究方法

### (一)受试者基本情况和研究过程

本研究以某大学 2017 级本科生作为调查对象。在其体育理论课上招募受试者,所有受试者同意参与本调查并签署了知情同意书。首先,让所有受试者在指定时间(前测时间)到大学东操场西看台会议室集合填写 HAHS-PAQ,大约 10 分钟后收回问卷。然后,随机选取其中的 166 名受试者佩戴三维加速度计参与效度研究,在佩戴前由调查研究者向受试者说明佩戴的方法及每天需佩戴 10 小时以上,除了睡觉、洗澡或游泳时,其他时间都需要佩戴等注意事项。一周(7天)之后,所有受试者再次(后测时间)在同一地点集合完成 HAHS-PAQ 的第二次填写,有佩戴加速度计的同学交回加速度计后再填写问卷。其中,所有参与效度研究的同学都参与了信度研究。

完成两次问卷填写,且数据完整有效的大学生共有 220 名,将其作为信度研究的受试者(详见表 4-8)。其中,佩戴加速度计且数据完整有效的有 166 名,将其作为效度研究的受试者(详见表 4-9)。所有受试者年龄为 18～19 岁,身体素质状况良好,BMI 基本处于正常范围。

表 4-8　信度研究受试者基本特征一览表

| | 总计 | 男生 | 女生 | *p* |
|---|---|---|---|---|
| 人数 | 220 | 145 | 75 | |
| 年龄/岁 | 18.48±0.96 | 18.35±1.03 | 18.72±0.76 | < 0.01 |
| 身高/厘米 | 171.18±8.14 | 175.26±6.20 | 163.30±5.10 | <0.001 |
| 体重/千克 | 62.80±10.92 | 66.45±10.94 | 55.73±6.57 | <0.001 |
| BMI(千克/平方米) | 21.37±2.91 | 21.61±3.12 | 20.90±2.30 | 0.085 |

表 4-9　效度研究受试者基本特征一览表

| | 总计 | 男生 | 女生 | *p* |
|---|---|---|---|---|
| 人数 | 166 | 99 | 67 | |
| 年龄/岁 | 18.61±1.05 | 18.52±1.14 | 18.76±0.91 | 0.141 |
| 身高/厘米 | 170.36±8.21 | 175.29±6.08 | 163.07±4.83 | <0.001 |
| 体重/千克 | 62.20±11.32 | 66.58±11.61 | 55.72±6.98 | <0.001 |
| BMI(千克/平方米) | 21.37±3.08 | 21.65±3.42 | 20.95±2.47 | 0.152 |

（二）测量指标与方法

**1. HAHS-PAQ**

HAHS-PAQ 原版主要调查大学校友通常的爬楼梯和步行模式,并要求参与者列出过去一年内进行的运动或休闲娱乐活动,及其频率和持续时间。HAHS-PAQ 原版包括 8 道题,第 1～2 题是关于步行的,包括距离(每天走多少街区,12街区＝1 英里)、步速(以每小时英里数为单位);第 3 题是关于每天向上爬楼的层数(1 层＝10 步);第 4 题是关于过去一年积极参与的任何运动休闲娱乐活动(不要漏掉曾参与的季节性运动,如滑冰等),包括每年参与的频率和时间及持续参与年数;第 5 题询问了参与者对自己身体活动习惯的观点(选项为我参与足够的锻炼保持健康或我应该参与更多的锻炼或不知道);第 6 题询问了参与者是否每周至少参与一次规律性的中等强度以上的身体活动,包括快走、慢跑、骑自行车、游泳等,包括参与的项目及每周次数;第 7 题询问了参与者身体活动时的疲劳主观感受,并让参与者对其身体活动强度或努力程度进行评分(0～10 分,分值越大表示身体活动强度越大);第 8 题是关于平常和周末通常每天(24 小时)不同强度身体活动、久坐和睡眠时间行为参与的时间。最后基于步行、爬楼梯以及所有体育和休闲活动每周消耗的千卡热量,来估计总的能量消耗。

本研究首先将 HAHS-PAQ 由 10 名体育学研究生单独翻译,整理成一份中文稿后,对问卷中不适合我国大学生和校友的身体活动项目进行修改,由 5 名运动医学统计分析、流行病学和体育教育学专家讨论定稿,并由美国测量评价国际专家某教授(中国学者)最后审定。本研究中的 HAHS-PAQ 对原版的调整主要有以下几点：第一,由于加速度计的监测时间有限,将过去一年调整为过去一周；第二,在第1~2题中,将步行距离的每天走多少街区调整为每天走多少分钟,步速单位由每小时英里(m/h)调整为每小时千米(km/h)；第三,在日常身体活动项目上,根据中国大学生的特点,增加了自行车的题项,作为第3题,即您通常每天骑自行车多少分钟？

### 2. ActiGraph wGT3X-BT

用于评估问卷校标效度的主要客观方法有双标水、加速度计和计步器。双标水(DLW)被称为金标准,但其昂贵且不能提供身体活动能量消耗的详细信息,而计步器只能统计步行身体活动。本研究采用的是 ActiGraph wGT3X-BT 加速度计,这是由 ActiGraph 公司开发的可佩戴在髋关节、手腕或脚踝,连续7天24小时监测所有身体活动的三轴加速度计。它在监测学龄前儿童[272]和成人[273,274]的身体活动能量消耗方面都具有良好的信效度,并被广泛用于在自由生活条件下对身体活动的监测[273,275-277]。ActiGraph 加速度计用来量化与关联人类运动产生的加速度信号的算法在实验室(与直接观察相比,ICC:0.72~0.99)和在自由生活条件下[与 Yamax Digiwalker(一种计步器)相比,ICC:0.90]显示了中高步速的高精度[278]。ActiGraph 已用于大规模的流行病学研究,如美国国家健康与营养调查研究(NHANES)[279]和妇女健康研究(WHS)[280]。

因次,本研究采用 ActiGraph 加速度计作为校标,让受试者佩戴在腰部[281],以50 Hz 的频率收集数据[280],并使用 ActiLife(Version 6.13.3)处理和下载原始数据。然后,通过研究 ActiGraph 加速度计测量的每周总能耗、每日总能耗、中高强度能耗(Total MVPA)及步数(Step Counts)和 HASH-PAQ 估算的相关身体活动项目的相关性来评价问卷的校标效度。

### 3. 统计分析

采用 SPSS 25.0 软件分别对信度和效度的数据进行整理和清洗,剔除无效数据后,对所有受试者年龄、体重、身高、BMI 进行单因素方差分析。然后采用 Spearman 等级相关检验 HAHS-PAQ 的重测信度和效标效度。

采用 Bland-Altman 作图法对 HAHS-PAQ 与加速度计测量结果的一致性进行检验。具体包括 HAHS-PAQ 总能耗前后测结果的一致性分析和加速度计与问卷测量总能耗结果的一致性分析。

## 三、研究结果

### （一）问卷的信度

研究结果表明，HAHS-PAQ 间隔一周两次测量的每周总能耗的 Spearman r = 0.508($p$<0.01)。其中，步行的 S$pearman$ r = 0.435($p$<0.01)，自行车的 Spearman r = 0.707($p$<0.01)，爬楼梯的 Spearman r = 0.436($p$<0.01)，运动或休闲娱乐的 Spearman r = 0.345($p$<0.01)。因此，HAHS-PAQ 测试的总能耗和各项活动能耗间隔一周测试的 Spearman r = 0.35 ~ 0.71($p$<0.01)，具有可接受的信度，如表 4-10 所示。

**表 4-10　HAHS-PAQ 各项身体活动能量消耗(kcal/wk)**
**和 Spearman 相关系数**

| PA 项目 | 前　　测 | 后　　测 | Spearman 相关系数 |
|---|---|---|---|
| 总能耗 | 3 629.73±2 734.40 | 2 522.44±1 652.44 | 0.508[**] |
| 步行 | 1 020.77±852.19 | 628.14±463.64 | 0.435[**] |
| 自行车 | 1 756.06±928.24 | 1622.35±944.69 | 0.707[**] |
| 爬楼梯 | 388.15±275.58 | 257.98±292.83 | 0.436[**] |
| 运动休闲娱乐 | 1 344.26±2 430.83 | 825.14±910.28 | 0.345[**] |

根据 Bland-Altman 图的原理和方法[282]，对 HAHS-PAQ 前后测的一致性进行检验，从图 4-1 可以看出，所有受试者前后测测量数据差值的均数 Mean = 951.72，差值的标准差 SD = 1582.42，则 95%一致性界限为 951.72±1.96 × 1 582.42，即(−2 149.82,4 053.26)，5.0%(11/220)的点在 95%一致性界限以外；在一致性界限范围内，前后测的总能耗值相比，差值的绝对值最大为3 943.10千卡/每周(图 4-1 中实心圆圈代表的点)。由于两种方法测量结果最多相差3 943.10千卡/每周，两种方法测量结果平均为3 012.16 千卡/每周，这种相差的幅度在每周总能耗上是可以接受的，因此可以认为问卷前后测的结果具有较好的一致性。

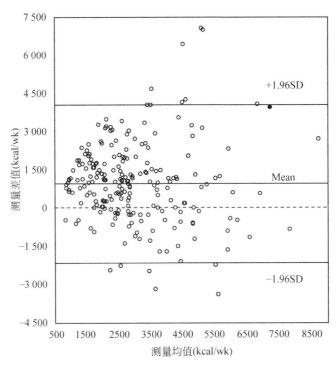

图 4-1　问卷前测和后测 220 名受试者总能耗的 Bland-Altman 图

（二）问卷的效标效度

研究的结果显示，HAHS-PAQ 与加速度计测量的每周总能耗的 Spearman r =
0.348（p<0.01），每天能耗的 Spearman r = 0.420（p<0.01），中高强度能耗的
Spearman r = 0.308（p<0.01），步行的 Spearman r = 0.240（p<0.01）。因此，HAHS-
PAQ 效标效度的 Spearman r = 0.24～0.42（p<0.01），具有可接受的效标效度，具
体详见表 4-11。

根据 ActiGraph 加速度计测试的结果来看，中国大学生样本每周总能耗为
1 778.42±1 003.77 千卡，每天总能耗为 140.13±84.84 千卡，每周参与中高强度
能耗的时间为 347.2±144.4 分钟，每周总步数为 38 730.02±15 506.72 步，基本
达到《2018 年美国身体活动指南》所规定的活动量。

表 4-11 HAHS-PAQ 和加速度计测量的各项身体活动
能量消耗的 Spearman 相关系数

| PA 项目 | HAHS-PAQ | 加 速 计 | Spearman 相关系数 |
|---|---|---|---|
| 每周总能耗 | 2 764.14±1 675.76(千卡/每周) | 1 778.42±1 003.77(千卡/每周) | 0.348 ** |
| 每天能耗 | 394.88±239.39(千卡/每天) | 140.13±84.84(千卡/每天) | 0.420 ** |
| 中高强度能耗 | 2 764.14±1 675.76(千卡/每周) | 347.21±144.40(分钟) | 0.308 ** |
| 步行 | 593.84±423.39(MET-分钟/每天) | 38 730.02±15 506.72(步) | 0.240 ** |

根据 Bland-Altman 图的原理和方法,对 HAHS-PAQ 与加速计两种测量方法的一致性进行检验,从图 4-2 可以看出,两种测量方法测量数据差值的均数 Mean=1482.69,差值的标准差 SD=1 640.22,则 95%一致性界限为 1 482.69±1.96×1 640.22,即(-1 732.14,4 697.52),3.6%(6/166)的点在 95%一致性界限以外;在一致性界限范围内,加速度测量与问卷测量的总能耗值相比,差值的绝对值最大为 4 593.09 千卡/每周(图 4-2 中实心圆圈代表的点)。由于两种方法测量结果最多相差 4 593.09 千卡/每周,两种方法测量结果平均为 2596.71 千卡/每周,这种相差的幅度符合已有研究的结果,因此可以认为两种方法测量的结果具有较好的一致性。

## 四、分析与讨论

HAHS-PAQ 是身体活动与健康领域研究的经典问卷,但检验其信度和效度的受试者群体主要来自欧美国家,到目前为止还没有该问卷在中国人群体中进行信效度研究的报道,本研究运用 ActiGraph wGT3X-BT 加速度计,以中国大学生为受试者对 HAHS-PAQ 的信效度进行交叉验证,研究结果表明,HAHS-PAQ 重测信度的 Spearman r=0.35~0.71($p<0.01$),效度的 Spearman r=0.24~0.42($p<0.01$),具有可接受的信度和效度。

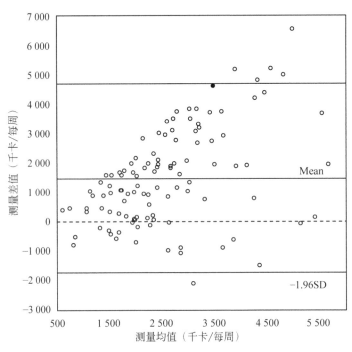

图 4-2　加速度计和问卷测量 166 名受试者总能耗的 Bland-Altman 图

　　在问卷的信度上,本研究结果发现,HASH-PAQ 间隔一周所估算的总能耗信度的 Spearman $r=0.508$,步行的 Spearman $r=0.435$,该结果与已有研究结果基本一致。沃什伯恩(Washburn)等人[283]采用 HASH-PAO 对 723 名 25～65 岁的波士顿市区居民的身体活动进行了间隔 7～12 周的两次调查,结果发现,HASH-PAQ 所估算的总能耗的重测信度为 0.58($p<0.05$)。男性和女性的信度系数相似,但较年轻者比年老者的信度系数低。雅各布斯(Jacobs)等人[233]以 103 名 20～59 岁的美国大学生和校友为受试者来评估 HASH-PAQ 的重测信度,结果表明,HASH-PAQ 间隔 12 个月的总能耗的相关系数为 0.50($p<0.05$),步行为 0.39($p<0.05$)。还有研究比本研究的结果略低,如芬(Rauh)等人[284]以 45 名 15～55 岁的拉丁裔美国大学生和校友为受试者,采用间隔 2 周的重复测试来评估 HAHS-PAQ 的信度,结果表明,间隔 2 周 HASH-PAQ 所估算的总能耗的 Pearson 相关系数为 0.34($p<0.05$),步行为 0.23($p<0.05$)。安斯沃思(Ainsworth)等人[233]对 78 名 21～59 岁的明尼苏达大学(University of Minnesota)的大学生和校

友采用间隔 7 个月的方法对 HAHS-PAQ 的信度进行验证,结果表明,间隔 7 个月 HASH-PAQ 所估算的总能耗的相关系数为 0.34($p<0.05$),步行为 0.27($p<0.05$),运动或休闲娱乐为 0.23。基于以上研究报道,研究的受试者主要是以美国 20~60 岁的大学生和校友为主,本研究的结果基本与其一致。另外,还有研究以绝经妇女为受试者,如拉波特(Laporte)等人[285]将 59 名平均年龄为 61.1 岁的绝经妇女作为受试者,研究 HAHS-PAQ12 个月时间间隔的信度,结果表明,HAHS-PAQ12 个月间隔两次测量结果的相关性为 0.73($p<0.05$)。考利(Cauley)等人[286]对 14 名平均年龄为 57.9 岁的绝经妇女间隔 4 周的重测信度研究中,报道了 0.76($p<0.05$)相关系数。这些结果比本研究略高,可能是受试者来自不同的年龄和人群。

然而,HAHS-PAQ 在不同的重测时间间隔中,研究结果存在差异。戴维斯(Davis)等人[287]以肥胖成人为受试者,得出 HAHS-PAQ 间隔 1 周所估算的总能耗信度的 Spearman r=0.52($p<0.05$),本研究结果与其相似。已有研究报道中,芬等人[284]对 45 名 15~55 岁的拉丁裔美国大学生和校友为受试者,用间隔 2 周的重复测试报道了 0.34($p<0.05$)的 Pearson 相关系数。考利等人[286]在绝经妇女间隔 4 周的重测信度研究中,报道了 0.76($p<0.05$)相关系数。沃什伯恩等人[283]对 723 名波士顿市区的 25~65 岁居民间隔 7~12 周的调查中,表明 HASH-PAQ 间隔 7~12 周的重测信度为 0.58($p<0.05$)。安斯沃思等人[288]采用间隔 7 个月的方法对 HAHS-PAQ 的信度进行验证,结果表明,间隔 7 个月 HASH-PAQ 所估算的总能耗的相关系数为 0.34($p<0.05$)。可见,HASH-PAQ 在不同时间间隔中的信度存在差异,可能原因是身体活动在不同的时间内会发生不同的变化。因此,在评价问卷的信度时还需要考虑不同时间间隔对重测信度的影响。

在问卷的效度上,本研究结果发现 HAHS-PAQ 量表与加速度计测试结果具有低度相关性,该研究结果与国外有关研究报道结果一致。有研究选取了有墨西哥背景的拉丁美洲人作为受试者,采用三维加速度计对 HAHS-PAQ 的效度进行研究,结果表明,二者的相关性为 0.34($p<0.05$)[284]。温斯特·哈特(Winters-Hart)等人[289]对 163 名平均年龄为 74 岁的白人绝经妇女采用历史身体活动问卷记录法来评估 HAHS-PAQ 的效度,研究结果报道受试者在每个时间段内

（1982 年、1985 年、1995 年、1999 年）的身体活动历史回忆与在该时间段内采用 HAHS-PAQ 收集的实际问卷数据的 Spearman 相关系数为 0.39～0.62（$p <$ 0.001）。辛普森（Simpson）等人[290]对 419 名平均年龄为 44.1 岁的美国大学校友，采用加速度计和身体健康生理指标为效标，对 HAHS-PAQ 中的第 8 题（Q8）的效度进行了研究，研究结果报道 Q8 所估算的能量消耗和三维加速器测量的相关性为 0.15～0.20（$p<0.01$），该效度结果比本研究略低。也有研究报道效度结果比本研究要略高。巴西特（Bassett）等人[291]对 96 名 25～70 岁的美国大学学生和校友采用计步器（Pedometer）来检验 HAHS-PAQ 估计的步行能耗的有效性，其结果表明在男性受试者中 HAHS-PAQ 估计的步行能耗与计步器估计的能耗之间的 Spearman $r=0.35$（$p<0.05$），女性为 0.48（$p<0.05$）。

产生不同研究结果的原因可能与选择的效标不同有关。蒂希曼（Dishman）等人[292]认为，如何客观选取效标去评估问卷的效度也是问卷有效性验证的关键问题。在问卷效度研究效标的选取上，在以往的研究报道中，主要是通过加速计、计步器、双标水去测试受试者的能量代谢值，以此为效标来验证问卷的效度。另外，也有采用身体健康生理指标（如 $VO_2max$、体适能、高密度脂蛋白（HDL）胆固醇和体脂）或身体活动记录和问卷计算值之间的相关性来验证量表和问卷的效度[293]。芬等人[284]和安斯沃思等人[294]以 Caltrac 活动监测器（一种电子运动传感器）为效标分别报道了 0.34（$p<0.05$）和 0.29（$p<0.05$）的 Spearman 相关系数。博纳富瓦（Bonnefoy）等人[295]对 19 名来自法国里昂的平均年龄为 73.4 岁的老年人采用被认为是金标准的双标水（DLW），为效标来研究 HAHS-PAQ 估计的总能耗与双标水估计的总能耗之间的相关性，结果表明，二者的 Spearman $r=$ 0.37。在其他研究报道中，HAHS-PAQ 和 $VO_2max$、BMI、体脂率、高密度脂蛋白（HDL）胆固醇，心率等生理测量指标之间也存在统计学意义上的相关性，约为 0.17～0.58[294-299]。此外，HAHS-PAQ 与身体活动记录之间也存在显著相关性，相关系数为 0.31～0.65[294,297]。这说明，HAHS-PAQ 问卷的项目被很好地回忆，可以作为衡量总体身体活动能量消耗的有效工具。本研究采用 ActiGraph wGT3X-BT 三维加速度计研究 HAHS-PAQ 的效度，研究结果发现，该问卷与三维加速度计之间存在中低度相关性。

HAHS-PAQ 是专门适用于大学生和校友群体的身体活动经典调查问卷,之前已被汉化的国际身体活动问卷主要包括国际体力问卷(IPAQ)[300,301]、Physical Activity Scale for Elderly(PASE)[302]、中老年女性营养及体力活动问卷[303,304]、中文版绝经后女性妇女健康倡议体力活动问卷[305]、成年人身体活动调查问卷[306]、中国成年职业人群身体活动问卷[307]、中文版孕期身体活动问卷(Pregnancy Physical Activity Questionnaire,PPAQ)[305]、青少年体力活动问卷(PAQ-A)[308]和小学生 7 天体力活动问卷[309],但这些问卷主要是适用于老年人[301,302,310]、绝经或孕期妇女[305,311]、成年职业人群[306,307]和青少年[308]。HAHS-PAQ 在中国大学生样本中显示了可接受的信效度,在 10 分钟内即可完成,且可以对受试者主要身体活动的能量消耗进行量化计算,计算方法也较为简便,易于推广,可以作为调查中国大学生和校友身体活动水平的新工具。

虽然本研究以中国大学生为样本对 HASH-PAQ 的信效度进行了验证,但还存在以下几点不足之处:①本研究的受试者主要来自一所大学的学生,基于方便样本选择了受试者,样本来源比较单一,导致研究结果可能无法直接应用于其他大学生和校友群体,同时不是随机样本,这可能对结果造成偏倚。在未来研究中,应扩大样本来源,采用随机抽样的方法选择受试者,提高研究结果的外部效度。②由于加速计可连续监测的时间有限,本研究只对 HAHS-PAQ 一周时间的信效度进行了检验,在今后条件允许的情况下,建议在一年中进行多次测量检验。③本研究对原版问卷进行了调整,在日常身体活动项目上,增加了自行车的题项,这也可能对研究的结果产生一定影响。

## 五、研究结论

对于中国大学生样本,哈佛校友健康研究身体活动问卷具有可接受的信度和效度,且易于推广,可以作为中国大学生身体活动水平的调查工具。

## 第三节　国际老年人身体活动 PASE 问卷
## 的信度和效度验证

### 一、引言

我国老龄化趋势明显,根据 2011 年 5 月 11 日,第七次全国人口普查的结果数据,我国人口共 14.11 亿人,其中 60 岁以上老年人口占 19%,约为 2.68 亿。随着人口老龄化的到来,老年人寿命逐渐增长,但老年人健康寿命并没有像人口老龄化速度那样得到同比增长,养老问题已经成为严峻的社会问题。国内外大量的研究表明,运动是良医,老年人身体活动能够有效地提高或保持其健康水平[2]、降低疾病发病率[312]、预防和延缓阿尔茨海默病等疾病的发生发展进程[312,313],提高生活质量[19]与心理健康水平[314]。采用量表对老年人身体活动进行客观评估和调查是制定老年公共健康政策的基础,国际老年身体活动 PASE 问卷是国际上测量老年人身体活动的经典问卷,在美国[315]、日本[316]、荷兰[317]等国家老年人群身体活动的研究中得到了广泛的验证,但尚未在我国老年群体中进行验证。本研究的目的是将国际测量老年人身体活动的经典量表——PASE 量表在我国老年人群体中验证信度和效度。

### 二、研究对象与研究方法

#### (一) 研究对象的基本情况

在清华大学共招募 40 名离退休教师参与本实验,其中,受试者中有 9 人由于佩戴 Armband 表的位置不正确以及其他原因没有达到实验测试要求而被删除(平均每天测试记录时间<10 小时),最后共计 31 名受试者达到实验测试标准,完成了前后两次 PASE 问卷填写和 Armband 表 7 天的佩戴,且每天白天平均测试时间在 10 小时以上。31 名老年受试者中男性 15 名,女性 16 名,受试者的平

均年龄为 70.4 岁,身高体重指数 BMI 平均值为 24.6,处于标准值范围内。受试者来自清华大学离退休教师,全部受试者均受过高等教育,受试者受教育程度高,保证了 PASE 问卷的填写质量,具体见表 4-12。

表 4-12　老年人受试者的基本情况

| | | $n$ | M | SD | 95%置信区间 | | $p$ |
| | | | | | 下限 | 上限 | |
|---|---|---|---|---|---|---|---|
| 年龄 | 男 | 15 | 73.6±4.9 | 70.9 | 76.3 | | <0.001 |
| | 女 | 16 | 67.4±4.9 | 64.8 | 70.0 | | |
| | 总数 | 31 | 70.4±5.7 | 68.3 | 72.5 | | |
| 身高 | 男 | 15 | 170.3±7.2 | 166.3 | 174.2 | | <0.001 |
| | 女 | 16 | 158.9±7.0 | 155.2 | 162.7 | | |
| | 总数 | 31 | 164.4±9.0 | 161.1 | 167.7 | | |
| 体重 | 男 | 15 | 73.3±13.3 | 65.9 | 80.7 | | 0.004 |
| | 女 | 16 | 60.2±9.5 | 55.2 | 65.3 | | |
| | 总数 | 31 | 66.6±13.1 | 61.7 | 71.4 | | |
| BMI | 男 | 15 | 25.2±3.4 | 23.3 | 27.1 | | 0.418 |
| | 女 | 16 | 24.0±4.4 | 21.7 | 26.3 | | |
| | 总数 | 31 | 24.6±3.9 | 23.1 | 26.0 | | |

（二）研究方法与程序

**1. PASE 问卷**

研究采用国际上经典老年身体活动 PASE 量表测量中国老年人身体活动。PASE 量表是美国伊利诺伊大学香槟分校沃什伯恩教授等人于 1993 年研发的老年身体活动量表。该量表由 10 个大类问题,26 个具体问题组成,包括体育锻炼相关身体活动、家务相关身体活动和职业型身体活动 3 个部分。体育锻炼相关身体活动主要包括:走路、低强度、中强度和高强度体育锻炼、力量和耐力锻炼活动;家务相关身体活动包括:整理家务、打扫卫生、修理房间等工作;职业型身体活动包括:工作相关的身体活动,其中包括受雇和志愿者工作等。受访者完成问卷后,通过不同测试题目分值权重来计算最终各项的身体活动分值,PASE总分值在0～400分。本研究根据中国的实际情况对PASE量表中的问题进行了适当调整,包括:①增加了自行车身体活动征询题,因为自行车对国外老年人而言,少有使用,而对中国老年人来说却是一项重要的日常活动行为;②去掉了修理自己花园的征询题,这是因为中国人很少拥有自己的花园。

**2. Armband能量代谢测试仪**

Armband是由美国Senseware公司生产的测试人体能量代谢的仪器。本研究采用Senseware Pro3型号能量代谢测试仪器对受试者进行测试。Armband能量代谢测试仪主要包括4个监控设备:①监控活动和身体位置的三轴加速器;②监控热流监控器,该设备通过测试皮肤和通风板之间的热量散失来检测散热代谢率;③测试表面皮肤体温;④GSR监测是反映受试者臂部所佩戴两个电极板之间的电传导,能够反映出受试者在身体活动中出汗的情况,以及体温的变化。Armband身体活动能量代谢测试仪每分钟对受试者的身体活动能量代谢进行测试和记录,主要测试和记录内容包括(见图4-3):每分钟总能量代谢值、每分钟身体活动能量代谢值、活动强度的METs值(METS)、总共行走步数、不同强度的身体活动分级[包括低强度(<3MET)、中强度(≥3MET<6MET)、高强度

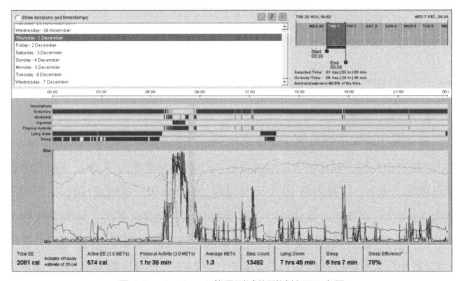

图4-3　Armband能量测试仪测试结果示意图

（≥6 MET≤9 MET）和超高强度（>9 MET）分配]活动时间、睡眠时间和睡眠质量、静坐时间、未带仪器和带仪器时间等指标。

### 3. 测试程序

本研究招募清华大学 60 岁以上老年人作为受试者参与实验,实验时间从 2011 年 10 月至 12 月,每名受试者参与测试 7 天。首先对招募到的所有受试者进行身高和体重测量后,每一名受试者需要填写一份 PASE 量表并戴上 Armband 身体活动能量代谢测试仪,试验人员指导受试者将仪器佩戴到上臂肱二头肌处,并告知带仪器的注意事项等问题(例如,告知受试者除洗澡外,仪器须每天一直佩戴,包括晚上睡眠时间)。7 天后,回到统一地点再次填写相同的 PASE 量表,并交回 Armband 表。采用两次测量的 PASE 量表一致程度进行信度检验,以 Armband 身体活动能量代谢测试仪对 PASE 量表进行效度验证。

### 4. 统计方法

对 Armband 能量代谢测试结果,采用 Senseware 6.1 专业版软件进行统计分析。采用 SPSS 20.0 对数据进行处理和分析,统计结果采用描述性统计和 Pearson 相关性分析,平均值(±SD)来描述,数据显著性水平在 $p ≤ 0.05$。

## 三、研究结果

### （一）PASE 量表信度

通过对比受试者 1 周内两次 PASE 量表测量结果显示(见表 4-13),总体上,受试者两次 PASE 总分值 Pearson 相关系数较高($r = 0.897$),表明该量表在受试者中信度较好。在 PASE 问卷中,家务劳动、体育锻炼、职业型身体活动 3 个变量之间,职业型的身体活动两次测量所获得的 Pearson 相关系数最高($r = 0.917$);就不同性别而言,PASE 量表在女性受试者中的信度高于男性受试者,Pearson 相关系数分别是女性 $r = 0.943$($p < 0.01$)和男性 $r = 0.812$($p < 0.01$)。在 PASE 量表的分项中,其中,女性受试者在家务劳动部分 PASE 测量信度高于男性受试者,但在体育锻炼身体活动和职业型身体活动方面,男性老年受试者两次 PASE 测量的信度高于女性老年受试者。图 4-4 是两次测量的 PASE 分值的离散图。从

图中可以看出两次测量的 PASE 分值高度重合,离散程度很低,表明量表测试的信度很高。总之,对受试者两次 PASE 量表测量的结果表明,该量表两次测量结果之间具有很高的相关性,可信度好。

表 4-13　PASE 量表二次测量的信度检验

| | 第一次 | 第二次 | **Pearson** |
|---|---|---|---|
| 总人数( $n=31$ ) | | | |
| 总分值 | 181.1±69.3 | 173.8±65.5 | 0.897** |
| 家务劳动 | 133.5±48.1 | 135.0±52.1 | 0.869** |
| 业余体育活动 | 38.5±28.8 | 29.7±28.5 | 0.816** |
| 工作相关活动 | 9.0±20.0 | 9.2±21.4 | 0.917** |
| 女( $n=16$ ) | | | |
| 总分值 | 196.8±72.2 | 185.7±68.6 | 0.943** |
| 家务劳动 | 144.5±53.4 | 147.7±55.1 | 0.928** |
| 业余体育活动 | 47.8±28.1 | 35.1±34.1 | 0.803** |
| 工作相关活动 | 4.4±9.1 | 2.8±8.8 | 0.677** |
| 男( $n=15$ ) | | | |
| 总分值 | 162.0±63.0 | 159.4±60.8 | 0.812** |
| 家务劳动 | 120.2±38.5 | 119.5±45.4 | 0.723** |
| 业余体育活动 | 27.1±26.4 | 23.0±18.8 | 0.910** |
| 工作相关活动 | 14.7±27.5 | 16.9±29.0 | 0.942** |

注: * 代表 $p<0.05$ , **代表 $p<0.01$ 。

（二） PASE 量表效度

采用 Armband 身体活动能量代谢测试仪对受试者 1 周时间 PASE 量表测试效度验证结果发现(见表 4-14),受试者总 PASE 分值和 Armband 身体活动能量代谢测试结果之间存在着中度相关性( $r=0.442$ ),表明 PASE 量表对老年受试者具有较好的测试效度。在 PASE 量表的几个分项(职业型、体育锻炼和家务劳动)测试中,职业和体育锻炼的测试分值效度 Pearson 相关性相对较高,家务劳动的测试效度较低。在不同性别之间,女性老年受试者 PASE 量表总体测试效度

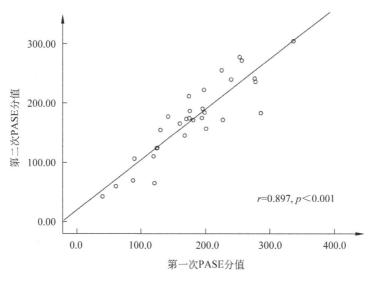

图 4-4　PASE 量表二次测量的信度

高于男性老年受试者,而男性在体育锻炼身体活动的测试效度上,略高于女性老年受试者。

表 4-14　Armband 身体活动能量代谢值和 PASE 量表分值 Pearson 相关性

| | 总体($n=31$) | | 男($n=15$) | | 女($n=16$) | |
|---|---|---|---|---|---|---|
| | *r* | *p* | *r* | *p* | *r* | *p* |
| 总 PASE 分值 | 0.442** | 0.01 | 0.327 | 0.2 | 0.441 | 0.08 |
| 职业活动分值 | 0.399* | 0.02 | 0.483* | 0.05 | 0.562* | 0.02 |
| 体育锻炼分值 | 0.239 | 0.17 | 0.424 | 0.09 | 0.21 | 0.42 |
| 家务劳动分值 | 0.035 | 0.85 | −0.419 | 0.09 | 0.08 | 0.76 |

注: * 代表 $p<0.05$, ** 代表 $p<0.01$。

Armband 测量的老年受试者 1 周行走步数结果与 PASE 量表的效度检验结果表明(见表 4-15),受试者第二次 PASE 量表测试分值和 1 周行走步数测试二者之间 Pearson 相关性较高($r=0.616$,$p<0.01$)。在不同性别间,女性受试者的 PASE 总分值的测试相关性值均高于男性,Pearson 相关性分别是女性 $r=0.717$ 和男性 $r=0.589$($p<0.01$)。在各个 PASE 分值的测试项目中,体育活动 PASE 分值和步数测试的相关性最高($r=0.545$,$p<0.01$),男性受试者显著高于女性受试

者相关性($r=0.846$ vs $r=0.469$,$p<0.01$)。在家务劳动分值上,女性受试者测试效度则高于男性。

表 4-15　Armband 测试的步数与 PASE 量表分值 Person 相关性效度

| | 总体($n=31$) | | 男($n=15$) | | 女($n=16$) | |
|---|---|---|---|---|---|---|
| | $r$ | $p$ | $r$ | $p$ | $r$ | $p$ |
| 家务劳动分值 | 0.533** | 0.01 | 0.508* | 0.02 | 0.548* | 0.04 |
| 体育锻炼分值 | 0.545** | 0.01 | 0.846** | 0.01 | 0.469 | 0.06 |
| 工作相关分值 | 0.439** | 0.01 | 0.583* | 0.01 | 0.229 | 0.38 |
| 总 PASE 分值 | 0.616** | 0.01 | 0.589* | 0.01 | 0.717** | 0.01 |

注:*代表 $p<0.05$,**代表 $p<0.01$。

通过对老年受试者第二次 PASE 量表中能量代谢测试效度验证发现(见表4-16),PASE 量表的身体活动能量代谢测试值和 Armband 能量代谢测试仪测试值两者之间 Pearson 相关性较高($r=0.505$,$p<0.01$),如图 4-5 所示;女性受试者的总能耗的测试相关性值和男性 Pearson 相关性类似($r=0.633$ vs $r=0.668$,$p<0.01$)。Armband 能量代谢测试仪对基于 PASE 量表的身体活动能量代谢测试效度结果显示,二者之间总体相关性为中度相关($r=0.505$,$p<0.01$),女性受试者PASE 问卷的效度测试结果显著高于男性受试者($r=0.700$ vs $r=0.256$,$p<0.01$)。

表 4-16　Armband 能量代谢和 PASE 量表计算代谢值 Person 相关性

| | Armband | PASE 问卷 | Pearson |
|---|---|---|---|
| 总体($n=31$) | | | |
| 总能耗(千焦) | 63.2±10.6 | 54.9±16.2 | 0.616** |
| 身体活动能量消耗(千焦) | 15.2±6.0 | 31.9±9.9 | 0.505** |
| 男($n=15$)<br>总能耗(千焦) | 67.3±8.9 | 18.4±56.3 | 0.668** |
| 身体活动能量消耗(千焦) | 32.7±10.5 | 15.4±5.3 | 0.256 |
| 女($n=16$)<br>总能耗(千焦) | 59.5±10.9 | 53.8±14.5 | 0.633** |
| 身体活动能量消耗(千焦) | 15.1±6.7 | 31.1±9.6 | 0.700** |

注:*代表 $p<0.05$,**代表 $p<0.01$。

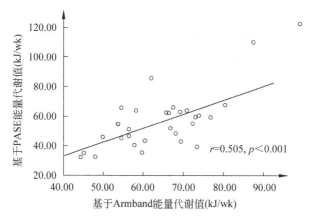

图4-5　PASE 量表能量代谢测量与 Armband 能量代谢测量的效度

PASE 量表计算的代谢值基于以下公式：能量代谢值=频率×时间×强度×体重，身体活动梅脱值编码参考 2000 年[10]和 2011[11]年美国运动医学学会发布的各种身体活动梅脱值。

## 四、分析与讨论

PASE 量表是目前国际测试老年人身体活动的经典量表，但检验其测试信度和效度的测试群体主要来自欧美国家老年受试者，到目前为止还没有见到该量表在中国老年人群中进行相关测试的信度和效度检验的研究报道。本研究运用 Armband 身体活动测试能量代谢仪，首次以中国老年受试者为研究对象，检验了 PASE 量表的信度和效度。验证结果认为，该量表具有较高的信度（$r=0.897$，Pearson 相关性，$p \leqslant 0.001$）和较好的效度（$r=0.505$，Pearson 相关性，$p \leqslant 0.001$），且 PASE 量表女性老年受试者的测量信度和效度要高于男性老年受试者。

1985 年，卡斯帕森（Caspersen）等人指出，身体活动是由骨骼肌收缩导致能量代谢的任何机体活动[55]。在身体活动研究中，主要有职业分类、行为观察、仪器测试、量表和问卷等方法来评估受试者的身体活动情况[318]。在上述方法中，测试效度是身体活动测量方法首要讨论的问题。研究报道认为[319]，双标水（doubly labolled water, DLW）的测试方法被称为身体活动测试的黄金标准。在本研究效标仪器的选取上,Armband 能量代谢测试仪的效度已经得到类似双标水这种"身体活动黄金效标"的验证研究报道。约翰森(Johannsen)在最近的一个研究中对 Armband Pro3 和另一款 Armband Mini 仪器采用双标水对两种仪器的效度进行的检验[320],在他的研究中,他选取了 30 名 24～60 岁之间的受试者(男性 15 人,女性 15 人),进行两周的自由活动测试。两周后结果显示,两种仪器具有很好的效度,Armband Pro3 和另一款 Armband Mini 仪器两者的效度分别为 $R^2$ = 0.71 和 $R^2$ = 0.68。结果表明,两种仪器均能够用来检测受试者身体活动的能量代谢。翁奇(Onge)等人[321]对 45 名成年受试者日常身体活动采用双标水对 Armband 的测试仪进行了效度检验,经过 10 天的测试结果后发现,两种仪器的相关性达到 $r$ = 0.81,结果认为,Armband 仪器能够客观准确地评估人体的能量代谢。在最新的一个研究报道中,Mackey 等人对 19 名 80 岁以上老年人进行了采用双标水的方法为期连续 12 天的 Armband 测试效度研究[322]。研究结果表明,Armband 测试表能够用来客观测试老年人的身体活动,其测试值和双标水测试结果相关性为 $r$ = 0.76。研究认为,Armband 能量代谢测试仪能够客观评估成年和老年群体的身体活动情况。

在身体活动研究的实践中,虽然双标水和 Armband 能量代谢测试仪在身体活动测试上具有较高的精准度,但是双标水和 Armband 测试仪的成本很高,测试程序复杂,在研究中具有无法大样本应用的局限性。标准化的经典量表调查法具有省时便捷地对大样本群体的身体活动和健康状况进行调查的优点。但如何客观选取效标去评估量表的效度也是身体活动研究者常常争论的一个问题。在以往的研究报道中,主要是通过心率表、计步器、Armband 等加速度计去测试受试者的能量代谢值,以此为效标来验证问卷的效度。另外,也有采用身体健康生理指标,如脂肪、血压、力量能力、耐力能力、有氧能力和问卷计算值之间的相关性来验证量表和问卷的效度[292]。因此,采用客观的测试仪器作为效标对身体活动量表进行验证研究,验证后的量表效度是决定该量表能否在大样本调查研究中采用的关键因素[323]。格锐(Crag)等人[324]曾采用基于三维加速器对国际体力问卷(IPAQ)在 12 个国家受试者中进行了效度研究,研究结果认为,三维加速器能够作为效标检验国际体力问卷,且该问卷在不同国家具有较高的测试效度。在 PASE 量表效标选取上,先前的研究报道中主要采用生理状况[325]、三维加速度计[316,326]作为效标进行验证研究。基于上述研究报道,本研究中采用 Armband 能量代谢仪验证 PASE 量表的效度。在 PASE 量表信度和效度方面,自 1993 年美国伊利诺伊大学香槟分校沃什伯恩教授等人研发出 PASE 量表以来[325],该量表已经成为国际老年人身体活动研究领域调查主要选择的测试工具,PASE 量表的信度和效度已得到来自不同国家老年群体的验证研究[316,317,327-330]。沃什伯恩等人在最早对 PASE 量表的经典效度研究中[325],曾经对 277 名平均年龄为 73 岁的老年人进行 PASE 量表的信度和效度研究,研究认为,该量表分值和老年人的握力相关性为 $r=0.37$、静力平衡 $r=0.33$、腿部力量 $r=0.25$、静息心率 $r=-0.13$、年龄 $r=-0.13$ 和疾病影响特点分值 $r=-0.42$。斯库特(Schuit)等人[317]采用双标水的测试方法对 PASE 量表在 21 名荷兰 60～80 岁之间老年人中进行了信度和效度检验。结果表明,PASE 量表和双标水之间的测试相关性为 $r=0.68$,男性为 $r=0.78$,女性为 $r=0.59$。在 PASE 分值上,研究认为,女性的 PASE 分值高于男性,与本研究结果类似。之后,沃什伯恩等人[24]再次对 190 名平均年龄为 66.5 岁的老年人(男性 56 人,女性 134 人)进行了 PASE 分值和生理能力之间的相关性研究。研究报道,其 PASE 的总分值和摄氧量指数(peak oxygen uptake)之间相关性为 $r=0.20$,血压 $r=-0.18$,和平衡分值为 $r=0.20$,研究结果认为,PASE 量表能够有效和客观地测量出人的身体活动情况以及用于作为流行病学研究其分值与机能健康状况的情况。在另一个研究中,沃什伯恩等人[103]对 12 名年龄在 67～80 岁之间的老年人采用三维加速器来进行为期 3 天的 PASE 量表信度和效度研究,研究结果报道,PASE 问卷和三维加速器的相关性较高($r=0.49$,$p<0.05$);在 70 岁以上的受试者中,相关性更高($r=0.64$,$p<0.05$)。丁格(Dinger)等人的研究中[327],对 56 名,平均年龄为 75 岁的老年人进行了 PASE 量表的信度和效度研究,在信度上,第一次量表测试的信度和第二次测试的量表信度为 $r=0.91$;在效度上,Spearman 的效度结果是 $r=0.43$,该结论和本研究结果类似。福森(Forsen)最近对 2009 年之前所有世界上报道研究调查的老年 PASE 量表测试的信度和效度进行了综述性研究[331],重点对 18 个研究,13 份老年身体活动调查 PASE 量表的信度和效度进行分析,他的研究认为,PASE 量表的重复性信度 Pearson 或者 Spearman 相关性 $r>0.7$ 属于可接受的信度范围,如果研究的重复性信度 Pearson 或者 Spearman 相关性 $r>0.8$ 属于比较好的信度研究。

本研究的不足之处是受试者的数量和样本群体的不足。在样本数量上，一般而言，如果研究样本的数量大于 50 人以上，属于非常好的范围，小于 50 名受试者的样本数量可能要差一些。在以后的研究中，需要进一步扩大样本数量，以进一步验证其信度和效度空间。同时，本受试者主要来自清华大学离退休教师，样本来源较为单一，该群体研究结论不能简单直接推断到其他中国老年群体，希望在以后的研究中逐步将对其他老年群体，如普通社区老年群体或农村老年群体进行验证研究。

## 五、研究结论

基于 Armband 身体活动能量代谢测试仪，通过中国老年受试者对 PASE 量表的信度和效度进行了实验验证研究，PASE 量表在中国老年受试者中的信度是 $r = 0.90$，效度 $r = 0.51$。验证结果认为，该量表具有较高的信度和较好的效度。

# 第四节　小　　结

大众体育政策的制定要以科学研究为基础，而大众身体活动的有效测量和评价是科学研究的关键一环。对身体活动的测量方法主要包括仪器测量法和问卷测量法，由于仪器测量成本过高，不利于在大范围的研究中推广使用，而问卷测量法具有便利性、低成本等优点，因此在大样本量的研究中通常采用问卷测量法。本章对成年人、大学生和老年人群体的身体活动经典问卷测量方法进行说明并对问卷的信度和效度进行验证，结果表明，国际成年人身体活动问卷、哈佛大学生身体活动问卷和国际老年人身体活动 PASE 问卷都具有可接受的信度和效度，可以作为大众身体活动水平的测量和评价方法。

第五章

# 西方国家身体活动政策发展趋向

## 第一节　西方国家身体活动政策研究
## 　　　　对象与研究方法

### 一、研究对象

本章将对西方国家身体活动(大众体育)政策的发展趋向进行研究,研究对象是美国、英国、德国、法国、澳大利亚、加拿大、意大利、新西兰、芬兰和挪威等国为促进大众参与体育锻炼,实现大众健康预期目标而出台的行动指南、计划和战略等书面政策文件。依据本研究的目的和需要,研究者以西方国家第一个身体活动政策为起点,搜集了1972—2018年西方国家身体活动政策的书面文本作为研究对象。

为了确保1972—2018年以来西方国家身体活动政策文本的全面性,研究者首先通过在以下网站或数据库进行西方国家身体活动政策文件的搜索:世界卫生组织官方网站[1]、全球身体活动观察站(GOPA)[2]、世卫组织欧洲区域办事处官方网站数据[3]、世卫组织欧洲营养、肥胖和身体活动数据库(NOPA)[4]、美国疾病控制与预防中心(CDC)[5]、加拿大政府官网[6]、新西兰政府官网[7]

---

〔1〕　https://www.who.int.

〔2〕　http://www.globalphysicalactivityobservatory.com/country-cards/.

〔3〕　http://data.euro.who.int/PhysicalActivity/? TabID=107126.

〔4〕　http://data.euro.who.int/nopa/.

〔5〕　https://www.cdc.gov/nccdphp/dnpao/state-local-programs/physicalactivity.html.

〔6〕　https://www.canada.ca/en.html.

〔7〕　https://www.govt.nz/.

等,共获得 764 份与身体活动政策相关的政策文件。将上述政策文本进行归类整理,按照以下标准进行分类：国家;发布日期;政策范围,分为全国和地方;政策类型,分为立法、政策、建议和指南、知识和信息、活动和计划以及实例探究;发行单位;部门;文件状态,包括采用、草稿版本、最终版本和通过并具有法律约束力的法律法规。

## 二、研究方法

### （一）文献资料法

文献资料法是政治学研究中搜集资料的主要途径之一,是搜集和分析文字形式为主要载体、记录政治现象的各种形式的信息资料的一种研究方法[332]。政策研究作为政治学研究的主要对象和领域之一[333],也离不开搜集和分析以文字形式为主要载体的政策文本,也即是说,政策文本的搜集与分析是深入和系统研究政策的起点。因此,深入研究西方国家身体活动政策演进的特征及问题,需要全面、系统地搜集西方国家身体活动政策文本的各种类型,为深入研究西方国家身体活动政策的趋向,提供翔实的文献资料支撑。

### （二）内容分析法

内容分析法又称内容分析,是指"对文献的定量分析,即对以各种政治信息交流形成的明显内容进行客观、系统和定量的描述"[332]。内容分析常用于对文本进行描述性的分析,而描述的重点在于主题分析。主题分析透过对文本的类型分析和解释,研究文本所表达的主题是什么,并从主题中发现隐藏在文本背后的"真实图像"[334]。从政策研究的角度看,明显的内容是指各种类型的政策文本。内容分析非常适合历史研究,尤其是研究时期跨度长,文献成为唯一可利用的资源时,对相关文献进行内容分析,就成为一种行之有效的方法[335]。但由于时间跨度长、文献内容多,完全囿于内容分析又不现实。因此,在内容分析之余,通过对遴选的西方国家身体活动政策文本的分析,能够较好地挖掘、解释其文本背后的"深层次的内容",它的好处在于能够通过定量的方法透视西方国家身体活动政策文本蕴含的"内容"和意义。基于此,借助于内容分析法,通过对西方国家身体活动政策文本的定量分析,能够客观、系统地描述西方国家身体活动政策演进的特征和趋势,并从对西方国家身体活动政策文本定量分析的"背后",发现其政策文本蕴含的指向、预期等各种内隐信息。

### 三、小结

因此,本章是以1972—2018年西方国家政府或相关非政府组织发布的身体活动政策文本为研究对象,采用文献资料法和内容分析法,对西方国家身体活动政策的具体内容、实施效果和收益及其演进分析等方面进行研究,同时对西方国家身体活动政策的重要文本进行详细解读,在此基础上对西方国家身体活动政策的发展趋向进行总结归纳。

## 第二节　西方国家身体活动政策具体内容和实施效果研究

### 一、西方国家身体活动政策具体内容研究

在身体活动政策内容方面,如表5-1所示,已有学者对西方国家制定的有关身体活动政策进行了研究[16,17,336-343]。研究发现,多数西方国家在2000年以后制定了最新身体活动政策,为国民参与身体活动创造条件,具体内容涉及大众体育锻炼、积极交通和健康饮食的法案、目标、指导纲要、方案和计划。

表5-1　西方国家身体活动政策和法案

| 国　家 | 政　策　名　称 | 制定年份 | 实施时间 |
|---|---|---|---|
| 美国 | 健康成人、老年人锻炼指导纲要 | 2008 | 2008—2018 |
| 英国 | 游戏、竞技运动和全民运动目标方案 | 2002 | 2002—2020 |
| 德国 | "骑你的自行车!"国家自行车出行政策 | 2002 | 2002—2012 |

| 国　家 | 政　策　名　称 | 制定年份 | 实施时间 |
|---|---|---|---|
| 法国 | 国家大众体育公共健康行动方案 | 2004 | 2004—2009 |
| 澳大利亚 | 国家身体活动指导纲要 | 2001 | 2001—2011 |
| 加拿大 | 健康立法：体适能和业余体育法案 | 2002 | 2002— |
| 丹麦 | 终身健康运动指导纲要 | 2003 | 2003—2010 |
| 芬兰 | 发展健康提升身体活动政府方案 | 2002 | 2003— |
| 爱尔兰 | 国家健康提升方案 | 2000 | 2000—2005 |
| 新西兰 | 活得更好更长——一种健康生活方式的实施法案 | 2004 | 2004— |
| 挪威 | 政府绿色环保出行政策——促进人们运动健康行动 | 2005 | 2005—2015 |
| 葡萄牙 | 国家健康计划 | 2004 | 2004—2010 |
| 比利时 | 比利时营养、锻炼和肥胖病预防国家政策 | 2005 | 2005— |
| 瑞典 | 健康饮食习惯和提高大众体育实施方案 | 2005 | 2005—2015 |
| 瑞士 | 绿色出行国家目标 | 2000 | 2000— |

注：该表参考[道格伯格(Daugbjerg)等,2009][340]和[博恩斯坦(Bornstein)等,2009][216]的表格修改整理。

## 二、西方国家身体活动政策实施效果研究

在身体活动政策的实施效果方面,已有研究[336,337,339,340,342,344-346]结果表明,大部分西方国家身体活动政策是由1个或多个政府部门牵头负责,其中在政策实施的负责部门中,卫生部频率最高,许多国家在政策的实施过程中是采用多部门合作负责的形式,94%的西方国家报道了政策制定中具有国家资金保障,35%国家报道政策实施效果属"高"等级;在涉及的领域上,68%的身体活动政策涉及健康提升,28%的政策涉及绿色出行交通领域,见表5-2和表5-3。

表 5-2　西方国家身体活动政策的实施与评估

| 研究者 | 时间 | 国家 | 实施部门 | 实施人群 | 资金 | 效果 |
|---|---|---|---|---|---|---|
| 德纳泽尔(de Nazelle) | 2011 | 美国 | 卫生部、教育部 | 成年人、老年人 | 有 | 高 |

| 研究者 | 时间 | 国家 | 实施部门 | 实施人群 | 资金 | 效果 |
|---|---|---|---|---|---|---|
| 克里斯蒂安森<br>（Christiansen） | 2012 | 英国 | 卫生部、体育委员会、交通部 | 运动员、全体公民 | 有 | 中 |
| 道格伯格 | 2009 | 法国 | 公共健康部 | 全体公民 | 有 | 高 |
| 芦丁（Rütten） | 2013 | 德国 | 卫生部、交通部 | 儿童、成年人、老年人 | 有 | 高 |
| 贝娄（Bellew） | 2008 | 澳大利亚 | 交通部 | 成年人、老年人 | 有 | 低 |
| 贝娄 | 2011 | 比利时 | 卫生部 | 全体公民 | 有 | 低 |
| 凯格（Craig） | 2011 | 加拿大 | 社会福利部 | 全体公民 | 有 | 中 |
| 哈拉（Hallal） | 2012 | 芬兰 | 卫生部 | 全体公民 | 有 | 中 |
| 克里斯蒂安森 | 2012 | 捷克 | 文化部、教育部 | 运动员、儿童、成年人 | 无 | 中 |
| 克里斯蒂安森 | 2012 | 爱尔兰 | 交通部 | 全体公民 | 有 | 高 |
| 道格伯格 | 2009 | 意大利 | 卫生部 | 全体公民 | 有 | 中 |
| 曼安（Mannan） | 2011 | 挪威 | 卫生、环保部 | 儿童、成年人 | 有 | 高 |
| 克里斯蒂安森 | 2012 | 波兰 | 卫生部 | 残疾人、非残疾人 | 有 | 中 |
| 希思 | 2012 | 葡萄牙 | 教育部、卫生部 | 全体公民 | 有 | 中 |
| 德纳泽尔 | 2011 | 西班牙 | 劳工部 | 全体公民 | 有 | 低 |
| 克里斯安森 | 2012 | 瑞典 | 国家健康协会 | 全体公民 | 有 | 高 |
| 希思 | 2012 | 瑞士 | 交通部 | 运动员、成年人、老年人 | 有 | 中 |

注：该表参考（道格伯格等，2009）的表格修改整理。

表 5-3　身体活动政策实行中涉及的领域

| 研　究　者 | 时间 | 健康 | 体育 | 交通 | 环境 |
|---|---|---|---|---|---|
| 德纳泽尔 | 2011 | 4 | | 1 | 1 |
| 克里斯蒂安森 | 2012 | 1 | 1 | 3 | |
| 道格伯格 | 2009 | 2 | | 1 | |
| 芦丁 | 2013 | 1 | | | |
| 贝娄 | 2008 | | | 1 | |

| 研　究　者 | 时间 | 健康 | 体育 | 交通 | 环境 |
|---|---|---|---|---|---|
| 贝娄 | 2011 | 1 | | | |
| 凯格 | 2011 | 3 | | | |
| 哈拉 | 2012 | 1 | | | |
| 克里斯蒂安森 | 2012 | | | 3 | |
| 克里斯蒂安森 | 2012 | 1 | | | |
| 道格伯格 | 2009 | 2 | | | |
| 曼安 | 2011 | 3 | | 1 | 1 |
| 克里斯蒂安森 | 2012 | 2 | | | |
| 希思 | 2012 | 2 | | | |
| 德纳泽尔 | 2011 | 1 | | | |
| 克里斯蒂安森 | 2012 | 2 | | | |
| 希思 | 2012 | | 1 | 2 | |
| 政策总数量 | 28 | | 13 | 2 | |

注：该表参考（道格伯格等，2009）的表格修改整理。

## 三、西方国家身体活动政策实施的收益研究

　　身体活动政策的实施不仅对人们健康产生积极的影响，而且还能节省个人的医疗费用，降低政府财政负担，具有显性的和潜在的经济性收益。卡扎尔兹克（Katzarzyk）研究加拿大国民体育政策干预节省国家医疗开支的问题，发现在1999年一年里，2.5%的国家医疗开支（约为当时21亿美金）是由于国民缺乏锻炼导致，身体活动政策实施后，每年增加10%的身体活动，国民为国家节省了1.5亿美元的国家医疗开支[347,348]。在美国，科尔迪茨（Colditz）等人研究报道，身体活动政策实施节省美国国家每年240亿～760亿美元的医疗开支，相当于美国2.4%～5.0%的国家医疗开支[89,349]。在英国，阿伦德（Allender）报道，身体活动政策干预节省了约3%的英国国家医疗开支，每年国家直接经济健康效益达10.6亿英镑[350]。在澳大利亚，郑（Zheng）报道，身体活动政策实施后，人们每周进行

5～7次,每次走路1小时,将会节省国家4.199亿美元的国家医疗开支[351]。美国糖尿病预防研究组曾在2001年7月对3 234名平均年龄为51岁患糖尿病的群体进行为期3年身体活动政策介入的成本效益实验追踪研究,该研究报道,政策实施干预组比药物治疗组(二甲双胍)在3年实验期间人均产生了3 540美元的医疗节省效益,该研究组在随后的追踪研究中同样得出了身体活动政策干预节省个人医疗开支的结论。

### 四、小结

多数西方国家在2000年以后制定了最新的身体活动政策,具体内容包括大众体育锻炼、积极交通和健康饮食的法案、目标、指导纲要、方案和计划,为大众参与体育锻炼提供政策支持。在西方国家身体活动政策的实施效果方面,大部分西方国家身体活动政策,采取由1个或多个政府部门牵头负责的形式,其中在政策实施的负责部门中,卫生部频率最高,许多国家在政策的实施过程中采用多部门合作负责的形式,94%的西方国家报道了政策制定中具有国家资金保障,35%的西方国家报道政策实施效果属高等级。同时,大部分西方国家表明,身体活动政策具有节省国家医疗支出、降低政府财政负担和个人的医疗费用的经济性收益。

## 第三节　西方国家身体活动政策的演进与分析

### 一、2000年以前身体活动政策的演进与分析

#### （一）时代背景

自石器时代以来,人们的生活方式经历了从狩猎到农耕、再到工业社会的改变,时代的变迁带给人们身体运动等生活方式的变化是巨大的。相对于远古时期,现代身体活动对人们的健康更加重要[48]。有关身体活动和疾病健康之间关

系的研究已有多年历史。在这期间,尤其是 20 世纪 50 年代中期,身体活动流行病学之父莫里斯和 70 年代帕芬巴格教授开展的著名的哈佛大学校友研究,为身体活动和慢性疾病健康之间的关系研究奠定了扎实的科学基础。20 世纪 90 年代后,随着大量有关身体活动对健康影响的研究报道发表,身体活动和健康之间的关系得到了学者们的共同承认。政府和各种健康组织开始意识到鼓励人们参与身体活动的重要性。

### (二) 2000 年以前身体活动政策分析

身体活动政策是社会发展的产物。20 世纪下半叶以来,西方国家经济快速发展,普通民众的生活方式也随之改变。如出行方式开始由开车代替步行或骑自行车,家务劳动和工作场所的体力劳动也逐渐被自动化、智能化设备代替,闲暇时间以电视为伴,生活变得富足而安逸。然而,这种安逸的生活也潜伏着巨大的体质和健康危机。同时,随着人们对身体活动与慢性疾病和健康关系研究的深入,学界产生了大量相关的科研成果。如莫里斯等人在对长期缺乏活动的公共汽车司机和邮递员的研究中发现,人们从事较多的身体活动性工作将会更多地减少由心血管疾病导致的全因死亡率;帕芬巴格等人通过对码头工人身体活动和心血管疾病关系的研究,提出参与较多身体活动的工人(每天活动>4 200 千焦),由心血管疾病引发的全因死亡率远远低于参与较少身体活动者(<4 200 千焦)。基于当时的社会背景和科研成果,西方各国开始颁布身体活动政策。

#### 1. 定量分析

本研究通过对 20 世纪下半叶,西方各国身体活动政策的数量变化进行定量分析,以期通过对其定量分析,能够发现这一时期西方国家身体活动政策演进的某些特征,具体结果如图 5-1 所示。由图 5-1 可知,从整体上看,第一时期西方国家身体活动政策数量的变化呈现曲线上升发展的态势,出现一个平稳期与一个高峰期,各年度政策颁布量较少,最低 1 件,最高 9 件,这也表明这一时期身体活动政策还处于一个萌芽阶段。从西方国家身体活动政策颁布的频率来看,其颁布频率在不断增加,从 1972 年第一个政策颁布到 1982 年第二个政策颁布,间隔了 10 年,之后再经过 8 年时间,在 1990 年颁布了第三个身体活动政策,之后基本每1～2年的时间就会有新的身体活动政策颁布。同时，每年颁布数量也在不断增加。

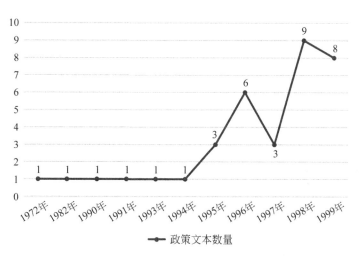

图 5-1    西方身体活动政策文本年度颁布数量变化（1972—1999 年）

从图 5-1 来看，西方国家身体活动政策数量变化的第一个增长期出现在1994—1999 年。这也契合了大众身体活动进入公共健康领域的历史。1990 年《ACSM 立场申明》(*ACSM position stand*) 开始从体质范式向健康范式转变。ACSM 是大众体育政策的早期领导者，它的早期政策因受到当时体质危机和科研成果的影响，其主要目标是通过较大强度锻炼提高体质，并且认为只有高强度的锻炼才有益健康。直到 1990 年 *ACSM position stand* 确立了健康促进目标。1992 年美国心脏协会发布《锻炼声明》(*Statement on Exercise：Benefits and Recommendations for Physical Activity Programs for All Americans*)。这一政策首先确定了身体活动不足是冠心病的 4 个风险因素之一，并首次提出中等强度的锻炼亦有益于健康。尽管它指出不同强度的、经常性的身体活动都对健康有益，但是仍然着重强调具有一定强度的有氧锻炼。1995 年，CDC 和 ACSM 发布《身体活动与公共健康》(*Physical Activity and Public Health*)，建议每周 3 天以上（最好是每天）、每次累计 30 分钟以上中等强度身体活动。这里首次提出"累计"，也就是说，每次 30 分钟的锻炼可以分割成不同的片段来完成。另外，在锻炼形式上不拘泥于某种特定模式，而是提出生活化的身体活动形式，比如走路、爬楼梯、做家务等。这样做的目的是增加身体活动政策的可行性。这一政策备受关注且影响深远,之后美国卫生部、AHA 和 WHO 皆根据这一政策发布了相似指南[352]。

帕特(Pate)等人[353]回顾了发布这些声明的背景,并作出总结。他指出美国心脏协会和美国运动医学学院在 20 世纪 70 年代发表的声明着重于在心脏康复和健身计划环境中使用运动的指导方针。这些组织和其他组织在20 世纪 90 年代发表的声明讨论了身体活动在预防疾病和促进公共卫生方面的作用。因此,重点已从对结构化运动的认可转向支持公共卫生干预,以通过环境、政策促进身体活动。随着身体活动进入公共健康领域,由医学证据进入干预,身体活动的促进需要政策的支撑,因此西方各国开始陆续颁布相关的身体活动政策。

### 2. 政策主题分析

主题的基本含义是指文艺作品所蕴含的基本思想,泛指谈话、文章、会议、文件等的核心内容[354]。西方大众政策主题则可以理解为西方大众政策文本所蕴含的主要内容,其核心内容指向政党、政府及其他组织所预设的方向演进。主题聚类主要是通过对系列文本、查询式等信息集合进行主题分析,获得能够表达主题的关键词或者主题词集合后,再对集合进行聚类分析,最后得到基于主题的聚类结果描述[355]。因此,通过对系列政策文本的聚类,有助于发现系列政策文本的核心内容。主题聚类作为一种探索性的分类方法,在分类实施过程中没有明确的先验标准,一般是基于一定的逻辑,按照文本近似性的远近关系归类到一个相近的簇中,进而形成类别的过程。

通过对 20 世纪下半叶西方国家身体活动政策主题类型的识别及聚类描述,有助于进一步了解西方国家身体活动政策演进的特征。整体来看,这一时期西方国家颁布的身体活动政策文本主要是与体育、健康、教育、土地使用和规划或交通运输政策相结合的身体活动政策,还没有出现将身体活动作为"独立"的身体活动政策的文本。一些西方国家在体育、教育和健康领域确定了与身体活动相关的立法,如瑞士的《促进运动和运动的法律》,西班牙、立陶宛、塞尔维亚的《体育法》,冰岛的《体育立法法案》,保加利亚的《教育法》,波兰的《体育教育法》,丹麦的《学校体育日》和英国的《活跃的学校》。而卫生部门内的立法通常将身体活动与更广泛的公共卫生议程联系起来,以促进健康和预防疾病。如荷兰的《荷兰的预防性卫生政策》、爱沙尼亚的《波罗的海共和国的营养和生活方式》和瑞典的《体育与健康》;还有一些西方国家颁布了与运输和环境部门有关的身体活动相关立法和政策。运输政策通常规定了非机动交通(骑自行车或步行)的要求,旨在提高机动性,减少碳排放和解决道路安全的行动。如英国的《走路去学校》《在城市地区骑自行车:公共交通规划者和运营商的问题》与《骑行的安全框架》和瑞士的《行人和自行车交通的体制障碍》。环境部门立法的一个例子是挪威的《协调土地使用和运输规划的国家政策准则》。在20世纪末期开始出现"独立"身体活动政策文本的雏形,如英国在1999年颁布的《建立联系:整合运输,健康和环境政策,为当地和卫生当局提供指南》和澳大利亚在1999年颁布的《澳大利亚国家身体活动指南》。

### 3. 小结

20世纪后下半叶以来,西方经济快速发展,人们的生活方式也随之改变。自动化、机械化和智能化带来的安逸生活潜伏着巨大的体质和健康危机,身体活动对人们的健康越来越重要。从古至今,随着有关身体活动和疾病健康之间关系的研究结果的发表,身体活动和健康之间的关系得到了学者们的共同承认。政府和各种健康组织开始意识到鼓励人们参与身体活动的重要性。

基于当时的社会背景和科研成果,20世纪下半叶,西方各国开始颁布身体活动政策。通过对2000年以前的西方国家身体活动政策的定量分析发现,这一时期西方国家身体活动政策数量的变化呈现曲线上升的发展态势,出现一个平稳期与一个高峰期,各年度政策颁布量较少,这表明这一时期西方国家身体活动政策还处于一个萌芽阶段。这也契合了大众身体活动进入公共健康领域的历史。随着身体活动进入公共健康领域,由于医学证据进入干预,促进身体活动需要政策的支撑,因此西方各国开始陆续颁布相关的身体活动政策。而在政策主题方面,这一时期西方国家颁布的身体活动政策文本主要是与体育、健康、教育、土地使用和规划或交通运输政策相结合的身体活动政策,还没有出现将身体活动作为"独立"的身体活动政策的文本。

## 二、2000—2010 年身体活动政策的演进与分析

### （一）时代背景

进入 21 世纪之后,国内外大量的研究已经证实,身体活动和慢性疾病患病率之间存在着一种线性关系,即越缺乏身体活动的人,其患慢性疾病的概率就会越高,越经常进行身体活动的人,其患慢性疾病的概率越低,政府和各种健康组织越来越意识到鼓励人们参与身体活动的重要性。例如,《2008 年美国身体活动指南》向成人推荐每周至少 150 分钟中等强度或 75 分钟高强度的有氧身体活动量,或二者的等价组合。

随着机械化和工业化的普及,人们的静坐倾向更加明显,静坐行为也变得越来越普遍。近 50 年来,大量学者发表的论文已经充分表明,参与身体活动将对人们产生多方面的收益性影响。在 21 世纪,共同行动、人们进行身体活动的意识、鼓励人们锻炼,将是身体活动研究者和大众面对工业化下人们健康严峻形势下的巨大挑战。

### （二）2000—2010 年身体活动政策分析

#### 1. 定量分析

由图 5-2 可知,从整体上看,第二时期西方国家身体活动政策数量的变化呈现快速增长的态势,相较于第一时期,这一时期政策数量可以说出现了快速的增长,最低 31 件,是第一时期最高数量的 3 倍多,最高突破 100 件,达到 116 件,表明这一时期西方国家身体活动政策进入了一个快速发展阶段。从西方国家身体活动政策颁布的频率来看,这一时期每年都有新的身体活动政策颁布,每年颁布数量都保持在较高的水平。这是由于进入 21 世纪之后,国内外大量的研究已经证实,身体活动和慢性疾病患病率之间存在着一种线性关系,即越缺乏身体活动的人,其患慢性疾病的概率就会越高,越经常进行身体活动的人,其患慢性疾病的概率越低。21 世纪以来,随着大量实证研究的出现,政府和各种健康组织越来越意识到鼓励人们参与身体活动的重要性,纷纷颁布促进身体活动的政策文本,

使这一时期的政策文本大量涌现。如世界卫生组织认识到制定和实施有效战略可以改善饮食和促进身体活动,从而大幅度减少全球死亡和疾病的发生概率,世界卫生组织于 2004 年 5 月通过了《饮食,身体活动和健康全球战略》,使身体活动作为独立的影响因子。

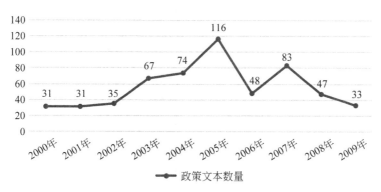

图 5-2　西方身体活动政策文本年度颁布数量变化图(2000—2009 年)

## 2. 政策主题

随着政策文本的增多,其覆盖的主题也变得更宽泛,为了更好地归纳这一时期西方国家身体活动政策的特点,在对政策文本的聚类分析时借鉴了施密德等人[16]开发的三轴政策框架,如图 5-3 所示。他们通过对已有文献的回顾,与其他领域的政策研究人员进行讨论以及审查其他政策框架之后,制定了这一概念框架。这框架可以更好地可视化、分类与理解我们在身体活动政策中的研究与工作计划。如图 5-3 所示,政策的重要组成部分或方面在垂直轴上找到,政策应用的设置由部门和层级轴定义。

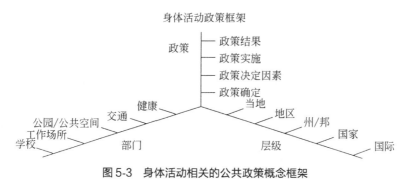

图 5-3　身体活动相关的公共政策概念框架

基于这一概念框架,通过对西方国家身体活动政策主题类型的识别和聚类分析,将 2000—2010 年这一时期的西方国家身体活动政策聚类为以下几种主题:健康、体育、积极交通、身体活动、公共空间、学校和环境,具体如图 5-4 所示。

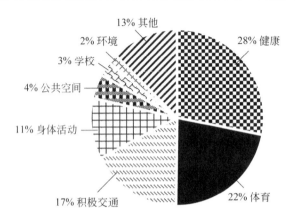

图 5-4  西方身体活动政策主题聚类比例图(2000—2010 年)

(1)西方国家身体活动政策主要集中在健康和体育领域。

由图 5-4 可知,这一时期西方国家国家身体活动政策涉及主题最多的是健康和体育方面的政策。健康方面占西方国家身体活动政策(2000—2010)总量的 28%,包括公共卫生、营养、肥胖预防、生活方式、医疗保健、非传染性疾病等,如 2000 年爱尔兰发布的《2000—2005 年国家健康促进战略》、2001 年荷兰发布的《荷兰的医疗保健、健康政策和健康改革》、2002 年瑞典颁布的《瑞典的新公共卫生政策》、2002 年美国发布的《促进健康饮食和身体活动的综合计划指南》、2003 年丹麦发布的《国家反肥胖行动计划、建议和观点》、2004 年英国颁布的《积极的生活:让你和你的家人感动》、2005 年西班牙颁布的《营养、身体活动和预防肥胖的策略》、2009 年立陶宛颁布的《2008—2010 年国家非传染性疾病预防战略》等。而体育方面政策的比例达到了 22%,包括体育方面的立法、体育促进战略、框架或计划及针对特定人群,如儿童、老年人和残疾人等的体育政策、指南或建议。如拉脱维亚和马耳他在 2002 年颁布的《体育法》、英国在 2003 年颁布的《21 世纪苏格兰的未来:2003—2007 国家体育战略》、爱尔兰的《2004—2005 体育和娱乐行动计划》、英国 2004 年颁布的《英格兰体育运动框架》、英国 2005 年提出的《女孩在移动》计划、2006 年加拿大的《残疾人体育政策》、2007 年以色列的《改善老人日间护理中心的身体活动计划》等。

（2）建成环境成为趋势

除了健康和体育方面的政策外,这一时期产生了与积极交通(17%)、公共空间(4%)、环境(2%)方面的新政策,不再局限于健康和体育方面的干预,开始从改善公共空间和环境,促进积极交通方面来促进大众体育。其中,积极交通包括通过骑行和步行引导人们上学和上班,如 2000 年英国颁布的《鼓励步行,向当地政府提供建议》、挪威在 2002 年出台的《积极进入学校的方式》、英国在 2003 年提出的《上学:一个很好的实践指南》、2005 年捷克共和国颁布的《国家自行车战略:目标、现实和前景》、2006 年奥地利颁布的《总体规划自行车:促进奥地利自行车交通的战略》、2007 年荷兰出台的《骑自行车上班》和 2008 年瑞典颁布的《未来的旅行和运输——可持续增长的基础设施》等。公共空间的改善主要包括交通道路、街道、社区、城市、公园和建筑等空间的规划和使用,从而增加人们的身体活动。在道路改善方面,2000 年英国颁布的《埃塞克斯当地交通规划》和《明天的道路:每个人都更安全》、2003 年颁布的《让伦敦成为一个可步行的城市》、2004 年颁布的《运输的未来——2030 年的网络》等;在社区方面的例子,有美国 2005 年颁布的《在密歇根州瓦什特洛县建立健康社区》和其 2006 年颁布的《Trailnet 的健康,积极和充满活力的社区倡议(HAVC)》;在城市方面的例子,有2007 年奥地利颁布的《自行车友好的城市》和《城市、健身中心和城市地区的运动文化》等。

同时,这一时期开始产生了"独立"的身体活动政策(11%),这说明身体活动越来越受到政府和相关组织机构的重视,不再把其看作是健康、体育政策的一部分,而是把它作为一个"独立"的政策。例如,美国在 2000 颁布了《通过身体活动和运动促进年轻人的健康》、2001 年颁布了《增加身体活动》、2002 年的《将循证的身体活动干预措施转化为实践——2010 年的挑战》及《2008 年美国人身体活动指南》。《2008 年美国人身体活动指南》的出台有着重要的意义:首先,它是第一个由联邦政府出台的身体活动政策,象征着政策主体从协会层面上升到国家层面,说明了美国对促进身体活动的重视;其次,它有针对性地分别为儿童、青少年、中年人、老年人、孕期和产后妇女、残疾人、慢性疾病患者等不同特征人群提供身体活动建议,这体现了身体活动政策向着精细化发展。

**3. 小结**

进入 21 世纪之后,随着机械化和工业化水平的提高,人们的静坐倾向更加明显,静坐行为变得越来越普遍。随着大量实证研究的出现,身体活动和慢性疾病患病率之间存在着一种线性关系已被证实,同时人们越来越认识到参与身体活动将对他们产生多方面的收益性影响。面对工业化背景下人们健康严峻形势的挑战,政府和各种健康组织越来越意识到共同行动、增强人们进行身体活动的意识、鼓励人们锻炼的重要性。

2000—2010 年这一时期,西方国家身体活动政策数量的变化呈现快速增长的态势,表明这一时期西方国家身体活动政策进入了一个快速发展阶段。同时这一时期每年都有新的身体活动政策颁布,且每年颁布数量都保持在较高的水平,这说明政府和各种健康组织越来越意识到鼓励人们参与身体活动的重要性,纷纷颁布促进身体活动的政策文本,使这一时期的政策文本数量大量涌现。随着政策文本数量的增多,其覆盖的主题变得越来越宽泛,基于施密德等人[16]开发的三轴政策框架,通过对西方国家身体活动政策主题类型的识别和聚类分析可知,这一时期西方国家身体活动政策主要集中在健康和体育领域;建成环境主题成为趋势;开始产生了"独立"的身体活动政策(11%);有针对性地分别为不同特征人群提供身体活动建议,这说明身体活动在大众健康领域越来越受到政府和相关组织机构的重视,改变建成环境成为新趋势,并把它从健康、体育政策中分离出来,作为一个"独立"的政策,开始向着精细化的方向发展。

## 三、2010—2018 年身体活动政策的演进与分析

### (一) 时代背景

多年的研究和实践证明,身体活动对健康有着重要意义。证据表明,身体活动对大多数慢性疾病都具有显著的改善作用,包括降低心血管疾病、Ⅱ型糖尿病、癌症、超重和肥胖的风险、改善肌肉骨骼健康和心理健康[356,357]。同时,缺乏

身体活动将会导致相当大的经济损失。例如，在英格兰，每年估计的卫生系统的费用、缺勤和因过早死亡而导致的收入损失是 30 亿～120 亿欧元。这还不包括缺乏身体活动对超重和肥胖的影响，其总体成本可能每年增加 9.6 亿～108 亿欧元。

同时，身体活动对健康的益处得到了充分认可。它们主要包括降低心血管疾病、糖尿病和各种类型癌症等非传染性疾病的风险和对心理健康产生积极影响，通过减少抑郁症、压力反应和可能延迟各类型阿尔茨海默病的影响。此外，身体活动是能量消耗的关键决定因素，它支持能量平衡和健康的体重。世界卫生组织建议成年人（包括老年人）每周至少进行 150 分钟的中等强度有氧运动或 75 分钟的强力有氧运动或等效组合。

身体活动可以在各种环境中进行，包括在运输过程中、在日常生活中、社区、学校、工作场所和家中的休闲活动。然而，保持足够水平的身体活动变得越来越困难，因为大多数日常环境使人们倾向于久坐。此外，尽管已知晓身体活动的诸多好处，但根据欧洲晴雨表——一项关于运动和身体活动的民意调查，近一半（46%）的欧洲人从未运动或参加运动，而这一比例自 2009 年以来逐渐增加。欧洲成年人中有很大一部分人每天花费超过 5 小时久坐，这可能是死亡的独立危险因素。身体活动对儿童的身心健康尤为重要。世卫组织建议儿童每天至少进行 60 分钟的中度至剧烈身体活动，但根据世卫组织欧洲儿童肥胖监测倡议，目前只有一小部分人符合这一建议。虽然一些国家的儿童肥胖率有所下降，但欧洲的比率仍然较高，而且在许多国家和地区，步行或骑车上下学的儿童比例一直在下降。青少年缺乏身体活动的普遍程度也较高。在参加"学龄儿童健康行为"调查的国家中，只有 23.1% 的男孩和 14.0% 的 13～15 岁女孩报告他们符合世界卫生组织的日常身体活动建议。

（二）2010—2018 年西方身体活动政策分析

对西方国家身体活动政策文件的早期分析可知，在制定政策时往往采取跨部门方法，各部门之间的协商和协作关系发生在政府的高层。然而，这种分析具有特殊性，包括澳大利亚、加拿大、新西兰和巴西等国家，最近几年，西方国家越来越关注在身体活动和公共卫生政策领域开展工作。这一时期需要特别关注西方国家政策文件内容分析的结果，包括多层次和多学科参与制定和实施政策。

首先，不同的作者已经以不同的方式定义了政策。例如，施密德等人将政策定义为"联邦、州、市或地方政府、政府机构或非政府组织（NGO，如学校或公司）采取的立法或监管行动。政策包括可能明示或暗示的正式和非正式规则和设计标准"[16]。布尔等人将政策定义为"实现预期目标的行动指南，由政府、非政府或私营部门组织发起，并且可以发生在书面（例如，在立法、政策文件内）或不成文的基础上（例如，在通常的实践中）"[17]。在这里，我们将政策文件定义为包含战略和优先事项，定义目标和目标的书面文件，并由公共行政部门颁布。鉴于国家政策文件对于抵制肥胖症部长级会议的重要性，这一时期主要分析侧重于国家机构发布的政策文件。

其次，在对这一时期政策文件的搜集过程中发现，促进身体活动相关政策的制定和颁布不仅仅限于卫生部门。因此，本文从公共卫生健康促进、运输、体育和环境领域寻求任何涉及身体活动的相关国家政策文件。本文在以下网站上进行文件搜索：国家卫生部、交通、环境、教育、文化、青年和体育；国家和国际机构等健康促进机构；地方和国家以下各级举措以及其他促进项目和活动的相关身体活动；此外，通过世界卫生组织官网上的材料，收集了所有可用语言版本的文档。

再次，对政策文件的内容分析。文件的内容分析包括以下几个步骤：第一，对收集的文件进行筛选，以排除未由部分管理部门开发或发布的文件，或者不包含有关身体活动的具体信息和目标的文件；第二，开发了一个涵盖感兴趣的关键特征的分析网格。在网格的基础上，对国家政策文件的内容进行了分析。开发分析网格是为了允许标准化的分析和文件之间的比较，以及政策制定的良好实践指标。基于相关政策分析报告和期刊文章中使用的框架和分析网格形成分析网格的已确定指标，旨在突出强项和可能的改进领域，并确定了以下8个方面与有效的身体活动政策相关。

（1）涉及的部门和机构：不同部门参与政策的制定和实施。重要的合作伙伴，包括政府的各个部门、地方政府当局、市政当局、非政府组织、私营部门、媒体、协会、教育机构、雇主等。

（2）实施：政策的实施计划以及负责实施的一个或多个机构的明确定义。

（3）法律地位：具有法律约束力或无约束力；是否被政府正式采纳。

（4）目标群体：明确确定的政策所针对的人口群体。

（5）既定目标和目标：为某些人群和时间段指定了身体活动既定目标或目标。

（6）时间范围：为实施策略指定的明确时间范围。

（7）预算：分配给政策实施的指定预算。

（8）评估和监督：制定或继续对政策的实施和结果进行评估；用于测量身体活动的监视或监测系统。

最终，对于这一时期收集到的政策文件进行了分析，结果如下：图 5-5 显示了截至 2018 年 11 月，收集的所有国家文件的摘要清单。总共确定了 128 份国家文件。其中 55 份来自 10 个国家及地区的促进身体活动的国家政策文件，详见表 5-4。

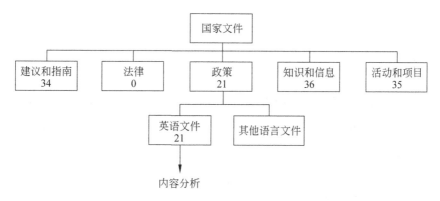

图 5-5　西方 10 个主要国家及地区收集的国家文件概述

表 5-4 按国家概述将这些政策文件分为 4 类：关于身体活动和公共健康卫生或健康促进的政策文件、关于身体活动和运动政策文件、关于身体活动和交通运输的政策文件，以及关于身体活动和环境的政策文件。10 个国家及地区中每个国家或地区至少有一份政策文件，侧重于身体活动和公共健康卫生或健康促进，1 个国家制定了一份关于身体活动和交通运输的政策文件，5 个国家及地区制定了一份关注身体活动和体育的政策文件；1 个国家确定了一个侧重于身体活动和环境的国家文件。

表 5-4　西方主要国家及地区身体活动政策文件总览[a]

| 国家及地区 | 国家及地区身体活动促进政策文件 | | | |
|---|---|---|---|---|
| | 健康促进 | 运动 | 交通运输 | 环境 |
| 美国 | 4 | | | |
| 加拿大 | 2 | 7 | | |
| 澳大利亚 | 13 | | | |
| 新西兰 | 1 | | | |
| 英国 | 8 | 11 | 1 | |
| 法国 | | | | 1 |
| 德国 | | 1 | | |
| 意大利 | 1 | | | |
| 芬兰 | 1 | 1 | | |
| 总计 | 30 | 20 | 1 | 1 |

注：该表参考(道格伯格 et al.,2009)[340]的表格修改整理。

　　a 包括政策文件、建议和指南。

这些文件以英语、法语、德语以及意大利语等工作语言发布。来自 10 个国家及地区的 55 份国家政策文件以英文形式出版，并被纳入内容分析，它们列于表 5-5 中。

表 5-5　内容分析中包含的 55 项国家政策概述

| 国家及地区 | 标　　题 | 发布时间 | 目标 | 完成时间 | 预算 | 评估 |
|---|---|---|---|---|---|---|
| 美国 | 美国人中期课程身体活动指南：增加青少年身体活动的策略 | 2012 | | | | |
| 美国 | 身体活动：建成环境方法将交通系统干预与土地利用和环境设计相结合 | 2016 | | | | × |
| 美国 | 青少年身体活动简编 | 2017 | × | | | |

| 国家及地区 | 标　题 | 发布时间 | 目标 | 完成时间 | 预算 | 评估 |
|---|---|---|---|---|---|---|
| 美国 | 美国人身体活动指南（第二版） | 2018 | | | | |
| 加拿大 | 遏制儿童肥胖：促进健康体重的联邦、省和地区行动框架 | 2010 | | | | × |
| 加拿大 | 加拿大儿童和青少年久坐行为指南 | 2011 | × | | | |
| 加拿大 | 加拿大身体活动指南 | 2011 | | | | |
| 加拿大 | 加拿大体育政策 | 2012 | | | | |
| 加拿大 | 加拿大康乐框架：福祉之路 | 2015 | | | | |
| 加拿大 | 加拿大儿童和青少年24小时运动指南 | 2016 | × | | | |
| 加拿大 | 加拿大儿童和青少年24小时运动指南：身体活动、久坐行为和睡眠的整合 | 2016 | × | | | |
| 加拿大 | 综合学校健康框架 | 2017 | × | | | |
| 加拿大 | 增加身体活动和减少加拿大久坐生活的共同愿景：让我们一起来吧 | 2018 | | | | |
| 澳大利亚 | 吸烟、营养、酒精和身体活动（SNAP）、超重和肥胖以及慢性病（长期） | 2011 | × | | | |
| 澳大利亚 | 更新澳大利亚儿童和青少年身体活动指南的系统评价 | 2012 | × | | | × |
| 澳大利亚 | 系统评价为澳大利亚儿童和青少年久坐不动行为指南提供信息 | 2012 | × | | | |
| 澳大利亚 | 为成人（18～64岁）制定基于证据的身体活动建议 | 2012 | × | | | |

| 国家及地区 | 标　　题 | 发布时间 | 目标 | 完成时间 | 预算 | 评估 |
|---|---|---|---|---|---|---|
| 澳大利亚 | 幼儿计划及肥胖应对计划 | 2013 | × | | | |
| 澳大利亚 | Get up & Grow 婴幼儿的健康饮食与身体活动 | 2013 | × | | | |
| 澳大利亚 | 澳大利亚的身体活动和久坐行为指南 | 2017 | | | | |
| 澳大利亚 | 澳大利亚早年 24 小时运动指南(出生至 5 年) | 2017 | × | | | |
| 澳大利亚 | 澳大利亚儿童身体活动和久坐行为指南(5～12 岁) | 2017 | × | | | |
| 澳大利亚 | 澳大利亚青少年身体活动和久坐行为指南（13～17 岁） | 2017 | × | | | |
| 澳大利亚 | 澳大利亚成人身体活动和久坐行为指南（18～64 岁） | 2017 | × | | | |
| 澳大利亚 | 选择健康,积极活动:澳大利亚老年人的身体活动指南 | 2017 | × | | | |
| 澳大利亚 | 让你的行动,少坐一点:活跃生活家庭资源 | 2017 | | | | |
| 新西兰 | 食品和营养指南及体育新西兰战略计划 2012—2015 | 2012 | | 2012—2015 | × | × |
| 英国 | 英国身体活动指南 | 2011 | | | | |
| 英国 | 身体活动网络：履行我们的集体承诺 | 2011 | | | | |
| 英国 | 关于成人参与体育和积极娱乐的当地统计数据——活跃人群调查中期报告 | 2011 | | | | |
| 英国 | 1 000 万英镑让女性更加活跃 | 2011 | × | | × | |
| 英国 | 让我们动起来 | 2012 | | | | |

| 国家及地区 | 标　题 | 发布时间 | 目标 | 完成时间 | 预算 | 评估 |
|---|---|---|---|---|---|---|
| 英国 | 更多生活：奥运会和残奥会的遗产 | 2012 | | | | |
| 英国 | 加强体育从基层到精英的新战略 | 2012 | | | | |
| 英国 | 健康行为如何支持儿童的幸福 | 2013 | × | | | |
| 英国 | 2010 年至 2015 年政府政策：体育参与 | 2013 | | 2015 | | |
| 英国 | 政府开始着力解决身体活动问题 | 2014 | | | | |
| 英国 | 制订国家身体活动方法 | 2014 | | | | |
| 英国 | 每个人每天都活跃：身体活动的框架 | 2014 | | | | |
| 英国 | 关于我们所有的健康：个性化护理和人口健康 | 2014 | | | | |
| 英国 | 如何在学校和大学有效增加身体活动 | 2014 | × | | | |
| 英国 | 体育未来：积极国家的新战略 | 2015 | | | | |
| 英国 | 健康问题：让每个成年人每天都活跃起来 | 2016 | × | | | |
| 英国 | 体育未来：第一份年度报告 | 2017 | | | | |
| 英国 | 身体活动：应用我们所有的健康 | 2018 | | | | |
| 英国 | 在工作中的健身 | 2018 | × | | | |
| 英国 | 体育未来：第二份年度报告 | 2018 | | | | |
| 法国 | 第二个国家行动计划——环境与健康（2009—2013） | 2010 | | 2009—2013 | | |

| 国家及地区 | 标 题 | 发布时间 | 目标 | 完成时间 | 预算 | 评估 |
|---|---|---|---|---|---|---|
| 德国 | 国家自行车计划 2020,携手发展骑行运动 | 2013 | | 2020 | | |
| 意大利 | 意大利关于营养、身体活动和肥胖的概况 | 2013 | | | | |
| 芬兰 | 提高身体活动意识的全国运动 | 2011 | | | | |
| 芬兰 | 行动起来：促进健康和福祉的国家身体活动战略（2020） | 2013 | | 2020 | | |
| 欧盟 | 欧盟理事会 2013 年 11 月 26 日关于跨部门促进健康的身体活动的建议 | 2013 | | | | |
| 欧盟 | 关于营养、身体活动和肥胖的国家概况、方法和总结 | 2013 | × | | | × |
| 欧盟 | 增进健康的身体活动的政策审计工具(第二版) | 2015 | | | | × |

注：① 该表参考(道格伯格等,2009)[340]的表格修改整理。

② ×表示在该政策中包含该内容。

### （三）2010—2018 年身体活动政策演进的趋势

通过对以上西方国家身体活动政策文件的分析,我们发现,这一时期西方国家身体活动政策具有以下演进趋势：

#### 1. 西方国家身体活动政策越来越关注对健康的促进

越来越多的研究表明,身体活动对健康有重要意义。在这一背景下,本研究所收集的 55 份 2010 年至今的西方国家身体活动政策文件中,58.2%的文件与健康促进有关。

#### 2. 西方国家身体活动政策越来越强调多部门间协调合作

促进身体活动需要多部门协调合作。国家协调机制确保已采取步骤促进各部门之间的协调行动。国家协调机制可以采取例如非正式工作组、咨询机构或正式跨部门政府机构的形式。然而,在各部门之间制定政策时,部门间合作的程度不断加深,在大多数情况下,文件由一个部门主持、多个部门参与。1/3 左右的政策文件是在卫生体育部、环境部、交通运输部、教育部等多部门的参与合作下制定完成。地方或地方当局很少参与国家文件的准备阶段,但他们更多地参与实施阶段,详见表 5-6。

表 5-6　参与制定分析的国家身体活动促进政策的部门和机构概述

| | No. | % |
| --- | --- | --- |
| 涉及部门 | 55 | 100 |
| 涉及 1 个或多个部委的文件数量,即 | | |
| 卫生体育部* | 47 | 72 |
| 交通运输部 | 1 | 2 |
| 环境部 | 1 | 2 |
| 教育部 | 5 | 8 |
| 其他部门(如财政部) | 10 | 16 |
| 不同部门和机构之间的合作: | | |
| (1) 没有合作(单独一个部门制定) | 34 | 63 |
| (2) 有合作 | 21 | 37 |
| a. 部门之间的合作 | | |
| 卫生体育部*和交通运输部 | 1 | 2 |
| 卫生体育部和环境部 | 1 | 2 |
| 卫生体育部和教育部 | 3 | 5 |
| 卫生体育部和其他部门 | 10 | 18 |
| b. 部门与地方政府间合作 | 3 | 5 |
| c. 部门与其他机构间的合作(如 NGO、项目组、委员会、私人部门、专家等) | 3 | 5 |

注:该表参考(道格伯格等,2009)[340]的表格修改整理。

*卫生部和体育部在很多情况下是不可分割的,因为在一些国家这两个部委合并为一个部,下同。

### 3. 越来越强调政策的跨区域合作

西方国家身体活动政策的实施,已经不仅仅局限于某一国家内部各部门间或中央及地方政府间的合作,同时也强调区域间不同国家和地区的合作。比如欧洲地区,以世界卫生组织欧洲办事处和欧盟委员会牵头发布了一系列身体活动政策指导性文件。在所有分析的政策文件中,强调了实施计划的重要性。大多数政策也制定了实施计划。但是,实施计划的详细描述有很大差异。很少有政策列出了实现既定目标的可量化措施。一些政策表明,将在稍后公布实施目标的附加计划。

根据欧洲联盟(欧盟)身体活动指南,欧洲委员会提出了关于促进增强健康的身体活动(HEPA)的建议,在世界卫生组织发布关于健康的身体活动的全球建议和各种政策指导文件的背景下,欧洲委员会教育和文化总局以及世卫组织欧洲区域办事处启动了一项合作项目,旨在建立和扩大世卫组织欧洲区域28个欧盟成员国对HEPA的监测和监控。作为该合作的一部分,已在所有欧盟成员国任命了协调中心,以提供和验证有关身体活动的国家数据。该合作项目每年召开两次会议,分享最佳做法并制定促进欧盟身体活动的计划。

关于操作的更详细信息以及指标的数据来源,可在委员会关于监测框架的工作文件中找到,该文件基于欧盟身体活动指南以及欧洲委员会推广HEPA的建议制定。调查中的问题旨在引起会员国的行动和关注某些专题领域的能力。HEPA(增强健康的身体活动)监测框架的最初23项指标如下:

(1) 国家关于健康身体活动的建议。

(2) 成年人达到世卫组织关于健康身体活动的最低限度建议。

(3) 儿童和青少年达到世卫组织关于健康运动的最低限度建议。

(4) 国家政府协调机制和HEPA促进领导。

(5) 专门用于HEPA促进的资金。

(6) 国家"人人享有体育"的政策或行动计划。

(7) 健康计划体育俱乐部。

(8) 支持提供增加社会弱势群体运动设施的机会的框架。

(9) 国家HEPA政策涉及的目标群体。

(10) 监测和监控卫生部门的身体活动。

(11) 卫生专业人员对身体活动的咨询。

(12) 关于保健专业人员课程中的身体活动培训。

（13）中小学体育教育。

（14）与学校有关的身体活动促进计划。

（15）HEPA 培训体育教师。

（16）促进积极上学的计划。

（17）骑自行车和步行的水平。

（18）欧洲改善休闲身体活动基础设施的指南。

（19）上班途中促进积极的身体活动计划。

（20）促进工作场所身体活动的计划。

（21）促进老年人身体活动的社区干预计划。

（22）个别国家 HEPA 政策,包括评估计划。

（23）全国开展提高身体活动认知运动。

**4. 体育政策的目标群体趋于细分,政策更具有针对性**

表 5-7 显示近 1/3 的政策文件是针对全体人口的( 27% ),但是除此之外,大多数文件是关于人群中一个或多个具体的群体,例如儿童、青少年和年轻人、老年人等。其中,尤其可以发现西方体育政策类文件对于儿童和青少年群体十分重视,儿童更是政策文件中最常关注的目标群体,占 20%,青少年群体占 15%。

表 5-7　国家身体活动促进政策目标群体摘要

| 目 标 人 群 | No. | % |
|---|---|---|
| 整个人口 | 15 | 27 |
| 儿童 | 11 | 20 |
| 青少年 | 8 | 15 |
| 成人 | 5 | 9 |
| 65 岁以上的老人 | 1 | 2 |
| 身体活动水平低的人 | 5 | 9 |
| 其他团体 | 7 | 13 |
| 没有指定的目标 | 10 | 18 |

**5. 政策实施具有时间性和规划性**

在大多数分析的政策文件中,规定了实施或实现目标的时间框架。提到的时间范围通常为 3～10 年,许多政策规定了实施子目标的更长或更短的时间框架。例如,来自芬兰的 1 份政策文件,提出了 2020 年体育和身体活动的愿景,以及需要在短期内(1 年内)采取的行动的建议。

### 6. 成立专业部门,有专项资金支持

多数西方国家成立了专业的部门或机构来促进体育政策的制定、实施和评估。同时,专门用于体育发展的财政资源是一个强有力的指标,表明一个国家在其政策议程中对这一主题的重视。资金来源可以表明优先考虑身体活动相关的部门的需求。该指标评估了各国是否已专门为体育发展部门分配资金,包括促进当地体育运动的资金,但不包括为精英体育(涉及职业运动员的竞技体育)提供的资金。

### 7. 政策可操作性强,强调评估和监督

大多数政策强调了评估计划和监督系统对监测政策实施和目标实现的重要性。约一半的政策表明了评估的意图或要求,在不到一半的政策中提到了开发或继续使用监测系统来衡量身体活动。此外,只有少数政策文件包含有关哪些测量将用于身体活动的信息。例如,一项政策提到了在儿童、青少年和成人的闲暇时间和工作中监测身体活动的水平。其他政策提到为整个政策建立一个监督系统,而没有具体说明如何衡量身体活动。在一些政策文件中提出了对用于监测身体活动的标准化、简单和可靠的措施的需求。

根据政策文件中提供的信息,结果比实施过程更经常被评估,评估和监督计划的详细程度有很大差异。在一些政策中,外部委员会被指派编写关于政策制定的定期状态报告,甚至包括要回答的评估问题。其他政策包括评估作为要实施的目标的一部分,而无须进一步说明该过程。

西方国家身体活动政策和行动计划指导人们促进身体活动和参与各个领域的身体活动。基于不同的社会经济和文化,欧洲国家的人口亚群在身体活动水平上差异很大,应针对不同的人口亚群制定不同的政策。政策被定义为战略和优先事项的书面文件,其中包含由部分主管部门发布的既定目标,它可能包括一个行动计划,通常根据政策制定,战略方向来确定谁做什么、何时、如何和多少以及监测和评估机制。

**8. 许多政策发展的一般性指导建议正在被遵循**

总体来看,西方国家身体活动政策遵循了世卫组织等制定的一般性建议的指导,例如,制定总体目标,实施计划,指定时间框架和负责实施的机构。

将关键政策文件摘要翻译成世卫组织欧洲官方语言将有助于分享经验,并使这些国际分析和比较更容易获得信息。关于如何制定政策以及如何预见其实施和评估的更详细描述也将支持外部分析。这可以比较不同政策的成功,并验证上述原则的重要性。

已经制定的若干全球和区域政策举措,以应对不充分的身体活动,包括"2013—2020 年世卫组织预防和控制非传染性疾病全球行动计划",该计划要求相对减少身体活动不足的 10%。为此制定了"世卫组织欧洲区域 2016—2020 的身体活动战略",以支持各国实现这一目标。它在 5 个方面为政府和利益相关者提供政策灵感:①提供领导和协调;②支持儿童和青少年的发展;③促进成年人和老年人的身体活动;④通过监测、监督、提供工具、启用平台、评估和研究来支持行动。在 2018 年,"2018—2030 年全球身体活动行动计划"得到了世界的认可,卫生大会在欧洲地区启动。⑤通过更多步行、骑自行车、积极娱乐、运动和游戏等方式,寻找增加身体活动的方法,也有助于实现可持续发展目标,正如"2016年曼谷关于全球健康和可持续发展的身体活动宣言"所确定的那样。世卫组织、欧洲委员会和欧盟成员国之间的合作将有助于监测这些战略的实施情况。

## 四、小结

西方国家身体活动政策是西方国家社会发展的产物。20 世纪下半叶开始,基于当时的社会背景和科研成果,西方各国开始颁布身体活动政策。这一时期西方国家身体活动政策还处于一个萌芽阶段,身体活动政策的数量呈现上升的态势,出现一个平稳期与一个高峰期,各年度政策颁布量较少,身体活动政策的主题涉及体育、健康、教育、土地使用、规划及交通运输,发布的政策多种主题相结合,还没有出现将身体活动作为"独立"政策的文本。

进入 21 世纪,面对工业化背景下非传染性疾病的挑战及大量身体活动与健康关系的实证研究的出现,政府和各种健康组织越来越意识到共同行动、增强人们身体活动、鼓励人们锻炼的重要性。因此在 2000—2010 年这一时期,研究西方身体活动政策的文章呈现快速增长的态势,身体活动政策的研究进入了一个快速发展阶段。其主题主要集中在健康和体育领域,建成环境受到关注,开始产生了与之相关的"独立"的身体活动政策(11%),且有针对性地分别为不同特征人群提供身体活动建议。因此,这一时期,身体活动在大众健康领域越来越受到政府和相关组织机构的重视,改变建成环境成为新趋势,并把它从健康、体育政策中分离出来,作为一个"独立"的政策,开始向着精细化发展。

进入 2010—2018 这一时期,身体活动对大众健康的重要性已基本得到了认可。身体活动不仅对降低死亡率、发病率和提升生活质量产生有益影响,而且还可以提供个人、社区和整个国家的经济和社会福利。但全球身体活动不足问题仍然严峻,在这一背景下,制定身体活动政策显得迫切而且重要,西方各国也颁布了大量的相关身体活动政策。因此本研究通过对这一时期西方主要国家相关身体活动政策文件的类型、主题和内容分析,归纳其演进的趋势。

这一时期西方国家身体活动政策主要具有以下演进趋势:西方国家身体活动政策越来越关注对健康的促进;越来越强调多部门间协调合作;越来越强调政策的跨区域合作;体育政策的目标群体趋于细分,政策更具有针对性;多数西方国家成立了专门的部门或机构并有专项资金支持;政策可操作性强,强调评估和监督;许多政策发展的一般性指导建议正在被遵循,如制定总体目标,实施计划、指定时间框架和负责实施的机构。

## 第四节　西方国家身体活动政策的重要文本解读

### 一、美国 2018 年身体活动指导纲要

2008 年 10 月 7 日,美国卫生与公共服务部(HHS)正式向美国国民发布《美国身体活动指南》,这是美国联邦政府迄今发布的第一部有关身体活动的全方位指导手册。2018 年,美国在 2008 年发布的《美国身体活动指南》基础上发布更

加完善的《美国身体活动指南》[1]。该指南的概要部分(Part A. Executive Summary,以下简称《报告》)已经向外界公布,本节就《报告》中出现的热点问题进行介绍与讨论。《报告》指出:身体活动是维持健康最简单可行、最经济的方式。同时《报告》给出了关于疾病预防方法以及进行身体活动所带来的健康收益方面的详细介绍,且在2008年发布的《美国身体活动指南》基础上增加了大量的科学证据,10年以来关于身体活动和健康两者间关系的研究越来越多,《报告》提供相关证据证明身体活动有益于健康以及多种进行身体活动的方法与途径,并揭示了美国人会进行多种多样的身体活动以获得健康收益。该指导纲要重点更新的内容如下:

(一) 睡眠和身体活动

兴(Hysing)等人的调查显示,全球约有29%的人存在各种睡眠问题,有研究表明青少年学习成绩差与较少的睡眠时间以及较差的睡眠质量有关[358]。

《报告》指出,进行规律的身体活动除了可以预防疾病,还可以使人睡得更好,具体表现为:MVPA可以提高睡眠质量,减少入睡时间,减少睡眠中唤醒次数和早晨由睡眠转向清醒的时间,同时也可以增加深度睡眠时间,减少白天昏昏欲睡的状态。对65岁以上老年人的一个横断面研究[359]表示,缺乏运动和睡眠不足间有相关性,推测增加一定的运动量可能会降低31%的睡眠不足。一项对中国老年人横断面的研究[360]表示进行身体活动会降低失眠的风险,具体表现为所有身体活动量(OR=0.79,$p<0.001$)、休闲身体活动 (OR=0.76,$p<0.001$) 以及家务活动(OR=0.66,$p<0.001$)都与较差的睡眠(包括主观睡眠质量、入睡时间、睡眠质量、睡眠障碍、助睡药物使用)成负相关。进一步对老年人的研究[361]表明,身体活动可能会增加睡眠持续时间。同时,学龄前儿童的身体活动量和其睡眠参数(睡眠时长、睡眠质量、总醒时长)存在相关和复杂的关系[362]。而一项对于癌症病人的研究[363]也表明睡眠参数与中高强度身体活动有关。

〔1〕 U. S. Department of Health and Human Services. *Physical Activity Guidelines for Americans*, *2nd edition*. Washington, DC: U. S. Department of Health and Human Services; 2018.

## （二） 可穿戴设备——研究3～5岁人群身体活动新方法

《报告》首次报道了规律的身体活动可以使3～5岁人群获得健康收益,同时规律的身体活动可以提高骨骼健康水平,这些研究发现使得人们对早期养成健康的身体活动行为的重要性重视起来。2008年,委员会对于这个年龄阶段群体的研究因为信息不足而不能够得出结论,通常对于3～5岁群体的研究都是依托于监护人的回答,即父母代填问卷[364],随着实验设备越来越精确化,例如,可穿戴设备的开发和利用,智能手机App的研发和应用,有电脑参与的干预手段,以及网络的迅速发展使得我们可以对之前无法进行定量研究的问题或人群展开调查与研究。Fitbit Flex(Fitbit公司,加利福尼亚州旧金山)手腕和GT3X活动记录器可以测量步数、代谢当量、静坐行为时间、中低高身体活动强度时间及其比例。当比较不同BMI和不同佩戴仪器倾斜角度的受试者身体活动量时,ActiGraph可靠性更高[365]。生产可穿戴设备的厂家主要有活动记录器(ActiGraph公司),佛罗里达州彭萨科拉,飞利浦呼吸器(飞利浦公司),动态监控仪(动态监控公司,纽约州阿兹利),剑桥神经技术(剑桥神经技术公司,英国剑桥)以及迷你-密友(迷你-密友公司)[366]。

对于3～5岁人群研究结果的可视化主要归因于可穿戴设备仪器的开发和使用。对于身体活动量的测量通常通过问卷调查,他们受到回忆和应答偏差的限制[367,368],通常会高估自己的身体活动量[369],同时可穿戴身体活动监视器可用于肿瘤实验[366]。测量追踪与健康有关指标的可穿戴设备通常有:计步器(通常仅在垂直面上估计步数)、加速计(检测一个、两个或三个方向的加速度,以确定运动的频率、数量和强度)、集成传感器系统(将加速度测量与其他传感器结合起来,以捕捉身体对运动的反应,如心率,以优化身体活动评估)[366]。计步器通常佩戴于臀部,加速度计通常佩戴于手腕,集成传感器佩戴于腿部、手臂和手腕[366]。

可穿戴运动追踪设备是一个快速发展的以健康为中心的产业[370]。目前市场上有接近400种可穿戴设备(WAMs)以及约100万种健康追踪App。目前市场上主要的可穿戴医疗设备形态各异,主要包括:智能眼镜、智能手表、智能腕带、智能跑鞋、智能戒指、智能臂环、智能腰带、智能头盔、智能纽扣等[371]。随着提高健康成为世界最主要的趋势,可穿戴设备已经融入人们的日常生活,包括:健康人群[372]、老人[373,374]以及慢性病患者[370]。加速度计可用于步态分析的研究,包括一维加速度计和三维加速度计,通常佩戴于躯干和四肢,包括:头、胸、上臂和腰部以及大腿、脚踝等处,而佩戴于腰部的最为常见。用于分析步行时步态的加速度计通常在±3g～±8g,采样频率在50Hz～1 000Hz,大小从15mm×15mm×10mm(9 g)到80mm×60mm×20mm(120g)不等,用于分析跑步时步态的加速度计通常在±6g～±160g,采样频率在100Hz～2 400Hz,大小从38mm×37mm×8mm(13g)到64mm×42mm×24mm(53g)不等[375]。

同时对于9个月大的婴儿的身体活动测量也可用三维加速度计[376],这扩大了可穿戴设备的使用范围。可穿戴鞋传感器能够对帕金森病人的步态进行分析[377]。也有一些诸如对不适、瘙痒、出汗以及过敏影响的测量[374]。可穿戴传感器示意图如图5-6所示。

### (三) 持续任何时长的身体活动都是有健康收益的

2008年版美国身体活动指导纲要推荐身体活动至少应持续10分钟才能获得健康收益。先前,没有足够的证据证明持续时间少于10分钟的运动是有价值的,而《报告》指出持续任何时长的身体活动都是有健康收益的,其健康收益具体表现为:

(1)没有或者很少身体活动的人,用低强度的身体活动代替久坐行为可以减少全因死亡率、患心血管疾病和Ⅱ型糖尿病的风险。在这之前,低强度身体活动带来的健康收益并没有详细的报道。

(2)没有或者很少身体活动的人,无论他们静坐行为时间的长短,通过增加中等强度的身体活动都能够降低患病风险。

(3)有足量的身体活动的人,即中等强度身体活动在150～300分钟范围内的人,在原来活动量的基础上增加一定量的中等强度身体活动,甚至是增加很少量的中等强度的身体活动都可以带来健康收益。

(4)那些身体活动量处于目前公众健康目标范围内/目标活动量范围内的人,通过减少静坐时间,增加中等强度的身体活动,或者两者结合都可以获得更多的健康收益。

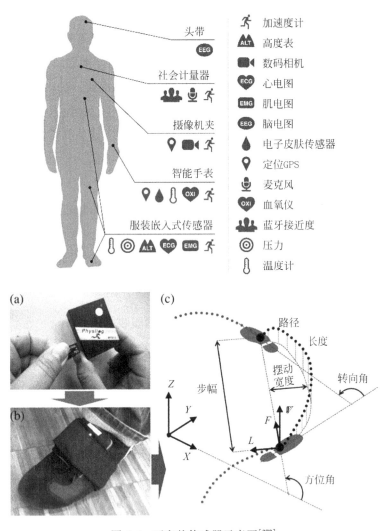

图 5-6　可穿戴传感器示意图[372]

（a）生理惯性传感器模块；（b）鞋内固定；（c）具有固定（XYZ）和行走帧（FLV）的时空参数[377]

注：该图取自参考文献[默瑟（Mercer）等，2016]和[柯卡德（Kekade）等，2018]。

　　进行一段时间的身体活动会促使执行功能急性升高，执行功能包括大脑加工处理信息的能力，它能够协调日常活动和制定未来的计划；身体活动还能够提高包括记忆、信息处理速度、注意力和学术能力在内的认知功能。

　　规律的身体活动不仅可以减少临床抑郁症的发病率，同时还可以减少无论是否有临床抑郁症的抑郁症状;规律的身体活动可以减轻焦虑,包括长期焦虑或急性焦虑;身体活动可以提高所有年龄段的人的身体机能,使他们有精力应对每天的生活而不会感到过度疲劳。而对老年人来说,身体活动可以提高身体机能,这不仅仅意味着减少摔倒的风险,还意味着他们能保持独立生活。对于年轻人和中年人而言,身体机能的提高可以使他们更容易完成日常生活,例如,爬楼梯或者搬运物品等。

《报告》认为公众进行身体活动量目标是 500～1 000MET 每周,或者每周150～300 分钟中等强度的身体活动。但是一半的美国人目前并没有达到目标活动量,且 1/3 的人没有进行身体活动。因此,对于大部分人而言,健康的提高主要通过增加规律的身体活动。

### (四) 建成环境和身体活动行为

21 世纪全球面临巨大的健康方面的挑战,包括不健康的饮食、缺乏身体活动、非传染性疾病传播、交通事故频繁发生以及肥胖、人口增长、快速的城市化等[6,378-380]。随着人口老龄化程度的升高和城市人口增长,预计到 2050 年,世界上将有 100 亿人口且其中 75% 的人口居住在城市,而城市规划被认为是解决以上问题的有效途径之一[381]。良好的城市规划可以减少非传染性疾病和交通事故以及广泛地促进健康和提升幸福感[382]。通过政策的改变可以增加活动场所的数量,建成环境的优化,尤其是以学校为基础的、多组成的、有计划的、全社区的环境优化可以更好地支持身体活动行为,并且通常会使健康收益更显著。

城市规划者传统上关注于物质、社会、经济和人们生活的环境等方面[383],但是机动车扩大了城市的地理面积,加上人口的快速增长,使得道路交通规划和城市规划一样成为人们关注焦点的同时又成为解决健康问题的途径[382]。研究表明,到达目的地的方便程度,例如,公园是否在 30 分钟内可达;邻近地区的职业分布情况;社会管理,例如,政府采取相应政策减少停车场或增加停车场收费;城市设计;居住密度;居住地距离公交枢纽的距离;居住地附近设施的多样性;居住地附近的满意度,例如,是否存在安全隐患[382]都会影响人们出行方式的选择。也就是说,我们希望通过道路交通规划和城市规划建设紧凑型的城市,在这个城市中,步行、骑行、公共交通被提倡,而机动车不被提倡[382]。

同时,交通拥堵、环境污染、噪声、社会孤立、缺乏身体活动、久坐不动以及不健康饮食等会受到城市规划的影响,而这些又会反过来影响非传染性疾病的传播以及其他与健康有关的情况[382]。

在对中低收入国家进行城市规划和设计时借鉴高收入国家政策是否可行还有待研究,因为中低收入国家与高收入国家在很多方面都有所不同[382]。例如,许多中等收入国家的城市密度较高且更趋向于集中和单一的城市中心,即工作场所、学校、进行身体活动的场所等主要集中于城市中心[382]。且中低收入国家的居民严重依赖相对不那么昂贵的交通服务[384,385],如私人出租车、电动车等,这些交通工具通常会引起堵车、安全事故等,且会降低出行者的安全指数。最终导致低收入国家与中高收入国家相比,其城市化水平低、就业机会少、公共设施不完善等[382]。

中低收入国家人行道与机动车道没有分离使得行人安全指数降低,增加了道路伤亡情况[386],而城市的快速扩张和缺少足够的公共交通设施会导致越来越多因交通事故而引发的疾病[382]。同时,我们还发现在中低收入国家之间和同个国家不同城市之间存在许多不公现象[382]。

“共享单车”项目存在的不公问题也是需要考虑到的,在拉丁美洲“共享单车”项目通常只在有条件的地区开展[385]。与此相似的是,在中国广州经常使用共享单车的人通常是有汽车的人,因为没有汽车的人有自己的自行车[387]。因此,如果没有对土地使用、交通、房屋、基础设施的立法和规划有全面的、足够的重视,将会导致中低收入国家的不公现象继续扩大[382]。

预计到 2030 年,全世界需花费 58 万亿美元更新、维护、开发城市基础设施以应对人们日益增长的需求[388]。建设一个步行友好型社会和适合骑行的城市有助于减少不公现象,使健康、交通管理、环境和经济等多个行业共同受益[389,390],而这需要当地政策的支持和广泛的社会、政治、经济的改变以及多个部门的参与[382]。

一个通过城市规划的进一步优化去促进人们健康行为的研究认为[391],未来城市规划的目标是增加 30%土地使用密度,30%土地建筑多样性,减少人们到公共交通枢纽 30%的距离,将 10%机动车转变为自行车和步行,以促进人们的走路活动等健康行为。然而,构建健康城市的目标要依据实际情况而定,例如,在德里(印度城市名)的城市改造中增加 30% 土地使用密度意味着每平方公里的人口数量达到 20 000 人,这是不现实的,具体城市规划要因地制宜。

（五） 公共健康对医疗开支的影响

《报告》显示,在美国,规律的中等以上身体活动除了减少死亡风险外,更多的是能够减少医疗开支。同时,经常进行身体活动的人患心脏病、中风、高血压、Ⅱ型糖尿病、痴呆、抑郁症、产后抑郁症、肥胖、乳腺癌、结肠癌、子宫内膜癌、食管癌、肾癌、胃癌、肺癌等慢性疾病的风险降低,并可以减缓疾病的发展进程;经常进行身体活动的老年人因摔倒而带来的伤害也会降低。在美国,患病率升高会导致医疗成本直接或者间接地上升,特别是那些身体活动较少的人,即使只增加少量规律的身体活动也将会明显地减少国家直接或间接的医疗成本。《报告》还指出,经常进行身体活动的人可以提高身体机能,也可以延长寿命,获得更好的生活质量,更少的出现抑郁和焦虑症状,并增加睡眠质量,这些都很难用金钱衡量。即使不进行长期规律的身体活动,单次短时间身体活动也可以降低血压,升高胰岛素浓度,提高睡眠质量,降低焦虑症状,提高白天的认知能力,且这些即刻产生的益处甚至会延续很久。

从 2008 年《美国身体活动指南》发布之后的 10 年间,人们发现的疾病越来越多,而进行身体活动可以减少多种疾病的患病风险,例如,身体活动可以有效阻止成年人体重增加,保持其体重在一个健康的范围,这一点是非常重要的,因为减肥是非常困难和高代价的。

3～17 岁的儿童和青少年进行高强度的身体活动和降低患肥胖症的风险有关;进行身体活动的妇女在怀孕时患肥胖症的概率更低,并且,她们妊娠糖尿病和产后抑郁症的患病率低于他人,相应的,母亲和孩子的健康也优于他人。

同时《报告》认为,身体活动在保持心理健康方面是非常重要的:较大强度的身体活动可以减少阿尔茨海默病的患病风险,同时可以提高认知功能。目前美国人花费在照料阿尔茨海默病患者方面的精力和金钱越来越高,因此阻止阿尔茨海默病病程发展和降低患病率是非常有必要的。

规律的身体活动可以减少乳腺癌和结肠癌的患病风险。《报告》指出,除了减少乳腺癌和结肠癌的患病风险,规律的身体活动还可以减少膀胱癌、子宫癌、食管癌、肾癌、肺癌和胃癌的患病风险。

《报告》还指出,对于那些已患慢性疾病的人而言,规律的身体活动能够减少患新的慢性病的可能,同时减少已患疾病的进程,提高生活质量和身体机能。

世界卫生组织的报告显示[1],缺乏身体活动已经成为一种全球性的公共健康问题,是引发全球死亡的第四大因素。该报告称,许多慢性疾病,诸如心血管疾病、中风、Ⅱ型糖尿病、乳腺癌、结肠癌等疾病是由缺乏身体活动引发的,因缺乏身体活动而引发患上述慢性非传染性疾病风险的提高,必然会增加国家和个人的经济负担[392]。而有规律的身体活动不仅能够有效地减少心血管疾病、中风、高血压、Ⅱ型糖尿病、骨质疏松、肥胖病、结肠癌、乳腺癌等生理性疾病的患病率,而且能有效治疗焦虑、抑郁症等心理疾病[2]。因此,积极参与身体活动一方面可以促进健康、预防疾病、提高生命质量,另一方面能够有效地减少国家医疗开支。

在身体活动的经济学价值的国家层面分析中,丁等人[11]2016年在《Lancet》杂志上对全球142个国家缺乏身体活动导致的经济学负担进行了计算。研究结果显示,2013年由于缺乏身体活动增加了全球538亿美元的医疗负担,其中312亿美元来自于公共部门的支出,129亿美元来自于私人部门的支出,97亿美元来自于个人家庭的支出。除了直接的医疗支出外,缺乏身体活动还导致了丧失劳动力等问题引发的137亿美元间接支出和134亿美元的健康寿命年的经济消耗。其中,高收入国家身体活动的经济学价值更为显著,中低收入国家身体活动造成的疾病负担更为严重。

日本作为世界上人均寿命最长的国家,杨(Yang)等人[393]对日本老年人研究发现,积极参与身体活动的日本老年人,其医疗开支每年能够节省125美元。青木(Aoyagi)[394]等人对日本老年群体的研究也发现,老年人每增加5%的身体活动,能够减少3.5%的医疗支出。王(Wang)等人对美国老年人的研究显示,每周参与4次以上身体活动的老年人,相对于不积极参与身体活动的老年人(4次以下)其医疗支出减少581美元[251]。安德烈耶娃(Andreyeva)[395]对美国老年人

---

〔1〕 World Health Organization.WHO Public Health & Environment Global Strategy Overview〔R〕. Geneva: WHO,2011.

的研究也显示,积极参与身体活动的老年人,能够减少 7.3% 的医疗支出。柯道格欧(Codogno)[396]等人对巴西老年人和布朗(Brown)[397]等人对澳大利亚老年人的研究显示,缺乏身体活动的老年人,其医疗支出显著增加。

（六）久坐不动

减少静坐时间已成为预防慢性疾病新的切入点[198,398],同时久坐不动与Ⅱ型糖尿病、心血管疾病和某些癌症的患病风险上升以及全因死亡率升高有密切关系[399,400]。城市工作者甚至是身体活动量在目标范围内的人每天久坐的时间为 10 小时或者更长[401]。在收入水平较高的国家,坐在汽车里以及坐在各种电子屏幕前的时间占到非工作时间的 85%[402],并且在全世界范围内静坐时间都快速增长[403],而城市设计和规划,特别是土地使用密度、土地使用多样性、目的地多条道路可达性以及到公共交通枢纽的距离等都可以有效减少静坐时间[189,404]。正是因为高收入国家的大城市有较多的使人减少静坐于私家车上的公共交通设施[382],因此生活在大城市的人静坐时间少于小城市或者小城镇的人[405]。

（七）展望

（1）确定身体活动和久坐行为对青少年、成年人和老年人等不同人群的多种健康效应的独立和交互影响。

（2）分别确定仅低强度身体活动和低强度混合中高强度身体活动的健康收益。

（3）确定青少年、成年人、老年人等不同人群身体活动的有效干预政策,确定不同性别、年龄、种族、社会经济地位以及其他因素的有效干预方法。

（4）加强理解青少年、成年人和老年人身体活动和健康收益之间的剂量—效应关系,特别是在这 3 个年龄段过渡的时期。

（5）身体活动和健康收益之间的关系因地理因素（例如,性别和种族）不同而有略微的差异。

（6）可穿戴设备。

（7）建成环境。

（8）静坐行为和医疗开支或抑郁或睡眠。

## 二、《2016—2025 年世界卫生组织欧洲区域的身体活动战略》

《2016—2025 世界卫生组织欧洲区域的身体活动战略》[1]（以下简称《战略》）是根据 2013 年 5 月第六十六届世界卫生大会批准的"世卫组织 2013—2020 年预防和控制非传染性疾病全球行动计划"中规定的现有自愿性全球目标编制的。该战略重点关注身体活动等影响欧洲地区健康和福祉的主要因素,特别注意与活动水平不足和久坐行为相关的非传染性疾病造成的负担,旨在涵盖整个生命历程中的所有形式的身体活动。

受世界卫生组织欧洲健康和福祉政策框架的启发,《战略》的愿景是让欧洲区域的各国政府各级部门以及利益相关方合作开展工作,使得所有公民能够过上更好更长寿的生活,因为这种生活方式包括定期的身体活动。

身体活动战略的任务是激励政府和利益相关者通过以下方式努力提高欧洲地区所有公民的身体活动水平:①促进身体活动和减少久坐不动的行为;②确保有利的环境、通过参与和建设安全建成环境、无障碍公共空间和基础设施来支持身体活动;③提供平等的身体活动机会,不论性别、年龄、收入、教育程度、种族或是否残疾;④消除障碍并促进身体活动。

《战略》的指导原则包括:①解决不断下降的身体活动水平并减少不公平现象;②推广生命历程方法;③通过改善健康的环境和参与来增强人们与社区的能力;④促进综合、多部门、可持续和基于伙伴关系的方法;⑤确保身体活动计划(干预措施)适应不同的环境;⑥使用经过验证的策略来促进身体活动并监控持续的实施和影响。

《战略》提出了以下几点优先领域:①为促进身体活动提供领导和协调;②支持儿童和青少年的发展;③促进所有成年人的身体活动,作为日常生活的一部分,包括在运输、休闲时间、工作场所和通过医疗保健系统;④促进老年人

---

[1] WHO Regional Office for Europe. Physical activity strategy for the WHO European Region 2016—2025. [R]Geneva:WHO Regional Office for Europe,2016.

的身体活动；⑤通过监测、监督、提供工具、支持平台、评估和研究来支持行动。

具体来讲该《战略》包括以下几个部分。

（一）战略概况

身体活动是人类最基本的功能之一，它是终身健康的重要基础。其已知的健康益处包括降低心血管疾病、高血压、糖尿病和某些形式的癌症的风险；它在某些慢性病的管理中也发挥着重要作用。此外，它通过减少压力反应、焦虑和抑郁以及可能延迟阿尔茨海默病和其他形式阿尔茨海默病的影响，对心理健康产生积极影响。此外，身体活动是能量消耗的关键决定因素，是实现能量平衡和控制体重的基础。在整个儿童期和青春期，身体活动对于基础运动技能的发展以及肌肉骨骼发育是必要的。此外，身体活动也包含在"联合国儿童权利公约"中。在成人中，身体活动可以保持肌肉力量、增加心肺健康和骨骼健康。在老年人中，身体活动有助于保持健康、敏捷和功能独立，并有助于增强社会参与；它也可能有助于预防跌倒和协助慢性疾病康复，成为健康生活的重要组成部分。

身体活动有许多不同的形式、种类和活动强度。这些包括基本的运动技巧、积极的游戏、休闲活动，如散步、跳舞、远足和骑自行车。身体活动可以在一系列领域和环境中进行，例如，在"绿色"或"蓝色"空间（水景）、学校、工作场所，从一个地方到另一个地方的运输，在家里或作为日常生活活动，如园艺或家务。不同形式的身体活动可能或多或少与某些社会群体或性别以及生命的不同阶段相关。

世卫组织建议成年人，包括老年人，每周至少进行 150 分钟的中等强度有氧运动。现有建议强调中等强度活动的健康益处，并且建议的水平可以在相对较短的每次活动中累积。儿童和青少年每天应积累至少 60 分钟的中度至剧烈强度的身体活动。较高水平的身体活动可以为成人和儿童提供额外的健康益处。同时，人们认识到少量的身体活动总比没有好。由于现有健康状况而无法达到建议的身体活动量的群体应该在其能力和条件允许的情况下保持身体活动，包括低强度身体活动。最近的研究还表明，人们应该减少长时间的久坐行为，例如，坐着工作或看电视，因为这些可能是危害健康的独立危险因素，无论其他活动水平如何。特别是对于老年人，身体活动对力量训练和平衡很重要，特别是防止跌倒。

保持足够水平的身体活动变得越来越困难,因为近年来大多数人的日常环境发生了显著变化。缺乏身体活动的原因主要是系统和环境因素的结果,这些因素使日常生活和工作环境越来越久坐。家庭、工作场所、商店和休闲活动场所之间的距离越来越远,增加了汽车的使用,导致步行和骑车的减少。同时,在许多情况下,道路安全仍然是一个问题,因此,参与积极出行是不安全的,或者被认为是不安全的。儿童和青少年在日托所或学校花费的时间比以往任何时候都多;学术要求越来越高,这可能减少积极参与体育运动的时间。

2013 年 7 月,欧洲区域国家的部长们通过了"2020 年健康背景下的营养和非传染性疾病维也纳宣言"(以下简称"维也纳宣言"),该宣言首次要求欧洲地区制定一项独立的身体活动战略。世卫组织欧洲区域委员会第 63 届会议在土耳其切赫梅伊兹密尔进一步加强了这项任务,成员国在第 EUR/RC63/R4 号决议中批准了"维也纳宣言"。

该宣言将以 2020 年卫生部门的承诺为基础,《世卫组织欧洲健康和福祉政策框架》并与现有的世卫组织框架和战略保持一致,例如,《2013—2020 年预防和控制非传染性疾病全球行动计划》《实施 2012—2016 年欧洲预防和控制非传染性疾病战略的行动计划》《饮食、身体活动和健康全球战略》和《世界卫生组织健康身体活动全球建议》。它与健康促进和跨部门合作相关领域的具有里程碑意义的文件相关联,例如,"帕尔马环境与健康宣言""巴黎宣言"所定义的《运输、健康与环境泛欧计划(THE PEP)》的愿景和《世卫组织欧洲区域 2015—2020 年粮食和营养行动计划》。它建立在世卫组织在身体活动领域正在进行的工作的基础上,如健康步骤指导文件《促进健康身体活动的欧洲框架》和《健康城市是一个活跃的城市:身体活动计划指南》以及世界卫生组织结束儿童肥胖委员会的新工作。它还承认并寻求与其他国际组织最近关于身体活动的文件的协同作用,特别是欧盟理事会关于促进跨部门促进健康的身体活动的建议,欧盟理事会关于营养和身体活动的结论和《2014—2020 年欧盟儿童肥胖行动计划》以及《多伦多身体活动宪章》。

减少欧洲缺乏身体活动的水平将为人民的健康带来实质性益处,并为其他领域带来益处。据估计,如果消除缺乏身体活动,欧洲地区的平均预期寿命可增加 0.63 岁[14]。环境、个人生活质量、社区社会参与和恢复能力都将有所改善。更多的步行和骑自行车可以帮助减少温室气体排放、空气污染、噪声和拥堵。此外，增加身体活动可以促进若干部门的经济发展，包括制造业、运输业、保健服务业、体育业和旅游业。作为说明潜在影响的一个例子，欧洲和北美 56 个主要城市的比较表明，如果骑自行车的水平可以提高到丹麦哥本哈根一样，那么仅在这些城市就可以创造 76 000 多个新的就业岗位。人们认识到，会员国需要根据自己的具体国情来定制自己的健康战略。

（二）《战略》主要内容

**1. 愿景**

受到《2020 年健康》的启发，世卫组织欧洲区域办事处的愿景是让欧洲区域的政府各级部门和各国以及利益相关方开展工作，使所有公民通过规律的身体活动过上更好更长寿的生活。

**2. 任务**

身体活动战略的任务旨在激励政府和利益相关者通过以下方式努力提高欧洲地区所有公民的身体活动水平：①促进身体活动和减少久坐不动的行为；②确保有利的环境，通过参与和建设安全建成环境、无障碍公共空间和基础设施来支持身体活动；③提供平等的身体活动机会，不论性别、年龄、收入、教育程度、种族或是否残疾；④消除障碍并促进身体活动。

**3. 指导原则**

（1）解决不断下降的身体活动水平并减少不公平现象

身体活动是身心健康的必要条件。获得安全和有吸引力的公共活动空间以及享受高质量娱乐的机会对所有人的健康和个人发展至关重要。但个人参与身体活动仍存在许多障碍。在社区、学校、工作和交通环境中都存在不利于人们在日常生活进行身体活动的问题，如高昂的使用费、缺乏对机会的认识、交通、时间限制、个人偏好、文化和语言障碍、自尊、进入当地娱乐设施的问题以及缺乏安全的游乐场所。战略制定必须以消除与每个年龄、性别和社会经济群体最相关的障碍。而要取得最佳效果，就必须解决实际活动中的不平等问题，实现普遍的身体活动的环境和设施。这些行动还将在资源有限的情况下支持人力资本和所有会员国经济的最佳发展。改善最脆弱群体身体活动的可获得性、可负担性和可接受性的政策有助于降低其疾病风险,并与其他领域的政策一起,有助于缩小会员国之间和会员国内部的差距。

(2) 推广生命历程方法

在以后的生活中,健康会受到整个生命历程中积累的经验和习惯的生活方式的影响。因此,需要一种生命历程方法来有效地促进身体活动并减轻欧洲非传染性疾病的负担。这意味着不仅可以确保每个孩子的生活都有一个良好的开端,还可以防止在童年和青春期易于养成的不健康行为。它从确保怀孕前和怀孕期间的身体活动开始,并继续为婴儿及其父母提供适当水平的身体活动。鼓励大众参与体育锻炼,包括结构化和日常生活中的身体活动,儿童和青少年在日托中心、幼儿园、学校和社区的身体活动通过在家庭、社区和工作场对成人和老年人积极生活的推广而得到加强和维持。它还包括在卫生保健机构中促进足够水平的身体活动,例如,初级保健中心、医院和住宅。

(3) 通过改善健康的环境和提高参与来为人们和社区赋能

在日常生活中,为主动交通提供安全的支持性环境是长期内改变整个地区人群社会规范和行为的最有效方式之一。然而,整个地区的当地环境越来越不利于身体活动。例如,政府所制定的城市规划、土地使用和交通规划的政策,随着时间的推移,将会使城市越来越适合汽车行驶,而不适合人们步行,并且会使人们生活、工作、购物和休闲活动的地理位置日益分离,从而导致人们越来越难以采用诸如骑自行车或步行等的积极交通方式。改善当地环境的政策包括:限制交通量和限速,这一政策可以确保人们拥有安全的道路来骑自行车和步行;建设休闲、娱乐的公共设施,为鼓励人们进行积极的娱乐活动提供基础设施。这些政策的实施需要多个政府部门的共同协作,其中,为日常身体活动提供支持性环境是各个部门协作的共同原则。因此,这一原则将贯穿于当地环境改善的整个战略中,为人们的整个生命历程的身体活动提供支持性环境。

应该赋予人们和社区权力,通过积极参与制定影响他们的政策和干预措施来控制其健康的决定因素,以消除障碍并提供灵感和动力。

（4）促进基于综合的、多部门伙伴关系的方法

需要采取全面、综合和跨部门的方法来减少缺乏身体活动的普遍程度。应在个人、社区、文化、政治和环境层面引入一系列补充政策和干预措施。根据2020年卫生部提供的治理指导，政府领导人和政策制定者应建立治理机制，促进政府部门、国家和地方机构、专家、民间社会和适当的私营部门之间的部门间合作，同时保障诚信、制定有效的政策。认识到并充分利用提供协同作用的现有机制、平台和举措，包括那些涉及其他部门的部门，这些部门可以在促进有利于身体活动行为的环境和基础设施条件方面发挥重要作用。其中包括旨在促进体育运动的政策，鼓励积极流动的政策以及减少非传染性疾病的战略。

（5）确保身体活动计划（干预措施）适应不同的环境

该战略旨在为会员国提供指导，并将支持和鼓励在国家一级更广泛地实施一系列有效政策，包括协调一致的多部门方法。该战略中描述的政策与本区域所有国家相关，但保留了设计的灵活性，并且具有适应性，以便考虑到国家背景、现有立法和身体活动的重要文化层面。在实施过程中，世卫组织将继续通过向会员国提供关于2020年卫生背景下的身体活动的战略咨询、支持、激励和发挥领导作用，从而为实现人人享有可持续健康生活的总体目标作出贡献。

使用经过验证的策略来促进身体活动并监测持续的实施和影响。促进身体活动和减少久坐生活方式的策略必须基于最佳的科学证据和评估行动的最佳实践范例。这些证据包括身体活动的健康影响以及促进身体活动的各种干预措施的有效性，以及促进身体活动的各种政策工具的有效性。主要重点应放在实施以证据为基础的行动，并在制定和分享良好做法的基础上采取进一步措施，以便制度化和扩大有效的干预措施和政策的实施。应特别注意将知识转化为行动的努力，包括监测和评估。在欧盟层面，在23个指标的帮助下，实施欧盟理事会关于促进跨部门增强健康的身体活动的建议的监测规定是一个有价值的工具。

**4.《战略》时间框架，实施和来自世界卫生组织的支持**

该战略将指导行动，在区域办事处的支持下，通过两年期全区域活动和国家合作战略，促进2016—2025年期间欧洲区域的身体活动。此外，区域办事处将通过支持国家和区域一级的监测与监督以及指导该领域的研究工作（即通过增进健康的身体活动），协助会员国制定关于政策制定的具体工具和技术指导（政策审计工具）。此外，它将定期监测政策制定和实施的进展情况，并将根据最新

的证据和结果,对 2020 年的这一战略进行修订和中期评估。

**5.《战略》优先领域:目标和工具**

该战略侧重于身体活动作为欧洲地区健康和福祉的主要因素,特别关注与活动水平不足和久坐行为相关的非传染性疾病的负担。它旨在涵盖整个生命历程中的所有形式的身体活动。

会员国应考虑根据国家背景制定或扩大战略和行动计划,以促进实现上述目标的身体活动。政府可能考虑的政策选择包括:城市设计的监管和学校、工作场所、交通相关和休闲时间环境;鼓励身体活动或阻止久坐行为的财政激励措施;为促进不同部门和不同目标群体的身体活动提供干预措施的资金;协调政府部门和各级政策、政府、民间社会和私营部门之间的政策制定;向个人和组织提供有关建议的身体活动水平和促进此类活动的适当方法的信息。

(1)为促进身体活动提供领导和协调

各国政府及其各级行政管理部门在实现公共卫生和福祉的持久变革方面发挥着至关重要的作用。虽然卫生部门的领导至关重要,但促进健康的身体活动是复杂的:一方面,它与教育、体育和文化等其他部门共同承担责任;另一方面,它受到运输、城市规划和金融等不同部门决策的影响。这就是为什么会员国应该考虑广泛的政策工具,以促进健康和福祉的身体活动,包括完善的监管和信息方法,以帮助不仅提供有利的环境,而且有助于提供不同的财政奖励和集合各部门和各级治理的方法。

① 提供卫生部门的高层领导。为了促进健康的身体活动,会员国应确保提供在政府首脑一级尽可能与卫生部门,特别是国家卫生部门发挥关键作用的高层领导。应将整个生命过程中促进身体活动纳入国家卫生政策和政府确定的跨部门行动的更广泛背景,这些行动必须有足够的资源。

② 建立协调机制并促进联盟。会员国应在各部门之间建立协调机制,例如,保健、体育、教育、运输、城市规划、环境和社会事务以及各级政府,例如,区域、国家和地方,以确定共同目标和相互收获。为了确保其有效性和问责制,这些机制应适应国家政府系统,明确界定的作用和责任,并定期提供适当的资源和评估。在执行关于增进健康的身体活动的理事会建议的背景下,欧盟层面正在进行的工作可以作为一种鼓舞。会员国还应支持并酌情扩大国际合作,例如,通

过现有网络,如欧洲促进增强健康的身体活动网络和世卫组织欧洲健康城市网络,或与世卫组织和欧盟等国际组织合作。

会员国应促进政府、媒体、民间社会组织和其他利益攸关方(包括但不限于公共卫生和体育组织)之间的联盟,以促进整个生命过程中的健康身体活动。在适当的时候,会员国可以选择促进公私伙伴关系,例如,与健康保险公司合作,扩大影响范围并获得适当的资金。

(2)支持儿童和青少年的发展

足够的身体活动水平是儿童基本认知、运动和社交技能以及肌肉骨骼健康发展的基本先决条件。然而,儿童和青少年,因为安全积极游戏、娱乐和交通的环境和机会减少,他们现在花更多时间从事久坐的娱乐活动,例如,基于屏幕的活动。此外,儿童和青少年在学校或日托所花费的时间比以前多,学业要求也在增加,这可能会给体育和积极游戏的时间带来压力,尽管有证据表明更多的身体活动可以与更好的学习成绩相关联。

会员国应采用涉及卫生、体育和教育部门的跨部门方法,促进学生校内校外环境中的身体活动,特别注意减少青春期女孩身体活动的急剧下降。

① 促进孕妇和婴幼儿的身体活动。会员国应考虑扩大家庭政策,向未来的父母和年轻家庭提供有关怀孕期间身体活动和胎儿健康的重要性信息。受过适当培训的保健专业人员应向未来的父母提供有关身体活动和怀孕前、怀孕期间(包括产前课程期间)保持健康体重的益处的信息和建议;风险评估和筛查方法可用于确定需要更多支持行为改变的孕妇。会员国可考虑该领域卫生专业人员的需求,包括培训方案、持续专业发展和材料或准则。

会员国可以考虑为孕妇、有婴儿及幼儿的父母提供并确保获得设施和计划。此外,日托服务提供者应考虑确保支持幼儿积极游戏和活动的方法。

② 促进幼儿园和学校的身体活动。学校应根据现有的科学证据并根据会员国的良好做法,提供适当数量的定期体育课程。课程应整合各种活动和技能,从身体活动知识到运动,团队合作和运动的竞技方面,使所有儿童和青少年都能享受身体活动并从中获得健康,无论他们的喜好或训练水平如何。这种方法也将提供技能和积极态度,支持和帮助儿童及青少年拥有积极的生活方式,并协助他们掌握基本的运动技能。为实现这一目标,会员国应采用跨部门方法,使教

育、体育和卫生部门参与体育课程的设计。

会员国可考虑采取各种措施,确保在全国范围内学前班和学校实施优质体育课和身体活动促进方案,同时考虑到相关部门的政治和行政责任。其中,包括建立适当的监督机制,探索通过不存在利益冲突的投资提供可持续资金的创新方法。此外,身体活动和健康知识与技能应成为所有未来教师、体育教练和儿童保育专业人员培训课程和持续专业发展的必要组成部分,不仅适用于体育课教学,还应确保游乐场的可用性以及适当的教学资源和材料。

会员国可以利用立法和其他工具促进学前班和学校的身体活动。这些举措可能包括支持身体活动的基础设施,如游乐场、积极休息、免费游戏、积极的课外活动以及安全主动通勤的规定,例如,骑自行车或"步行巴士"。会员国也应继续实施现有的政策文件,例如,欧盟理事会关于促进各部门(欧洲联盟成员国)促进健康的身体活动的建议和"关于环境与健康的帕尔马宣言"。

34个成员国应为儿童参加身体活动奠定基础。重要的是通过向学前班和学校提供援助、充足的资源和必要的培训以及有意义的参与机会来使学前班和学校更加活跃。根据各国的国情,会员国应考虑采用监管或财政措施,专门促进弱势群体和残疾儿童的参与。

③ 促进儿童和青少年的娱乐性身体活动。会员国可以探索财政奖励或补贴,并让提供者参与伙伴关系,以促进儿童和青少年参加校外身体活动,并支持体育和健身俱乐部的成员资格,特别是对于社会弱势背景的儿童或残疾人士。在学校,日托中心和幼儿园设计合适的空间是非常重要的。

会员国应探索促进青少年身体活动的创新方法,包括在娱乐和空闲时间接触青少年。青少年的身体活动可以涵盖广泛的活动和环境,包括体育和健身俱乐部、健身房、童子军和其他青年俱乐部,以及跑步、远足和其他户外活动。鼓励青少年开展身体活动的一个重要方面是促进和支持与年龄和性别相关的活动形式。同行网络方法、信息和通信技术、社交媒体以及社区和青年组织都可以用来让青少年参与身体活动。应充分考虑监督这些活动的成年人的技能和安全要求。

(3) 促进所有成年人的身体活动

把身体活动作为成年人日常生活的一部分,包括交通、职业、家务及运动或休闲娱乐活动所有维度的身体活动。

很大一部分成年人全天都处于不活动状态,包括在工作日和休闲时间。例如,许多员工现在大部分工作时间都坐着,很少或根本没有身体活动。虽然卫生系统是促进身体活动的重要切入点,但研究表明,一些卫生保健专业人员对身体活动对健康的影响仍然知之甚少,而且在目前的卫生系统中,身体活动咨询往往无法获得补偿。会员国应采取行动,促进以人为本的运输,增加日常生活中的身体活动,包括在社区和工作场所,并通过保健系统改善身体活动。关注工作场所的设置绝不能忽视那些失业或在家工作的人。研究表明,特殊群体,包括但不限于失业的成年人或低收入的成年人、残疾人和家庭主妇,特别是那些有小孩的人,特别难以到达,他们应该得到特别关注。成功地促进社会特殊群体的身体活动可能需要采取更全面的方法来解决社会排斥问题,其中身体活动不是唯一正在解决的问题。

① 减少汽车交通,增加步行和骑行的适用性。各国政府和地方决策者应促进人力交通,并建立适合国家地理和文化背景的无障碍步行和自行车基础设施。这应包括消除特殊群体出行障碍的行动。他们还应考虑改善公共交通的可用性和吸引力(可负担性、可靠性和公共安全性)的方法。

应寻求与运输部门的合作,并确定与道路安全战略的联系。在适当和必要的情况下,会员国可考虑通过立法,强制要求人行道和自行车基础设施,优先考虑行人和骑自行车者。可以为具体行动和一些机构参与手段提供有用的参考。

各级政府可考虑采取创新措施以减少车辆交通,促进骑车和步行。例如,拥堵费、促进骑车和城市循环计划的税收优惠,以及更高的停车费和机动车税,收入可能至少部分地用于公共交通和基础设施系统。世卫组织欧洲区域办事处的卫生经济评估工具可用于估计自行车或步行基础设施政策的潜在健康和经济效益。

② 为工作场所的身体活动提供机会和咨询。会员国应考虑采取适当措施,促进积极通勤和使用公共交通工具上班。这些措施可能包括有关自行车架、更衣室、淋浴和适当公共交通选择的公司的法规、指南或财务激励措施。

会员国可考虑采取适当措施,例如,关于工作场所健康的条例和准则,以便在工作日开展更多的身体活动。这些措施可包括解决工作场所布局的行动,例如,提供可调节的办公桌,鼓励使用楼梯,在白天定期休息以允许进行身体活动以及健身房或体育俱乐部的会员资格,或者,适用于大型公司,公司运营的体育设施和计划。实施应得到职业健康和安全官员的支持。可以特别关注不同类型的工作场所、部门和雇员,包括非正规部门和自营职业人口的多样化需求。

需要努力确保促进工作场所的身体活动不会增加现有的不平等。例如,对于体力劳动者、非正规部门的雇员或低收入者,可能需要针对他们的特定需求量身定制有针对性的计划和干预措施。因此,会员国应特别重视所有雇员,包括来自社会特殊群体和妇女的雇员。

③ 将身体活动纳入预防、治疗和康复。成员国应根据世卫组织卫生身体活动全球建议和促进身体活动的政策指导方针,针对全体人口和特殊分组采取有关身体活动的建议,这些建议也侧重于那些活动程度最高的群体。在各自的国家,无论是性别、年龄、种族或社会经济地位,都应该促进户外低成本的身体活动,以替代传统和更昂贵的方法。已经确定了身体活动与心血管疾病、糖尿病、肌肉骨骼健康和康复以及慢性阻塞性肺病和某些类型的癌症的特定相关性。这些建议还应承认身体活动有可能保持认知功能并降低阿尔茨海默病的风险,并且需要对某些群体(如老年人)非常具体,因为身体活动必须包括力量训练和平衡,特别是防止跌倒。

会员国应努力使保健专业人员开展身体活动成为常态。初级保健层面的早期识别、咨询和转诊应纳入标准实践,并应满足患者的不同需求。对于一般人群,可以将对身体活动水平的简单评估纳入持续的风险因素评估,然后根据需要提供有关建议。对于需要更多支持的患者,咨询可采取使用激励技巧和目标设定的干预形式,并转介给专家,必要时,转介给其他健康和专职人员。虽然促进身体活动应被视为所有初级卫生保健专业人员的核心能力,但政府也可考虑不断提供激励措施,使其充分融入日常实践。根据国情,可以考虑健康保险公司或国家卫生系统在适当的时候报销身体活动计划或体育课程和基于身体活动的预防或康复服务,并为卫生专业人员提供明确的指导。会员国应与卫生保健提供者、卫生专业人员协会以及医疗和其他健康教育机构合作,以促进卫生专业人员的知识和技能以及提供有关身体活动的建议,从而促进卫生部门的变革。此外,会员国应与医疗和其他健康教育机构合作,完善所有卫生专业人员关于身体活动对健康的益处的课程。

④ 改善对身体活动设施和服务的访问,特别是对特殊群体而言。各国政府和地方决策者应考虑为提供者提供激励措施,以提供身体活动计划和机会,为所有人群,包括失业者、低收入者和残疾人等特殊群体提供支持。身体活动资源和娱乐空间的增加有助于促进居民的身体活动,即使在社会经济水平很低的社区也是如此。但是,负担能力、包容性、文化可接受性、适当时间的可用性以及经过适当培训的工作人员的支持都是弱势群体获得此类资源的必要因素,必须加以考虑才能促进他们最大限度地参与。

会员国可以考虑确保将身体活动的行为纳入护理规划和实践,并在长期住宿护理环境中提供。

(4) 促进老年人的身体活动

增加老年人的预期寿命将促进其健康寿命的增长。从整个生命历程的视角来看待身体活动对老年人产生的积极健康影响,各会员国应制定相应的政策,通过促进老年人定期和适度的身体活动来延缓老年人的机体功能下降,维持其生活独立能力,减少其慢性疾病发病率,推动积极老龄化,促进老年人在其生命最后阶段的生命历程中保持身体独立和健康机能。

① 提高卫生专业人员对老年人的身体活动建议的质量。会员国应确保卫生专业人员能够为老年人提供简单和及时的建议,使他们了解适合其个人健康需求、能力和偏好的身体活动生活方式的具体益处;必要时,应提供更深入的咨询和对变革的支持。他们还应该能够根据老年人所在社区的情况,为其提供定制化的社区服务和资源,以支持老年人的身体活动。

② 为老年人的身体活动提供基础设施和适当的环境。各个部门可以制定适合老年人的政策,使老年人能够保持身体活动并充分参与社区生活。这些举措可包括无障碍工作场所、灵活的工作时间和改善的老年人工作环境;光线充足的小路和安全的社区;无障碍地进入保健中心和康复方案。会员国应采用跨部门方法确定这一领域的政策优先出台和实施,确保卫生、城市规划、公园和娱乐以及体育部门的参与。

③ 让老年人参与社交身体活动。会员国应利用现有的社会结构接触老年人,特别是来自社会特殊群体的老年人,以鼓励他们从事身体活动。这种结构将

取决于社会和文化背景,但可能包括社区中心、社交俱乐部、基于信仰的机构和非政府组织等。会员国还可以促进和帮助支持老年人负担得起的积极旅游的机会,作为积极社交的新方式。

会员国应在国家和地方一起为社会网络和非政府组织提供政府支持,以便为老年人提供适当的身体活动方案和机会。支持资金、指导材料和咨询,以及对创新参与方法的进一步研究。他们可以与当地决策者合作,利用创新的参与式和社会方法,让老年人以及健康、体育和旅游部门参与设计有吸引力且价格合理的身体活动。此外,应特别考虑代际方法,促使人们认识到老年人对支持社区活动和志愿活动的重要性和积极贡献。

(5)通过监测、监督、提供工具、支持平台、评估和研究来支持行动

可靠和及时的信息对决策制定至关重要。在世卫组织欧洲区域办事处的支持下,会员国应加强和扩大对身体活动的监测、监测和评估促进身体活动的政策举措,更深入地了解不同社会群体的身体活动模式,包括性别、年龄和社会经济状况。

① 加强监督系统。会员国应努力巩固、调整和扩大现有的国家和国际身体活动监测系统,并提供足够的分类。世卫组织将发挥主导作用,支持会员国确保对监测数据进行准确分析和解释,以便提供基于证据的政策建议。通过这样做,成员国和世界卫生组织可以考虑为可比较的跨国数据开发共同监督工具。

② 加强身体活动促进的证据基础。会员国可以将支持性研究作为优先事项,以加强有效和有效干预的证据基础,以促进身体活动和有关身体活动的适当政府政策文书,包括跨部门方法。未来研究领域可包括让特殊群体参与身体活动的整个生命过程,儿童肥胖监测计划的有效性以及促进青少年身体活动的创新方法,特别是通过使用技术和网络。

## 三、2018—2030 年世界卫生组织促进身体活动全球行动计划

### (一) 世卫组织制定的身体活动全球行动计划概况

有规律的身体活动已被证明有助于预防和治疗非传染性疾病,例如,心脏

病、中风、糖尿病、乳腺癌和结肠癌。身体活动还有助于预防高血压、超重和肥胖，并且可以改善心理健康、生活质量。除了身体活动带来的多重健康效益之外，更富有活力的社会可以产生额外的投资回报，包括减少使用矿物燃料、更清洁的空气以及不那么拥堵和更安全的道路。这些成果与实现《2030年可持续发展议程》的共同目标、政治优先事项和雄心壮志相关联。2018年世界卫生组织提出全世界有1/4的成年人和3/4的青少年（11～17岁）不能达到世卫组织制定的身体活动全球建议。随着各国经济的发展，缺乏身体活动的程度也会增加。在一些国家，由于交通方式的变化、更高程度的技术使用和城市化，缺乏身体活动者的比率可高达70%。

为此，2018年世卫组织制定了一项新的促进身体活动的全球行动计划，即《世卫组织2018—2030年促进身体活动全球行动计划：加强身体活动，造就健康世界》（以下简称《全球行动计划》）[1]。世卫组织这项新的促进身体活动全球行动计划回应了各国提出的要求，即提供最新指导以及有效和可行的政策行动框架以增加各级的身体活动。它还回应了提供全球领导和加强区域与国家协调的要求以及对全社会反应的需求，在支持和重视使所有人根据能力在整个生命历程中定期参加身体活动方面实现范式转变。《全球行动计划》是通过全球磋商程序制定，涉及各国政府以及卫生、体育、交通、城市设计、民间社会、学术界和私立部门等众多部门和主要利益攸关方。

《全球行动计划》的愿景是加强身体活动，造就健康世界。其制定的任务是确保所有人都能够获得安全的促进性环境及各种各样的机会，从而在日常生活中保持身体活动，进而改善个人和社区健康状况，并在所有国家促进社会、文化和经济发展。其行动框架指出，扭转目前的趋势和减少身体活动方面差异的有效的行动，需要一种"基于系统"的方法，包括旨在改善支持身体活动的社会、文化、经济和环境因素的"上游"政策行动与侧重单一方面（教育和信息）的"下游"方法相结合的战略组合。《全球行动计划》规定了4项战略目标，可以通过普遍适用于所有国家的20项政策行动实现，其中考虑到了每个国家在努力减少缺乏

[1] World Health Organization. Global action plan on physical activity 2018-2030：more active people for a healthier world. Geneva：WHO,2018.

身体活动和久坐行为方面处于不同的起点。其具体目标是,到 2030 年,成人和青少年缺乏身体活动的全球普遍程度相对减少 15%,包括 4 个层面的目标,即营造富有活力的社会、创建利于活动的环境、培养热爱活动的人群、建立支持活动的系统。

在具体措施上,该行动计划建议各个国家实施"基于系统"的方法,要求每个国家确定政策应对措施战略组合,以便在短期(2～3 年)、中期(3～6 年)和长期(7～12 年)开展实施。应根据国情选择政策行动,并根据不同的国家管辖区和亚人群组的需要进行调整。优先顺序和可行性将根据具体情况而有所不同;因此,建议每个国家评估本国的现状,确定现有可以加强的政策以及政策机会和差距。同时,建立需要跨政府部门和多行业部门的伙伴关系以及有意义的社区参与,以实现协调的全系统反应,从而为健康、环境和经济带来多重效益。该行动计划的实施应遵循比例普遍性原则,并尽最大努力针对最不活跃的人群。

（二）《全球行动计划》组成

**1.《全球行动计划》的提出**

（1）背景。有规律的身体活动可以预防和治疗主要非传染性疾病,例如心脏病、中风、糖尿病以及乳腺癌和结肠癌[1]。身体活动还有助于预防其他重要的非传染性疾病风险因素,如高血压、超重和肥胖,并且可以改善心理健康[3,4],延迟阿尔茨海默病的发生[5]和改善生活质量[6]。

2015 年,在联合国大会第七十届会议上,所有的国家在题为《改变我们的世界: 2030 年可持续发展议程》(以下简称《2030 年议程》)的决议中承诺投资于卫生事业,确保全民健康。《2030 年议程》将健康视为普遍权利和日常生活必需资源,而不仅仅是没有疾病。

（2）授权。2013 年,世界卫生大会认可了一项关于预防和控制非传染性疾病的全球行动计划,并商定了 9 项全球自愿目标,其中包括到 2025 年使非传染

---

〔1〕 World Health Organization. WHO Global recommendations on physical activity for health〔R〕. Geneva: WHO,2010.

性疾病导致的过早死亡率减少25%,使身体活动不足的普遍程度相对减少10%[1]。最近对这些目标的全球进展进行的审查得出结论,高收入、中等收入和低收入国家的进展缓慢且不均衡。尽管2013年非传染性疾病全球行动计划为世界卫生组织会员国提供了一系列增加身体活动的广泛政策建议,但实施以及与卫生部门以外的必要部门合作仍然是大多数国家取得进展的重大挑战[2]。

世卫组织执行委员会在2017年第140届会议上商定认可由秘书处拟定一份身体活动行动计划草案,提交执委会第142届会议审议。该草案要求行动计划以现有的非传染性疾病和身体活动战略、指南、政策建议和世界卫生大会认可的其他相关承诺为基础,并与2030年可持续发展目标相关联。因此,《全球行动计划》提供了一个行动框架,并提出了一套具体的政策行动,以指导会员国加速和扩大活动,争取实现更高水平的身体活动。《全球行动计划》还认识到会员国要求加强全球、区域和国家协调,而且需要全社会的范式转变,支持和重视使所有人根据能力在整个生命历程中定期开展身体活动。

(3) 制定过程。《全球行动计划》是通过全球磋商程序制定的,其中包括建立一个世卫组织内部指导委员会,由相关部门的多个司和世卫组织区域办事处的代表组成,并得到2017年7月召集的多部门和多学科全球专家咨询小组的指导。在公布《全球行动计划》第一稿之后,与会员国举行了6次区域协商会,举办了8次公开网络研讨会,为联合国机构和常驻代表团召开了信息会议,通过社交媒体和专业协会媒体进行了宣传,并开展了为期7周的开放式在线公开磋商。

该过程涉及83个会员国(包括卫生部、教育部、体育运动部、交通部和规划部的代表)以及国际体育协会、卫生和运动医学组织、公共卫生机构、卫生、交通、城市规划和体育方面的民间社会和专业组织、研究和学术界以及私立部门。共收到相关利益攸关方的125份书面意见。所有磋商过程中获得的意见被用于充实草案第二稿的起草和编写工作。在执行委员会第142届会议上讨论了草案第二稿后,得到的意见和建议为制定这份最终的行动计划提供了重要信息。

〔1〕 World Health Organization. Global action plan for the prevention and control of noncommunicable diseases 2013-2020[R]. Geneva:WHO,2013.
〔2〕 World Health Organization. Global action plan for the prevention and control of noncommunicable diseases 2013-2020[R]. Geneva:WHO,2013.

**2. 何为身体活动**

（1）身体活动定义。身体活动是由骨骼肌肉产生的需要消耗能量的任何身体动作。它可以通过许多不同的方式进行,如步行、骑自行车、体育运动和积极的娱乐(如舞蹈、瑜伽、太极拳)。身体活动也可以作为工作的一部分(搬运或其他体力劳动),并作为家庭中有偿或无偿家务的一部分(清洁、搬运和护理工作)。虽然一些活动是人们选择完成的并且可以提供乐趣,但其他工作或与家务有关的身体活动可能是必要的,甚至是必不可少的,与积极娱乐等相比或许不能提供相同的心理或社会健康效益。然而,如果定期进行并有足够的持续时间和强度,所有形式的身体活动都可以提供健康效益。2010 年,世卫组织就青少年、成年人和老年人获得最佳健康效益的身体活动类型和频率提出了建议。

久坐行为被定义为清醒时以能量消耗小于等于 1.5 代谢当量为特征的任何行为,例如,静坐、仰坐或躺卧[406]。最近的证据表明,高程度的持续久坐行为(如长时间静坐)与葡萄糖代谢异常和心脏代谢病以及总体死亡率相关[407]。通过促进偶尔的身体活动(例如,站立、爬楼梯、短途步行)来减少久坐行为,可以支持个人逐渐增加身体活动,以达到建议的最佳健康水平。

尽管达到为一般人群实现最佳健康而建议的身体活动水平具有较低的风险,但参与某些类型的身体活动以及某些亚人群组面临的风险较高。尤其具有较高受伤风险的活动,包括接触性运动(如橄榄球、冰球)以及步行和骑自行车,因为道路安全或人际暴力在某些情况下可能会造成更高的风险。世卫组织关于身体活动的建议提供了减少风险的指导[1],而且本行动计划建议了应对更广泛社会环境风险的政策行动,如方便骑自行车的道路安全。

（2）缺乏身体活动的程度。2010 年最新的全球比较估计表明,全世界有23%的成年人和81%的青少年(11～17 岁)未能达到世卫组织关于身体活动有益健康的全球建议[2]。值得注意的是,缺乏身体活动的普遍程度在国家内部和国家之间差异很大,在一些成人亚人群中可能高达 80%。成年人缺乏身体活动

---

〔1〕 World Health Organization. WHO Global recommendations on physical activity for health〔R〕. Geneva: WHO, 2010.

〔2〕 World Health Organization. Global action plan for the prevention and control of noncommunicable diseases 2013-2020〔R〕. Geneva: WHO,2013.

的严重程度在东地中海、美洲、欧洲和西太平洋区域最高,在东南亚区域最低。由于交通方式的变化、技术的使用、城市化和文化价值观等影响,严重程度随着经济的发展而上升。

身体活动水平的差异也可以通过国家内部和国家之间不同性别和社会地位人群在身体活动机会方面的显著不平等来解释。女童、妇女、老年人、社会经济地位低下的人、残疾人和慢性病患者、特殊群体、土著人群和农村居民往往较难以获得安全、方便、负担得起和适当的空间及场地来开展身体活动。解决参与方面的这些差异是本全球行动计划的政策重点和基本原则。

(3)卫生系统和社会为缺乏身体活动付出的代价。在全球范围内,缺乏身体活动造成的 2013 年直接医疗费用估计为 540 亿美元,其中 57% 来自公立部门,另外 140 亿美元则归因于生产力下降[12]。对高收入国家以及低收入和中等收入国家的估计表明,1%~3% 的国家卫生保健支出可归因于缺乏身体活动[1]。由于可得数据有限并排除了与心理健康和肌肉骨骼疾病相关的费用,这些估计被认为是保守的。此外,卫生系统之外的社会成本,例如,增加步行、骑自行车和使用公共交通以及相关的矿物燃料使用减少所产生的潜在环境效益,尚未包括在总体影响评估中。

不能认识到身体活动是非传染性疾病预防和治疗工作的优先事项并进行投资,就会错失机会。持续的不作为将导致缺乏身体活动的成本继续上升,从而进一步对卫生系统、环境、经济发展、社区福祉和所有人的生活质量产生负面影响。

(4)进行身体活动的多种益处。身体活动有许多不同的形式,可以带来成倍的健康、社会和经济效益。步行和骑自行车是重要的交通方式,但在许多国家,步行和骑自行车所发挥的作用正在降低。最大的变化发生在低收入和中等收入国家,例如,大量的人从步行和骑自行车转向个人机动交通工具。改善道路安全、促进紧凑的城市设计和优先方便行人,骑自行车者和公交乘客到达目的地和获得服务的政策,特别是教育、开放的公共场所及绿色和"蓝色"空间(即河流湖泊和海洋附近的空间)、体育和休闲设施,可以减少个人机动交通工具的使用、

---

[1] World Health Organization. Global action plan for the prevention and control of noncommunicable diseases 2013-2020[R]. Geneva:WHO,2013.

碳排放、交通拥堵以及卫生保健费用，同时也可以促进当地居民区的微观经济，改善健康、社区福祉和生活质量[1]。鉴于世界日益城市化，所以城市有特殊的责任和机会，可以通过改进城市设计和可持续交通系统来促进这一议程。

除了为社区和国家提供重要的社会、文化和经济利益之外，体育对所有年龄段的人们来说都是促进身体活动的重要因素，但却没有得到充分的利用。体育可以成为参与身体活动的催化剂和推动力[408]，而且体育部门也是一个重要的雇人单位，是全球旅游和基础设施的重要推动力。体育和积极娱乐还可以在突发事件与危机情况下做出贡献。在所有年龄段和能力范围内加强获得与促进参与体育及积极娱乐，是提高人们身体活动水平的重要因素。

教科文组织大会在《国际体育教育、体育活动与体育运动宪章》中指出："身体活动和体育运动是所有人的基本权利之一"。而且在第六届国际体育教育与体育运动部长和高级官员会议上得到认可的 2017 年喀山行动计划，以及终止儿童肥胖委员会确定积极游戏和娱乐是儿童健康成长与发育的重要因素，包括年龄小于 5 岁的儿童。此外，提供优质的体育教育和支持性的学校环境可以为终身健康、积极的生活方式、非传染性疾病和心理健康障碍的预防提供身体与健康素养，并丰富学术成果。以学校为基础的政策举措是创建一个更加富有活力的社会的重要组成部分。

身体活动在所有年龄段都很重要，应该整合到众多日常环境中。对于许多成年人来说，工作场所是进行身体活动和减少久坐行为的关键环境。上下班的路途、工间休息、工作场所的规划和偶尔的活动都为在整个工作日期间增加身体活动提供了机会，并有助于提高生产力，减少伤害和缺勤。老年人尤其可以从定期的身体活动中受益。

重要的是，初级和二级卫生保健及社会护理提供者可以帮助所有年龄段的患者变得更加活跃并防止非传染性疾病负担的增加，同时将身体活动作为提高康复和恢复率的手段。加强身体活动方面的患者咨询已被确定为一种具有成本效益的干预措施。

---

〔1〕 World Health Organization. Global action plan for the prevention and control of noncommunicable diseases 2013-2020[R]. Geneva：WHO,2013.

此外,在卫生保健机构中和在工作场所以及其他领域,数字创新有机会促进和支持参与身体活动和减少久坐时间,并在快速发展的移动卫生保健实践基础上发挥数据的潜力,协助促进、支持和监测身体活动,以改善所有人的健康和福祉。

(5)身体活动与2030年可持续发展目标。投资于通过更多步行、骑自行车、积极娱乐、体育运动和游戏等方式增加身体活动的政策行动,将直接促进良好健康与福祉以及其他目标,包括但不限于消除一切形式的营养不良。

鉴于身体活动对《2030年议程》的贡献,现在是时候投资于身体活动,不仅是因为其直接有益于健康,而且因为增加步行、骑自行车、积极娱乐、体育运动和游戏有助于实现更公平、可持续和繁荣的世界。

全球行动计划中提出的政策回应不仅与实现可持续发展目标相互联系,而且与世界卫生大会认可的其他密切相关的战略和计划的目标与雄心相交叉,并与之相辅相成,具体包括。

- 终止儿童肥胖委员会。
- 2016—2020年老龄化与健康全球战略和行动计划。
- 2011—2020年道路安全行动十年全球计划。
- 世卫组织公共卫生与环境全球战略。
- 新城市议程。
- 2013—2020年精神卫生行动计划。
- 2017—2025年公众应对痴呆症的全球行动计划。
- 2016—2030年全球妇女,儿童和青少年健康战略。
- 2014年每一个终止可预防死亡的新生儿行动计划。
- 2014—2021年世界卫生组织全球残疾人行动计划。
- 2017年全球营养报告:滋养可持续发展目标。
- 联合国2016—2025年营养行动十年。

(6)向前迈进——扩大国家行动。鉴于身体活动方式的多样性以及可以增加参与的众多环境,不同部门有多种政策机会。国家政策反应必须应对决定参与的多种因素;其中一些是个人特征、知识和个人偏好,而另一些则与更广泛的社会文化背景有关,例如,家庭背景、社会价值观、传统以及经济和物质环境[409]。

这些所谓的身体活动的"上游"决定了参与机会的公平性,可以进一步减少身体活动、健康状况和福祉方面的不平等。

有效的国家应对措施必须包括能够解决影响所有人身体活动机会和能力的因素的行动,以及保护和加强促进并鼓励参与的因素的政策行动。因此,必须优先以人群为基础促进身体活动的"上游"政策方法,并将其与侧重于以个人为中心的"下游"干预措施的政策行动相互关联。

有效实施将要求各会员国从战略高度综合选择本行动计划中建议的政策应对措施,根据国情在全国范围内进行调整和实施,同时认识到不同人群的不同需求和能力。

然而,尽管有效解决方案的证据很充分,但进展仍将只是一种愿望,除非获得人力和财力方面的可靠专用资源以支持把促进身体活动作为非传染性疾病治疗和预防的优先事项,并建立政府关键部门、利益攸关方和相关政策优先事项之间的战略联系,以便在国家和地区持续实施。

### 3.《全球行动计划》具体内容

(1)愿景、任务与目标。计划的愿景是加强身体活动,造就健康世界。

计划的任务是确保所有人都能够获得安全的促进性环境及各种各样的机会,从而在日常生活中保持身体活动,进而改善个人和社区健康状况,并在所有国家促进社会、文化和经济发展。

计划的行动框架指出,扭转目前的趋势和减少身体活动方面差异的有效国家行动,需要一种"基于系统"的方法,包括旨在改善支持身体活动的社会、文化、经济和环境因素的"上游"政策行动与侧重单一方面(教育和信息)的"下游"方法相结合的战略组合。《全球行动计划》规定了四项战略目标,可以通过普遍适用于所有国家的 20 项政策行动实现,其中认识到每个国家在努力减少缺乏身体活动和久坐行为方面处于不同的起点。其具体目标是,到 2030 年,成人和青少年缺乏身体活动的全球普遍程度相对减少 15%,包括 4 个层面的目标:①营造富有活力的社会;②创建利于活动的环境;③培养热爱活动的人群;④建立支持活动的系统。

(2)指导原则。该行动计划以下述指导原则为依据。在各会员国、合作伙伴和世卫组织努力实现更加富有活力世界的共同愿景时,这些原则应成为各个层面实施行动的基础。

① 以人权为基础的方法。《世界卫生组织组织法》规定,享受健康为人的基本权利之一。作为日常生活的重要资源,健康是所有国家共同的社会和政治优先事项。在《2030 年议程》中,各国承诺投资卫生,实现全民健康覆盖,并减少各年龄段和不同能力人群的健康不平等。本行动计划的实施应采用基于权利的方法,致力于让个人和社区参与并增强其权能,以积极参与制定解决方案。

② 整个生命历程的公平。身体活动参与情况在年龄、性别、残疾、妊娠、社会经济状况和地理位置方面的差异反映了不同群体和不同能力在社会经济决定因素和身体活动机会方面的局限性和不公平现象。本行动计划的实施应明确考虑生命过程不同阶段(包括童年、青春期、成年期和老年期)的需求以及当前活动和能力的不同水平,优先解决差异和减少不平等现象。

③ 循证实践。政策的制定和实施由强大的科学证据作为基础。许多干预措施的成本效益已得到确定;本行动计划的实施应继续建立和发展这一证据基础,特别是在低收入和中等收入国家。

④ 比例普遍性。比例普遍性涉及按照适合需求的规模和力度筹集资源及提供服务的方法。在全球、国家和亚国家级,需要重点努力减少身体活动机会方面的不公平现象。因此,将资源按比例分配用于使身体活动最欠缺者以及在增加参与方面面临最大障碍者开展身体活动的行动应该是一个优先事项。

⑤ 政策协调性和将健康融入所有政策。身体活动促进政策可以为个人、社区、城市和国家带来健康福祉,因此政策制定要贯穿于各个国家、城市、社区和个人的不同层面,协调好各个层级之间政策的连续性和协调性,以实现所有群体身体活动的促进目标,同时要认识到环境对身体活动行为的影响作用,实现人们和地球的健康可持续发展。

⑥ 决策者、民众、家庭和社区的参与和赋权。应该使人们和社区有能力通过积极参与制定影响他们的政策和干预措施来控制其健康的决定因素,以便减少障碍并提供动力。积极参与动员社区是改变行为和改变社会规范的有力方式之一。

⑦ 多部门伙伴关系。与可持续发展目标 17(促进目标实现的伙伴关系)一致,全面、综合和跨部门方法对于提高人群身体活动水平和减少久坐行为至关重

要。行动计划的实施应促进各级所有利益攸关方之间的协作,并以实现更加富有活力世界倍增效益的共同愿景为目标。

(3) 行动伙伴关系。鉴于行动计划的议程超出了任何单一机构的职能范围,实施工作需要建立伙伴关系。通过共同努力实现行动计划的愿景并改善所有人的健康,合作伙伴还可以推动实现各自目标的进展。

这些合作伙伴包括但不限于。

① 会员国。具体包括各会员国的卫生部、交通部、教育部、体育运动部、青年事务部、城市规划部、环境部、旅游部、财政部和劳动部。

② 发展机构。国际金融机构,如世界银行、区域开发银行、亚区域政府间组织和发展援助机构。

③ 政府间组织。联合国机构,联合国非传染性疾病机构间工作组(UNIATF)和其他机构。

④ 国际组织。全球卫生倡议和机构。

⑤ 非政府组织。包括民间社会、社区组织、人权组织、宗教组织。

⑥ 专业协会。在医疗和相关卫生领域,如运动医学、理疗、全科诊疗、护理、运动和体育科学、身体活动和公共卫生以及其他相关学科,包括交通、体育和教育。

⑦ 慈善基金会。致力于促进全球卫生和实现可持续发展目标。

⑧ 学术和研究机构。涵盖多个学科,包括实施科学和世卫组织合作中心网络。

⑨ 行业领导者和私立部门。致力于改善员工及其家人和社区的健康。

⑩ 媒体。记者和媒体机构,包括传统媒体和新媒体。

⑪ 城市领导人和地方政府。包括市长、州长和地方官员。

⑫ 社区。为宗教、社会和文化团体的代表。

⑬ 世界卫生组织。包括总部、区域和国家办事处等各级。

(4) 行动框架。行动框架包括4项战略目标和20项政策行动。4项战略目标为20项多层面政策行动提供了普遍适用的框架,每项行动都被确定为对增加身体活动和减少久坐行为做出反应的重要和有效组成部分。结合起来,体现了一种全系统方法,以便创建本质上重视并优先考虑将身体活动作为日常生活常规部分的政策投资的社会。4项战略目标分别如下。

①营造富有活力的社会——社会规范和态度。加强对各年龄段人群根据自身能力定期进行身体活动的多重益处的认知、理解和赞赏，使整个社会的范式发生变化。

行动一：实施最有效宣传，并将其与基于社区的规划挂钩，提高关于根据自身能力定期进行身体活动、减少久坐行为，对个人、家庭和社区安康的多重健康效益的意识、认知、理解和赞赏。

行动二：开展以国家和社区为范围的活动，提升人们对身体活动（特别是更多步行、骑车和涉及使用轮子的其他出行方式，包括轮椅、滑板和轮滑）在社会、经济和环境方面效益的认知、理解和赞赏，进而为实现《2030年可持续发展议程》做出重大贡献。

行动三：定期在公共场所开展群众活动，让整个社区都能参与进来，免费获得有趣、便宜、符合公序良俗的身体活动体验。

行动四：加强卫生部门内外（包括但不限于交通、城市规划、教育、旅游和休闲、体育和健身部门，以及基层社区团体和民间社会组织）专业人员的岗前和在岗培训，使他们获得更多知识和技能，从而更好地参与和促进创造包容、公平机会，营造富有活力的社会。

②创建利于活动的环境——空间和场所。创建并保持环境，促进和维护各年龄段所有人在自己城市和社区公平获得根据自己能力定期开展身体活动的安全空间和场所的权利。

行动一：加强各级相关政府城市规划政策和交通规划政策的整合，强调紧凑型混合土地利用原则，使邻里街区更为紧密。

行动二：改进人行道和自行车道网基础设施的服务水平，从而在城市、郊区和农村社区便利和促进步行、骑自行车、涉及使用轮子的其他出行方式（包括轮椅、滑板和轮滑）和使用公共交通。制定政策时应适当考虑各年龄段不同能力的人均能安全、普遍和公平地享受到服务，并考虑与其他承诺相协调。

行动三：加快落实政策行动，改善道路安全以及行人、骑车者、涉及使用轮子的其他出行方式（包括轮椅、滑板和轮滑）的出行者及公交乘客的个人安全，其中重点是根据道路安全的安全系统方法减轻最弱势道路使用者面临的风险，并考虑与其他承诺相协调。

行动四：使城市、郊区和农村社区各年龄段能力各不相同的所有人都能更便利地利用高质量公共绿色开放空间、绿色网络、休闲空间(包括河流和海岸地区)与体育设施,确保相关设计符合安全、普遍、适合老人和公平原则,重点关注减少不平等,并考虑与其他承诺相协调。

行动五：酌情加强国家和省市级政策、监管和设计指南与框架,以便促进公共福利设施、学校、卫生保健机构、体育和休闲设施、工作场所及保障性住房,目的是要使具备不同能力的使用者和访客能够在建筑内外进行身体活动,其中重点考虑行人、骑自行车者和公交前往的便利性。

③ 培养热爱活动的人群——规划和机会。在多个环境下创造机会,建立规划,并使这些机会和规划更易于获得,以帮助各年龄段和各种能力水平的人以个人、家庭和社区为单位定期进行身体活动。

行动一：在所有学前、小学、中学和大学教育机构中采用贯通衔接健康行为教育培养原则,为学生提供更优质体育教育和更积极的经验和机会,以积极的娱乐、运动和游戏,促进终身体育运动习惯的养成,使学生们享受和积极参与体育运动。

行动二：作为全民卫生保健的一部分,酌情在初级和二级卫生保健与社会服务机构中落实和加强制度,由经过适当培训的卫生、社区和社会保健服务工作者进行患者评估并提供有关增加身体活动和减少久坐不动的咨询,并确保社区和患者参与和协调利用社区资源。

行动三：在公园和其他自然环境中(例如,在沙滩、河流和水边)以及私人与公共工作场所、社区中心、休闲和体育设施、宗教活动中心大力提供更多的身体活动规划和宣传活动并增加这方面的机会,支持各种能力水平的人参加身体活动。

行动四：在重要环境(例如,本地和社区场所、卫生保健、社会和长期护理机构、协助生活设施和家庭)中提供更多适当老年人的规划和服务,以根据他们的能力增加身体活动,减少久坐不动。

行动五：接受所有人的积极贡献,强化发展和实施跨多种社区环境的规划和服务,使各国确定的活动最少人群(例如,女童、妇女、老人、农村和土著社区以及弱势或边缘化人群)参与进来,增加他们的身体活动机会。

行动六：在城市、乡镇或社区层面号召整个社区行动起来，激励所有利益攸关方的参与，优化组合适用于不同环境的多种政策方法，促进各年龄段能力各不相同的所有人更多参加身体活动和减少久坐不动，其中重点关注基层社区参与、协同开发和主人翁意识培养。

④ 建立支持活动的系统——治理和政策。跨部门发挥领导作用、开展治理、建立多部门伙伴关系、发展人力能力并建立宣传和信息系统，以实现出色的资源调配，并卓越执行相互协调的国际、国家和省市级行动，增加身体活动，减少久坐不动。

行动一：加强国家和省市级政策框架、领导和治理结构，支持实施旨在增加身体活动和减少久坐不动的行动，包括多部门参与和协调机制、跨部门政策一致性、针对各年龄段身体活动和久坐行为的指南、建议和行动计划以及监督和评估进展情况以增强问责制。

行动二：在国家一级并酌情在省市级加强数据系统和能力，支持开展以下活动：对各年龄段人群在不同领域内的身体活动和久坐行为进行定期监测；开发和检测新的数字技术，加强监测系统；开发对缺乏身体活动更广泛社会文化和环境决定因素的监督系统；定期多部门监督和报告政策实施情况，以确保问责和供政策和实践参考。

行动三：加强国家和机构研究与评估能力，激励采用数字技术和创新，加快旨在增加身体活动和减少久坐不动的有效政策解决方案的拟定与实施。

行动四：对重点人群（包括但不仅限于高级领导人，多部门决策者，媒体、私营部门、城市和社区领导者）加大宣传，提升对全球、区域和国家层面联合行动的意识、认知和参与。

行动五：加强供资机制，确保持续实施国家和省市级行动；发展促进性系统，支持拟定和实施旨在增加身体活动和减少久坐不动的政策。

（5）实施。制定这项《全球行动计划》时充分认识到各国在努力减少缺乏身体活动和久坐行为方面处于不同的起点。此外，认识到不同环境和不同亚人群的不同身体活动优先顺序和偏好因文化、背景与资源而异。因此，没有单一的政策解决方案。相反，本行动计划提供了 4 项战略目标，可通过普遍适用于所有会员国的 20 项政策行动予以实现。

优先次序,可行性和实施速度将根据具体情况而有所不同。因此,建议每个国家评估自己目前的情况,以确定可以加强的现有领域,以及政策机会和实践方面的差距。

所有国家都应实施"上游"政策行动,以改善支持身体活动的社会、文化、经济和环境因素,并结合注重个别方面(教育和信息)的"下游"方法,这些方法应按比例普遍性原则实施。这种基于系统的方法应该使各国能够从战略高度确定一组政策解决方案,以适应短期(2～3 年)、中期(3～6 年)和长期(7～12 年)的实施环境。

对大多数成员国而言,在全国范围内实施目标政策是一个长期的工作计划。但是,各成员国可以在某些城市和地区开展试点,通过试点城市和地区的成功经验,以推广到更大范围的城市和地区之中。动员社区参与政策的规划和实施方案的决策对政策的成功实施至关重要。因此,该行动计划提供的政策行动应该符合所有实施地区人民的利益。

鉴于政策议程超出任何单一机构的范围,实施将需要有效的伙伴关系。作为个体和合作伙伴,所有利益攸关方都可以而且应该在国家层面上为这一全球行动计划的实施作出贡献,其中涉及 7 个关键领域。

① 领导作用。需要强有力和明确的领导和承诺来制定国家愿景,优先促进身体活动和减少久坐行为,并确保各级多个部门的积极参与。利益相关者可以通过充当样本,积极支持建议的政策行动和所需的变更来进行领导。

② 政策和治理。所有合作伙伴都应评估和加强其政策和治理,以包括并最大限度地发挥与议程的协同作用,以促进身体活动和减少久坐行为。这包括根据行动计划中的建议制定或更新与每个机构环境或成员相关的政策、立场声明和指南。

③ 协调。协调国家规划,实施、评估和监测所有利益攸关方的进展和贡献是一项关键任务。卫生部门在领导和召集合作伙伴方面发挥着明确的作用,希望其他参与各方则为建立和维持有效的国家和次国家(包括适当的城市和社区一级)协调机制作出贡献。

④ 筹集资源。各国政府应加强对促进非传染性疾病预防和治疗方案中的身体活动的投资,以及在行动领域确定的其他主要政府组合,如交通、城市规划、

体育和教育。虽然经常需要增加资源,但也可以通过将现有资源重新分配到支持增加身体活动的优先行动来加速和扩大实施。其他利益相关者应寻找资源实施的机会,特别是在资源匮乏背景的国家。

⑤ 社区参与。创建一个活跃的社会需要所有利益相关者的充分参与,以确保定制、重视、可持续和有效的解决方案。让社区所有部门、民间社会、私人和慈善实体及其他各方参与的行动可以产生共同利益,并有助于与其他部门和利益攸关方建立合作、实现共同目标。

⑥ 宣传和倡导。所有利益攸关方应积极推动和倡导根据国家背景与优先事项实施所需的政策行动,民间社会和非政府组织在宣传与监督问责制方面发挥着核心作用。

⑦ 循证实践。必须通过强大可靠的数据和信息系统为国家与地方政策规划、实施和评估提供信息与支持。需要进行研究和创新,以便为新政策和进一步实施提供信息,监测系统和政策评估是国家监测与问责制的核心组成部分。所有利益攸关方都应支持证据和数据系统,特别是在中低收入国家。

为协助会员国在国家和国家以下各级实施 20 项建议的政策行动,世卫组织将优先考虑以下方面:a. 完成该行动计划的监测和评估框架,并支持各国采用,调整和适应国情;b. 支持会员国评估其目前在身体活动方面取得的进展,并制订或更新(根据需要)关于身体活动的国家政策和行动计划;c. 加强与全球、区域和国家各级非卫生部门的接触;d. 领导和支持高级别宣传工作,以提高人们对《2030 年议程》和资源调动中身体活动重要性的认识;e. 与利益攸关方合作、发展(如有需要)、促进和传播指导、工具和培训资源去支持关于身体活动和久坐行为的 20 项政策行动的实施。

(6)监测和评价。将利用世界卫生大会在预防和控制非传染性疾病监测框架中采用的两项成果指标,监测到实现 2030 年成人和青少年身体活动不足率相对减少 15% 目标的进展情况,即:18 岁及以上人群身体活动不足普遍程度;青少年(11～17 岁)身体活动不足普遍程度。

鼓励会员国根据商定的建议加强对分类数据的报告,并反映该行动计划的双重优先事项,即降低总体缺勤率。并减少每个国家确定的最不活跃人口的国内差异和缺乏身体活动的水平。分类数据应包括针对具体领域的身体活动测量

(工作相关、步行和骑自行车以及休闲时间)和文化、经济和地理因素的表现。

① 监测框架和指标。为了监测该行动计划的全球和国家实施情况,世卫组织致力于在2018年12月完成监测和评估框架并推荐一套过程与影响指标,并在其网站上公布技术说明,阐述世卫组织如何监测进展并评估国家在全球和区域一级的执行情况。

监测和评估框架的制定将坚持经济、效率和灵活性原则。在可能的情况下,评估框架的目标是通过使用现有数据收集系统来最大限度地减少数据收集的负担,并通过与其他相关健康、社会和环境指标建立的监测系统保持一致来寻求效率和协同作用,例如,可持续发展目标。因此,重点将放在确定所有国家可行和可能获得的相关影响和过程指标上。在可能的情况下,对于已确定的指标,应使用现有的数据收集工具和系统进行评估,以尽量减轻各国的负担,例如,非传染性疾病国家能力调查、全球道路安全国家调查、全球学校健康调查、全球学校健康政策调查和年龄友好型城市数据库。相关的全球数据也可以通过数据库获得,例如,城市环境空气污染数据库和公共空间区域,作为人居署城市繁荣倡议的一部分,与可持续发展目标(向所有人,特别是妇女、儿童、老年人和残疾人,普遍提供安全、包容、无障碍、绿色的公共空间)保持一致。

② 报告全球进展。报告全球身体活动全球行动计划执行进展情况符合WHA66.10(2013)号决议第3.9段。第一份报告于2021年(使用2020年的数据)提交,第二份报告将于2026年发布(使用2025年的数据)。最终报告将于2030年提交给世界卫生大会,作为报告"2030年可持续发展议程"中与健康相关的目标和指标的一部分。

## 四、小结

本节通过对《美国2018大众体育指导纲要》《2016—2025年世界卫生组织欧洲区域的身体活动战略》和《2018—2030年世界卫生组织促进身体活动全球行动计划:加强身体活动,造就健康世界》3个重要文本的解读,来对2018年之后的西方国家身体活动政策的发展趋向进行展望。

在大众体育目标方面,3个重要文本的未来目标都是减少身体活动不足,如

《全球行动计划》提出到 2025 年身体活动不足率减少 10%，到 2030 年减少 15%，具体包括营造富有活力的社会、创建利于活动的环境、培养热爱活动的人群和建立支持活动的系统 4 个方面。

在大众体育关注的优先领域方面，提出要关注以下几点优先领域：① 为促进身体活动提供领导和协调；②支持儿童和青少年的发展；③促进所有成年人的身体活动作为日常生活的一部分，包括在运输、休闲时间、工作场所和通过医疗保健系统；④促进老年人的身体活动；⑤通过监测、监督、提供工具、支持平台、评估和研究来支持行动。

在身体活动政策的原则方面，需要遵循以下几点原则：①解决不断下降的身体活动水平并减少不公平现象；②推广生命历程方法；③通过改善健康的环境和参与来增强人们与社区的能力；④促进综合、多部门、可持续和基于伙伴关系的方法；⑤确保身体活动计划（干预措施）适应不同的环境；⑥使用经过验证的策略来促进身体活动并监控持续的实施和影响。

# 第五节　西方国家身体活动政策发展趋向

通过对 1972 年至今 3 个时期西方国家身体活动政策文本的分析和西方部分国家身体活动政策重要文本的解读，本节对西方国家身体活动政策的发展趋向进行总结，主要包括以下几点趋向。

## 一、以健康促进为目标

身体活动对健康的重要性已得到充分证明。诸多证据表明，定期的身体活动可以预防和治疗主要非传染性疾病（NCD），包括心脏病、中风、糖尿病、乳腺癌和结肠癌等。它还有助于预防其他重要的非传染性疾病风险因素，如高血压、超重和肥胖，并与改善心理健康、阿尔茨海默病发病延迟和改善生活质量有关。基于这些证据，西方国家身体活动政策的规划越来越关注人们的身体活动和健康。如在 1990 年，美国运动医学会（ACSM）确立了健康促进的目标，并提出了"运动是良医"的理念;在 2000 年,爱尔兰发布了《2000—2005 年国家健康促进战略》;同时,在前文述及的第三时期西方国家体育发展政策文件中,58.2%的政策文件与健康促进有关。因此可以发现,健康促进是西方国家身体活动政策发展的首要目标和主流趋势。

## 二、重视平等化原则,向特殊群体倾斜

作为日常生活的重要资源,健康是所有国家共同的社会和政治优先事项。西方各国的身体活动政策致力于健康投资,努力实现全民健康覆盖并减少不同年龄和能力人群的健康不平等。在实施上采用基于权利的方法,并纳入参与和承诺,使个人和社区能够积极参与。由于年龄、性别、残疾、生育,所处的社会经济地位和地理环境而导致的参加身体活动的差异,反映了不同群体和不同能力下社会经济决定因素与身体活动机会的局限及不公平。西方国家身体活动政策针对生命历程的各个阶段(包括童年、青春期、成年期和老年期等),根据各群体活动和能力的不同需求,集中精力优先解决差异并减少不平等。将大众体育资源按比例分配,并向不积极参与及面临参与障碍的人群倾斜,如处于较低经济收入的人、残疾人、老年人、慢性病患者、怀孕和哺乳期的妇女、少数民族、移民和被剥夺自由的人等。

## 三、注重不同群体的个体化差异

西方国家身体活动政策的目标群体趋于细分,政策更具有针对性。第一时期,西方国家身体活动政策文件主要都是面向全体人群的。进入第二时期,西方国家身体活动政策文件开始对人群进行细分,针对具体群体制定特定的身体活动政策,如儿童、青少年、成年人、老年人、处于较低经济收入的人、残疾人、慢性病患者、怀孕和哺乳期的妇女、少数民族、移民和被剥夺自由的人等。第三时期通过对西方主要国家身体活动政策文本的统计分析发现,仅有近 1/3 的政策文件是面向全体人口的(27%),除此之外,大多数文件是关于人群中有一个或多个具体的群体,例如,儿童、青少年和年轻人、老年人、身体活动水平较低的人等。其

中,可以发现西方国家身体活动政策类文件对于儿童和青少年群体尤其重视,其中儿童是政策文件中最常见的受关注的目标群体,占20%,青少年群体占15%。

## 四、多部门合作增强

多部门合作是当今西方各国政府在身体活动政策制定时又一重要趋势,也是开展大众体育健康工作的重点。西方国家身体活动政策的制定需要多部门协调合作,所有相关部门协调一致避免了重复和相互矛盾的行为。西方各国的国家协调机制确保采取有效步骤促进各部门之间的协调行动。国家协调机制一般采取非正式工作组、咨询机构或正式跨部门政府机构的形式。通过对第一时期和第二时期实施政策主体的聚类分析可以发现,西方大众身体活动政策涉及的主体部门主要集中在健康和体育部门,在第三时期几乎一半的政策文件涉及健康部门,这使得健康部门成为政策准备阶段最常参与的主体。然而,在各部门之间制定政策时,部门间合作的力度不断加大,在大多数情况下,文件由一个部门主持、多个部门参与。1/3左右的政策文件是在卫生体育部、环境部、交通运输部、教育部等多部门的参与合作下制定完成。地方或地方当局很少参与国家文件的准备阶段,但他们更多地参与实施阶段。政策的制定和实施需要有效的伙伴关系。所有利益攸关方都可以而且应该为身体活动政策的实施作出贡献。通过有效的伙伴关系,建立强有力的领导和协调机制,确保各部门的积极参与和体育资源的合理有效分配。

## 五、科学化程度提高

西方国家身体活动政策的科学化趋势主要体现在政策的制定、实施、监督和评估的循证实践。即身体活动政策的制定、实施、监督和评估必须基于最佳的科学证据和评估行动的最佳实践范例。同时,西方各国越来越意识到必须通过强大可靠的数据和信息系统为国家和地方的身体活动政策规划、实施和评估提供信息及支持。建议的政策行动也是由强大的科学证据基础和来自积极评估与影响的基于实践的证据提供的。因此,需要进行研究和创新,以便为新政策和加强实践提供信息,监测系统和政策评估是国家监测与问责制的核心组成部分。所有利益攸关方都应支持证据和数据系统,特别是在中低收入国家。因此,全球身体活动观察站(GoPA!)应运而生,它是国际身体活动与健康协会(ISPAH)的理事会。GoPA! 是一个全球性的,由领先的身体活动研究人员,公共卫生政策制定者和从业者的咨询委员会指导,并致力于生产可靠的、关于身体活动和健康的高质量的全球信息。从而为身体活动提供证据和数据来指导世界各地的政策和计划,并监测未来几年的进展情况。

西方国家身体活动政策越来越具有科学的时间性和规划性。通过对西方国家身体活动政策文本的分析和解读,发现大多数政策文件规定了实施或实现目标的时间框架。提到的时间范围通常为 3～10 年,许多政策规定了实施子目标的更长或更短的时间框架。例如,来自芬兰的 1 份政策文件,提出了 2020 年体育和身体活动的长期愿景,以及需要在短期内(1 年内)采取行动的建议。一些西方国家甚至将体育政策规划提升到了国家级战略规划的高度。

## 六、可操作性增强

西方国家身体活动政策不再只是一个宏大的愿景,而是越来越考虑政策的制定和实施的具体情境。因此,国家级的政策保留了设计的灵活性和适应性,以便考虑国家背景、文化习俗、社会价值观、经济和物质环境以及家庭背景、知识和个人偏好。

大多数政策强调了评估计划和监督系统对监测政策实施与目标实现的重要性。有约 1/2 的政策表明了评估的意图或要求。在不到 1/2 的政策中提到了开发或继续使用监测系统来衡量身体活动。此外,只有少数政策文件包含有关哪些测量将用于身体活动的信息。例如,一项政策提到了在儿童、青少年和成人的闲暇时间和工作中监测身体活动的水平。其他政策提到为整个政策建立一个监督系统,而没有具体说明如何衡量身体活动。

根据政策文件中提供的信息,结果比实施过程更经常被评估。评估和监督计划的详细程度有很大差异。在一些政策中,外部委员会被指派编写关于政策制定的定期状态报告,甚至包括要回答的评估问题。其他政策包括评估作为要实施的目标的一部分,而无需进一步说明该过程。

## 七、更加重视环境的影响

当今西方甚至全球的环境越来越不利于身体活动。通过影响城市设计、土地使用和交通的决策,社会随着时间的推移变得越来越适合汽车,并且生活、工作、购物和休闲活动的地理分离日益增加。因此,在一些国家,主动交通方式(如骑自行车和步行)的作用急剧下降。改善当地环境的政策行动,包括通过限制交通量与速度,以及其他基础设施,可以帮助确保所有年龄段的人们骑自行车和步行的安全街道,并鼓励在公共场所进行积极的身体活动。这需要多层次、多部门协作,并涉及地方政府。有利的环境能够支持日常身体活动的概念是一个贯穿各领域的原则。通过改善当地环境,将在基础层面支持和加强针对整个生命历程中个人的特定环境或行为,来改变其他行动。如在第二时期产生了积极通勤(17%)、公共空间(4%)和环境(2%)方面的新政策,不再局限于健康和体育方面的干预,开始从改善公共空间和环境,促进积极交通方面来促进身体活动。其中,积极交通包括通过骑行和步行,引导人们在上学和上班途中增加身体活动,而公共空间的改善主要包括交通道路、街道、社区、城市、公园、建筑等空间的规划和使用,从而促使人们增加身体活动。

## 八、小结

本章以1972—2018年西方国家政府或相关非政府组织发布的身体活动政策文本为研究对象,采用文献资料法和内容分析法,对西方国家身体活动政策的具体内容、实施效果和收益及其演进方式等方面进行研究,同时对西方国家未来身体活动政策的重要文本进行详细解读,在此基础上对西方国家身体活动政策的发展趋向进行总结归纳。结果表明,1972年至今西方国家身体活动政策具有以下几种发展趋向:①以健康促进为目标;②重视平等化原则,向特殊人群倾斜;③注重不同群体的个体化差异;④多部门合作增强;⑤科学化程度提高;⑥可操作性增强;⑦更加重视环境的影响。

第六章

# 西方国家身体活动政策对中国的启示

西方国家身体活动政策经过长期发展，日趋科学和完善。与之相比，目前我国在身体活动政策方面尚存在一些不足，主要包括以下几个方面。

第一，身体活动与健康的重要性尚未引起政府及社会各界的足够重视，尤其是对于通过促进身体活动来提升全民健康水平的重要性还没有足够的认识。

第二，我国大众体育相关政策的制定，尚处于各部门"单兵作战"阶段，缺乏多部门间的有效协同与合作。一些现有的政策虽然提及了不同社会组织间的协作，借助了多部门的力量来推动健康服务等，但是在具体实施措施上，缺乏专门针对不同单位及部门制定的实施计划，同时缺乏专门负责计划实施的协调性顶层架构。尤其在现阶段，我国的大众健康工作主要还是由卫生系统在承担，卫生健康与体育部门之间尚未建立有效的联动机制。

第三，我国现有大众体育相关政策文件提出的目标和计划多属于发展性目标，缺乏因地制宜的具体实施计划和指导性意见，执行起来具有一定困难，实际操作性较差。同时，国内相关身体活动政策文件偏重于目标和规划，缺乏相应的评估和监督措施，尤其是缺乏专业的第三方监控评价机构对政策的执行和评估进行动态评价，缺乏对于政策的后续执行效果的验收和反思。

第四，西方国家不仅有大众体育相关政策，同时也逐步发展出相关立法文件，然而我国缺乏体育发展方面的相关立法，缺乏从法律的角度进行指导监督。

第五，国内对日常的工作生活与身体活动相结合重要性的认识人有待提升，同时，在多种环境下开展身体活动的意识也有特殊提升。而西方社会国家身体活动经过多年的发展，已经跳出了身体活动局限于运动场所的局限，无论在公园还是上下班的路上，甚至在办公室，均具有开展相关身体活动的环境和意识。

第六，国内身体活动相关政策陆续出台，但是行动和指南类等操作性较强的文件比较缺乏,同时,国内缺乏专门的部门和专项经费。

鉴于此,要提高我国身体活动政策的科学性和完善性,身体活动政策应该向精细化发展,提升身体活动政策的前瞻性和预判性;创新政策决策机制,提高身体活动政策的科学性、连续性;加强对跨部门合作的有效指导,提高身体活动政策的执行绩效;正确认识体质和健康的关系,始终坚持青少年体质促进的政策导向。开发体质潜能,积累身体资本,为当前和青少年成年后的健康奠定基础。同时,积极应对人口老龄化的挑战。另外,应该细化对每日中等强度以上身体活动的指导,以提高政策的可行性和执行有效性。具体包括以下几个方面。

## 一、提升大众健康政策的前瞻性和预判性

如同社会发展和环境污染的关系一样,久坐、身体活动不足、超重、肥胖以及由此导致的各种非传染性疾病的流行与社会发展相伴相生,如影随形。遗憾的是,无论是治理环境污染,还是应对身体活动不足导致的超重、肥胖以及相关疾病问题,西方国家均走过了"先污染——后治理"的历程并从中吸取了惨痛的教训,这也正是西方国家身体活动政策大量涌现的社会原因。

作为世界上最大的发展中国家,我国正在经历着西方发达国家曾经的"经历":人民生活水平提高、食物充足且高热量化、家用电器自动化和智能化、家用轿车保有量快速增长、高速路网迅速扩展、电子产品和互联网迅猛扩张……这些发展在提高人们生活舒适度的同时,也极大地减少了身体活动的机会,人们更可能也更倾向于被动地出现久坐少动的生活方式——非传染性疾病的"元凶"。

基于西方国家身体活动政策经验,我国应该重视身体活动政策的前瞻性和预判性,在大规模的、普遍的体质问题和健康问题出现之前,未雨绸缪,及早通过身体活动政策引导民众认识缺少身体活动带来的负面效应和现代社会中主动锻炼的必要性,及早教育民众尽可能减少久坐。根据最新研究成果,如果久坐不可避免,就应该尽可能多地打断久坐的时间[410],形成积极健康的生活方式,最大可能地减缓和遏制超重和肥胖的流行,避免重复西方"先污染——后治理"的老路。

## 二、提高身体活动政策目标群体的多样性

一方面,要始终坚持将青少年的体质促进放在首位的政策导向。体质与健康的关系犹如河流上、下游的关系,如果上游问题治理不好,下游也就无法独善其身。比如美国在 20 世纪 50 年代出现了青少年体质危机。到 20 世纪 80 年代,当这一代体质羸弱的青少年进入中年后,便暴露出严重的健康问题,高血压、心血管疾病、肥胖等慢性、非传染性疾病频发,并导致了沉重的经济负担。可见,个体青少年时期的体质与日后健康有着重大相关关系[411],体魄强健的青少年更有可能成为健康的成年人[149]。如果青少年体质问题解决不好,日后将要面临的则是更为严重的健康问题和经济问题。

因此,我们应该始终坚持青少年体质促进的政策导向,而绝非满足于"健康第一"。在鼓励青少年减少久坐、增加生活化身体活动的同时,每天参加至少一小时的、中等强度以上的身体活动,开发体质潜能,积累身体资本,为当前和成年后的健康奠定基础。另外,应当细化对每日中等强度以上身体活动的指导,对活动时间、强度、方式、内容等给出明确建议和要求,以提高政策的可行性和执行的有效性。

另一方面,要积极应对人口老龄化问题。世界银行数据表明[1],中国 1999年 65 岁以上人口已经达到 7%,根据国际标准,中国自那时起开始步入人口老龄化社会。在老年人口数量上,中国是世界上老年人口最多的国家,其数量约占世界老年总人口的 20%。在年龄结构上,中国与世界主要国家相比,随着年龄结构老化,老年人口抚养比相对较高。当前,我国老年人口抚养比甚至高于美、日、英等发达国家,人口数据表明我国已经处于"未富先老"的人口结构中。目前,我国人口出生率已低于世界平均值,而 65 岁以上老年人口比重已超过世界平均值,人口老龄化问题越发严重。因此,21 世纪的中国,将处于一个人口老龄化问题突出的时代,老龄化加速的趋势和过高的人口抚养比问题将会带来一系列社会问题。

随着经济的发展、生活水平以及医疗水平的提高,中国人口的健康状况得到了很大改善,但与发达国家相比,仍然存在一定的差距。一方面,我国人口的平

均预期寿命迅速得到提高。另一方面,据世界银行统计数据显示,我国健康人口仅列于世界第 86 位,而发达国家的预期寿命都已经超过 80 岁。因此,我国与世界发达国家相比,在国民健康问题上,仍有较长的路要走。

在疾病方面,根据中国卫生部 2010 年统计结果显示,在威胁人们死亡的疾病中,心血管疾病和恶性肿瘤是最主要的两种。随着人们关于身体活动对防治疾病(尤其是慢性疾病)功效的研究不断深入,身体活动对各个年龄人群,尤其是老年人群体的收益性影响已经被人们所认同和熟知。大量国内外研究表明,增加身体活动水平不仅能减少老年人的死亡率和疾病发生率,而且能够有效地预防包括心血管疾病、中风、Ⅱ型糖尿病、骨质疏松、肥胖病、结肠癌、乳腺癌、认知障碍、焦虑、抑郁症等疾病。在疾病治疗上,身体活动能够辅助治愈心血管疾病、高血压、Ⅱ型糖尿病、肥胖病、高胆固醇、骨质疏松、骨关节炎、跛行、慢性肺病障碍以及压力和焦虑、健忘症、痛苦充血性心力衰竭、晕厥、中风、背痛和便秘等疾病。有规律的身体活动能够有效地延缓或介入人体生理的退化过程。系统的身体活动能够提高老年人的生理能力和延缓生理老化过程。例如,骨骼肌对于老年人的独立生活能力至关重要,而通过身体锻炼能够有效提高老年人骨骼肌的质量和效能。

积极参与身体活动不仅对健康产生积极的影响,而且能节省部分医疗费用开支,降低政府财政负担,具有显性的和潜在的经济性收益。同时身体活动能够有效减少公共健康负担,节省公共医疗支出已经被大量国内外研究所证实。

## 三、提高身体活动政策的科学性和连续性

西方国家身体活动政策的科学性主要体现在政策决策机制上,不同国家、不同身体活动政策的决策机制基本相似:由某一协会或机构负责、组织相关领域的科研专家综合各自领域的最新科研成果,然后在此基础上共同商讨并提出政策议案。由于科学研究本身具有一定的递进性和连续性,所以近半个世纪以来的西方国家身体活动政策之间也就具有一定的连续性,并在实践中起着持续助推作用且效果显著。比如美国,在 1996 年卫生部报告中,仅有近 15% 的成年人

在闲暇时从事每周 3 次、每次至少 20 分钟的高强度身体活动,只有近22%的成年人在闲暇时从事每周 5 次、每次至少 30 分钟不同强度的身体活动,然而,到2005 年,半数以上的美国成年人可以达到美国身体活动指南的要求。

针对已经出现的体质问题,我国也出台过"全民健身计划""阳光体育运动""学生体质测试"等身体活动政策,在国民体质、健康促进中发挥过积极作用。但是,这些政策内容或较为宏观,或较为主观,政策文本之间也较为独立,导致在实践中难以起到持久有效的推进作用。鉴于此,我国应该创新身体活动政策的决策机制,逐步形成"深入了解实践,广泛集中民智,重视以身体活动研究成果为依据的决策机制",努力推进决策科学化、民主化,进而提高政策的科学性和连续性。

## 四、重视身体活动政策中建成环境的作用

20 世纪 90 年代末,西方国家的身体活动政策开始越来越重视社区和建成环境在身体活动中的作用。近年来,西方国家身体活动政策通过考虑改善人们住所周边土地使用、商业活动、交通通勤、建筑设计、小区绿化和体育设施及饮食场所来提升人们的身体活动水平和体育参与率。在政策的制定和实施过程中,由交通和城市建设部门参与改善道路、街道、社区、公园和建筑等空间的规划,来增加人们身体活动,从而促进人们的健康水平。

随着城镇化的不断推进,我国城市人口越来越多,根据国家统计局 2018 年最新数据显示,我国有58.5%的人口居住在城市。因此,西方国家身体活动政策发展趋势启示我们:国家需要重视建成环境在人们身体活动行为和体育参与中的重要作用。在未来的身体活动政策制定中,我们要考虑交通环境(人行道、自行车道、道路铺装率、街道照明、道路绿带、道路平滑和安全性、公交车站与家的距离等)、建成小区环境(家庭所在小区的周边土地规划、公园、体育设施和道路安全设计)和公园环境(家庭所在地公园数量、家庭所在地到公园的距离、公园设施和公园地理分布)等建成环境要素,并考虑建成环境对不同年龄、不同性别和不同健康状态的人群身体活动行为的独特作用。

## 五、提高身体活动政策的协作性和可操作性

随着西方国家身体活动政策从"改变个人行为"转向"改变社会环境",身体活动政策的执行越来越强调不同社会部门之间的相互合作。以美国《国家身体活动计划》(National Physical Activity Plan, NPAP)为例,它不仅明确指出应该参与到全民身体活动促进中的 8 个社会部门,更对不同部门应该如何参与给出具体而详尽的策略指导,旨在提高不同部门的参与意识和参与能力。

目前我国的身体活动政策执行属于碎片式的,部门之间协作较少。鉴于此,要提高我国身体活动政策的执行绩效,首先,身体活动政策应该向精细化发展,在倡导多部门参与、合作的同时,更应该加强细致入微的指导,明确指出哪些部门应该参与,在多大程度上参与、怎么参与、各自的责任、义务是什么,同时提出可供各部门参考和采纳的具体策略,从而促进横向上多元政策主体的参与和互动;其次,一定要充分发挥各相关政府部门在身体活动政策执行过程中的领导力和执行力,形成纵向上的高位推动。只有将纵向的高位推动和横向的多元主体合作相结合,才能提高身体活动政策执行绩效。

通过对西方国家身体活动政策的分析可以发现,西方国家身体活动政策是经济社会发展到一定阶段的产物,其产生和发展动因来源于日趋严重的身体活动不足而导致的公共体质危机和健康危机。这些身体活动政策的发展历史,凸显了经验化转向科学化、体质化转向健康化、专门化转向生活化、连续活动转向累计活动、个人改变转向环境改变等特征,对我国身体活动政策具有重要的参考价值。

2008 年,我国卫生部颁布了《健康中国 2020》战略规划,成为实施健康中国计划的起点。该规划提出了健康中国的战略思想,以预防为主、防治结合为原则,通过提高医药卫生水平,制定健康行动计划,实施健康发展目标,使干预国民健康问题的多种措施与健康中国战略全面接轨。

2015 年,国务院总理李克强在政府工作报告中提出"健康是群众的基本需求,要不断提高医疗卫生水平,打造健康中国"。党的十八届五中全会公报进一步把"健康中国"升级为国家战略。目前,各部门围绕各自的行业特点,陆续出台

了一系列相关政策文件,从不同方面与"健康中国"战略接轨,这一良好趋势表明,我国身体活动政策正在积极发展。

## 六、小结

面对工业化和机械化带来的全球非传染性疾病的严峻挑战,西方各国已制定了诸多身体活动政策来积极促进国民增加身体活动,促进健康。对西方国家大众体育政策理论、方法和趋向的研究能够帮助我们思考如何从国家层面制定政策,从而有效提高大众运动参与,为健康中国建设保驾护航。在对西方国家大众体育政策的发展背景与研究意义(第一章)、西方国家大众体育政策核心概念与发展历史(第二章)、西方国家大众体育政策制定实施等依据的理论模型(第三章)和研究方法(第四章)以及西方国家大众体育政策的发展趋向(第五章)研究的基础上,本章对西方国家大众体育政策对我国大众体育政策制定和实施的启示进了归纳,具体包括以下几点。

(1)中国需提升大众健康政策的前瞻性和预判性。

(2)提高身体活动政策目标群体的多样性。一方面,要始终坚持将青少年的体质促进放在首位的政策导向;另一方面,要积极应对人口老龄化问题。

(3)提高身体活动政策的科学性和连续性。

(4)重视身体活动政策中建成环境的作用。

(5)提高身体活动政策的协作性和可操作性,从而为中国大众体育政策的制定和实施提供些许参考。

# 下　篇

西方国家竞技体育政策理论、方法与趋向

第七章

# 西方国家竞技体育政策发展背景与研究意义

　　和平与发展是当今时代的主题,自由平等、尊重规则、公平竞争等理念已成为现在国际社会的共识,而这些对于人类未来发展至关重要的价值目标正是竞技体育所遵循和倡导的规范。这种共同性让竞技体育成为国家之间处理竞争与合作关系的沙盘,竞技体育的国际表现也日渐成为国家综合实力的象征。人类社会自跨入21世纪的新千年以来,信息技术、新能源、互联网、人工智能等一系列的科学和技术革新不仅为各国发展带来了更多机遇和挑战,也使得竞技体育的国际格局发生了重大变化。竞技体育的改革和发展已经成为中国乃至世界各国竞技体育政策制定者所面临的重要议题,它涉及政治、经济、社会、文化、环境等诸多因素。竞技体育以赛事为载体,而奥运会作为国际竞技体育重要的综合性赛事之一,奖牌的多少成为衡量每个国家竞技体育发展和竞技体育政策成功与否的重要指标。

　　纵观西方国家竞技体育的发展,美国在"二战"后积累了大量财富,并经过半个世纪的技术创新与社会发展成为超级大国。经济社会的繁荣带来了竞技体育的繁荣,美国是自1952年赫尔辛基奥运会以来在历届夏季奥运会获得奖牌总数和金牌数最多的国家。英国在1952年到1996年间的共12届夏季奥运会上金牌数量一直保持着个位数,直到2000年悉尼奥运会,英国才首次实现金牌两位数的突破,获得11枚金牌。尽管在2004年雅典奥运会上英国的金牌榜排名遭遇了滑铁卢,但从悉尼奥运会开始到2016年里约奥运会,英国夏季奥运会奖牌总数持续增长。1990年(德国统一之后),德国在夏季奥运会金牌数和奖牌总数持续下降,但2016年里约奥运会后,奖牌数有了明显增长,值得关注的是,德国作为一个西方竞技体育大国,其完善的体育俱乐部保障体系使他们的竞技体育依然保持着优势。法国在1952—1996年的11届奥运会之间,其顶尖竞技水平实际上比英国略高,自从 2000 年奥运会后,法国的金牌数比 1996 年之前增加近 50%,2000 年至 2008 年的 3 届奥运会上,法国金牌数达到 14 枚,其竞技体育政策的发展趋势值得关注。澳大利亚在 2000 年和 2004 年奥运会中,一直位列前四,但 2008 年奥运会位列第六,之后 2012 年和 2016 年奥运会均位列第十,其竞技体育的表现从 2004 年奥运会后有了下滑趋势,其内部竞技体育政策的变化趋势也值得关注。

他山之石,可以攻玉。反观我国的竞技体育表现,在 2000 年悉尼奥运会上我国首次进入奖牌榜前三名并一直保持至今,其中 2008 年北京奥运会获得金牌 51 枚,位列金牌榜第一。但是自 2012 年之后,我国的金牌总数开始逐渐下滑: 2012 年伦敦奥运会上我们获得金牌 37 枚,位列奖牌第二,美国排名第一,英国排名第三;2016 年里约奥运会上,我们排名第三,被英国反超,美国排名第一,英国排名第二。美国和英国的竞技体育政策变化趋势尤其值得我国关注。

竞技体育是中国加快建设体育强国的重要组成部分,中国的竞技体育政策在某种程度上是成功的。政策是一种动态调整的结果,当前政策的成功与否需要我们进行合理的评估。同时,我们也要意识到尽管中国在夏季奥运会上成绩优异,但冬奥会成绩并不理想,冬季项目是中国竞技体育发展的短板,中国竞技体育需要更加均衡地发展。当前我们正处在体育改革的新时期,2022 年第 24 届冬季奥运会将在北京举办,汲取其他国家竞技体育的经验对我国自身的改革大有裨益。所以我们选择美国、英国、德国、法国、澳大利亚这 5 个西方竞技体育强国作为研究对象,比较研究这些国家的竞技体育政策有助于我们从宏观上认识 21 世纪以来崛起的竞技体育强国的发展逻辑。更重要的是通过分析这些国家竞技体育政策的优势和不足,总结出对中国有参考价值的政策经验,更好地帮助我们不断改革和完善中国的竞技体育政策,实现体育强国发展战略的既定目标。西方国家竞技体育政策及其发展趋向以及对这些国家竞技体育发展的影响,是竞技体育发展中的重要问题,加强对这些问题的认识和研究,对于我国竞技体育的发展和从体育大国走向体育强国具有重要意义。然而,西方国家竞技体育政策发展趋向如何,哪些竞技体育政策值得我们借鉴,这些都需要深入研究。为此,本研究以西方国家(美国、英国、德国、法国和澳大利亚)等国家竞技体育政策及其发展趋向为研究对象,以西方国家竞技体育政策的制定和实施,以及以奥运会为周期的近年来的竞技体育政策发展趋向为中心,具体从西方国家在竞技体育法律法规、政府资金投入、运动员和教练员培养和培训、国际竞技体育比赛保障措施、竞技体育组织及科研保障政策等方面展开研究,在此基础上归纳西方国家竞技体育政策的发展趋向,以期为我国实施体育强国发展战略提供决策依据。

我国正处于从体育大国向体育强国迈进的关键时期,通过对西方竞技体育政策发展趋势的深入研究,总结西方国家在竞技体育政府管理模式、运动员培养、教练员培养和培训、运动员参与国际比赛的保障措施等方面的经验,在实践上可以为制定和完善我国竞技体育政策提供借鉴和参考。在理论上,通过对西方竞技体育强国竞技体育政策制定、实施和发展路径的研究,包括政策背后的理论背景和竞技体育发展的实践分析,加深我国对西方竞技体育政策的认识和理解。

# 第八章

# 西方国家竞技体育政策核心概念与竞技体育历史演变

## 第一节　西方国家竞技体育核心概念界定

### 一、研究国家界定

根据《汉语倒排词典》,西方指欧美各国,有时特指欧洲资本主义国家和美国。本篇所定义的西方国家的主要标准是夏季奥运会或冬季奥运会名列金牌榜前排的西方国家,并综合考虑奖牌榜、上榜次数和成绩变化趋势,最终选择美国、英国、德国、法国、澳大利亚、挪威作为本研究的研究对象。

### 二、竞技体育政策

作为专业术语,竞技体育,也称竞技运动(sports),源于拉丁语 disport。原来的含义是"离开工作",使人通过一些轻松愉快的身体活动,转移自己的注意力,"使自己高兴"。竞技体育虽然源出于娱乐,但随着社会的进步,现代竞技体育的社会地位日益突出,社会化程度越来越高,正朝着国际化和高水平方向发展。其含义和内容也随之变化,由起初的"在户外根据体力而进行的充满欢乐的行动,包括射击、钓鱼、狩猎等娱乐活动",演变成具有竞技性质的游戏、娱乐和运动的总称,并随着英语的流行而广泛传播到世界各地。正是由于其演变历史的复杂性,在国外不同的学者对其理解也不同,从而对其定义也不同。

在我国,具有代表性的竞技体育的概念大体有如下几种:过家兴认为"竞技体育是指在全面发展身体,最大限度地挖掘和发挥人(人体或群体)在体力、心理、智力等方面潜力的基础上,以攀登运动技术高峰和创造优异运动成绩为主要目的的一种运动活动过程"[412]。体育院校通用教材中认为:"竞技体育是在全面发展身体,最大限度地挖掘和发挥人体在体力、心理、智力等方面潜力的基础上,以提高运动技术水平和创造优异成绩为主要目的的一种活动过程"[413]。任海认为:"竞技体育是为了最大限度地发挥个人和集体在体格、体能、心理和运动能力等方面的潜力,取得优异运动成绩而进行的科学系统训练和竞赛"[414]。田麦久将竞技体育定义为:"体育的重要组成部分是以体育竞赛为主要特征,以创造优异运动成绩、夺取比赛优胜为主要目标的社会体育活动"[415]。梁晓龙认为:"竞技体育是指在严格的竞赛规程和竞赛规则所规定的条件下,运动员通过最大限度地发挥个人和集体的体力和智力,以夺取运动竞赛锦标为目标的单项或集体项目的体育运动"[416]。杨文轩认为:"竞技体育是以竞技运动为手段来促进人的身、心和精神的协调发展的一种体育活动。"[417]颜天民则认为:"竞技体育是在进行体育活动的主体之间,采用公开的、共同认可的方式和规范,以相互之间身体运动能力(包括智力)优劣比较的形式所进行的挑战极限、超越自我的社会性竞争活动。"[418]

尽管对竞技体育的定义众说纷纭,莫衷一是,但有4点是共通的:①思想同心,指导思想就是提高体育运动技术水平;②目标同向,目的就是夺取运动竞赛锦标,在强者的对抗中把握胜机;③工作同步,都要经历科学选材和长期艰苦的训练和竞赛过程;④制度保证,公平、公正、公开是竞技体育的魅力和生命所系,科学合理的竞赛规程和规则不可或缺[419]。这些概念和观点都反映了国内对竞技体育的一些共识:一是竞技体育追求的是运动成绩的最大化,是最大限度地发挥人体的能力,不断突破和创造优异成绩;二是竞技体育的主要表现形式是运动竞赛,通过以个人或是团队竞争的方式来分出胜负;三是竞技体育的范畴属于体育活动。

政策的概念,不同的作者有着不同的定义方式。例如,施密德等人将政策定义为"联邦、州、市或地方政府、政府机构或非政府组织(NGO,如学校或公司)采取的立法或监管行动。政策包括可能明确或隐含的正式和非正式规则与设计标准"[16]。布尔(Bull)等人将政策定义为:"实现预期目标的行动指南,由政府、非政府或私营部门组织发起,并且可以在书面(例如,在立法、政策文件中)或在不成文的基础上(例如,在通常的实践中)"[420]。

### 三、小结

本节通过对研究国家界定,明确了本篇研究国家范围是美国、英国、德国、法国、澳大利亚和挪威。同时通过对竞技体育和政策的界定,与上篇的大众体育政策进行区分,本篇研究的竞技体育政策主要是国家或相关体育组织以围绕提升奥运会的竞技体育表现而制定的有关立法和政策文件。

# 第二节　西方国家竞技体育历史演变

## 一、竞技体育制度历史演变

### (一) 竞技体育发展的起源

虽然直到 20 世纪 70 年代末,体育发展才单独成为更广泛的体育政策的一个方面,但在 70 年代中期,体育发展的政策和行动框架已经确定下来。使用分析框架、有水平的深层结构,被视为理所当然的功利主义价值运动可以追溯到维多利亚时代晚期的沃尔芬登报告、上议院委员会的报告和 1975 年的白皮书。有组织的体育运动,在 19 世纪被教会作为培养基督教价值观的一种手段而被提倡,而后来变成了被那些认为体育运动可以解决一系列社会和健康问题的人所提倡。尽管工具性的体育观根深蒂固,但在英国的一些主要体育项目中,如网球、田径和橄榄球联合会,仍然坚持要把业余体育和职业体育区分开来,一直延续到 20 世纪后半叶。直到 20 世纪 50 年代末,业余性的缓慢下降增强了课堂和体育参与之间的联系,并影响了公立学校和公立学校体育课程的内容,前者的重点是竞技体育训练。同时,体育运动和体育教育中具有根深蒂固的性别秩序。在体育主流话语中,女性要么被忽视,要么被认为是边缘的,女性和男性的体育教育是分开发展的。即使是青年服务也是由男性定义的,年轻女性很少受到关注。在信仰和价值观的深层结构中还存在长期以来对国际体育组织的蔑视。当然，除非它们是由英国人经营的。在体育发展的形成期，即 20 世纪 50 年代中期到 70 年代中期，深层结构的蔑视、工具主义、性别和阶级等因素仍然存在。

### （二）竞技体育发展（ESD）体系的形成

竞技体育的发展已日益成为许多国家政府体育政策和与体育发展有关活动的共同特征。这一趋势与政府和其他国家机构日益干涉体育政策议程制定的共同趋势密切相关，竞技体育发展（ESD）体系也由此发展而来，在世界上许多发达国家中日益流行。总的来说，尽管美国的大学制度比其他地方更早地发展出了这种制度的许多特点，就政府资助和政府主导的竞技体育发展系统而言，前东欧国家是其发展的关键。"二战"后，民主德国和苏联相继开发了 ESD 系统，为两国在奥运会上的成功作出了巨大贡献。他们是如此的成功，以至于 ESD 系统很快被其他国家模仿，如联邦德国、英国、美国和澳大利亚等，形成了如今的 ESD 体系。

最接近于 ESD 的系统性组织在 20 世纪 50 年代出现于苏联和德意志民主共和国。运动被苏共领导人认为可以增加凝聚力和认同感；在德意志民主共和国，对于 ESD 的投资是通过透明的、层次分明的决策过程完成的。当大量资金投入体育时，这种政策受到了前所未有的挑战。与此同时，苏联是世界上最先开始承认天赋在体育运动中的地位的国家，他们为被选中的运动员提供系统的训练和教练。这种强调运动科学和职业教练的模式很快传播到了德意志民主共和国。事实上，这种在东方集团国传播的精英体育发展方式为最后西方国家的精英体育发展模式提供了模板。

德意志民主共和国在奥运会中取得的不成比例的巨大胜利让其他国家对其体育运动体系产生了巨大好奇。联邦德国在取得 1972 年奥运会举办权后决定加大体育投入，决议在 1965 年制订一份高水平运动计划，在 1968 年德意志民主共和国的高水准表现的压力下，联邦德国受到了空前的压力。最终，联邦德国形成了公共资金和私人资金混合的复杂志愿投入体制。相较而言，联邦德国对群众体育的关注更多一些。

在 1976 年蒙特利尔奥运会的压力下，加拿大运动员在国际舞台上的糟糕表现让政府不得不冒险选择联邦德国的方法。之后,加拿大推出了发展高水平运动员的政策,在20世纪70年代政府对体育运动尤其是奥运会项目投入了大量资金。

接下来的美国反对了所有对于集中化体育体系的努力,但是在1972年他们在奥运会上的失利使他们更难接受苏联的成功,所以美国有一段时间,全联邦都在关注精英体育政策。1975年福特总统建立了奥林匹克总统委员会,以研究如何补贴体育爱好者并选择一条美国特色的体育发展道路。这毫无疑问和东方集团将体育运动的胜利作为宣传武器有关。尽管现在美国大学体育的残酷性仍为人诟病,但是政府致力于寻找一种不需要政府过度介入的体育发展手段。到了今天,美国仍坚持精英体育机构中的"去政府化",这依赖于一个充满竞争的、完善的、与高中、大学结合的体系。事实上,美国最先出现了职业运动员。

美国的成功,促使澳大利亚发展这种在非社会主义国家最受赞美的运动体系。1976年奥运会的失利被视为促使澳大利亚发展运动的直接动力,这使得国家体育政策从对群众体育的支持明显地转向对精英体育的支持。对体育人才的发掘、对运动科学的关注是澳大利亚体育运动体系的特点。

格林和霍利亨认为,英国是这些体育体系较晚的采用者。事实上英国从20世纪60年代开始就加大对体育的投入,但是直到90年代约翰·梅杰出任首相之前,都没有形成体系。直到90年代中期之前,是否应该支持精英体育的发展,英国一直处于讨论中。奥克利和格林(2001)认为,英国很难重复其他国家的做法,同时,体育项目的发展必须符合本国家的国情。这不仅仅是学院的事儿,也与全世界的ESD政策相关。各国之间的ESD政策相似程度越来越高,ESD政策在全世界的流传也越来越广。各国精英体育政策的差距在以下方面逐渐减少:如资金、运动员天赋、精英体育产业发展等。格林和霍利亨认为,逐步增加的全球竞争促进了各国采取不同策略,目的是将自己和对手有所区分。为了维持甚至提高自己的体育成就,他们被迫对"对手"们做出回应,所以更倾向于做出相似的决策。又如在以下政策中所包含的内容种类也逐渐丰富,例如ESD的地域性政策之间有更多的微小差别。很重要的一点是,尽管东方集团关于体育的意愿相同,但是二者之间仍存在差距。由于国内压力的不同,二者的ESD体系并不相同,德意志民主共和国的ESD体系比苏联更加精致复杂。

总之，ESD体系的发展历程和全球人类社会的发展历程有关。这个体育制度发展历程的概述让我们不仅仅感受到全球化过程中的统一趋势，而且提醒我们也要注意不可避免的歧化趋势。这也使我们发现，现在世界的ESD正是某种意义的西方化或者美国化。

## 二、奥运会奖牌榜历史演变

奥运会奖牌数的多少是衡量一个国家竞技体育政策成就的重要指标，基于此，我们对1952年赫尔辛基奥运会到2016年里约奥运会的奖牌榜历史演变进行分析，如图8-1所示。以此来洞察和分析各国竞技体育政策发展变化下的竞技体育结果。

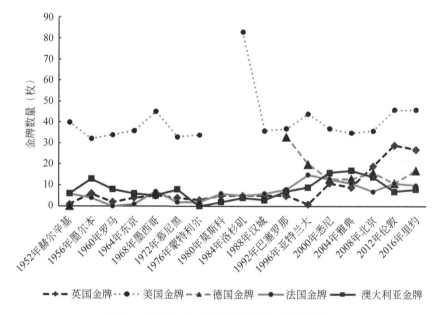

图8-1　1952—2016年夏季奥运会金牌数统计

注：该图数据来自IOC. Results.［2018-10-10］. https：//www. olympic. org/olympic-results。

### （一）夏季奥运会奖牌分析

从表8-1中可见，从1952年赫尔辛基夏季奥运会开始，英国、法国参加了全部的夏季奥运会;美国为抗议 1979 年 12 月苏联入侵阿富汗,总统卡特联合近 50 个国家拒绝参加 1980 年莫斯科奥运会,加拿大也是其中之一;德国由于"二战"结束后分裂为民主德国和联邦德国,直到 1990 年两德统一,情况较为复杂,不能简单相加,因此 1956—1988 年数据算作缺失(数据和处理方式来自奥委会官网)。

表 8-1　1952—2016 年夏季奥运会 5 国具体金牌数

| 各界夏季奥运会 | 英国 | 美国 | 德国 | 法国 | 澳大利亚 |
|---|---|---|---|---|---|
| 1952 年赫尔辛基 | 1 | 40 | 0 | 6 | 6 |
| 1956 年墨尔本 | 6 | 32 | | 4 | 13 |
| 1960 年罗马 | 2 | 34 | | 0 | 8 |
| 1964 年东京 | 4 | 36 | | 1 | 6 |
| 1968 年墨西哥 | 5 | 45 | | 7 | 5 |
| 1972 年慕尼黑 | 4 | 33 | | 2 | 8 |
| 1976 年蒙特利尔 | 3 | 34 | | 2 | 0 |
| 1980 年莫斯科 | 5 | | | 6 | 2 |
| 1984 年洛杉矶 | 5 | 83 | | 5 | 4 |
| 1988 年汉城(今首尔) | 5 | 36 | | 6 | 3 |
| 1992 年巴塞罗那 | 5 | 37 | 33 | 8 | 7 |
| 1996 年亚特兰大 | 1 | 44 | 20 | 15 | 9 |
| 2000 年悉尼 | 11 | 37 | 13 | 13 | 16 |
| 2004 年雅典 | 9 | 35 | 13 | 11 | 17 |
| 2008 年北京 | 19 | 36 | 16 | 7 | 14 |
| 2012 年伦敦 | 29 | 46 | 11 | 11 | 7 |
| 2016 年里约 | 27 | 46 | 17 | 10 | 8 |
| 金牌数均值(枚) | 8.29 | 40.88 | 17.57 | 6.71 | 6 |

注:表中数据来自 IOC. Results. [2018-10-10]. https://www.olympic.org/olympic-results。

由表 8-1 可知,美国竞技体育综合实力最强,获得金牌数远超其他国家,即使去掉在 1984 年洛杉矶奥运会获得 83 枚金牌的异常值(苏联为报 1980 年莫斯科奥运会之仇,以安全因素为由,联合民主德国、波兰等 18 个国家和地区拒绝参加),金牌数均值也达到 40.88 枚,并且波动较小,趋势较为平稳。

德国在战后分裂为两个国家,而 1952 年参加赫尔辛基奥运会的是联邦德国(西德),就金牌来说成绩不佳;但 1990 年两德统一后可以看到,1992 年巴塞罗那奥运会上,德国金牌数为 33 枚,仅比美国少 4 枚,同时远超英法两国。事实上,即使是在分裂时期,德国竞技体育实力仍然很强,如 1968 年墨西哥奥运会上,民主德国获得金牌 9 枚,联邦德国获得 5 枚;1972 年慕尼黑奥运会上,民主德国获得 20 枚金牌,联邦德国获得 13 枚;1976 年蒙特利尔奥运会上,联邦德国单独斩获了 40 枚金牌,甚至超过了美国(34 枚)。但近些年来,就金牌数来说,德国顶尖竞技体育水平处于下降趋势,且下降较为明显,但在 2016 年里约奥运会上略有回升。

英国作为工业革命的老牌国家,就金牌数来说,1956—1996 年之间顶尖领域的竞技水平一直不温不火,基本围绕 5 枚左右小幅波动。而 1956 年之前金牌数基本在 10 枚左右,尤其在 1908 年伦敦奥运会上获得 56 枚金牌,远超美国(23枚);然而从 1928 年阿姆斯特丹奥运会开始,金牌数缩减到 4 枚,这与陷入第一次世界大战和第二次世界大战的泥淖,国家综合实力下降有关系,而美国正是从第二次工业革命开始崛起,综合实力在"二战"之后走向顶峰。但近些年来,与德国相反,英国竞技体育水平在奥运会上逐渐呈现上扬态势,悉尼、雅典、北京奥运会上金牌数逐渐恢复到两位数水平,而在 2012 伦敦奥运会上达到 29 枚,这种优异表现固然与东道主的优势有关,但也证明英国近年来综合实力的确在提升,原因可留待进一步研究。事实上从近些年来金牌数的趋势看,英国和德国这两个趋势完全相反的国家是很好的研究案例。

从表 8-1 可以看到,法国在 1952 年到 1996 年 12 届奥运会之间,顶尖竞技体育水平实际上比英国略高,这一点从均值上可以看出,法国金牌数平均为 5.2枚,英国为 3.8 枚;而自从 2000 年悉尼奥运会上英国水平开始恢复后,法国的金牌数虽然也比 1996 年之前增加近 50%,但是英国逐渐呈现一种赶超的趋势,2000—2008 年的 3 届奥运会上,英国平均金牌数为 13 枚,法国为 14 枚;而伦敦奥运会上,英国 29 枚,法国仅 11 枚。虽然从表 8-1 上看,英国的确出现了一种明显的上升态势,而法国基本围绕 12 枚金牌小幅波动。

银牌数统计在一定程度上可以印证金牌数分析得到的结果,美国仍然是数目最多的国家。而德国 1992—2004 年银牌数一直超过美国除外的其他 3 国,说明其竞技体育水平的确较高,但是存在同样不能忽视的趋势:1992—2008 年银牌数目一直呈现下降趋势,直到 2008 年北京奥运会被英法两国双双超过,当然,2012 年伦敦奥运会上银牌数的增加也许说明这种下降仅仅是一种暂时现象,实际上 2016 年里约奥运会银牌数又回落到 10 枚,如图 8-2 所示。

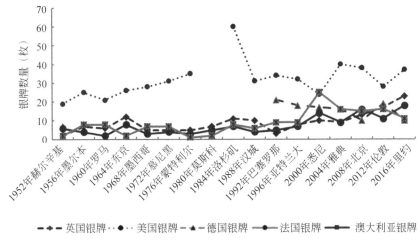

图 8-2　1952—2016 年夏季奥运会银牌数统计

注:该图数据来自 IOC. Results. [2018-10-10]. https://www.olympic.org/olympic-results。

但是在分析英法两国时,情况发生了变化。从图 8-2 和表 8-2 可以看到,1952—1988 年,从银牌数来说,英国反而一直略高于法国(英国均值为 7 枚,法国为 4.6 枚);但是 1992 年后双方呈现纠缠的态势,处于势均力敌的状态。结合金牌部分的分析(1988 年前法国略高于英国),英法竞技体育水平较为相似,但自 2000 年悉尼奥运会后英国竞技水平逐渐超越法国。

表 8-2　1952—2016 年夏季奥运会 5 国具体银牌数

| 各界夏季奥运会 | 英国 | 美国 | 德国 | 法国 | 澳大利亚 |
|---|---|---|---|---|---|
| 1952 年赫尔辛基 | 2 | 19 | 7 | 6 | 2 |
| 1956 年墨尔本 | 7 | 25 | | 4 | 8 |
| 1960 年罗马 | 6 | 21 | | 2 | 8 |

| 各界夏季奥运会 | 英国 | 美国 | 德国 | 法国 | 澳大利亚 |
|---|---|---|---|---|---|
| 1964 年东京 | 12 | 26 | | 8 | 2 |
| 1968 年墨西哥 | 5 | 28 | | 3 | 7 |
| 1972 年慕尼黑 | 5 | 31 | | 4 | 7 |
| 1976 年蒙特利尔 | 5 | 35 | | 3 | 1 |
| 1980 年莫斯科 | 7 | | | 5 | 2 |
| 1984 年洛杉矶 | 11 | 60 | | 7 | 8 |
| 1988 年汉城(今首尔) | 10 | 31 | | 4 | 6 |
| 1992 年巴塞罗那 | 3 | 34 | 21 | 5 | 9 |
| 1996 年亚特兰大 | 8 | 32 | 18 | 7 | 9 |
| 2000 年悉尼 | 10 | 24 | 17 | 14 | 25 |
| 2004 年雅典 | 9 | 40 | 16 | 9 | 16 |
| 2008 年北京 | 13 | 38 | 10 | 16 | 15 |
| 2012 年伦敦 | 17 | 28 | 19 | 11 | 16 |
| 2016 年里约 | 23 | 37 | 10 | 8 | 11 |

注：该表数据来自 IOC. Results. ［2018-10-10］. https://www. olympic. org/olympic-results。

同样,铜牌数分析与上述结论相同,在此不做赘述。

表 8-3　1952—2016 夏季奥运会五国具体铜牌数

| 总奖牌数 | 英国 | 美国 | 德国 | 法国 | 澳大利亚 |
|---|---|---|---|---|---|
| 1952 年赫尔辛基 | 11 | 76 | | 18 | 11 |
| 1956 年斯德哥尔摩 | 24 | 74 | | 14 | 35 |
| 1960 年罗马 | 20 | 71 | | 5 | 22 |
| 1964 年东京 | 18 | 90 | | 15 | 18 |
| 1968 年墨西哥 | 13 | 107 | | 15 | 17 |
| 1972 年慕尼黑 | 18 | 94 | | 13 | 17 |
| 1976 年蒙特利尔 | 13 | 94 | | 9 | 5 |
| 1980 年莫斯科 | 21 | | | 14 | 9 |

| 总奖牌数 | 英国 | 美国 | 德国 | 法国 | 澳大利亚 |
|---|---|---|---|---|---|
| 1984 年洛杉矶 | 37 | 173 | | 28 | 24 |
| 1988 年汉城(今首尔) | 24 | 108 | | 16 | 14 |
| 1992 年巴塞罗那 | 20 | 101 | 65 | 29 | 27 |
| 1996 年亚特兰大 | 15 | 92 | 56 | 37 | 41 |
| 2000 年悉尼 | 28 | 103 | 48 | 38 | 58 |
| 2004 年雅典 | 30 | 110 | 41 | 33 | 49 |
| 2008 年北京 | 47 | 104 | 44 | 40 | 46 |
| 2012 年伦敦 | 65 | 121 | 42 | 34 | 35 |
| 2016 年里约 | 67 | 76 | 24 | 42 | 29 |

注：该图数据来自 IOC. Results. ［2018-10-10］. https://www.olympic.org/olympic-results。

　　加总后的夏季奥运会总奖牌数统计使得总体结论更加明显。美国总奖牌数远远超过其他国家,这说明了美国综合竞技体育实力确实深厚,并且 68 年以来趋于稳定。德国奖牌数明显呈现下降趋势;英法两国趋势线相互交缠,21 世纪以来英国呈现显著的上升趋势,如图 8-3 所示。

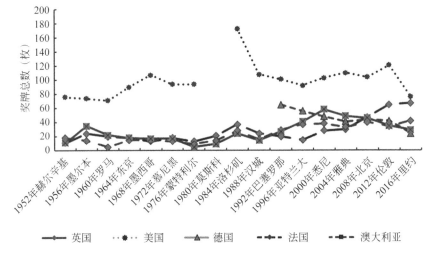

图 8-3　1952—2016 年夏季奥运会总奖牌数统计

注：该图数据来自 IOC. Results. ［2018-10-10］. https://www.olympic.org/olympic-results。

（二）冬季奥运会奖牌分析

与夏季奥运会明显不同,冬季奥会包含一些如滑雪、雪橇、滑冰、冰球等冰雪运动,因此各国竞技运动水平分布发生了较为明显的改变。首先需要说明的是,与前述相同,德国的情况较为复杂,事实上1956—1968年间两德在奥委会的斡旋下以德国联队的形式参加奥运会,然而从1972—1988年,又分裂为民主德国和联邦德国两支队伍分别参加奥运,这种复杂性也许是奥委会的官方数据直接将这时段的德国数据定义为缺失的最主要原因。但是事实上,德国在冬季项目中具有极高的竞技水平,重要到我们不能忽视,因此在图8-4中显示奥委会官方数据统计结果,1956—1968年为德国联队时期,1972—1988年为将两德奖牌数加总。另外1956年、1960年、1968年、1972年、1988年、1992年德国未参加冬奥会原因不明。

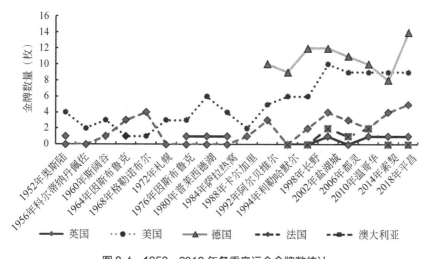

图8-4　1952—2018年冬季奥运会金牌数统计

注：该图数据来自 IOC. Results. ［2018-10-10］. https://www.olympic.org/olympic-results。

就金牌数来说(见图8-4),各国冬季项目竞技水平就实力特点与变化趋势而言,较为显著地表现为3个阶段：第一阶段(1952—1968年),5国冬季项目竞技水平相差不大,尤其值得注意的是,德国此时处于联队时期。然而从1972年开始到1988年的5届冬奥(第二阶段)中,分为民主德国和联邦德国的德国竞技水平明显提高,并全面超越了其他 4 国,居于领跑地位。有趣的是,如果我们细看德国分裂时期,详见表 8-4,就会明显发现德国金牌总数的增长主要来自于东欧社会主义国家的民主德国,尤其在 1980 年,民主德国获得 9 枚金牌,而联邦德国毫无收获。这种差别背后必然存在一定原因,也许这个原因正是提高冬季项目体育竞技水平的重要因素,值得我们进行进一步历史与政策方面的研究。

表 8-4　分裂时期德国冬奥会金牌(1972—1988 年)

|  | 民主德国 | 联邦德国 | 总计 |
|---|---|---|---|
| 1972 年札幌 | 4 | 3 | 7 |
| 1976 年因斯布鲁克 | 7 | 2 | 9 |
| 1980 年普莱西德湖 | 9 | 0 | 9 |
| 1984 年萨拉热窝 | 9 | 2 | 11 |
| 1988 年卡尔加里 | 9 | 2 | 11 |

注:该表数据来自 IOC. Results. [2018-10-10]. https://www.olympic.org/olympic-results。

第三阶段(1988—2018 年),可以看到,虽然德国直到 2006 年仍旧是 5 国中金牌数最多的,但 2002 年以来其下降趋势极为明显,这在一定程度上应和了之前夏季奥运会分析中"德国近年来竞技体育水平下降"的结论,夏冬奥运会相结合足以印证德国近年高水平体育竞技的确出现了一些问题。但是最让人注意的,是从 1988 年起美国的迅速崛起,这也许说明 20 世纪末以来北美地区在冬季项目体育竞技中某种模式或者政策的胜利。

最后,三个阶段综合看来,英法两国并没有显现出实质性的下降或者上升,表现较为稳定。

事实上,对于冬奥会银牌数的趋势这里将仅仅呈现补全德国数据的图表,原因在于:①德国数据缺失年份与金牌相同;②从金牌的分析中我们可以感觉到,数据缺失没有任何意义,反而阻碍分析过程,我们主要关注的是补全数据的部分。

如图 8-5 所示 5 国银牌的变化趋势在一定程度上印证了之前关于 3 个阶段划分的重要性。可以看到,1952—1968 年(第一阶段)美、德、法 3 国冬季项目竞技水平相差不大,加拿大长久处于稳定时期。然而从 1972—1988 年(第二阶段)

中,分裂为民主德国和联邦德国的德国竞技水平明显提高,全面超越了其他 4
国,出现了万马齐喑的局面,同时具体来看仍然是民主德国占多数(见表 8-5);这
种优势同金牌一样一直延续到了 2006 年。1988—2018 年(第三阶段)德国出现
剧烈震荡,并在近年处于下降趋势,2018 年平昌冬奥运会有所回升。同期美国和
加拿大(北美地区)迅速上扬,与金牌不同的是,美国在银牌方面具有优势(金牌
为加拿大占优)。最后,3 个阶段中英国表现一直较为低迷,而法国近年有增长,
但增长幅度不如北美两国大。

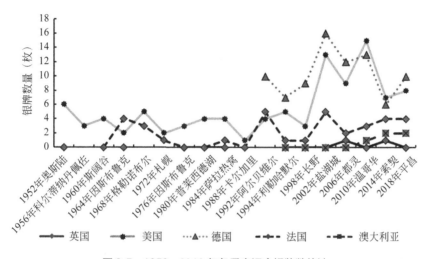

图 8-5　1952—2018 年冬季奥运会银牌数统计

注: 该图数据来自 IOC. Results. [2018-10-10]. https://www.olympic.org/olympic-results。

表 8-5　分裂时期德国冬奥会银牌(1972—1988 年)

| 各界冬季奥运会 | 民主德国 | 联邦德国 | 总计 |
| --- | --- | --- | --- |
| 1972 年札幌 | 3 | 1 | 4 |
| 1976 年因斯布鲁克 | 5 | 5 | 10 |
| 1980 年普莱西德湖 | 7 | 2 | 9 |
| 1984 年萨拉热窝 | 9 | 1 | 10 |
| 1988 年卡尔加里 | 10 | 4 | 14 |

注: 该表数据来自 IOC. Results. [2018-10-10]. https://www.olympic.org/olympic-results。

同夏季奥运会的铜牌一样,冬奥会的铜牌数依旧印证了前述的结论,但略微有些特别的是,铜牌数可以更明显地看出法国近年来对于冬季项目竞技体育水平一直在提升,但是英国无动于衷,如图 8-6 和图 8-7 所示。

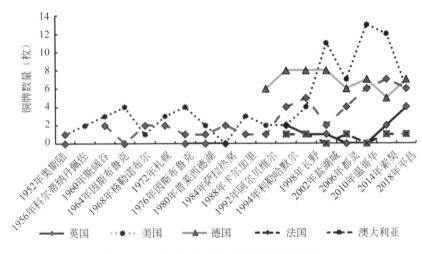

图 8-6　1952—2018 年冬季奥运会铜牌数统计

注:该图数据来自 IOC. Results. [2018-10-10]. https://www.olympic.org/olympic-results。

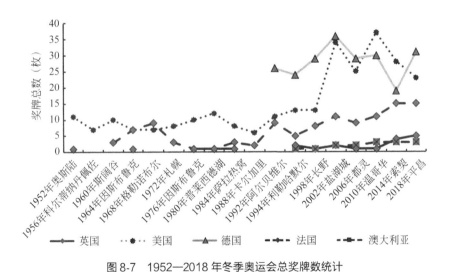

图 8-7　1952—2018 年冬季奥运会总奖牌数统计

注:该图数据来自 IOC. Results. [2018-10-10]. https://www.olympic.org/olympic-results。

根据表8-6中奖牌的数据可知,挪威的冬奥会成绩可以分为以下3个阶段:

**表8-6 挪威冬奥会奖牌数目**

| 举办冬奥会的年份 | 金牌 | 银牌 | 铜牌 | 总奖牌数 | 奖牌榜名次 |
|---|---|---|---|---|---|
| 1924 | 4 | 7 | 6 | 17 | 1 |
| 1928 | 6 | 4 | 5 | 15 | 1 |
| 1932 | 6 | 4 | 2 | 12 | 1 |
| 1936 | 7 | 5 | 3 | 15 | 1 |
| 1948 | 4 | 3 | 3 | 10 | 1 |
| 1952 | 7 | 3 | 6 | 16 | 1 |
| 1956 | 2 | 1 | 1 | 4 | 7 |
| 1960 | 3 | 3 | 0 | 6 | 6 |
| 1964 | 3 | 6 | 6 | 15 | 2 |
| 1968 | 6 | 6 | 2 | 14 | 1 |
| 1972 | 2 | 5 | 5 | 12 | 3 |
| 1976 | 3 | 3 | 1 | 7 | 5 |
| 1980 | 1 | 3 | 6 | 10 | 4 |
| 1984 | 3 | 2 | 4 | 9 | 4 |
| 1988 | 0 | 3 | 2 | 5 | 11 |
| 1992 | 9 | 6 | 5 | 20 | 4 |
| 1994 | 10 | 11 | 5 | 26 | 1 |
| 1998 | 10 | 10 | 5 | 25 | 2 |
| 2002 | 13 | 5 | 7 | 25 | 3 |
| 2006 | 2 | 8 | 9 | 19 | 6 |
| 2010 | 9 | 8 | 6 | 23 | 4 |
| 2014 | 11 | 5 | 10 | 26 | 2 |
| 2018 | 14 | 14 | 11 | 39 | 1 |

注:该表数据来自 IOC. Results. [2018-10-10]. https://www.olympic.org/olympic-results。

(1)强盛时期(1924—1952年):在这期间,挪威的冬奥会奖牌总数一直位居第一,处于霸主地位。

(2)波动时期(1956—1988年):期间由于冬奥会参赛国家的增多,挪威高水平竞技体育水平有所下降等因素,挪威在奖牌榜的排名有所波动。

(3)上升时期(1992年至今):挪威通过一系列体育制度的改革,其冬季奥林匹克运动的竞技水平有了较大程度的提高,重回世界前列水平。

德国在早期并不能算是一个冬季奥林匹克运动强国,其奖牌总数排名经常在5名开外徘徊。但可以看到的是,自1972年起,民主德国的奖牌总数排名强势上升,并相对稳定。并且自1990年民主德国与联邦德国合并之后,德国的奖牌总数排名基本上都在前两名。似乎合并后的德国继承了民主德国优秀的"冬季运动基因",详见表8-7。

表 8-7　德国冬奥会奖牌数目

| 举办冬奥会的年份 | 金牌 | 银牌 | 铜牌 | 总奖牌数 | 奖牌榜名次 |
| --- | --- | --- | --- | --- | --- |
| 1924 | 0 | 0 | 0 | 0 | 0 |
| 1928 | 0 | 0 | 1 | 1 | 8 |
| 1932 | 0 | 0 | 2 | 2 | 7 |
| 1936 | 3 | 3 | 0 | 6 | 3 |
| 1948 | 0 | 0 | 0 | 0 | 0 |
| 1952 | 3 | 2 | 2 | 7 | 5 |
| 1956 | 1 | 0 | 1 | 2 | 10 |
| 1960 | 4 | 3 | 1 | 8 | 3 |
| 1964 | 3 | 3 | 3 | 9 | 5 |
| 1968(联邦德国) | 2 | 2 | 3 | 7 | 7 |
| 1968(民主德国) | 1 | 2 | 2 | 5 | 10 |
| 1972(联邦德国) | 2 | 5 | 3 | 10 | 4 |
| 1972(民主德国) | 7 | 5 | 7 | 19 | 2 |
| 1972(联邦德国) | 2 | 5 | 3 | 10 | 4 |
| 1972(民主德国) | 7 | 5 | 7 | 29 | 2 |
| 1980(联邦德国) | 0 | 2 | 3 | 5 | 8 |
| 1980(民主德国) | 9 | 7 | 7 | 23 | 1 |
| 1984(联邦德国) | 2 | 1 | 1 | 4 | 9 |

| 举办冬奥会的年份 | 金牌 | 银牌 | 铜牌 | 总奖牌数 | 奖牌榜名次 |
|---|---|---|---|---|---|
| 1984(民主德国) | 9 | 9 | 6 | 24 | 2 |
| 1988(联邦德国) | 2 | 4 | 2 | 8 | 5 |
| 1988(民主德国) | 9 | 10 | 6 | 25 | 2 |
| 1992 | 10 | 10 | 6 | 26 | 1 |
| 1994 | 9 | 7 | 8 | 24 | 2 |
| 1998 | 12 | 9 | 8 | 29 | 1 |
| 2002 | 12 | 16 | 8 | 36 | 1 |
| 2006 | 11 | 12 | 6 | 29 | 1 |
| 2010 | 10 | 13 | 7 | 30 | 2 |
| 2014 | 8 | 6 | 5 | 19 | 6 |
| 2018 | 14 | 10 | 7 | 31 | 2 |

注：该表数据来自 IOC. Results. ［2018-10-10］. https：//www. olympic. org/olympic-results。

在地理环境上,澳大利亚位于地球热带与南温带,相比于北欧的一些国家,澳大利亚确实缺少了开展冬季运动的得天独厚的优势。但环境的因素并没有影响到澳大利亚人民参与冬季运动的热情,澳大利亚于 1994 年第一次参加冬奥会并取得了一枚铜牌。整体来看,澳大利亚的奖牌榜名次较为稳定,详见表 8-8。

表 8-8　澳大利亚冬奥会奖牌数目

| 举办冬奥会的年份 | 金牌 | 银牌 | 铜牌 | 总奖牌数 | 奖牌榜名次 |
|---|---|---|---|---|---|
| 1994 | 0 | 0 | 1 | 1 | 22 |
| 1998 | 0 | 0 | 1 | 1 | 22 |
| 2002 | 2 | 0 | 0 | 2 | 19 |
| 2006 | 1 | 0 | 1 | 2 | 18 |
| 2010 | 2 | 1 | 0 | 3 | 18 |
| 2014 | 0 | 2 | 1 | 3 | 24 |
| 2018 | 0 | 2 | 1 | 3 | 23 |

注：该表数据来自 IOC. Results. ［2018-10-10］. https：//www. olympic. org/olympic-results。

从加拿大历年冬奥会的奖牌榜名次来看,与挪威近似,也可以分为3个阶段。

（1）稳定期（1924—1960年）：在这期间,加拿大的排名基本在第8名左右,较为稳定,详见表8-9。

表8-9　加拿大冬奥会奖牌数目

| 举办冬奥会的年份 | 金牌 | 银牌 | 铜牌 | 总奖牌数 | 奖牌榜名次 |
|---|---|---|---|---|---|
| 1924 | 1 | 0 | 0 | 0 | 9 |
| 1928 | 1 | 0 | 0 | 1 | 6 |
| 1932 | 1 | 1 | 5 | 7 | 3 |
| 1936 | 0 | 1 | 0 | 1 | 9 |
| 1948 | 2 | 0 | 1 | 3 | 8 |
| 1952 | 1 | 0 | 1 | 2 | 8 |
| 1956 | 0 | 1 | 2 | 3 | 9 |
| 1960 | 2 | 1 | 1 | 4 | 8 |
| 1964 | 1 | 0 | 2 | 3 | 10 |
| 1968 | 1 | 1 | 1 | 3 | 14 |
| 1972 | 0 | 1 | 0 | 1 | 17 |
| 1976 | 1 | 1 | 1 | 3 | 11 |
| 1980 | 0 | 1 | 1 | 2 | 13 |
| 1984 | 2 | 1 | 1 | 4 | 9 |
| 1988 | 0 | 2 | 3 | 5 | 12 |
| 1992 | 2 | 3 | 2 | 7 | 9 |
| 1994 | 3 | 6 | 4 | 13 | 6 |
| 1998 | 6 | 5 | 4 | 15 | 5 |
| 2002 | 7 | 3 | 7 | 17 | 4 |
| 2006 | 7 | 10 | 7 | 24 | 3 |
| 2010 | 14 | 7 | 5 | 26 | 3 |
| 2014 | 10 | 10 | 5 | 25 | 3 |
| 2018 | 11 | 8 | 10 | 29 | 3 |

注：该表数据来自IOC. Results.［2018-10-10］. https://www.olympic.org/olympic-results。

（2）波动期（1964—1992年）：加拿大在此期间冬季奥林匹克运动的竞技水平有所下降，其奖牌榜名次曾一度下探至第17名。

（3）上升期（1994年至今）：在此阶段，加拿大的奖牌榜名次逐步上升，并在最近几届冬奥会中都保持着第三名的好成绩。

这一部分我们首先得到3个历史阶段，不同阶段各国冬季项目竞技水平实力及其变化趋势均呈现出不同特点：1952—1968年（第一阶段）各国冬季项目竞技水平相差不大，加拿大长久处于稳定略低水平；1972—1988年（第二阶段）中，分裂为民主德国和联邦德国的德国竞技水平明显提高，全面超越了其他4国，优势一直延续到2006年；1988—2014年（第三阶段）德国出现严重下滑，同期美国和加拿大（北美地区）强势上扬，最后，法国追求增长，状况比英国较好，3个历史阶段中英国表现一直较为低迷。

## 三、小结

本节通过对竞技体育的起源和竞技体育发展体系的形成两个角度来说明竞技体育制度的演变历史。同时通过对1952年赫尔辛基夏季奥运会到2016年里约夏季奥运会和1952年奥斯陆冬季奥运会到2018年平昌冬季奥运会的奖牌榜历史演变的分析，来洞察和分析各国竞技体育政策发展变化下的竞技体育成果，从而加深对西方国家竞技体育历史演变的理解，为西方国家竞技体育政策的研究奠定基础。

# 第九章

## 西方国家竞技体育政策分析理论模型

本章将根据霍利享(Houlihan)制定的一套评估分析框架充分性的标准,对竞技体育政策评估理论中的 4 个主要的中层分析框架在竞技体育政策研究中的内在一致性和适用性进行评估。这 4 个框架分别是阶段模型、组织分析模型、多元分析框架和倡导联盟框架。

霍利享[421]已经确定了评估框架所依据的 4 个标准,其中最重要的标准是解释政策稳定和变化的能力[422,423]。第二个标准是阐明政策进程各个方面的能力。太多的框架将注意力和分析集中在政策进程的各个方面,例如,议程设置、利益表达、政策影响或国家角色,它们缺乏以整体方式审议政策进程的能力,无法审查参与者、各层面或各阶段之间的相互关系。第三个标准是适用于各个政策领域,任何框架都将适用于体育政策之外的领域。将分析框架应用于体育以外的政策领域,要求人们对体育政策领域的显著特点更加敏感,通过政策领域的比较,可以更深入地了解行政程序、组织文化和政党意识形态等系统性因素的重要性。此外,该框架在各个政策领域的适用性有助于我们研究诸如卫生和教育等政策领域的政策过程,这些领域可能会在体育领域产生大量的"溢出效应"。最后一个标准是,该框架应有助于对政策变化进行中期(5～10 年)历史分析,理由是任何较短的时期只能是政策的一个快照。因为只有在至少 5 年的时间内,才有可能将政策的微小波动与持续变化区分开来;也只有这样才可以找到重要的解释性因素。

# 第一节 阶 段 模 型

政策分析中的许多创新源于人们对阶段模型(The Stages Model)的日益不满,该模型在1970年至20世纪80年代末主导了政策分析,并根据理性参与者模型将政策过程划分为一系列离散阶段。例如,霍格伍德(Hogwood)和冈恩(Gunn)[424]确定了9个阶段:决定(议程设置)、问题筛选(决定如何决定)、问题定义、预测、设定目标和优先顺序、选项分析、政策执行、评估和审查以及政策维持、继承或终止。虽然阶段模型有许多变体可用于概念化和分析整个政策过程,但它更常用于分析过程中的特定要素或阶段,并产生了一些重要的研究,如侧重于议程设置[425]、政策执行[426]和评估[427]的研究。

在体育政策领域,使用阶段模型的少数例子之一是霍利亨对英国足球流氓行为和不列颠兴奋剂的公共政策反应的研究[428,429]。霍利亨同时使用了霍格伍德和冈恩的"政策周期"模型和唐Down对"议题关注周期"的描述,认为它们"提醒人们关注政策过程和(它们)所处的背景之间的相互作用,并捕捉到政治和行政之间的动态相互作用"[429]。该分析在解释议题如何进入政府政策议程方面最具优势,但在解释政策制定过程和政策影响方面较弱。此外,正如朱利亚诺蒂(Giulianotti)所观察到的那样,该模型无法捕捉政策过程的细节以及导致议题定义随时间变化的意识形态要求[430]。朱利亚诺蒂还驳斥了唐的模型,认为它"过于简化,在质量上没有价值……"[430]。

更普遍地说,阶段模型被批评为:①描述性的,而不是提供因果解释;②描述不准确,因为它未能捕捉到"决策的混乱"[422],并暗示了政策过程中的错误理性程度;③自上而下的偏见,经常关注立法,而不是其他形式的决策;④将政策过程的一部分理论化,而不是整个过程;⑤将决策过程简单化为一个整齐有序的线性或周期性过程[423]。批评声如此之大,足以让萨巴蒂尔(Sabatier)认为能够得出这样的结论:"阶段模型已经不再有用,需要被取代"[423]。

在充分性标准方面,阶段模型的轮廓是混合的。显然,该模型在满足解释稳定性和变化性方面要求很弱。在承认变化的情况下,该模式受到其新实证主义和理性主义假设的阻碍,令人担心所描述和分析的是政策的提出,而不是支撑这一过程的权力行使。虽然阶段模型可以说明政策过程的一系列方面,但其对它们之间存在广泛顺序关系的假设至少隐含地限制了研究者的视野。至于第三个标准,即是否适用于多个政策范畴,在多个政策范畴内有大量的文献,所有这些文献都同样受到这里所述的强烈批评。与最终标准相比,阶段模型也较弱,因为它更有效地捕捉政策过程中的特定时刻,而不能分析持续期间的影响模式和结果。

即使有人认为,离散阶段的概念性语言仍然有用,但显然需要一个理论上更复杂、更全面的体育政策分析框架。然而,正如德·莱昂(De Leon)所告诫的:"在我们抛弃一个有用的朋友之前……我们需要确认一下……我们有一个更好、更健壮的框架可以依赖"[431]。

# 第二节　组织分析模型

制度分析提供了一个可供选择的、可以说更为稳健的分析框架。人们对 20 世纪 60 年代美国政治学中许多强调行为的观点越来越不满,从而激发了人们对制度的兴趣。有人认为,这些观点掩盖了影响行为的根深蒂固的社会文化和政治结构。对于泰伦(Thelen)和史坦莫(Steinmo)来说,制度"塑造了政治角色如何定义自己的利益……构建他们与其他群体的权力关系"[432],并被视为政治中的重要制约和中介因素,这些因素"留下了他们自己的印记"[432]。制度分析并没有将更高级的现象简化为行为的集合,而是将这种因果表象颠倒过来。它将组织和民族国家的行为归因于环境因素,特别是组织领域、国家制度体系或新兴的全球政体,制度主义者,特别是社会学领域的学者,也特别强调这些高阶效应的文化机制[433]。

尽管制度的概念有多种定义,但文献中有两种广泛的取向:一种强调制度作为组织实体(组织、部门、议会等)的重要性;另一种强调共同价值观、规范和信仰的文化制度主义。这两种变化形式都有一个历史维度,强调"政治机构相对于其存在社会的相对自主性……以及历史发展的独特模式及其对未来选择的制约"[434]。制度通过塑造参与者对议题和可接受解决方案的看法的能力来限制选择。因此,对制度的重视是对多元理论倾向的一个有价值的纠正,即将组织(例如,国际奥委会、国际反兴奋剂组织理事会和体育部)视为政治发生的舞台,而不是作为这一过程中的独立变量或干预变量。文化制度主义强调价值观、规范和信仰,强调社会建构以及"利益集团、政治家和管理者如何决定其政策偏好"的意义[435]。奥斯特罗姆(Ostrom)[436]认为,政策是在"行动领域"内制定的,这些领域制定的操作规则嵌套在其他更根深蒂固的规则中,即集体选择规则,在更深层次上,是更抗拒改变的宪法选择规则。

历史制度主义认为,公共组织是路径依赖的,历史传统和非正式规范对理解组织改革具有重要意义。为了了解当代的制度,我们需要研究它们的政治和政策历史。一旦政府做出了最初的制度选择,所创造的模式将会持续下去,除非有足够的力量来克服计划开始时所创造的惯性[437]。路径依赖有助于解释各种政治系统中政治家和(机构)管理人员之间的关系模式。根据科尼尔(Knill)[438]研究,我们可以从政治家和管理者之间的相对权力关系来解释改革能力。在某些体制中,如英国,强有力的政治执行者控制着行政人员,能够相对成功地对政府机构实施行政改革。在德国或日本等其他体系中,强势的官僚机构主导着弱势的政治家。在这些体系中,官僚们可以否决、大幅修改或无限期推迟行政改革。历史制度主义方法会让我们认为,政治家和行政官员之间的关系类型是相对稳定的。然而,虽然制度是持久的,但它们也有能力适应,例如,适应它们所造成的问题。各种内部或外部力量共同作用的关键性制度事件可以改变制度路径。历史制度主义对制度设计的论述相对较少[437]。为了解决这个问题,科尼尔从交易成本分析的角度借鉴了制度选择的文献[439,440]。根据这一观点,政治家可以选择提供公共服务的机构。一般而言,他们选择减少4种交易成本的制度安排,包括:①决策成本(这意味着,如果受益人可以事后随时参与行政规则制定,他们更喜欢模糊的解决方案);②承诺问题,如政治家在未来可能撤销政策或制度选择,从而威胁对政治家的支持;③不确定性成本,即与遵守政府政策或事后试图影响相关的风险;④代理问题,即由于信息不对称或委托人(政客)与代理人(管理者)之间的利益冲突,导致代理机构无法按照政治家的意愿执行政策的问题。这种观点假设了有限理性、方法论上的个人主义,以及政治家关心取悦选民。

组织分析(Institutional Analysis)在体育政策分析中的意义是显而易见的。格式[441]、亨利(Henry)[442]、霍利亨和怀特(White)[443]、皮卡普(Pickup)[444]以及罗奇(Roche)[445]都认为,英国体育的组织结构是制定政策的一个重要变量。克芬斯(Kraus)[446]和威尔逊[447]对美国的研究得出了类似的结论。麦金托(Macintosh)[448]和惠特森(Whitson)[449]对加拿大的研究也得出了类似的结论。体育职能职责的分配、联邦制、"独立执行"组织的使用以及体育部长的设立都被视为对体育政策及其执行产生了显著影响。对文化组织重要性的类似主张也很普遍。与社会阶层[450]、性别[451]、残疾[452]和种族[453]相关的信仰、行为规范及价值观都已被证明对英国体育政策的性质产生了持续性的显著影响。

组织分析的一个主要优点是它既能引起人们对参与者行为的注意,又能引起人们对其运作结构的注意[454]。另一个优势是,组织分析是对那些准备忽视国家制度在政策过程中重要性的人的有力纠正。尽管有这些优势,但很难将组织分析视为一个完整阐述的分析框架,最好将其视为一种分析取向或敏感概念。组织分析的弱点之一是对政策动态的处理,在最好的情况下,这是模糊的,在最坏的情况下,它会陷入一种隐含的理性行为者模型,这个模型依赖于一个模糊的概念进行表述,或者沦为一种粗糙的制度决定论形式。另一个相关的弱点涉及对利益的处理——用观念代替利益的倾向,以及制度强烈影响利益的假设[455]。试图提出制度动力的来源,例如以前潜在的制度变得更加突出,更广泛的社会经济环境的外生变化或新制度的崩溃、更替和创建,只是把问题往后退了一步,仍然没有指明导致连续机构或更广泛的机构环境发生变化的因素或力量。因此,就评估分析框架的第一个标准——解释稳定和变化的能力而言,组织分析受到严重限制。组织分析也受限于第二个标准,即说明政策过程各个方面的能力,因为它的结构特权优先于代理机构。不过,积极的地方是,组织分析显然适用于一系列政策领域,有助于引导人们关注组织和文化结构对体育政策的重要性。组织分析在最终标准方面也很强,因为它强调将制度置于其所处历史背景中的价值。然而,在对组织分析的审查结束时,人们留下了一个不言而喻的结论,即制度是重要的,而没有解释它们的重要性有多大,以及它们在什么情况下或多或少会起到重要作用。在最好的情形下,这一框架充其量只是理论上的不足,最坏的情况是,它在证据薄弱的基础上赋予了组织特权。

# 第三节 多元分析框架

多元分析框架(The Multiple Streams Framework)主要关注政策制定的过程,正如金登(Kingdon)所指出的那样:"它与政策制定的顺序模型相去甚远"[456]。它以迈克尔·科恩(Michael Cohen)、詹姆斯·马奇(James March)和乔霍·奥尔森(Joho Olsen)[457]的"垃圾桶"比喻为出发点。垃圾桶决策模型由 Cohen 等人于1972 年在《组织决策的垃圾桶模型》中提出。垃圾桶模型认为,组织是复杂的,表现为有组织的无政府(又称有组织的无序)状态。这种状态的特征表现为:①未定的偏好。人们往往不能清楚地界定自己的目标。政策制定者经常在不清楚自己的实际目标的情况下,匆忙做出决定。这种状态"与其说它是根据偏好来行动的,不如说是通过行动来发现偏好的"[458];②技术的不确定。一个"有组织的无政府"团体的成员也许知道个体的工作,但往往不清楚整个组织的运行程序,对组织的了解和认识是"碎片化的",他们有许多工作都是采用试错法、从经验中学习以及通过实用发明创造完成的;③流动的参与。组织中的人员,无论是参与者还是决策者,都是不断流动的。立法者和官员的换届,部门之间的调换经常使得组织中的人员从一个决策转移到另一个决策。

在有组织的无政府状态下,问题、解决办法、参与者和选择机会这四股源流独立地流入组织机构中;而组织机构又受到净能量承载量、进入结构、决策结构和能量分布四个变量的影响,当选择机会出现时,四大源流经过四大变量的筛选、汇聚,最后产生决策结果[459]。在科恩等人看来,垃圾桶模型最大的贡献在于提出了"模糊性"假设前提。

多元分析框架强调组织的无政府性质和政策进程。政策选择是一个"垃圾桶","各种各样的问题和解决方案在产生时就被参与者丢弃了"[457]。金登强调决策过程中的模糊性、复杂性和剩余随机性的程度,与参与者理性的主导假设形成鲜明对比。为此他确定了 3 个截然不同的流向。

## 一、问题流

现实社会中存在着各种各样的问题,包括政府决策者认为需要采取行动的问题(与他们选择忽略的问题相反),这就组成了政策过程中的问题源流。但不是所有的问题都能得到政策制定者的关注,从而上升到政策议程的高度。金登认为,问题是否为政策制定者关注,主要取决于:①反映项目情况和重要程度的指标(例如,危机);②重大事件或危机事件(例如,定期收集青少年犯罪、肥胖或心血管疾病的统计数据);③现行项目的反馈信息。一些重大事件等可以引起决策者对某个或一些问题的关注,而现有项目的反馈信息可以推动人们对问题的关注。同时,价值观对问题的分类也发挥了重要作用。这些因素共同影响着政策制定者对问题和合适的解决办法的思考方式,是相关政策被关注并成为通过的关键因素。

## 二、政策流

金登认为,问题仅仅引起决策的重视是不够的,因为这不能完全保证其能够排上决策者的政策议程,这就需要分析人员的备选方案和政策建议。

在政策系统中,存在一个由官僚、学者、研究人员、利益团体的分析人员等组成的"政策共同体"(policy community),政策共同体中的专家学者们关注同一领域中的问题,围绕这个问题的解决会产生大量的备选方案和政策建议。在这个过程中,备选方案和政策建议不是一次性就能够完成的,它是一个不断提出议案、讨论、修改,然后再提出的反复过程,这个"软化"过程使得人们习惯并逐渐接受他们的政策建议[460]。在政策的选择过程中,有些能够得到重视,另一些却会被抛弃。

政策流被概念化为一种"原始汤",在这种汤中,由特定政策团体发起的想法四处飘荡,偶尔合并并上升到议程的顶端,或被提倡特定想法和动员意见的政策企业家采纳。这些想法可能包括认为体育是学校课程的重要组成部分,或者认为私营化提高了体育服务的质量。如果这些想法符合一系列标准,包括在技术上可行并与社会的主导价值观相兼容,这些想法就会成为政府议程上的首要问题。

### 三、政治流

最后,政治流独立于其他两个流,它包含许多因素,包括民族情绪、有组织的政治力量(例如,政党和利益集团)以及政府等。在政治领域内,这些因素都能够促使政治家们在考虑问题时调整他们的侧重点,从而影响政策的制定。其中,民族情绪在某些时候更为重要。金登认为,民族情绪可以让某些问题登上政策议程,甚至可以使这些问题居于议程的显著位置。而且,民族情绪和政党更迭这两个因素的结合,会对议程产生强有力的影响。政治流中的各种力量在寻求平衡的过程中,是通过政治妥协、讨价还价等博弈的方式来完成的。

一个问题进入政策议程的机会绝非单单受到利益方力量的影响;相反,这是3个流结合的结果,它提供了一个"启动窗口",在这个窗口中,"一个问题得到承认,一个解决方案在政策界得到开发和利用,政治变革使政策变革的时机恰到好处,潜在的限制并不严重"[456]。金登的框架是对理性决策模式的有力批判,也挑战了扭曲政治体系根深蒂固的制度化利益假设。想法被视为政策过程中的一个重要组成部分,而政策过程是从一个"偶然且常常相互矛盾的选择过程"中产生的[422]。成功的想法,一旦被纳入政策,就会通过政治体系波及其他政策领域,产生连锁反应。多元分析框架模型如图9-1所示。

图9-1 多元分析框架模型

注:该图改编自参考文献(科恩等,1972)[457]。

除了挑战其他框架的理性主义假设之外,多元分析框架中还有很多吸引人的地方。特别有价值的是,它可以与其他概念相结合,例如,"政策共同体"的概念,并且它明确地涉及变化解释。鉴于体育政策容易受到外交、卫生和教育利益的操纵,金登关于政策影响从强到弱的"溢出"概念也具有潜在价值[461,462]。

金登的"政策企业家"概念也很有趣,这不仅是因为它提供了一个明确考虑政策过程中代理机构作用的机会,而且还因为最近的一些体育政策研究提醒关注体育在国家政策体系中缺乏系统的嵌入性[443,445]。多元分析框架的一个优点是它已成功地应用于许多政策领域。在体育政策分析中,其应用受到限制,尽管恰利普(Chalip)[463]将该框架作为他对新西兰体育政策分析的一个要素。最近,伯格斯加德(Bergsgard)[464]借鉴Cohen[457]等人的相关分析框架分析挪威体育的决策。

然而,当根据这4个标准进行判断时,该模型的弱点和局限性就会变得显而易见。该模型充其量只是对稳定和变化进行了部分分析,因为虽然它吸引了人们对机会的作用和政策企业家行为的关注,但它是通过对结构性因素和制度化权力的相对短视来做到这一点的。第一,多元分析框架内在的权力理论弱点尤其重要,因为在政策过程中,人们对理念的重视程度很高,而理念对利益和权力的重要性被低估了。第二,过于关注议程设置导致相对忽视了政策过程的其他阶段,特别是执行阶段。第三,也是最积极的一点,多元分析框架模式显然适用于包括体育在内的一系列政策领域,但有争议的是,多元分析框架不太容易在政治体系之间进行转移,在法国和英国等更集中的政治体系中也不太具有启发性。第四,也是最重要的是,该模型允许在中期内进行分析,尽管它不是应用的具体要求。

# 第四节　倡导联盟框架

## 一、倡导联盟框架的核心概念

### (一) 倡导联盟框架的定义

约翰(John)[422]认为,倡导联盟框架(the Advocacy Coalition Framework, ACF)"是一套比网络隐喻更广泛的过程"。并且,在探索这一"更广泛的过程"

时,ACF 作为这项研究的一种有说服力的方法应该被广泛提出。倡导联盟的定义：来自不同职位的人(选举产生的机构官员、利益集团的领导者、研究人员)，他们有一个共同的信仰体系(一组基本的价值观、因果关系的假设，以及对于问题的感知)，这些人在时间上表现出不同寻常的协调程度[465]。最初版本的 ACF(1987)是为了寻找替代阶段模型，而这些模型当时主导政策研究；一种想要将"自上而下"和"自下而上"的关键特征融合到政策实施上的愿望，并承诺在政策过程理论中赋予技术知识更核心的作用[466]。因此，ACF 的一个关键特征是它对整个政策过程的关注。事实上，萨巴蒂尔[466]建议，"它的目标是对影响整个政策过程的主要因素和过程提供一个连贯的理解——包括问题定义、政策制定、实施和在特定政策领域的修订——超过十年或更长时间"。关于"十年或更长时间"的时间跨度的引用，直接来自于政策研究"启蒙功能"的研究结果，与 ACF 对政策导向学习的关注有关。正如维斯[467]所言，"随着新概念和新数据的出现，它们逐渐累积的影响可能是改变政策制定者所遵循的惯例，并重新排列实际政策世界的目标和优先事项"。

## （二）ACF 趋向分析的维度

ACF 趋向分析的维度包括动机、议程与愿景、语境化话语、投入、实施、动力和影响 7 个维度，具体如表 9-1 和图 9-2 所示。

表 9-1　ACF 趋向分析维度表[468]

| 维　　度 | 描　　述 |
|---|---|
| 动机 | 影响意愿的因素和影响资源承诺程度的因素（数量以及持续时间） |
| 议程与愿景 | 了解问题、愿景和目标中潜在或实际政策实施的影响 |
| 语境化话语/意识形态/价值观 | 这些范围包括更深层次的结构性价值观，这些价值观不仅塑造了政策诉求，而且还将政策工具和交付机制引入更为短暂的政策时尚中，这些政策模式会对政策产生重大影响，但往往是短暂的 |
| 投入 | 从有形到无形，包括财政、行政能力、专业知识、证据和观念等 |
| 实施 | 专用设备的选择与交付机制 |
| 动力 | 政策诉求背后的支持力量，尤其是政治支持 |
| 影响 | 不仅政策对特定范围内的目标问题的影响，还包括趋同过程的总效应，例如，"竞争到底"或回归平均值 |

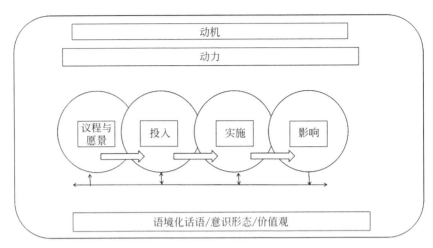

图 9-2　ACF 趋向分析维度图

注：该图改编自参考文献(霍利亨,2012)[468]。

动机的意义在于,各国很可能表达相似的公众对体育的渴望,作出类似的资源分配模式,并选择类似的政策工具组合,但是却受到了不同动机的启发[469-471]。

在议程与愿景维度中,"议程"指的是在政府决策过程中存在与体育有关的问题和政府相应的义务(尽管可能是什么都不做)。在这一阶段,他们可能以各种方式达成议程,包括外部的方式(例如,联合国教科文组织反对体育兴奋剂的国际公约)和内部的方式(例如,西欧国家面临的一系列人口趋势,如人口老龄化或妇女团体的有效游说,以获得更大的体育平等的机会)。愿景可以通过指标来评估,最有效的指标是对资源的承诺和愿景快速转化为政策执行[472,473]。

语境化话语包括根深蒂固的价值观和信念,这是长期的和相对持久的结构性限制政策,通过特定的思想变化影响政策[474-477]。关于话语,无论是深度还是浅端,重要的是要记住他们不是客观的,而是反映和服务特定的利益群体。它们在政策过程中的作用可以是形成对问题的感知和可接受的解决方案,以加强利益联盟的团结,并削弱反对者的势力。为了有效地理解价值观维度的意义有必要在深层核心、政治核心等不同嵌入层次上进行解释,具体见表9-2。

投入指的是资源(财政、专业知识、行政能力等)和资源来源(来自公共、商业和非营利部门)的输出,这使得政府制定政策能够得到响应。投入已被确定为一个单独的维度,因为其对政府制定政策的影响很大[468]。

表 9-2  价值观嵌入的层次

| 层次 | 一般特征 | 体育实例 |
| --- | --- | --- |
| 深层核心 | 全社会的价值观和信仰,与国家的作用有关的,个人自由与社会平等之间的平衡,两性关系和代际之间的关系等 | 国家对体育干预的易接受性;国家对体育商业化的态度和非营利部门的作用 |
| 政治核心 | 遍及整个政治体系,与核心价值观紧密相连。政治核心价值观的例子包括新自由主义经济学的接受程度和私有化、新公共管理和社会包容。这些价值观在中长期稳定,影响政府各部门的政策 | 国家干预的形式和国家将财政资金分配给体育的意愿。在新自由主义下,公共部门体育设施私有化的偏好和对商业和非营利/第三部门提供者的依赖 |
| 政策分部门核心 | 价值主要取决于政策分部门,但缓慢影响大部分分部门政策 | 在一些国家,对业余运动的承诺以及民族体育组织的自主性或一份对民族体育的承诺 |
| 短暂的政策分部门 | 时尚驱动;一般较为短暂,但影响/后果可以很深远 | 运动定义的变化(例如,从狭义的竞技体育到广泛的身体活动)、上升机制或特定的计划(例如,长期运动员发展模式) |

注:该表改编自参考文献(霍利亨,2012)[468]。

实施是指为特定的政策选择工具和交付机制,比如政策的学习和迁移[468]。一般来说,政府依赖于 3 项基本政策工具的组合——惩罚(例如,奥运会或残奥会上表现不佳的补贴损失)、激励(如补贴的社区体育设施、全职运动员的薪水)和荣誉奖[478]。随着时间的推移,政府会出现特定的交付机制的偏好。政策可以由中央政府部门或机构进行交付,转给政府下属部门或外包给非营利部门或商业部门,实施不仅指中央政府对交付机制的选择,也涉及政策向交付点和目标人群迈进的过程。实施维度的分析需要进行一部分的测量和分类。分类就是所采用的政策工具的类型,这是一个重要的分析趋向性的指标。而且每种类型的政策中也有其测量的范围,如激励或处罚的规模和趋势,或信息提供中投资的规模和趋势等。

动力指强有力的政策制定者对表达的愿望的承诺强度,以及他们在政策进行到初始阶段之后继续承诺提供资源的行为影响。认识到一个问题的棘手性和政府无法"快速获胜"常常会导致动力的丢失,直到公众的注意力被新的危机重新唤起[468]。

影响是指政策所产生的效果,在许多方面,影响是分析趋向的关键维度,不仅可以根据预期效果来定义,即根据政策目标实现的程度,还能根据在非预期方面的效果来定义[479]。

### (三) ACF 的五个假设

ACF 在政策分析中形成了以下 5 个假设:第一,分析政策变化需要至少 10 年时间的观察;第二,注重政策子系统和政策机构;第三,分系统涉及各级政府的参与者,并越来越多地涉及国际组织和其他国家的参与者;第四,拥有和使用技术信息很重要;第五,公共政策包含了隐含的"价值优先顺序集和关于如何实现它们的因果假设"[480]。

## 二、ACF 的主要特征

### (一) 信仰体系

倡导联盟的一个典型特征是其组织围绕着三方的信仰体系[465],信仰体系是联盟内部凝聚力的源泉,信仰体系分为 3 个层次:一是涵盖性别关系和个人财产权等基本价值观的深层核心信仰;二是作为子系统内基本规范性承诺的政策核心信仰;三是次级政策信仰,即关于特定问题的严重性和子系统内资源分配细节的狭义信仰。

深层核心信仰包括基本的本体论和规范性信仰,例如,个人自由与社会平等的相对价值。在下一层次,政策核心信仰代表了一个联盟的基本规范承诺和跨政策子系统的因果观念,即基本价值优先级和对其福利最关心的群体的识别。例如,强调体育运动的所有倡议相对于精英水平运动。次要的方面包括一大堆范围较窄的(低于全系统范围的)信仰,例如,问题的严重性,或特定设置中各种因果的相对重要性,或关于资助分配的具体政策偏好。假设这些结构性类别的信仰体系提供减少变革阻力,那么深层核心(规范性)信仰提供最重要的和次要的方面。因此,ACF考虑到了上述外生因素和内源性因素之间的"相互作用"或辩证关系,这种关系具有说服力,并被海伊等人认可[481-483]。事实上,对于萨巴蒂尔和詹金·史密斯(Jenkin Smith)[465]来说,ACF的一个基本前提是"尽管面向政策的学习常常改变了联盟的信仰体系的各个方面,但是政府计划的政策核心方面的变化需要对子系统外部的非认知因素进行干扰"。接下来,赫克洛(Heclo)、詹金·史密斯和萨巴蒂尔将政策导向的学习概念化为"一个正在进行的搜索和适应过程,动机是希望实现核心政策信念"。ACF假说认为,政策核心信念的改变需要十多年来积累的证据,包括之前提到的启蒙运动功能。

（二）政策代理人

倡导联盟框架的另一特征是政策代理人角色的运用。一方面,促进个体行动者对政策制定的贡献,挑战了许多中间层政策分析中隐含的假设,这些假设强调了组织和群体的中心作用,而忽视了个体的重要性;另一方面,在阻塞的政策制定系统中,对于个人政策创新有更广阔的空间,尤其是在运动方面,组织和利益集团尚未深入地嵌入政治和行政基础架构中。

政策代理人是ACF联盟之间冲突的调解者,是政策产出和变化的来源。尽管变化可能是中长期政策导向学习的结果[484]。政策导向学习描述了"经验或新信息"导致的信仰的相对长期变化[484]。尽管萨巴蒂尔承认,联盟将抵制挑战核心信仰的信息,但他主张联盟行为的本质合理性。政策变化的其他来源包括外部发展,如经济衰退和战争,以及人员的变化,这两者都是"非认知性变化来源"的例子,这些变化可以实质性地改变各种联盟的政治资源,从而改变政策决定[484]。此外,英国的研究表明,政策代理人的角色正在发挥作用,在制定学校体育和体育教育等领域的政策方面发挥着重要作用[485]。

此外,政策代理人的概念对体育政策部门具有重要意义;在体育政策部门,组织的复杂程度本身就表明有必要发挥这种作用。霍利亨[462]在ACF中指出,策略代理将扮演重要角色。正如萨巴蒂尔和詹金·史密斯[465]所指出的,"来自不同联盟的相互冲突的策略可能是由第三类参与者所调和的,这里的政策经纪人,他们主要关心的是找到一些合理的妥协,以减少激烈的冲突"。在精英体育领域,英国政策经纪人的例子可能是帕特里克·卡特,他曾是英格兰体育界的主席,他被请来调解一场激烈的、往往令人沮丧的冲突——温布利体育场重建。苏·坎贝尔(Sue Campbell)曾担任英国体育的改革主管和体育及教育政策的跨部门政府顾问。在加拿大,前国务卿丹尼斯·科德雷的角色被视为开启新的加拿大体育政策的广泛政策讨论的关键,最显著的是他能够在联邦省和地区之间获得合作支持。

霍利亨[462]认为,政策经纪人的概念在其他方面意义重大,因为体育政策部门可以被描述为一个相对较新的而且往往是边缘的公共政策关注领域。詹金·史密斯和萨巴蒂尔[465]通过讨论政策性学习的过程以及在联盟中提倡"问题"的方式,提供了一个恰当的例子。一个通常由政策经纪人调解的过程,他们有兴趣在可接受的范围内保持冲突:在一个新的政策领域,认识到问题的严重性和各种因果假设的有效性通常是不确定的,这些挑战现状的政治资源足够温和,最初的政府方案涉及一项重要的研究组成部分,但几乎没有强迫。詹金·史密斯和萨巴蒂尔[486]对于道格伯格和马什(Marsh)[487]以及马什和斯托克(Stoker)[488]的劝导,要把理论观点和分析水平结合起来,詹金·史密斯和萨巴蒂尔[465]认为可以将该框架设想为一种中观概念,它可以容纳对"个体模型"的微观分析。此外,在宏观层面的新多元主义假设中也进行了分析,因此,ACF假设中的政策子系统的概念与邓利维(Dunleavy)和奥·利里(O Leary)对于新多元主义(宏观层面)和政策社区(中观层面)的讨论是相关的。关于这两个层次的分析,有人认为:无论政策制定在不同的机构或政府层级之间进行划分,政府间或机构间关系的复杂系统都在演变。这些系统创建了"政策社区"(或倡导联盟),在那里理性辩论和教育问题可以发生,它们是人际关系的网络,或更正式的渠道,用于不同机构之间的想法和交流[489]。

## 三、ACF 的子系统及其作用过程

关于政策子系统这一概念,吉林大学博士生王春成在其博士论文《倡导联盟框架:解析和应用》[490]中做过简单的概念辨析,倡导联盟框架认为,政策子系统的特征是以两个维度作为标准对政策系统的分割:一个维度政策的实质内容(如水政策),另一个维度是地域(如加利福尼亚)。论文中强调为把握倡导联盟框架中的政策子系统概念,应注意以下 3 个问题。

(1)不同职能领域、不同地域的政策子系统的成熟程度是千差万别的,据此可区分为成熟的政策子系统(mature policy subsystem)与初生的政策子系统(nascent policy subsystems)。这种区分对理解不同特征的政策过程具有十分重要的意义。这个问题将在政策子系统与倡导联盟的关系中重点探讨。

(2)从倡导联盟框架对政策子系统范围的界定反映出,倡导联盟框架的政治理论基础既是精英主义的——可从上述第一个方面看出,又是多元主义的——可从上述第二个方面看出,但总体来说,它是精英主义的——它所识别的子系统行动者都是精英人物。这一结论对理解倡导联盟框架的总体逻辑十分重要。

(3)尽管与其他政策过程理论相比,倡导联盟框架已经对政策子系统做出了较为清晰的界定,但由于政策子系统本身的重叠性(overlapping)和嵌套性(nested),它的上述界定仍存在诸多问题并由此招致不少的质疑和诟病,相应地就成为 ACF 一直致力的改进方向之一。

一般而言,该理论将十年或更长一个时间段的政策过程看作一个整体。一个政策子系统通常由 2~4 个争夺影响力的联盟组成,尽管其中一个可能是占主导地位的联盟,根据各自的核心信仰结成不同的联盟(或者说正是政策核心信仰将联盟成员黏合在一起),这样每个政策倡导联盟就会致力于将自己内部的信仰推到公共政策的层面。联盟之间的冲突通常由"政策经纪人"调解,是政策产出和变化的来源,尽管变化可能是中长期"政策导向学习"的结果[484]。政策导向学习描述了"经验和新信息"导致的信仰的相对长期变化[484]。尽管萨巴蒂尔承认,联盟将抵制挑战核心信仰的信息,但他主张联盟行为的本质合理性。政策变化的其他来源包括外部发展,如经济衰退和战争,以及人员的变化,这两者都是"非认知性变化来源"的例子,这些变化可以实质性地改变各种联盟的政治资源,从而改变政策决定[484]。因而,每个实施的公共政策,其实都反映的是政策子系统内部占主导地位的联盟所秉承的信仰体系。政策的变迁是各个倡导联盟互相博弈的结果,当然,也可以将博弈的过程当作是政策变迁的发生机制。

博弈的途径主要体现在以下 4 个方面。

(1)政策学习。多发生在次要方面体系,倡导联盟之间相互学习取长补短。

在这个方面,即使在同一个联盟内成员间也可能存在差异。

(2)政策子系统外部事件的影响。一个政策子系统内的各倡导联盟力量有强有弱,有主有次,如果弱势联盟能够抓住机会,也可能致使向己方有利的政策变迁。

(3)政策子系统内部事件的影响。如果优势联盟在执行政策过程中出现重大失误,会给其他联盟以巨大鼓舞,借此发布对自己有利的政策观点,从而实现政策变迁。

(4)联盟间的相互磋商。一些情况下各个倡导联盟会对现有政策都不满意,就此通过谈判,政策向各方都能接受的方向发展。从政策变迁的发生机制看,主要政策变化来自于子系统外的外部事件,政策变动不大的情况源自政策取向学习[491]。

在 ACF 中,政策子系统通常由 2～4 个争夺影响力的联盟组成,尽管其中一个可能是占主导地位的联盟。科尔曼(Coleman)和佩尔(Perl)(1999)[492]对于 ACF 的目的,一个子系统由"来自各种公共和私人组织的参与者,他们积极地关注一个政策问题或议题"。并且,世卫组织经常设法影响该领域的公共政策[465]。这些行为者有一套基本信念(政策目标加上因果和其他看法),目的是影响规则、预算和政府人员,以便随着时间的推移实现这些目标[486]。因此,在子系统内,ACF 假设离散联盟将会出现。综上所述,按照马什和罗兹(Rhodes)(1992)[493]在政策网络方面的工作所采用的方针,一个政策子系统可以被比作一个"问题网络",它具有广泛的成员和开放性。而共同的世界观和利益的倡导联盟类似于一个"政策社区"[494]。

ACF 子系统的作用过程包括 3 个:第一个过程,涉及政策子系统中相互竞争的倡导联盟之间的相互作用;第二个过程,即从外部环境到子系统,涉及(相对地)"稳定的系统参数",比如社会结构和宪法规则,限制了各个子系统的参与者;第三个过程,关注的变化也是对子系统的外部影响,ACF 假定这些过程比第一组外生过程更容易在十年或更长的时间内发生变化,并且是重大政策变化的先决条件。

以下这些过程与变化有关:首先,在精英体育领域的社会经济和技术条件,这些可能会重新调整对体育科学和医学的当代发展的拨款。其次,系统性的执政联盟或选举产生了首席执行官和关键议员的变化。例如,在英国,从玛格丽特·撒切尔到1990年约翰·梅杰的首相更迭,人们普遍认为,在改变政府对待体育运动的方式,尤其是对精英体育运动方面,这一点意义重大。最后,英国公众舆论。例如,英国体育已经对公众的"体育偏好"进行了纵向调查,在此特别感兴趣的是,想要追踪公众意见,以了解哪些体育项目应由精英阶层资助[495]。政策决定和其他子系统的影响,为相互竞争的联盟提供机会或障碍。例如,在澳大利亚和加拿大,教育政策(以及学校体育)是国家和各省的责任。

## 四、ACF 的分析

ACF 的分析是趋于全面的,它在政策分析领域应用范围广且它对中期政策变化特别关注。倡导联盟框架的核心是认识到价值观、信仰和规范有能力限制政策选择,但它们的重要性取决于它们在政治制度中运作的水平以及它们与之相联系的利益。对信念和价值观潜在重要性的敏感性认识到,虽然组织和利益集团的权力很重要,但政策变化是一系列更复杂影响的产物。

要了解体育政策的发展和它目前的突出地位,重要的是要了解它产生和继续运作的环境。从根本上讲,有必要确定深入的政策倾向或"故事情节"[496],但是,必须承认,虽然政策的意识形态背景是重要的,但政府机构的结构和利益集团活动的模式等因素也是重要的。本森(Benson)[497]提出,与萨巴蒂尔类似,可以从层次的隐喻来分析政策,其中每个层次都是部分自治的,但是嵌入更深的层次,对自治程度设置了限制。在最浅但仍然很重要的一级,是指某一职务的组织位置、各单位之间的分工程度以及对下属单位的控制形式的行政安排模式。

在英国的体育政策领域,多年来,与多个中央部门有联系的一系列国家机构扩大了最初对地方当局的依赖。整体的结果是组织的复杂性和专业化的稳步增长。尽管制度或行政安排位于最底层,但随着时间的推移,它们确实会被嵌入[498],并在结构上相互联系进入社会形态的更深层次,"嵌套在一个不断上升的层次结构中,该层次结构具有更基本,更权威的规则和制度以及实践和程序"[499]。因此,行政单位影响政策的结果是,随着时间的推移,它们倾向于对政策工具、对问题的看法和限制对新问题的反应的工作方式形成相对稳定的偏好。

在英国,体育部长们经常抱怨称,制定体育政策通常涉及与大量其他部门的联络和谈判,但这些部门对该领域的兴趣并不高。有时这种行政分散被轻蔑地称为体育在负责卫生、教育和社区安全的大部委内的分裂和边缘化。在其他时候,体育对教育和卫生部长的影响被解释为更积极的[485],因为它被视为创造了一个机会,以促进体育的工具价值,从而获得额外的公共资源。职能分配也很重要,因为行政单位倾向于发展一种独特的文化和一套反映对特定问题的反应的固有做法。例如,最近英国内政大臣戴维•布伦基特(David Blunkett)试图将对社区发展的关注(体育在社区发展中扮演着重要角色)纳入一个传统上更狭隘地关注警察和监禁的部门,结果证明这种做法极其令人沮丧。同样,人们最近也表达了对英国体育是否恰当的担忧,因为英国体育以精英成就为主导文化,对该国的反兴奋剂努力负有主要责任。

密切相关的行政安排的模式以及嵌套在社会的更浅的结构,是组织间资源依赖的模式,这是组织资源分配相关的问题,如专业知识、金融、设施、潜在的精英运动员、权威和行政能力。在体育政策领域,最近的一个资源依赖的例子是,学校与当地体育俱乐部建立联系,后者为学生(潜在的俱乐部成员)提供机会,前者为教练提供专业知识。同样,在 20 世纪 70 年代,英国体育理事会为地方当局设施发展项目提供了大量资金,地方当局则提供收入和行政资源。更重要的是,国家彩票等新资金来源的引入显著增加了中央政府及其机构的影响力。例如,英国体育利用其资源控制迫使国家体育组织(NSOs)"现代化",这通常被解释为要求 NSOs 专业化其管理,引入更有效和透明的目标设定,并改善其人才识别和发展过程。国家统计局、志愿体育俱乐部和公共机构之间复杂的资源依赖格局对决策过程(由于决策过程中清除点的数目增加)和国家的作用及影响具有重大影响。虽然资源依赖关系的复杂化是"拥塞状态"出现的一个症状,同时也是扩张状态已从直接提供服务稳步撤退的一个迹象,但其能力已扩展至通过对资源的战略控制来引导政策子系统。

在行政结构所创造的矩阵内运作的是一组结构性利益集团。根据本森的分类,有 4 种类型的结构性利益团体与英国背景下的体育政策研究相关,即需求团体(政策产出的消费者,例如,设施使用者、俱乐部和精英运动员)、提供者团体(服务的提供者,例如,休闲服务经理、体育老师、教练、青年工人、体育发展官员、体育俱乐部和商业俱乐部、体育设施提供商)、直接支持团体(这是组织赖以获得系统支持的那些群体,例如,国家体育理事会、商业赞助商、地方当局和学校)以及间接支持团体(相关的地方政府服务,包括土地使用规划、社区发展、非体育委员会的资金来源,例如,体育基金会以及艺术和商业赞助商)。正是这些利益团体之间的相互作用为政策过程提供了重要的动力。但是,还必须指出,分析这些团体与政府机构之间的相互作用对政策分析也很重要。特别重要的是要认识到,集团网络不仅是需求的来源,而且至少在英国是政府实施的基础设施。因此,有许多政府干预的例子,往往打着现代化的旗号,以重塑利益集团的格局。在英国,体育部长最近告诉代表设施经理和体育发展人员的三个组织,他希望他们合并,因为他将来只会与一个组织对话。类似的部级合并压力也施加在体育教师组织上。

在结构性利益集团的层面上,政府的成本和利益的分配以及外部因素的影响,如经济衰退、通货膨胀或经济增长会产生直接影响,以及个人和集体利益(无论是阶级、特定运动、空间、社区、年龄、性别等)体验与解释政策结果,因此在政策范围内产生需求和支持。在英国体育政策领域,结构性利益集团的数量、专业化程度和活动水平稳步增长。虽然结构性利益集团主动形成政策议程的能力仍有待商榷,但更合理的观点是,结构性利益集团具有保护近期资源收益的重大防御潜力,霍利亨和怀特[443]也是这样认为的。阻碍政策过程的新多元主义模式向多元乌托邦主义转变的是对主导政策范式、特定服务的核心政策范式和本森所称的结构形成规则的促进和制约作用重要性的承认。

主导的政策范式是一套价值观和假设,它们影响一系列服务的政策选择和行政实践。正如私有化是撒切尔时代主导政策范式的一个主要例子,当前英国工党政府的主导政策范式将包括社会包容、现代化和"联合"政府等价值观。无可否认,这些劳动价值观在中央政府各部门得到了不同程度的推广,自 1997 年以来,在制定体育政策方面发挥了尤为重要的作用。嵌套在主流策略范式中的是特定于服务的策略范式。在体育领域,范式已经在全民体育、社会包容、精英发展、健身和健康等重点之间转移。在英国,在特定服务的政策范式中有很多微妙的变化,其中一个例子是稳定退出政策话语都集中在这一价值观上,即全民体育是精英发展过程中不可分割的一部分,也就是强调精英成功的示范作用,增加参与的催化剂。前一种论述假定了一种精英发展的系统方法，根据这种方法，大众参与在提供精英将从中脱颖而出的参与者数量方面是重要的。相反，当前的重点是提高早期人才识别的复杂性，并集中在数量有限的专业人才培训中心或开发俱乐部（从而可能提高获得奥运奖牌的机会），但显然会将精英开发过程与参与相关的更广泛的问题隔离出来。

在主导的策略范式和特定于服务的策略范式级别上，思想具有最明显的影响。精英发展、利用体育来解决青年不满情绪以及促进体育活动的战略都需要各国之间广泛的政策转移和面向政策的学习。然而，虽然大量的面向政策的学习是 ACF 的一个关键假设，但这种对政策过程中期合理性的强调需要与政策行动者并不总是参考证据和专家意见的重要性相调和[496]。有学者指出，演员们经常求助于"散漫的故事情节"，这是一种简化决策的捷径，它的作用是浓缩大量的事实信息，这些信息与规范的假设和赋予它们意义的价值取向交织在一起。故事情节可能包括男人和女人在运动中的角色，参与运动可以塑造性格的假设，或者运动应该是自我调节的想法。特定的故事情节被认为是良性的还是恶性的，显然取决于一个人自己的标准和立场。

建立和维持主导的故事情节既是当代利益之间的斗争，也是在政策过程中根深蒂固和长期存在的偏见的反映。因此，它们是结构形成规则的一部分，通过定义可接受的活动和不可接受的活动，为政策行动设置了限制。本森的深层结构概念与文化制度主义者的思想大体一致，与政治过程中固有的偏见有关。在这一层面上，那些信念和价值观被认为是理所当然的，并且变化缓慢，其中包括关于男女是否可以平等地从事相同的体育运动，对运动中的业余爱好的态度以及运动员在运动场中的可接受行为。

### 五、ACF 的应用

ACF 已经在一系列政策领域的 30 多个案例研究中得到应用，主要是在美国，也包括加拿大、英国、意大利和波兰。这使萨巴蒂尔得出结论："倡导联盟的存在……现在基本上是无可争议的"[484]。在许多方面，ACF 符合先前制定的标准。稳定是由主导联盟以及对深层核心信仰和政策核心信仰的坚持来解释的。

对变化的解释更为复杂,一般来说也不那么令人信服,因为它依赖于工具理性、外生事件和政策学习的结合。此外,联盟的成员只有模糊的规定,就像成员之间的关系一样。倡导联盟成员资格是开放的,加入和退出都具有自由性,联盟成员之间能够获得更多的政策上的相互支持。该框架的权力理论化也很薄弱。权力的概念很少受到关注,因为基本的理性主义假设认为,就中期而言,从政策学习中得来的证据会挑战政策核心信仰,也会导致政策变化。因此,权力是思想的财产,而不是资源控制和利益追求的结果。参与者未能按照证据行事是由于时间有限、计算限制或认知不协调等因素造成的,而不是通过调动偏见来操纵政策议程。然而,ACF 与许多竞争对手相比关注的范围更广,有可能阐明政策进程的各个方面,而不仅仅是关注议程的制定。最后,正如萨巴蒂尔指出的那样,ACF 已经在许多国家的一系列不同的政策部门得到了广泛的应用,更重要的是,由于在精英体育政策领域的应用而受到了实质性的讨论和完善。

ACF 在体育政策领域的应用受到限制。格林和霍利亨[500]对澳大利亚、加拿大和英国的精英体育发展政策进行了分析,发现了一些存在拥护联盟的证据,特别是在英国的政策体系中,也证实了该框架的广泛效用。帕里什(Parrish)[501]将 ACF 应用于欧盟的体育监管政策,霍利亨和怀特[443]在对英国体育发展政策的研究中开发了 ACF 的修改版本,得出了与格林和霍利亨[500]相似的结论。所有这 3 项研究都发现,ACF 是一个有价值的起点,有助于发展阐明体育政策领域的分析框架。总之,当根据 4 个标准评估 ACF 时,很明显,该框架试图明确地解决稳定和变化问题,尽管如前所述,对工具理性和外生事件的结合的依赖只是部分令人满意的。然而,关于第二个标准和第三个标准,ACF 成功地提供了对政策进程的全面分析,并已应用于一系列政策领域,尽管常常是有选择地而不是全面地应用。最后,该框架明确要求,在就政策进程的性质得出结论之前,必须进行中期分析。

## 六、ACF 的评价

ACF 这一框架并非没有问题,例如,确定离散的分析层次、阐明层次之间的影响模式,以及每个层次享有的相对自主权。然而,这种经过修改的倡导联盟框架仍然很有价值,因为它突出了解政策决定的社会和最近历史背景的重要性,并鼓励我们超越日常政治的表面现象。更具体地说,上述修改后的 ACF 提供了一个框架,使研究人员能够确认并系统地研究当代体育政策制定的复杂性和混乱性。通过这样做,首先,该框架有助于避免过早接受对政策变化的单一性解释,无论这种解释是基于阶级权力还是利益活动。其次,框架认识到结构(作为行政安排和作为嵌入的实践与价值)和机构的重要性。最后,该框架经过各种修改,具有广泛适用于不同政策领域和不同国家的优点。

# 第五节　小　　结

本章对竞技体育评估理论中的阶段模型、组织分析模型、多元分析框架和倡导联盟框架在竞技体育政策研究中的内在一致性和适用性进行了评估。这 4 个框架各有优点和不足,存在差异性。同时在它们所说明的政策进程方面有很大的不同。差异是存在的,例如,在赋予结构和组织的相对重要性上,侧重于解释政策稳定性与变化的对比,以及对想法的重视。

尽管在组织分析的保护下采取了各种各样的方法,但仍有许多共同的概念和问题,其中最重要的是需要更多地考虑到公职人员工作的组织与文化体制背景。在组织分析模型中,需要特别关注的是承认国家机构是政策参与者。由于体育服务通常是通过国家和地方政府各级部门和机构的组合来提供的,因此考虑到体制历史、背景和资源的重要性是显而易见的。与其他公共政策一样,体育政策不是由一个抽象的实体"国家"来讨论、塑造和实施的,而是由具有独特行政结构、联盟、准则、价值观和历史的特定国家来实施的,所有这些都会影响到特定公职人员在面对具体问题时的行为。

第十章

# 竞技体育政策成功要素研究方法

## 第一节　竞技体育成功要素模型

"Sports Policy Factors Leading to International Sporting Success"英文缩写SPLISS,中文直译为"能够带来国际竞赛胜利的体育政策要素"。竞技体育发展监管模型旨在寻找既能够提升高水平竞技体育选手的培养效率,同时又能够筛选出为竞技体育发展起决定作用的政策性因素,进而形成以政策工具为保障的更具操作性的竞技体育发展监管模型,以有效地促进竞技体育的发展。

进入 21 世纪,学者们对竞技体育发展的保障问题多从国家的视角、政策的视角、评价与监管的视角进行研究,提出了诸多基于政策要素的竞技体育发展监管模型,其中具有代表性的有奥克利(Oakley)、格林、迪格尔、霍利亨和德·博舍尔(de Bosscher)提出的竞技体育发展监管模型,详见表 10-1。本文重点归纳并讨论德·博舍尔提出的 SPFLISS 竞技体育发展监管模型。

表 10-1　基于政策要素的竞技体育发展监管模型

| 分类 | 奥克利 & 格林(2001) | 迪格尔(2002) | 格林 & 霍利亨(2005) | 德·博舍尔(2007) |
|---|---|---|---|---|
| 背景的政策性因素 | 竞技体育发展的文化氛围 | 政府的支持与资助 | 对于全职运动员的资源支持 | 财政支持 |
| | 充足的资金投入 | 良好的经济环境以及企业资助 | | 体育参与度 |
| | | 媒体的影响 | | |

| 分类 | 奥克利 & 格林(2001) | 迪格尔(2002) | 格林 & 霍利亨(2005) | 德·博舍尔(2007) |
|---|---|---|---|---|
| 体育发展系统过程的政策性因素 | 各级机构职责明确 | 体教结合 | | 整合式政策发展与执行 |
| | 清晰的监管 | 军队系统内体育人才的培养 | | 竞技体育人才认定与培养系统 |
| | 有效的运动员培养过程监控系统 | | | 竞技体育运动员生涯中以及生涯后保障系统 |
| | 竞技体育人才认定和资源配置 | | | 教练保障与培养 |
| | 各项体育完善的发展计划 | | | |
| | 运动员行为规范与未来发展 | | | |
| 具体实施的政策性因素 | 完善的竞赛计划 | | 以国际大赛为中心的分级竞赛系统 | 训练设备 |
| | 完备的训练设施 | | 高水平训练设施 | 国际大赛机会 |
| | | 运动科学支持 | 完善的教练、体育科学以及体育医学支持 | 科学研究 |

各种研究范式提供了多种(因果)模型,可以解释精英运动成功的原因。例如,基于历史或文化的国家特定背景可以为国家提供设计和实施成功的精英体育系统的各种选择。在这方面,霍利亨和格林[504]指出,"体育系统融合的一个关键指标是,不同政治、社会经济和文化背景的许多国家在多大程度上采取了类似的政策目标"。斯韦因·安徒生和拉尔斯·托雷·荣兰(Lars Tore Ronglan)在他们的著作《北欧精英运动:相同的雄心,不同的轨迹》中证实了这一点。SPLISS 方法主要集中在政策系统日益由政府制度化的国家。这导致了一项针对政府资助(主要是奥运会)体育的研究,并在一定程度上关注商业化体育。SPLISS 模型及其 CSFS 可能不太适用于精英体育政策是非政府组织或私人组织职权范围的国家。因此,SPLISS 被认为是精英运动的一种功能主义方法。在这方面,SPLISS 项目超越了其他关于精英体育政策的研究,例如,安徒生和格

林[470,504]的研究。这些研究都有自己的方法和重点,比较和描述各国的精英体育政策,目的是分析精英体育运作的政策制定过程和背景。SPLISS 的研究试图补充这一点,更全面地考虑资源、过程和运动结果的连续性。

SPLISS 1.0 研究的特征有 3 个要素:首先,建立了一个体育政策因素的理论模型,由 9 个支柱组成,确定了 100 多个关键成功因素(CSF)。其次,采用混合方法进行研究,包括开发一个计分系统来衡量各国在精英运动中的竞争地位。这是一个"信号灯",用来表示每个国家对每个支柱的相对表现。最后,作为研究方法的一部分,主要利益相关者参与评价精英体育:调查要求 6 个国家的 1 090 名运动员、273 名教练和 71 名绩效主管表达并评价他们对本国精英体育体系的看法。SPLISS 研究将现有投入(如金钱)和输出(如奖牌)计算考虑在内,并将吞吐量或精英体育政策过程的"黑箱"作为投入系统的资源与交付结果之间的关键链接。SPLISS 2.0 研究中首次纳入 9 大支柱。SPLISS 在投入(支柱 1)和吞吐量(支柱 2 至支柱 9)级别度量了 9 个支柱或策略组件,它们可以导致产出增加或成功。投入反映在支柱 1,作为体育和精英体育的财政支持。对精英运动投入更多的国家可以为运动员创造更多的机会来发展他们的才能。吞吐量是指制定和执行过程(投资什么和如何使用)的政策行动,它可能会导致国际体育竞赛越来越成功。它们指的是体育政策的效率,即管理投入以产生所需产出的最佳方式。所有支柱 2 至支柱 9 都是吞吐量阶段的指标,如图 10-1 所示。

SPLISS 模型使用国家在精英体育竞赛中的实际表现作为系统的输出度量。有各种指标可以衡量一个优秀运动员的生产系统的产出。例如,通过计算在奥运会或其他项目中获得的奖牌数量;通过计算进入决赛的次数(前八名);通过确定竞技体育政策相对成功的经济投入和产出的比例(例如,人均奖牌数或按国家GDP 计算的奖牌数),甚至确定有资格参加重大赛事的参与者人数。

SPLISS 模型提供了一个多维度的方法来评估精英体育政策的有效性,包括投入、吞吐量、产出、效果和反馈,如图 10-2 所示。

逐项比较可能揭示出,某些支柱比其他支柱更有条件获得成功。例如,可以找到政策成功模式的集群,用于早期与晚期(人才)专业化运动,或团队运动与个人运动。因此,为了解决这些问题,一些研究从不同的角度对特定的体育项目进行了比较分析。例如,体育:基于资源的视角看国家在精英体育中的竞争优势;

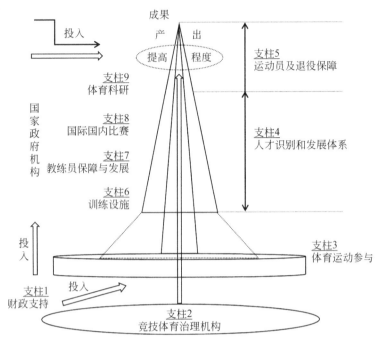

图 10-1　SPLISS 模型：体育政策因素影响国际成功的九大支柱理论模型

注：该图改编自参考文献（德·博舍尔等，2006.）

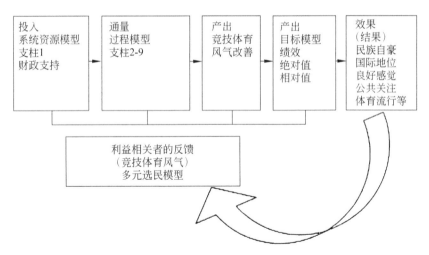

图 10-2　SPLISS 作为衡量精英体育政策有效性的多维模型

注：该图取自参考文献（德·博舍尔等，2011）。

网球运动：考察影响一个国家网球运动成绩的政策因素；柔道：国际体育运动成功的组织决定因素；冰雪运动：以市场为基础的观点看待冬奥会奖牌市场。同时也进行了一些初级项目的研究，如骑马：体育政策中成功的决定因素；商业速度滑冰队：关于滑冰运动品牌化的发展对精英运动和人才发展的关键影响，特别是在荷兰的一个案例研究；游泳：比较佛兰德斯和荷兰导致国际体育成功的精英体育政策因素；独木舟：精英运动文化与政策的相互关系。研究者们也正在审议关于发展中国家精英体育政策和军事体育政策的项目，这些项目有助于在不同的环境中进一步开发、调整和验证 SPLISS 模型和方法。

SPLISS 2.0 研究基于 SPLISS 1.0 中开发的模型和方法，研究者通过收集关于某些支柱的更多信息，对更多的国家进行抽样调查，并询问更多的受访者，从而使这个项目超越 SPLISS 1.0。该项目涉及 15 个国家，获得了来自 3 000 多名优秀运动员、1 300 多名教练员和 241 名执行董事的响应，这些人对精英体育政策的有效性提供了更深入的见解。这使我们能够开发出更全面的评分方法，并对精英体育政策与国家体育成功之间的关系有更深入的了解。在这项研究中，研究者们将重点放在国家体育政策层面，我们不进行逐项体育政策比较，也不考虑推动商业体育成功发展的政策体系。

对于竞技体育发展监管问题及其体育政策的研究始于前东欧社会主义国家，之后，学者们运用各种研究方法考察世界不同国家和地区竞技体育发展状况、在国际比赛中取得的成绩，在此基础上研究国际比赛成绩与竞技体育政策的相关关系，归纳总结对竞技体育发展具有重要影响的政策性因素，进而形成体现政策因素的竞技体育发展监管模型，以此监管和推动竞技体育的发展。基于不同国家的竞技体育政策变化，对竞技体育政策成功要素 SPLISS 分析如下。

## 一、财政支持

财政支持即财政投入，是一种以国家为主体的分配活动。财政支持的一个显著特征就是其公共性，它对于竞技体育发展能够起到调节资源、配置资源、保障资源的重要作用。由于财政投入还具有非直接偿还的特征，所以财政投入历来都是社会关注的焦点。西方国家竞技体育所接受的财政投入，其中既包括政府资金的投入,也包括来自企业的赞助,另外,体育彩票也是其重要的组成部分。在西方众多关于竞技体育政策的研究中,财政支持都被视作竞技体育最重要的支柱性因素[470,502,505,506]。虽然体育科学中尚缺乏对于经费投入和竞技体育成绩之间具体的线性关系的研究,但是许多实例表明,一个国家增加体育经费的投入,尤其是在竞技体育遭遇失败后的经费的投入,往往会带来竞技体育成绩的提升。例如,澳大利亚在1976年蒙特利尔奥运会上成绩不佳,其后澳大利亚政府通过增加资金投入、建立澳大利亚体育学院等相关政策手段,终于在20世纪末发展成为竞技体育的"金牌工厂"[507,508],并一直保持至今。英国在1996年亚特兰大奥运会上仅获得1枚金牌。其后英国提出了"世界水准计划",政府通过财政补贴、博彩基金支持,仅在备战伦敦奥运会期间,就向竞技体育投入了6亿英镑。通过一系列政策措施,英国竞技体育显露成效:2000年悉尼奥运会获得11枚金牌;2004年巴塞罗那奥运会获得9枚金牌;2008年北京奥运会获得19枚金牌;2012年伦敦奥运会获得29枚金牌;2016年里约热内卢奥运会获得27枚金牌,并超过中国,在奥运奖牌榜上位居第2。

在有关财政政策的研究中,加拿大、法国、意大利、英国、荷兰、挪威等西方国家对竞技体育的经费支持有如下特点。

其一,这些国家由地方政府投入的资金以及私人企业赞助的资金往往大于中央政府对竞技体育发展的经费投入。

其二,体育彩票以及其他形式的福利彩票是这些国家竞技体育发展的重要资金来源。例如,英国在备战伦敦奥运会期间,其博彩业向竞技体育贡献了3亿英镑,占英国备战伦敦奥运会经费的一半。

其三,体育彩票资金具有短期性、投放目标不确定性的特点。所谓不确定性是指所有的竞技体育项目都有可能获得支持,依据是国际大赛的成绩,例如,英国体育协会每年都要对各运动项目进行评估,通过评估将经费用到最有希望夺金的优势项目上。所谓短期性就是周期不长,见效快。注重经费投入短期效果,使得各国体育管理机构在制定相关分配政策时往往更倾向于投入集中、见效迅速的短期计划项目。造成这一现象的原因主要是由于政策导向和政策实施的后效应,作为后效应的具体表现就导致诸如青少年体育发展等长周期培养项目由于短时期内难见成效,因而缺乏固定充足的资金来源和经费支持。

## 二、体育运动参与度

体育运动参与是社会参与的重要内容。社会参与是指社会成员以一定的方式参与和介入政治、经济、文化、社会生活的各个方面,从而影响社会发展。体育运动参与是竞技体育和大众体育发展的重要形式,体育运动参与度包括两重含义:其一,是指某一国家或地区内经常性参与体育运动的人数,即体育人口;其二,是指某一体育运动项目的参与者,包括爱好者、业余运动选手以及专业运动选手的数量。无论是前者的体育运动参与,还是后者的某一具体体育运动项目的参与,对于竞技体育发展而言,其作用和意义都是不可低估的,道理很简单,因为它是竞技体育发展的土壤。

虽然,在体育政策研究领域的文献中,不乏对大众体育参与度与竞技体育表现之间关系的研究。但是,至今为止仍然没有研究明确地指出大众体育参与度和竞技体育成绩之间的直接联系或者说具有直接的线性关系。在西方国家的一些政策性研究中,研究者发现大众体育参与度高可能会带来竞技运动成绩的提升。例如,通过对于英国、意大利、荷兰、芬兰、西班牙、爱尔兰 6 个国家在巴塞罗那奥运会和悉尼奥运会上的成绩和大众体育发展之间关系的研究,发现大众体育参与度对于奥运奖牌总数量会有一定影响[509],换句话说,大众体育参与度与奥运奖牌总数之间存在一定的相关关系。同时,这两者之间的关系还与大众体育参与的强度、比赛激烈程度以及大众体育的组织结构和运作方式有关。德·博舍尔和德·克诺普(De Knop)[510]在对 40 个国家的职业网球运动的研究也证明了这种相关关系。此外,也有研究表明[511],大众体育参与度低并不一定导致竞技运动成绩的落后,或产生反向的影响,即竞技运动成绩出色大众体育未必蓬勃发展,例如,澳大利亚的水上项目和自行车运动就是这两种情形最为突出例子。但是,在通常的意义上,大众体育参与度在两方面对竞技体育的发展产生影响:首先,大众体育参与为竞技体育提供足够的人才储备和人才资源;其次,大众体育运动的广泛程度对竞技体育发展的宏观环境,诸如体育舆论以及体育文化建设等具有一定作用。

### 三、整合式的政策发展与执行

政策发展执行是指在政策制定完成后,将政策所规定的内容变为现实的过程,也是政策执行者通过建立组织机构,运用各种政策资源,采取解释、宣传、实施、协调与监控等手段,将政策观念形态的内容转化为实际效果,从而实现既定政策目标的活动过程。整合式的竞技体育政策发展与执行是指国家竞技体育监管机构与组织结构是否能够有效地利用资源,是否能与其社会环境以及其他相关政府、个人组织相适应并形成合力,促进竞技体育政策向前发展。

虽然资源投入对于竞技体育发展非常重要,但同时资源又是通过体育监管机构的运作和管理来投入到实际操作中,并对竞技体育的发展产生作用的。因此,有学者认为,体育监管机构运作的合理性直接关系到资源投入和竞技体育成绩转化之间的效率。在欧洲,虽然在学者们有关竞技体育监管的观点中,对于国家集中管理、发展竞技体育的政策长期以来并未给予足够的重视[512],但是,通过研究,我们发现西方国家竞技体育监管系统在近年来出现了相似的发展趋势,并体现出共同的特点,这就是中央政府的领导以及国家竞技体育监管体系的整体协调程度对于国家竞技体育成绩的提高具有相当大的影响力。这一特点主要体现在以下三个方面:第一,建立了良好的竞技体育信息系统。良好的信息交流沟通系统至关重要[513],有效通畅的纵向信息交流系统是运动选手得以顺利进入更高阶段训练的前提,同时也可以使得国家级竞技体育监管机构更合理、更有效地分配有限的资源。第二,不同级别的体育监管机构之间的责任分工清晰并在制度上得到有效保证[513]。例如,竞技体育监管与大众体育发展是截然不同的两个系统,将两者混为一谈往往会导致资源配置分散、权责不清的问题,进而妨碍两者的发展。第三,建立常规的竞技体育管理系统和制度管理系统,通过日常体育管理渠道和制度管理渠道对竞技体育进行的简洁、明确的管理,这是提高竞技体育监管与发展效率的重要手段[502]。

## 四、竞技体育人才认定与培养系统

竞技体育人才认定与培养系统在西方竞技体育发展理论中一直占有重要的地位。竞技体育人才选拔也是千人千面,各有不同,对于发现人才、培养人才的竞技体育人才认定与培养系统来说是一件重要而困难的工作。从培养过程来看,竞技体育人才认定过程的开端始于竞技体育人才开始受到特别关注和特别对待时。从政策层面来讲,完善的竞技体育人才发现以及培养系统是提高竞技体育成绩不可缺少的组成部分。对此,雷尼尔(Regnier)和格林[514,515]都有讨论,认为结构完善的人才认定系统对于控制竞技体育人才流失以及对竞技体育人才认定系统整体运行的监管都具有重要意义,进而对竞技体育的整体发展也具有重要意义,是一项不可或缺的基础性工作。

布卢姆(Bloom)和索斯尼亚克(Sosniak)[516]在其研究中将竞技体育运动选手培养分为 4 个阶段:①萌芽阶段,青少年运动选手初步接触竞技体育运动,同时其运动天赋被发现并受到肯定。②发展阶段,运动选手通过更高水平的训练加深对其专业项目的理解,并进一步发展自身在专业项目上的特长和优势。③突破阶段,即竞技体育运动选手达到其竞技体育生涯状态的顶峰阶段。④退役阶段,包括竞技体育运动选手的退役生活保障以及第二职业发展问题,这是很多国家竞技体育监管机构需要面对的重要问题。这对青少年竞技体育人才培养有非常重要的影响,但是在我们国家竞技体育发展一度被忽视,受到社会抨击,引起广泛的关注。国外学者在 20 世纪 80 年代就注意到这些问题并进行了研究。斯塔克斯(Starkes)[517][518]的研究细化了布卢姆和索斯尼亚克的观点,他的研究表明,在一般情况下,培养一名高水平竞技体育人才需要 8～10 年的时间,完成约 10 000 小时的训练课时,同时,需要全国范围内运动训练系统的协调整合以及教育系统与竞技体育系统的配合。韦勒曼(Wylleman)、德·克诺普和西纶(Sillen)[519]认为,在竞技体育选手退役阶段,为了便于选手顺利进入社会,需要学习必要的知识技能,为了解决好这一问题,往往更需要国家教育系统在青少年竞技体育运动选手培养过程中发挥作用,并在政策上给予保障。

## 五、竞技体育运动选手运动生涯中和运动生涯后保障系统

竞技体育运动选手运动生涯中和运动生涯后保障系统是为竞技运动选手退役后提供生活和生存所需要的基本条件的举措。SPLISS 竞技体育发展监管模型中,竞技体育高水平运动选手的保障不仅覆盖运动生命周期,同时也延续到运动选手退役后。这一过程被视为竞技体育人才认定和培养系统的延续,实际上也是对竞技体育可持续发展的一个保障。大多西方学者对此感到认同[520-522]。

研究表明,即使在竞技体育选手的运动生命周期中,也仅有少数选手能够达到较高竞技水平并以此作为谋生手段,众多的运动选手在没有达到奥林匹克级的竞技水准以前就由于种种原因而退出了竞技体育运动员培养系统[523]。这也导致了许多选手除了运动训练以外仍需要为自己当下以及未来的生计谋划和付出,多少限制了他们在专业领域的发挥。西方国家重视竞技选手运动生涯后保障系统的建设,这也是西方国家市场化的体育监管制度与中国体制根本性不同的重要方面。

同时,SPLISS 竞技体育发展监管模型强调,通过财务支援与训练上的支援,实现对竞技体育选手运动生涯中和运动生涯后的具体保障,从而使运动选手的运动潜能完全释放。退役后完善的生活保障可以大大提高运动选手从事运动训练的心理稳定度以及集中度。因此,西方国家强调竞技体育监管机构必须以发展性和历史性的眼光对待竞技体育运动选手的职业生涯发展问题。基于欧洲竞技体育的特点,西方国家在竞技体育选手生涯后期保障问题上,虽然重视竞技体育选手运动生涯中和运动生涯后的保障问题,但是政府往往是与体育俱乐部互动来制定不同政策性措施,并没有能够针对不同的运动项目制定不同的政策性保障措施。

## 六、教练员的保障与培养

教练员的保障与培养作为竞技体育发展监管模型中的政策性要素在西方学者的研究中主要包含三个层面的意义:① 竞技体育运动选手培养需要有足够数

量和质量的教练员对高水平运动选手提供训练指导。随着运动选手竞技运动水平的提升，要为他们提供与其发展水平相当的教练进行训练指导[524]。②教练员在为运动选手进行训练的同时也要接受专业培训以提高其自身的训练指导水平。接受培训的教练员在培训的数量和质量上都值得重视[525,526]。③教练员的生活和训练环境与训练质量息息相关，因此，应当重视教练员的生活环境和训练环境的建设[527]。

在对教练员保障与培养的研究中，西方学者们还强调在教练员队伍建设和培养中需要特别注意的两个重要因素：①教练评级与管理系统的合理性和科学性。缺乏合理的教练评级与管理系统，往往会造成教练质量的下降与发展断层问题[528]。②高水平教练的个人能力与修养。由于教练对于运动员无论是在竞技层面还是人格修养层面都具有举足轻重的影响力，教练的个人能力和修养值得格外的重视[529]。

## 七、训练设备

训练设备是训练的硬件设施保障。先进且高水平的训练环境和设施与竞技体育培养系统的效率成正相关，德·博舍尔与德·克诺普[530]通过对网球项目的研究证明，一个国家或地区网球场地的总体数量与该国家或地区在国际网球赛事中所取得的成绩高度相关。但令人意外的是奥克利和格林[502]的研究表明，竞技体育硬件设施的集中程度与竞技体育选手培养系统的效率却关系不大。也就是说，将各项目竞技体育训练中心相对分散设立，并不会对整体竞技体育运动选手培养系统的发展和培养效率产生不利的影响。

值得注意的是，西方国家一些大型综合性运动训练中心往往是由公共资金和私人资金共同投资的。因此，在国家体育政策层面上竞技体育运动选手在这些综合性训练中心对体育设施的优先使用权往往是被强调的重点[531,532]。同时，近年来西方国家在训练设施上尤其是高水平训练中心的硬件设施的建设上趋于相似。但是，这些相似的硬件设施的管理和使用的办法往往又受到各国特殊的文化、体育监管系统的影响而产生各种各样的区别，表现出美美与共、和而不同的特征。

## 八、国际大赛机会

高水平运动选手以及教练员需要及时了解对手的情况以及自己真实的实力与水平,因此,参加赛事的水平越高对高水平运动选手未来发展的影响也就越大。适度参与国际赛事是竞技体育运动选手适应赛场压力,促进个人成长的必要条件。[533]研究表明:有机会参与高水平、经常性的国际级赛事有助于竞技体育运动选手提高竞技状态的稳定性[534];以东道主身份参加各种体育赛事,尤其是奥运会,对于运动员的表现具有重要的促进作用[535];国内赛事的参与数量,尤其是与国际大赛规则、比赛形式和组织架构相似的国内赛事的参与数量对于运动员水平的提高以及国际大赛中的表现也息息相关。西方竞技体育监管模型在政策上表现为尊重竞技体育选手成长、成才规律,对他们参赛给予不同形式的支持和帮助,而这种支持和帮助更多的是通过单项运动协会和俱乐部实现的。

## 九、科学研究

科学研究已经成为竞技体育发展中一个非常重要的课题,也是竞技体育政策制定中的重要内容。竞技体育中的科学研究涉及运动员的选材、运动训练的诊断、运动训练的实施、运动训练信息化、高效能的恢复与营养、高效能的训练管理等诸多内容。现代竞技体育的研究也不单单局限于运动生理学的范畴,而着重强调多学科交叉研究,着重强调对竞技体育运动选手培养提供综合性的服务保障,其中的主要内容包括运动医学、营养学、训练学、心理学、生理学等运动科学。强调运动科学的综合发展以及整体协作始于苏联和前东欧国家,同时在澳大利亚有了进一步的发展。今天,几乎没有一个竞技体育强国不重视竞技体育中的科学研究[536,537]。

## 第二节　竞技体育成功要素研究

### 一、竞技体育成功要素的分类

有一系列的因素导致竞技体育的成功。对这些因素进行分类是一项复杂的工作。在高水平运动中的表现是遗传素质和人们生活的环境以及身体条件的结合[538]。遗传素质可以解释男人和女人之间、年轻人和老年人之间、高个子和矮个子之间、甚至种族之间的差异。然而，他们无法解释为什么挪威人比意大利人更喜欢滑雪，为什么非裔美国人比尼日利亚人或莫桑比克人更擅长运动。考虑到这些要点，德·博舍尔[539]将竞技体育成功的要素分为 3 个级别，如图 10-3 所示。

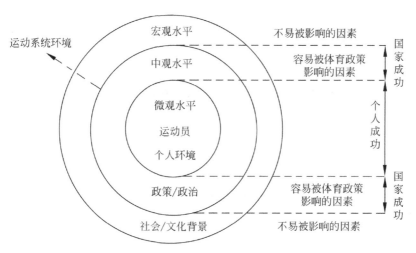

图 10-3　模型显示决定个人和国家成功的要素之间的关系

注：该图改编自参考文献(德·博舍尔，2003)[540]。

（1）宏观层面：人们生活的社会文化背景包括经济福利、人口、地理气候变化、城市化程度、政治制度和文化制度。

（2）中观层面：体育政策与政治。这是一个经过深思熟虑的可能会影响长期表现的层面。

（3）微观层面：运动员个体（遗传素质）及其亲密环境（如父母、朋友、教练）。在微观层面上，一些因素可以控制（如训练技术或战术），而另一些因素则无法控制（如遗传）。

## 二、宏观层面竞技体育成功要素研究

许多关于奥运会的竞技体育成功政策的研究都讨论了决定竞技体育成功的影响要素。对奥运会成绩的预测和评估主要基于宏观层面的因素。一些研究试图找到成功的经济解释，而另一些则采取了更社会学的方法。宏观层面的数据在公共领域很容易获得，这也许就是为什么在这个领域有这么多研究的原因。相比之下，在中观一级的数据往往不易获得，而且很难加以量化，这使得分析和比较体育政策变得特别困难。因此，中观一级的研究相对稀少。表 10-2 概述了在宏观层面进行的主要研究，并显示了每个研究中有哪些独立变量与成功相关，以及其所在的事件。大多数研究使用简单相关或回归分析。在过去的十年中，一些作者试图改进这些研究的方法[541][540,542-547]。

表 10-2　国际成功因素的重要研究综述：宏观层面

| 作　者 | 自　变　量 | 事　件 |
|---|---|---|
| 乔克（Jokl），1956[548] | 跨文化分析：地理起源、人口、气候带、营养、群体特性与经济体制 | 1952 年赫尔辛基奥运会 |
| 乔克 1964[549] | 社会经济因素：<br>● 死亡率<br>● 财富（人均 GNP） | 1952 年赫尔辛基奥运会<br>1960 年罗马奥运会 |
| 易卜拉欣（Ibrahim）1969[550]（cited by 科尔韦尔（Colwell），1981[551]） | ● 健康<br>● 经济因素<br>● 社会因素 | 未知 |
| 塞帕宁（Seppänen）1970[552]，1981[538] | ● 宗教信仰：新教教徒、天主教徒、东正教徒、伊斯兰教徒<br>● 社会主义与新教、混合教派、天主教的对抗 | 1896—1968 年：夏季奥运会<br>1942—1968 年：冬季及夏季奥运会 |

| 作　者 | 自　变　量 | 事　件 |
|---|---|---|
| 鲍尔(Ball)1972[553] | 55项国家指标与成功的相关性,分为人口、生态、经济和政治因素 | 1964年东京奥运会 |
| 诺维科夫·马克西门科(Noviknov Maximenko)1972[554] | 社会经济变量:<br>● 财富(人均GNP)<br>● 热量消耗<br>● 平均预期寿命<br>● 文盲参赛者百分比<br>● 城市背景百分比<br>● 国家政治制度群体:共产主义国家与资本主义国家的比较 | 1964年东京奥运会<br>1988年墨西哥奥运会 |
| 莱文(Levine)1974[555] | 使用的15个变量:<br>● 人口统计学变量(人口、城市化、地域)<br>● 经济变量(GDP、人均GDP、工业化国家和社会主义国家)<br>● 资源(识字率,中小学、高等教育学生完成率、教育支出、报纸发行的百分比) | 1972年慕尼黑奥运会 |
| 格赖姆斯(Grimes),1974[556] | ● 人口<br>● GNP(作为营养、训练可能性和专业运动员工资的指标)<br>● 政治体制:共产主义(作为系统招募、训练、补贴运动员的指标) | 1972年慕尼黑奥运会 |
| 肖(Shaw)&普利(Pooley)1976[557] | ● 军事支出<br>● 财富(GDP)<br>● 学校奥林匹克运动项目数量 | 1972年慕尼黑奥运 |
| 基维亚霍(Kiviaho)&马克拉(Mäkelä)1978[558] | 物质因素:<br>● 人口统计学(人口和人口密度)<br>● 社会(卫生保健)<br>● 经济发展(人均GNP)<br>非物质因素:<br>● 经济/政治体制(社会主义经济)<br>● 宗教(个人禁欲主义) | 1964年东京奥运会 |

| 作　者 | 自　变　量 | 事　件 |
|---|---|---|
| 吉利斯(Gillis)1980[559] | <ul><li>财富(人均 GNP)</li><li>战争前后的宗教(新教/天主教、穆斯林、东正教、佛教、印度教、犹太教)</li></ul> | 1896—1976 年的所有夏季运动会 |
| 科尔·韦尔 1981[551] | <ul><li>经济维度</li><li>政治维度</li><li>社会维度</li></ul> | 1976 年蒙特利尔奥运会 |
| 科尔·韦尔 1982[560] | <ul><li>"参与程度"——事件数量</li></ul> | 1976 年蒙特利尔奥运会 |
| 加特纳(Gärtner)1989[561] | <ul><li>财富(GDP 和人均 GDP)</li><li>人口</li><li>政治制度：社会主义国家与西方文化相较</li></ul> | 1972 年札幌奥运会<br>1972 年慕尼黑奥运会<br>1976 年因斯布鲁克奥运会<br>1976 年蒙特利尔奥运会<br>1988 年卡尔加里奥运会<br>网球和足球的成功 |
| 索恩(Suen)1992[562] | <ul><li>人口(按各国总人口之和划分)</li><li>GDP(除以各国 GDP 之和)</li><li>共产主义国家除外</li></ul> | 1952—1988 年的奥运会 |
| 索恩 1994[563] | <ul><li>人口</li><li>GDP</li><li>共产主义国家(虚拟变量)</li><li>大陆影响</li></ul> | 1992 年巴塞罗那奥运会 |
| 登·巴特(Den Butter)＆范·德·塔克(Van den Tak)1995[545] | <ul><li>人口</li><li>生活水平：GDP 和人均 GDP、人类发展指数、生活质量指数</li><li>政治制度：共产主义</li></ul> | 1988 年汉城奥运会 |
| 德·科宁(De Koning)＆奥里曼(Olieman)1996[544] | <ul><li>人口：</li><li>财富：人均收入</li><li>政治制度：共产主义</li><li>女性参与率</li></ul> | 1996 年亚特兰大奥运会 |

| 作　者 | 自　变　量 | 事　件 |
|---|---|---|
| 内维尔(Nevill),1997[564] | 对数回归分析：<br>● 主场国家和客场国家采用标准方差分析方法比较主场和客场的回归线 | 网球和高尔夫,1993年世界排名 |
| 班布里奇(Baimbridge)1998[541] | ● 每个项目和每个国家的参赛人数<br>● 政治争论：资本主义、共产主义和发展中国家<br>● 趋势：百年奥运会奖牌获得国与参赛国之比 | 1896—1996年的奥运会 |
| 康登(Condon),1999[565] | 17个变量：面积、人口、人口增长率、出生率和死亡率、婴儿死亡率、预期寿命、机场数量、轨道长度、未铺筑公路长度、GNP、人均GNP、进出口货物价值、人均电力生产和消费 | 1996年亚特兰大奥运会 |
| 伯纳德(Bernard)&巴斯(Busse)2000[542] | ● 人口<br>● 财富：国内生产总值和人均国内生产总值<br>● 东道主：抵制1980年、1984年奥运会,过去曾获得成功,政治制度：共产主义 | 1996年亚特兰大奥运会1960—1996年的夏季运动会 |
| 范·博滕堡(Van Bottenburg)2000[566] | ● 财富：GNP<br>● 人口<br>● 城市化程度<br>● 地域 | 2届夏季奥运会：1992年巴塞罗那奥运会、1996年亚特兰大奥运会<br>2届冬季奥运会：1994年里尔哈默奥运会、1998年长野奥运会 |
| 斯坦(Stamm)&兰普雷克特(Lamprecht)2000[567],2001[568] | ● 经济发展：人均GDP<br>● 社会发展：中学入学率<br>● 政治发展：政治和公民自由的程度<br>● 人口规模(一般人口状况和人才突出程度)<br>● 精英体育制度化的程度：国际奥委会成员的资格年限<br>● 政治体制：集权式体育促进模式的作用(社会主义) | 1964—2000年所有的夏季和冬季运动会 |

| 作　者 | 自　变　量 | 事　件 |
|---|---|---|
| 霍夫曼（Hoffmann），2002a[569] | • 气候条件：温度、湿度和气候<br>• 财富：（人均 GNP）<br>• 人口<br>• 政治体制：现/原社会主义政府<br>• 东道国 | 2000 年悉尼奥运会 |
| 巴尔莫（Balmer），2001[570] | 非参数统计：①Wilcoxon 符号秩检验；②Kruskal-Wallis 检验；③回归分析(参数)：线性、二次和指数<br>• 主场优势：主办国（主场）获得的奖牌或积分与同一国家（客场）参加其他奥运会时获得的奖牌或积分相比<br>• 只有主办过奥运会的国家 | 1908—1998 年的冬奥会 |
| 霍夫曼,2002b[571] | • 人口<br>• 财富（人均 GDP）<br>• 文化影响<br>• 世界杯足球赛主办国（自1930 年起）<br>• 讲罗马语的国家——拉丁语（虚拟）<br>• 地理环境：省会城市年平均气温 14℃ | 足球：2001 年国际足联或可口可乐世界排名积分 |
| 詹森（Johnson）& 阿里（Ali），2002[546] | • 财富（人均国内生产总值）<br>• 人口<br>• 东道国和邻国<br>• 气候条件<br>• 政治制度：共产主义、军事、君主制、其他<br>• 时间趋势 | 1952—2000 年所有的运动会(26 版) |
| 莫顿（Morton）2002[572] | • 人口<br>• GDP | 2000 年悉尼奥运会 |

| 作　者 | 自　变　量 | 事　件 |
|---|---|---|
| 库朋·斯克恩（Kuperen Sterken）2003[573] | • 财富（人均 GDP）<br>• 人口<br>• 东道国<br>• 政治制度与民族文化<br>• 媒体（电视） | 从 1896 年开始的所有运动会（24 版） |
| 特查（Tcha）& 佩尔钦（Perchin）2003[547] | 利用显性比较优势（RCA）专攻体育的模式，与新古典主义贸易模式（游泳、田径、重量运动、球类运动、体操等）保持一致<br>• 经济变量：人均 GNP、GNP 和人口<br>• 自然环境（陆地质量、海岸长度、海拔、温度）<br>• 亚非国家和前社会主义国家的虚拟变量 | 1988 年汉城奥运会<br>1992 年巴塞罗那奥运会<br>1996 年亚特兰大奥运会 |
| 德·博舍尔等，2003a[540]，b[543] | • 财富（人均 GDP）<br>• 人口<br>• 城市化程度<br>• 地区<br>• 宗教 | 2000 年悉尼奥运会 |

注：该表改编自参考文献（德·博舍尔，2003）[540]。

### 三、中观层面竞技体育成功要素研究

中观层面的因素完全或部分由体育政策和政治决定。在所有条件相同的情况下，精英运动员将有更大的成功机会，这取决于精英体育的政策和投资决策的有效性。考虑到决定精英体育成功的各种因素，中观层面的因素是唯一可以被影响和改变的因素。基于 SPLISS 模型：对体育政策因素影响国际成功的九大支柱理论模型，相关研究进行了文献综述，详见表 10-3。同时基于：①关于精英体育系统的现有文献和二手资料；②一些关于政策层面成功决定因素的研究；③成功的先决条件根据运动员和教练作为精英体育的主要利益相关者，有可能将所有资源集中到少数几个对国际体育成功有重要影响的政策领域。表 10-2 从

不同作者和不同角度概述了这些研究中提到的标准。可以确定9组政策领域或支柱,每一个都包含几个子标准,在跨国基础上进行比较,以解释为什么这些国家擅长精英体育。

德·博舍尔通过对英国、加拿大、比利时、挪威、意大利和新西兰6国竞技体育政策的分析后认为,运动员的选拔和培养体系、教练员的参与和培养、竞技比赛奖励制度的制定和政策制定的正确与否是导致上述国家在奥运会等世界大赛中能否获得成功的主要因素[574]。埃尔芬斯顿(Elphinston)等学者对澳大利亚竞技体育政策的研究认为,通过调整和制定合理的竞技体育政策,可以使国家和运动员达到一种双赢的结果。霍利亨和格林研究发现,美国等国家竞技体育的成功是以整个国家竞技体育制度的建立为基石,国家在运动员的选拔和培养中,政策育人导向的激励政策,使得整个美国竞技体育出现了欣欣向荣的景象[575]。索蒂里亚登(Sotiriadou)分析澳大利亚35个单项体育组织的政策和制度后认为,单项协会的政策导向是影响其项目在国际大型比赛成绩表现的主要因素。格林对澳大利亚、加拿大和英国的竞技体育政策在宏观和微观两个视角上进行对比研究认为,政策制定中国家利益导向是影响这些国家在奥运会等世界大赛表现优异的主要因素。德·博舍尔通过对各国1 090名运动员和253名教练员所在国家竞技体育政策调查的研究发现,不同国家和地区竞技体育政策是影响运动员和教练员表现的主要因素。综合关于竞技体育政策对国际大赛比赛结果影响的研究,可以归纳为一个国家的竞技体育政策是影响该国在国际大赛表现的主要影响因素。

奥克利和格林研究指出,世界各国竞技体育制度的变革方向,不仅仅是商业因素导致,而更重要的是政府的介入。格林指出,在今后40年时间里,竞技体育发展将出现这样一种趋势:政府对竞技体育的投资呈递增趋势,以期获得该国在竞技体育领域中的领先地位[576]。惠特森(Whitson)研究报道,澳大利亚和加拿大每年向竞技体育领域投入资金逐年递增,以换取国家队在奥运会中金牌数量的增加。库克(Cooke)研究报道,自从1989年起,澳大利亚政府每一个奥运周期竞技体育领域的财政投入呈递增趋势:1989—1992年奥运周期投入2.17亿美元,1992—1996年奥运周期增加至2.93亿美元。格林和奥克利对澳大利亚国家对竞技体育资金投入后续研究指出,在1996—2000年奥运周期中,政府投入超过了 4.28 亿美元用于运动员比赛的保障,以期获得更好的比赛成绩;2000—2004 年奥运周期中政府投入超过 8.36 亿美元,2004—2008 年奥运周期政府投入继续增加。斯图尔特(Stewart)等人研究发现,澳大利亚对竞技体育投入增加随之所带来的是综合国力和国际形象提升的良好效果,使得该国议会同意再次在2001—2005 年大幅度增加财政投入以保证竞技体育成绩进一步提升。德·博舍尔指出,目前国家在政策层面上对竞技体育有着增加投入的趋势,这将有助于产生竞技体育发展中组织和个体均受益的良好局面。

综上所述,从不同作者和不同视角的中观层面的文献综述表明,可能是一系列因素促成了国家和运动员个人在体育上的成功。这些主要包括财政支持、政策全面发展的方法、运动参与、人才鉴定和发展系统、运动员和职业支持、训练设施、教练的支持与发展、国家和国际竞赛以及科学研究和运动医学支持。最后,正如表 10-3 的文献综述所述,一些不太可控的变量也是成功的重要指标。这是精英体育存在的环境,包括赞助、媒体对体育的描述、一个国家的体育传统、成功的传统、体育文化、特别是精英体育文化。这些问题只能在一定程度上受到体育政策的影响,因此不属于我们分类的中观层次。

表 10-3 集中在 9 个政策领域的中观层面决定成功因素的文献综述

| 研 究 者 | 影响因素 | 类 别 |
|---|---|---|
| 德·博舍尔 & 德克诺普 2002,2004[577-579] | 财政支持 | 运动员的财政支持计划<br>对培训中心和人员的财政支持<br>国家管理机构的财政支持<br>4 年内要有明确目标的资金 |
| 格林 & 奥克利 2001[502,580] | 政策全面发展的方法 | 精英运动优先 |
| 克伦普纳(Clumpner)1994[581]<br>格林 & 奥克利 2001[580] | | 相对小众有成功潜力的运动优先<br>奥林匹克运动会最优先 |
| 杜菲(Dufy),2001[582]<br>德·博舍尔 & 德克诺普 2004[577] | | 持续的全面支持系统<br>顺畅的通信/沟通机制 |
| 格林 & 奥克利 2001[502,580] | | 共同的体育运动和政治界限的管理程序 |
| 加特纳 1984[561]<br>杜菲,2001[582] | | 国家理事机构的发展(NGB) |
| 格林利夫(Greenleaf),2001[583] | | NGB 和奥林匹克委员会的结构性支持 |

| 研　究　者 | 影响因素 | 类　别 |
|---|---|---|
| 布鲁姆（Broom）1986[584]<br>布格（Buggel）1986[585] | 运动参与 | 体育和运动进入宪法<br>人人享有运动 |
| 布鲁姆 1991[586]<br>尼斯（Nys），2002[587] | | 保障儿童和青少年的体育参与<br>通过俱乐部培养运动人才 |
| 德·博舍尔，2004[577]<br>赖尔登（Riordan）1991[588] | 人才鉴定和发展系统 | 科学化人才鉴定 |
| 塞德莱克（Sedlacek），1994[589]<br>杜音（Douyin）1988[590] | | 可持续人才发展 |
| 格林 and 霍利亨 2005[470]<br>奥克利 & 格林 2001[502] | 运动员和职业支持 | 对运动员的生活方式（财务）支持 |
| 康泽尔漫（Conzelmann）& 内格尔（Nagel）2003[591]<br>斯图肯布姆（Sturkenboom）& 威尔富恩（Vervoorn）1998[592] | | 来自运动科学及运动医学的多学科工作人员的支持及专家意见 |
| 索蒂里亚杜 & 德·博舍尔 2018[593]<br>泰瑞（Teri），2003[594] | | 保障科学化训练 |
| 格林 2005[595]<br>拉罗斯（Larose）& 哈格蒂（Haggerty）1996[596] | 训练设施 | 精英体育设施发展 |
| 范·博滕伯格（Van Bottenburg）2003[597]<br>杜菲，2001[582] | | 为体育发展提供所有设施 |
| 格林，2005[470]<br>拉罗斯 1996[598] | 教练的支持与发展 | 高水平竞技体育教练的专业知识培养 |
| 格林利夫，2001[583]<br>德·克诺普，德·博舍尔，& 莱布利克（Leblicq）2004[599] | | 成长中竞技体育教练的专业知识培养保障教学的规定 |
| 伯纳德（Bernard）& 巴斯（Busse）2000[542]<br>库珀（Kuper）& 斯克恩（Sterken）2003[600] | 国家和国际竞赛 | 组织国家内的国际活动 |
| 格林 & 霍利亨 2005[470]<br>克伦普纳 1994[581] | | 支持运动员参加国际比赛 |
| 克雷斯波（Crespo），2001[601]<br>尼斯，2002[587] | | 支持运动员参加全国比赛 |

| 研 究 者 | 影 响 因 素 | 类 别 |
|---|---|---|
| 布鲁姆 1986[584]<br>布格勒（Buggel）1986[585] | 科学研究和运动医学支持 | 教练、运动科学和运动医学的发展 |
| 克拉·罗斯（K. Larose）& 哈格蒂 1996[598]<br>范·博滕伯格 2000[597] | 精英体育环境 | 媒体和赞助 |

注：该表改编自参考文献（德·博舍尔，2003）[540]。

## 第三节　中国竞技体育 SPLISS 分析案例

1994 年中国政府发布了第一个"奥运争光计划"，奥运争光计划成为中国奥运备战和精英体育发展的纲领性文件。此后中国竞技体育得到前所未有的发展，中国参与国际体育竞赛的成绩和水平也日益提高。自 2000 年悉尼奥运会以来中国一直稳居夏季奥运会奖牌榜和金牌榜的前三名，并在 2008 年北京奥运会上夺得金牌榜第一的桂冠。但在 2016 年里约奥运会上，后起之秀英国首次超越中国位列金牌榜第二位，美国则稳居金牌榜和奖牌榜第一，如图 10-4 所示。尽管中国在夏季奥运会上取得了成功，但近 5 届奥运会以来，除 2008 年北京主场奥运会之外，中国的金牌数和奖牌总数均未超过美国。与此同时，冬季项目是中国的传统弱项，中国在近 5 届冬奥会的表现和夏季奥运会相比还有很大差距，如图 10-5 所示。2022 年，第 24 届冬奥会将首次由中国主办，这对中国的竞技体育发展特别是冰雪运动的推广是重要的机遇。当前，中国正加快体育强国建设，我们希望透过政策的角度来分析中国竞技体育的现状和挑战。我们将通过 SPLISS 框架对中国竞技体育政策进行分析，SPLISS 的研究基于影响国际成功的体育政策因素的支柱模型，该模型可分为 9 个支柱，它们揭示了可以受政策影响的所有关键成功因素。

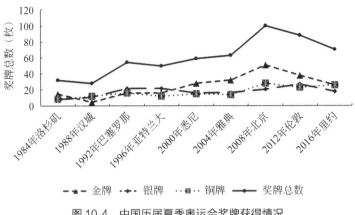

图 10-4 中国历届夏季奥运会奖牌获得情况

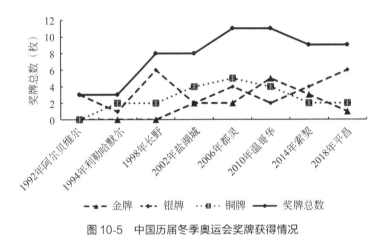

图 10-5 中国历届冬季奥运会奖牌获得情况

## 一、财政支持

财政支持是精英体育发展过程中最为关键的政策因素,财政资源是衡量投入的标准。此前的研究清楚地表明,加大对(精英)体育投资的国家为运动员创造了更多成功的机会[602]。霍根(Hogan)和诺顿(Norton)研究发现,自 20 世纪 80 年代以来,澳大利亚的精英体育投入花费与获得的奖牌总数之间存在线性关系[603]。随着更多的国家对精英体育的投资,基础投资的回报正在减少,已经获得成功的国家似乎需要继续投资精英体育来保持现有的表现水平[604]。因此，SPLISS 分析框架中的第一个支柱(Pillar 1)是财政支持，并且将财政支持作为唯一的输入变量。支柱 1 涉及衡量各国对体育的财政投资，特别是对精英体育的投资。支柱 1 是"投入"支柱，因为将财政资源注入"系统"才使得其余 8 个"进程"支柱得以实施。需要注意的一点是，SPLISS 的研究并没有试图全面了解精英体育的财政投入。由于各国的支出定义和体育交付机制差别很大，对体育支出的跨国比较具有挑战性。尽管在许多国家，分配给(精英)体育的大量财政资源是由地方政府或私营部门提供的。然而，这些数据跨国比较的操作性不高。因此，SPLISS 研究只侧重于由国家协调并用来投资其他支柱的资源。为了能够在国家之间进行有意义的比较，支柱 1 审了国家层面(精英)体育方面的公共开支，并酌情包括中央政府、国家彩票、国家奥林匹克委员会的供资和赞助，国家层面精英体育的绝大多数资金往往来自这些来源[605]。(精英)体育通过国家政府资助或彩票资助，或两者兼而有之，都是公认的做法。在彩票资金相对较多的国家，国家资金往往相对较低，反之亦然[604]。

　　中国体育事业主要由公共资金予以保障，国家层面用于体育发展的财政支持主要包括国家体育总局部门财政拨款(包括国家体育总局本级、离退休干部局和所属事业单位)和国家体育总局本级体育彩票公益金，其中用于支持竞技体育工作的财政资助主要来源于总局本级体育彩票公益金。财政部于 2012 年 3 月和 2016 年 3 月分别印发《彩票公益金管理办法》和《政府非税收入管理办法》，文件中明确规定彩票公益金作为政府非税收入是政府财政收入的重要组成部分，全额纳入财政预算管理。因此，我们主要以国家体育总局近年本级彩票公益金的使用情况作为中国竞技体育财政支持的分析依据。总体上，竞技体育资助额占国家体育总局本级彩票公益金总额的比例为 10%～25%，如图 10-6 所示，其中 2011 年和 2012 年占比为 20.87%，2013—2016 年占比分别为 11.53%、11.35%、11.27%、11.92%，2017 年占比达到 23.12%。

　　彩票公益金资助竞技体育工作主要用于国家队转训基地基础设施建设、高水平体育后备人才培养、补助国家队训练津贴、运动员创业扶持基金、全国综合性运动会办赛经费、国家队备战奥运会、军体器材项目购置维护等方面，如图 10-7 所示。2015 年开始，国家体育总局年度本级体育彩票公益金使用情况公告对统计

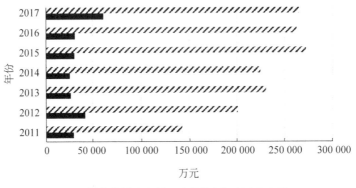

图 10-6　2011—2017 年国家体育总局本级彩票公益金竞技体育资助情况

注：数据整理自 2011—2017 年国家体育总局年度本级体育彩票公益金使用情况公告。

科目进行了调整。根据调整后的公告,彩票公益金资助竞技体育工作主要用于高水平体育后备人才培养、全国综合性运动会办赛经费及支持国家队备战和参加国际综合性运动会 3 个方面,如图 10-8 所示。补助国家队训练津贴并入支持国家队备战和参加国际综合性运动会经费,并明确了用以保障"奥运争光计划"实施的资助情况,如图 10-9 所示。

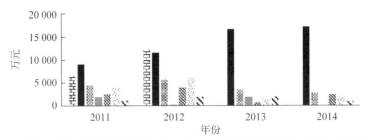

图 10-7　2011—2014 年资助竞技体育工作情况

注：数据整理自 2011—2014 年国家体育总局年度本级体育彩票公益金使用情况公告。

可见,"奥运争光计划"既是中国政府组织奥运备战的纲领性文件,也是中国竞技体育发展战略的集中体现。"奥运争光计划"的实施不仅使中国在奥运会上

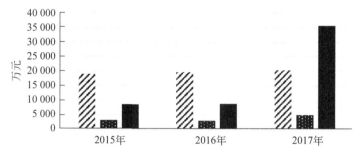

高水平体育后备人才培养（万元）

全国综合性运动会办赛经费（万元）

支持国家队备战和参加国际综合性运动会（万元）

图 10-8　2015—2017 年资助竞技体育工作情况

注：数据整理自 2015—2017 年国家体育总局年度本级体育彩票公益金使用情况公告。

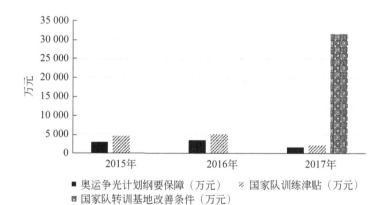

■ 奥运争光计划纲要保障（万元）　　▨ 国家队训练津贴（万元）

▨ 国家队转训基地改善条件（万元）

图 10-9　2015—2017 支持国家队备战和参加国际综合性运动会资助情况

注：数据整理自 2015—2017 年国家体育总局年度本级体育彩票公益金使用情况公告。

取得举世瞩目的成绩，也推动了中国竞技体育的发展。

2011—2017 年，高水平体育后备人才培养资助额从 2011 年的 9 075 万元增长到 2017 年的 20 357 万元；2011—2014 年，支持国家队备战资助额分别为 4 000 万元、6 167.55 万元、1 477.74 万元、2 070.76 万元；2015—2017 年，支持国家队备战和参加国际综合性运动会合计资助额分别为 8 676.6 万元、8 780.61 万元、35 618.61 万元，其中用于奥运争光计划纲要保障的资金分别为 3 069.64 万元、

3 580. 75 万元、1 700. 02 万元[1]。

总的来说,中国竞技体育的财政支持是有充分保障的,国家层面财政支持的主要来源是国家体育总局本级体育彩票公益金。在资助额的变化趋势上,2011—2017 年高水平体育后备人才培养的资助额持续增长并占有相当大的比例,而竞技体育资助总额和支持国家队备战奥运会的资助额并没有呈现持续增长的趋势,特别是支持国家队备战奥运会的资助额有较大的波动。因此,中国竞技体育的财政支持政策在平稳保障的前提下会根据国家体育总局年度工作安排和"奥运争光计划"的实施阶段进行动态调整。

## 二、精英体育政策的治理、组织和结构

精英体育的治理、组织和结构是 SPLISS 分析框架的第 2 个支柱(Pillar 2)。在所有支柱中,由于国家精英体育系统之间的显著差异、它们的结构和组织方式以及精英体育如何融入整个政策体系,这是最复杂的评估。体育管理者或学者对制定和实施精英体育政策与治理的最佳做法没有共识[602]。例如,安徒生和荣兰发现,北欧精英体育系统有不同的卓越途径,丹麦的自行车运动有集中的策略,瑞典的网球和高尔夫运动模式也有分权[606]。可以合理地说,SPLISS 的研究采用了这样的观点:为了使各国最大限度地增加精英体育成功的机会,政府或国家体育协会(NSA)需要负责制定政策和治理结构战略。由国家来统一协调组织竞技体育比赛[602]。

中国竞技体育发展模式可以概括为政府主管、社会参与,治理主体名义上包括国家体育总局、中国奥委会和中华全国体育总会,在运行过程中这 3 个治理主体实际上为一个整体,即一套机构、三块牌子,如图 10-10 所示。国家体育总局是中国竞技体育的政府主管部门,负责统筹规划竞技体育发展,设置体育运动项目,指导协调体育训练和体育竞赛,指导运动队伍建设,协调运动员社会保障工作。目前,国家体育总局直属 20 个运动管理中心,其中包括 15 个奥运项目的运动管理中心和 5 个非奥运项目的运动管理中心,各运动项目的指导和管理工作

---

〔1〕 数据整理自 2011—2017 年国家体育总局年度本级体育彩票公益金使用情况公告。

主要由各运动管理中心具体负责。中国奥委会作为国家奥委会(NOC)是以发展体育和推动奥林匹克运动为任务的全国群众性、非营利性体育组织,代表中国参与国际奥林匹克事务。全权代表中国组团参加地区性的、洲级的和世界性的综合体育赛事,包括冬、夏季奥运会、冬、夏季亚运会和东亚运动会等以及其他与奥林匹克运动有关的活动。在有关全国单项体育协会的合作下,选拔运动员组成中国奥林匹克代表团参加上述运动会,并为该团提供必要的费用和体育装备(《中国奥林匹克委员会章程》)。中华全国体育总会是全国性的社会组织,主管单位是国家体育总局,同时各单项运动协会(包括奥运项目和非奥运项目)是中华全国体育总会的团体会员。

图 10-10　中国竞技体育三大治理主体

虽然我们在分析中发现支柱1(财政投入)和支柱2(精英体育政策的治理、组织和结构)之间存在着牢固的积极关系,但显然没有一个通用的蓝图可以移植到任何其他国家的具体情景中仍保证取得成功。有证据表明,不同国家使用不同的方法正在取得类似的结果。这些没有对错之分,这只是找到一套在特定背景下有效工作的方案[602]。因此,我们很难用统一的标准来衡量各国竞技体育治理、组织、结构以及政策制定体系的好坏,而中国竞技体育治理的组织结构正是基于中国特定的政治、经济和社会背景所产生的。

## 三、体育参与

体育参与是一个涉及大众体育领域的问题,人们通常认为精英体育政策和大众体育政策在促进精英体育成功的过程中是相辅相成的。然而,这种联系在大多数国家并不明显。在支柱 3 中,主要问题是确定体育参与和体育政策在多大程度上有助于国家精英体育的成功[602]。SPLISS 分析框架主要从 3 个层面对体育参与情况进行评价:学生是否有机会在学校、体育课或课外活动中参加体育活动;体育的普遍参与程度;是否有国家政策在大众参与和人才发展层面上促进体育俱乐部执行质量管理原则。我们将基于 SPLISS 2.0 体育参与的关键成功因素(Critical Success Factors,CSF)评价量表进行相应分析,详见表 10-4。

表 10-4　体育参与的关键成功因素——体育参与评价量表

| 学生有机会在学校、体育或课外活动中参加体育活动 | | 是/否 |
|---|---|---|
| CSF 3.1 | 学校每周平均体育课的时间有足够高的水平(以每周分钟为单位,至少为 100 分钟) | 否 |
| CSF 3.2 | 所有年级的体育课程由经认证的体育教师授课 | 是 |
| CSF 3.3 | 学校定期举办课外体育比赛(每个月至少两次) | 否 |
| CSF 3.4 | 有一个组织/工作人员负责定期组织和协调课外体育比赛 | 是 |
| CSF 3.5 | 学校提前结束,让孩子们有机会在白天运动(或者放学后的运动被纳入学校课程) | 是 |
| **体育的总体参与率很高** | | **是/否** |
| CSF 3.6 | 参加体育活动的人比例很高(在非组织或有组织的基础上) | 是 |
| CSF 3.7 | 有许多(登记的)体育俱乐部成员(等同于在有组织的基础上参与)(整体和每个居民) | 是 |
| CSF 3.8 | 参加体育比赛的人数很多 | 是 |
| **有一项国家政策,在大众参与和人才发展一级促进在体育俱乐部执行(全面)质量管理原则** | | **是/否** |
| CSF 3.9 | 政府或国家奥运会(NOC)、国家体育协会(NSA)执行了一项提高体育俱乐部质量的国家政策(包括资金) | 否 |
| CSF 3.10 | 有一项用于提高体育俱乐部人才发展质量的国家政策和资金 | 否 |

学校体育工作在中国受到政府和社会的高度关注,教育部和国家体育总局对国民教育体系内的各级学校都制定了相应的体育政策。学校体育课时方面,教育部于 2014 年 4 月印发了《学生体质健康监测评价办法》《中小学校体育工作

评估办法》和《学校体育工作年度报告办法》。根据其制定的《中小学校体育工作评估指标体系》，国家规定的体育与健康课时为小学1—2年级每周4课时，小学3—6年级和初中每周3课时，高中每周2课时，每课时一般为40～45分钟。根据教育部同年6月印发的《高等学校体育工作基本标准》，必须为一年级、二年级本科学生开设不少于144学时(专科生不少于108学时)的体育必修课，每周安排体育课不少于2学时，每学时不少于45分钟。因此，小学和初中的体育周课时符合CSF 3.1的指标，而高中和大学本科的体育周课时为90分钟，少于指标规定的每周100分钟。体育授课师资方面，我国实行教师资格制度，所有学校担任授课任务的教师必须取得教师资格认证，大中小学体育课程都是由经过师资认证的教师授课，多数学校在聘用体育教师时会同时要求达到一定的国家运动员等级水平，因而体育教师基本的教师素养和专项运动技能是有保障的。课外体育活动方面，政府通过政策制定对学校组织开展课外体育锻炼的频率进行了底线设置。2014年10月，国务院印发《关于加快发展体育产业促进体育消费的若干意见》，要求切实保障中小学体育课课时，鼓励实施学生课外体育活动计划，促进青少年培育体育爱好，掌握一项以上体育运动技能，确保学生校内每天体育活动时间不少于1小时。2016年5月，国务院办公厅印发《关于强化学校体育促进学生身心健康全面发展的意见》，要求学校要将学生在校内开展的课外体育活动纳入教学计划，列入作息时间安排，与体育课教学内容相衔接，切实保证学生每天1小时校园体育活动落到实处；学校每年至少举办1次综合性运动会或体育节。绝大多数学校一般每年举办1～2次综合性运动会，但每个月至少组织2次校级体育比赛的学校并不普遍。综上，中国学生有充分的机会参与学校组织开展的课内外体育活动，并得到了相应的政策保障。

体育参与率是一个相对的概念，由于我国学生校园体育活动得到一定的政策保障，因而青少年的体育参与程度总体上高于成年人。体育俱乐部方面，国家体育总局曾在1999年制定并公布了《关于加快体育俱乐部发展和加强体育俱乐部管理的意见》(以下简称《意见》)，《意见》中对于体育俱乐部的成立、管理和未来发展进行了规范，并在一定程度上提高了体育俱乐部的质量。然而，根据国家体育总局令第19号公布的《国家体育总局关于废止和修改部分规章和规范性文件的决定》，该《意见》自2014年9月1日起废止，并且没有出台相关的替代性政策。但是,在青少年体育俱乐部的发展上,政府接连出台多项政策文件予以促进和保障。2016 年 9 月,国家体育总局印发《青少年体育"十三五"规划》显示"十二五"期间青少年体育发展成果显著,国家级青少年体育俱乐部数量超过5 000 个,并且要求建设更加完善的青少年体育组织网络,每 20 000 名青少年拥有一个青少年体育俱乐部。2017 年 11 月,国家体育总局、教育部、中央文明办等7 部委联合印发《青少年体育活动促进计划》,明确提出国家示范性青少年体育俱乐部达到 300 家,各级青少年体育俱乐部达到 12 000 家,每 2 万名青少年拥有1 家青少年体育俱乐部。与此同时,青少年俱乐部的发展也得到了财政的支持和保障。2011—2017 年,国家体育总局本级体育彩票公益金资助全国少年体育俱乐部建设共计 25 996 万元,其中 2012 年和 2013 年资助额均超过 4 000 万元,分别为 4 070 万元和 4 352 万元,俱乐部累计资助数量达到 6 500 个,如图 10-11 所示。2016 年国家体育总局开展"国家示范性青少年俱乐部"评定,根据相关评定标准,命名并资助 150 家"国家示范性青少年俱乐部"1 500 万元(数据来自国家体育总局 2016 年度本级体育彩票公益金使用情况公告)。

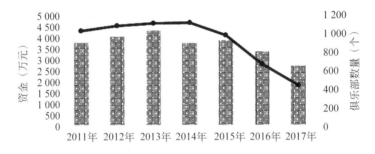

图 10-11　2011—2017 年中央彩票公益金资助青少年体育俱乐部建设情况

注: 数据整理自 2011—2017 年国家体育总局年度本级体育彩票公益金使用情况公告。

## 四、人才认定与发展

人才认定与发展(talent identification and development)是 SPLISS 分析框架的第四个支柱(Pillar 4)。支柱 4 考察国家在确定青年人才方面的战略、如何促进人才发展以及提供了哪些服务。这一支柱需要在特定运动的基础上进行进一步分析[602]。我国精英运动员选材模式的特点是政府主导、自上而下、集中协调，国家体育总局根据奥运备战的实际需要并结合现有国家运动员队伍的结构和训练情况面向全国或重点省份、学校发布选材通知。政策设计方面，国家体育总局于2014 年 11 月正式印发实施《奥运项目竞技体育后备人才培养中长期规划（2014—2024）》（以下简称《规划》）。《规划》对 35 个奥运大项，47 个分项提出了竞技体育后备人才培养体系建设的指导思想、原则、指标，并根据不同项目情况提出了适合本项目的任务和措施。以乒乓球项目为例，全国现有 24 支省级优秀运动队，在训人数 2 761 人，男运动是 1 590 人，女运动员 1 171 人，最小年龄为11 岁，最大年龄为 33 岁。全国乒乓球后备人才基地共 48 所，38 所为体育系统管理的各级各类体校，7 所为教育系统管理的各级各类学校，3 所为民办非企业单位，分布在全国 16 个省区市。全国共有青少年乒乓球俱乐部约 1 141 个，在训人数约 8 000 人。我国乒乓球项目后备人才培养发展渠道设置了 3 个层次，详见表 10-5。为更好地培养和发现人才，在全国少儿、少年、青少年的比赛中建立了一个多层次的、互相关联的竞赛体系。中国乒协每年举行 6 次青少年比赛，8 次少儿杯比赛。6 次青少年比赛分别为全国乒乓球少儿杯赛总决赛、全国少年乒乓球比赛（南方赛区），全国少年乒乓球比赛（北方赛区）、全国少年乒乓球锦标赛、全国青年乒乓球锦标赛、全国重点单位（学校）乒乓球比赛，每次参赛人数大约300 人。同时将全国重点单位的比赛，全国乒乓球俱乐部甲 A、甲 B、甲 C、甲 D、乙 A、乙 B 的各级别的比赛作为有利补充。对于竞技人才的选拔，中国乒乓球协会不断完善三、二、一线队伍的集中集训平台和选

表 10-5　我国乒乓球项目后备人才的培养渠道

| 层　　次 | 培　养　主　体 | 年龄段 |
|---|---|---|
| 第一层次 | 全国各省、自治区、市的地区业余体校和全国乒乓球后备人才基地以及一些俱乐部的业余运动队和半专业的运动队 | 8～10 岁 |
| 第二层次 | 省、市，俱乐部以及乒校优秀运动队的二、三线队伍 | 10～13 岁 |
| 第三层次 | 省、市，俱乐部以及乒校优秀运动队的一、二线队伍中的年轻运动员，以及国家集训队中的二线运动员 | 13～17 岁 |

拔竞争机制,使所选拔的运动员能胜任各种层次的国际赛事。如每年中国乒协组织全国优秀苗子集训、全国优秀青少年集训,国家二线队伍的短期集训、国家一线队伍的集训和大赛前的封闭训练。对于成绩突出的优秀苗子,会给予更多的比赛机会,特别是和高一个层次的运动员交流比赛的机会。

国家体育总局在 2015 年成立了"全国青少年运动员选材工作领导小组",用来推进、指导全国青少年科学选材工作(《国家体育总局办公厅关于成立"全国青少年运动员选材工作领导小组"的通知》)。国家体育总局、教育部于 2017 年12 月联合制定并印发《关于加强竞技体育后备人才培养工作的指导意见》,该意见围绕进一步完善竞技体育后备人才培养体系等工作进行了阐述,并提出支持学校通过创建青少年体育俱乐部、与各级各类体校联办运动队、组建校园项目联盟等形式,创新体育后备人才小学、初中、高中一条龙培养模式,打造学校特色体育项目。总局各项目中心(协会)要根据《奥运项目竞技体育后备人才培养中长期规划(2014—2024)》要求,结合本项目发展现状,认真做好项目布局工作。各省(区、市)开展的奥运项目不少于 25 个分项,各市(地、州)开展的奥运项目不少于 10 个分项,各县(区、市)开展的奥运项目不少于 3 个分项(选自国家体育总局、教育部《关于加强竞技体育后备人才培养工作的指导意见》,2017)。在坚持和完善传统选材方式的同时,国家体育总局开始逐渐重视跨界跨项选材。"跨项选材"是一项世界性相对独立的选材科学研究和实践探索,对此应以开放、积极和严谨的态度,在广泛汲取国际研究成果和实践经验的基础上,在紧密结合我国竞技体育实际的前提下,探索"跨项选材"的中国之路(黎涌明、陈小平、冯连世,2018)。2017 年 8 月,国家体育总局办公厅印发《关于开展攀岩、冲浪、滑板、小轮车四个奥运项目跨界跨项选材工作的通知》;2018 年 5 月,国家体育总局冬季运动管理中心印发《关于开展跨界跨项选材工作的函》;2018年 8 月,国家体育总局办公厅印发《关于设立跨界跨项运动员运动水平等级激励政策的通知》。虽然我国目前开展的跨界跨项选材很大程度上是因为选材项目普及范围、群众参与度不高、发展基础薄弱、高水平运动员短缺,但是跨界跨项选材对于丰富运动员选材方式、充分发掘运动员竞技能力有着非常重要的意义。

## 五、运动员职业生涯及后期支持

运动员是竞技体育的核心和主体,因此,运动员的职业保障是国家竞技体育成功的关键。运动员职业生涯及后期支持是 SPLISS 分析框架中的一个重要支柱(Pillar 5)。我国国家层面对于运动员的保障体系是比较全面的,国家体育总局、民政部等政府部门通过制定相关政策,对运动员在训期间及退役后的社会保险、伤病医疗、文化教育、技能培训、职业发展提供必要的支持和保障,构建了促进运动员职业发展的政策体系,奠定了运动员职业发展的基石(详见表 10-6),同时,优秀运动员也有机会免试进入高等学校学习。目前,运动员可享受的行业保障政策有伤残互助保险、国家队老运动员关怀基金、运动员高等教育资助、运动员特殊困难生活补助、运动员重大伤残医疗补助、医疗照顾等。在役运动员可享受伤残互助保险,该保险是国家体育总局为鼓励运动员刻苦训练、顽强拼搏、解除运动员因训练比赛所致伤残的后顾之忧办理的险种,运动员自愿参加、个人缴费、团体投保,为运动员在训练、比赛过程中发生伤残事故时,提供一定的经济帮助,是对工伤保险的一种补充(资料来自中国国家体育总局官方网站)。

表 10-6　2010 年以来运动员保障政策进展

| 年份 | 政策文件及保障措施 |
| --- | --- |
| 2010 | 国务院办公厅转发国家体育总局、教育部等部门制定的《关于进一步加强运动员文化教育和运动员保障工作的指导意见》 |
| 2011 | 财政部修订了《运动员保障专项资金财务管理办法》。2011 年 9 月,国家体育总局修订了《运动员保障专项资金实施细则》,完善了资金预算方式,将运动员教育资助、职业辅导和就业服务统一纳入"运动员职业发展"项目 |
| 2012 | 国家体育总局、教育部等部门印发《关于进一步贯彻落实〈关于进一步加强运动员文化教育和运动员保障工作的指导意见〉的通知》。2012 年年底,运动员工伤保险实现全面覆盖 |
| 2013 | 国家体育总局印发《关于进一步加强运动员职业辅导工作的意见》,提出面向全体运动员提供全程化职业意识养成教育、职业生涯规划和职业培训 |

| 年份 | 政策文件及保障措施 |
|---|---|
| 2014 | 国家体育总局印发通知,将橄榄球、高尔夫球、冬季项目全部纳入伤残互助保险覆盖范围。体育系统、解放军运动员、火车头运动员已经全部纳入运动员保障资金保障范围。<br>国家体育总局印发《关于进一步做好退役运动员就业安置有关问题的通知》,提出面向体育产业发展,拓宽运动员就业安置渠道,创新就业安置方式。<br>国务院办公厅印发《关于加快发展体育产业,促进体育消费的若干意见》,提出支持退役运动员接受再就业培训,鼓励退役运动员从事体育产业工作 |
| 2015 | 国务院办公厅发布《中国足球改革发展总体方案》,其中包含"为退役运动员转岗为体育教师创造条件"和"做好足球运动员转岗就业工作"等内容 |
| 2016 | 国家体育总局制定并印发《体育发展"十三五"规划》,明确提出要继续完善运动员收入分配和激励保障政策,实现社会保障制度对运动员全面覆盖,全面开展运动员职业意识养成教育、运动员职业生涯规划和职业培训工作 |

根据《运动员保障专项资金实施细则》,专项资金特别设立了运动员重大伤残医疗补助和运动员特殊困难生活补助,同时对实施运动员职业辅导工作给予资助。国家体育总局人力资源开发中心每年度都会面向全国退役运动员开办各类培训班,用来支持运动员的后职业生涯,培训班包括全国退役运动员转型从业人员培训班、退役运动员综合素质提升培训班、全国退役运动员转型教练员培训班、全国退役运动员转型足球从业人员培训班、全国退役运动员考取教师资格证培训班以及运动康复技能培训班和运动员职业指导人员培训班。总体上,我国运动员在役期间的训练、生活和职业发展得到充分的保障,退役运动员的保障体系也在逐渐完善。但是,我国专业运动员文化教育水平仍较低、退役后面临转业困难和保障不力的现象仍然比较普遍。

## 六、训练设施

训练设施(training facilities)属于竞技体育发展过程中最重要的基础建设,SPLISS分析框架将其作为8个过程性支柱之一(Pillar 6),详见表10-7。支柱6涉及精英体育设施的国家协调和规划以及高质量的国家和区域设施网络[602]。

表 10-7 体育参与的关键成功因素——训练设施评价量表

| 全国协调规划：记录全国体育设施和精英体育设施，了解运动员和教练员的需求，并明确规划 | | 是/否 |
|---|---|---|
| CSF 6.1 | 有一个关于全国所有精英体育设施的数据库,该数据库经常更新 | 是 |
| CSF 6.2 | 对优秀运动员和教练员在训练设施和优秀运动员与教练员的出行时间方面的需求进行了盘点 | 是 |
| CSF 6.3 | 运动员和教练在旅行上花费的时间保持在最低限度 | 是 |
| **有一个由高质量的国家/地区精英体育中心/设施组成的网络，运动员可以在一天中的任何时候在适当的条件下训练** | | 是/否 |
| CSF 6.4 | 有足够数量的高质量体育设施,或者专门用于或优先用于精英体育 | 是 |
| CSF 6.5 | 有一个高质量的国家精英体育中心,包括:一个行政总部;酒店设施/过夜住宿;可提供的运动医学医生、体育科学家;与大学和年轻运动员的教育有着密切的联系 | 是 |
| CSF 6.6 | 有一个高质量的区域精英体育设施网络,专门用于精英体育目的,包括:一个行政总部;过夜住宿;与运动医学医生的密切联系;与体育科学家的密切联系与大学的合作;与年轻运动员的教育有着密切的联系 | 是 |
| CSF 6.7 | 运动员可以全职使用高水平的训练设施 | 是 |

2011 年,国家体育总局对全国体育训练基地进行了普查,建立了精英体育训练设施的数据库。普查对象主要为初步调查时确定的 197 个总局管理和指导的训练基地。包括总局直属、总局与地方共建,以及由总局、总局项目中心、单项运动协会和国家队命名的训练基地。普查的内容为各体育训练基地的基本情况、气候和交通条件、人力资源、场馆设施、基地使用状况、基地规划等(来自国家体育总局《关于对全国体育训练基地进行普查的通知》,2011)。

为加强对全国体育训练基地的指导和管理,国家体育总局于 2013 年年底制定了《国家体育训练基地管理办法》,并自 2014 年 1 月 1 日起实施。根据该办法的规定,对于申请命名为国家体育训练基地的单位需要有必要的训练、办公、科研、文化学习、生活、娱乐等场馆场地或设施器材;有保证训练基地正常运行的行政、财务、后勤、物业等管理制度和工作机制。国家综合训练基地的场馆和场地的平均使用面积不少于 3 000 平方米;国家单项训练基地的场馆和场地的平均使用面积不少于 2 000 平方米。国家综合训练基地的体能训练建筑的使用面积不少于 400 平方米;国家单项训练基地的体能训练建筑的使用面积不少于 200 平方米。国家综合训练基地的房间套数不少于 80 间、床位数不少于 140 张;国家单项训练基地的房间套数不少于 40 间、床位数不少于 70 张。国家综合训练基地的餐厅(不含操作间)的使用面积不少于 300 平方米,并能保证至少 150 人同时用餐;国家单项训练基地的餐厅(不含操作间)的使用面积不少于 150 平方米,并能保证至少 60 人同时用餐。有医疗检测室,有运动创伤急救或常见创伤疾病治疗的设备;有保证训练场馆场地以及设施器材等安全和正常运转的维护人员。政策设计方面,国家体育总局制定的《2011—2020 年奥运争光计划纲要》明确指出,要进一步改善训练竞赛基础设施条件,合理布局,优化资源配置,提高全国运动训练基地的训练、科研、医疗、教育和保障水平,逐步形成并完善 8～10 个具有世界一流水平,具有地域特色和国际影响力的综合和专项训练基地;充分利用好现有的高水平体育场馆和综合设施。2017 年,国家体育总局新命名 16 个国家体育训练基地,其中包括 6 个国家综合体育训练基地(见表 10-8)和 10 个国家单项体育训练基地(见表 10-9)。

表 10-8　2017 年国家体育总局新命名国家综合体育训练基地

| 单 位 名 称 | 命 名 名 称 | 训练项目 |
|---|---|---|
| 唐山九江体育中心 | 国家唐山九江体育训练基地 | 拳击、跆拳道、橄榄球 |
| 内蒙古自治区体育局武川训练基地管理中心 | 国家内蒙古武川体育训练基地 | 田径、摔跤、拳击、跆拳道、柔道、曲棍球 |
| 吉林省体育局雪上运动管理中心 | 国家吉林北大壶体育训练基地 | 雪上项目 |
| 海南体育职业技术学院 | 国家海南五指山体育训练基地 | 举重、摔跤、柔道 |
| 西藏自治区体育产业和设施开发管理中心 | 国家西藏林芝体育训练基地 | 攀岩、射箭、田径 |
| 甘肃省临洮体育训练基地 | 国家甘肃临洮体育训练基地 | 田径、曲棍球、自行车 |

国家体育总局通过直属训练基地(秦皇岛训练基地)和命名社会训练基地的方式为国家队与精英运动员的日常训练提供了充足的基础设施保障。

表 10-9　2017 年国家体育总局新命名国家单项体育训练基地

| 项　　目 | 单 位 名 称 | 命 名 名 称 |
|---|---|---|
| 短道速滑 | 七台河市体育中心 | 国家短道速滑七台河体育训练基地 |
| 帆　船 | 广东海上项目训练中心 | 国家帆船广东体育训练基地 |
| 赛　艇 | 天津海河水上运动中心 | 国家赛艇天津海河体育训练基地 |
| 皮划艇静水 | 天津海河水上运动中心 | 国家皮划艇静水天津海河体育训练基地 |
| 摔　跤 | 新疆维吾尔自治区体育局摔跤柔道运动管理中心 | 国家摔跤新疆体育训练基地 |
| 田　径 | 云南省呈贡体育训练基地 | 国家田径云南呈贡体育训练基地 |
| 水　球 | 昆山市体育局 | 国家水球昆山体育训练基地 |
| 体　操 | 安徽体育运动职业技术学院 | 国家体操安徽体育训练基地 |
| 网　球 | 南京体育学院 | 国家网球南京体育训练基地 |
| 足　球 | 山东鲁能泰山足球学校 | 国家足球山东鲁能体育训练基地 |

## 七、教练配备和教练发展

教练配备和教练发展(coach provision and coach development)是第七个支柱(Pillar 7),该支柱调查 4 个主要领域:训练有素和经验丰富的教练数量、指导教育和发展世界一流教练的机会、教练员的个人生活环境及其职业化机会以及教练在国家的地位和认可程度[602]。国家体育总局是全国教练员的主管机构,教练员队伍的建设被纳入竞技体育人才培养的统一部署中。教练员发展方面,国家体育总局依托北京体育大学建立了教练员学院,并于 2012 年正式启动"精英教练员双百培养计划",简称"双百计划"。"双百计划"资助对象为奥运会项目国家队,以及省、自治区、直辖市和解放军专业运动队教练员 100 名;省、自治区、直辖市体育局及有关体育院校所属业余训练单位教练员 100 名。"双百计划"分为 3 个实施阶段,将在 2012—2014 年、2015—2017 年和 2018—2020 年 3 个阶段分别资助培养专业队教练员和业余训练教练员 30 名、30 名和 40 名。该计划的资助期限为 3 年,国家体育总局对专业运动队教练员每人资助 30 万元,对业余训练教练员每人资助 15 万元,一次核定,分年度拨款(国家体育总局精英教练员双百培养计划实施办法,2012)。与此同时,《2011—2020 年奥运争光计划纲要》也提出了加强教练员管理的措施和目标,高度重视教练员业务培训和教练员职务审定工作,截至 2020 年,国家队教练员本科学历达到 90% 以上,硕士、博士研究生学历达到 40% 以上,具备高级职称的教练员数量大幅度提高;充分发挥国家体育总局教练员学院的作用和功能,加快我国教练员继续教育和培训工作的制度化、规范化和常态化,中级教练员每年要保证 30 个学时的学习培训,高级教练员和国家级教练员要保证 40 个学时的学习培训,每 5 年要对全国教练员轮训一遍;加快优秀中青年教练员培养力度,推行精英教练员"双百"培养计划;加快引进国外教练员人才资源,规范管理,提高外籍教练员人才使用效益。

## 八、国内和国际赛事

国家和国际一级的竞赛是运动员发展的一个重要因素[607]。它允许运动员和团队与竞争对手进行比较,并朝着参加奥运会等被视为成就巅峰的项目前进。正如许多关于奥运会的研究所表明的那样,当重大体育赛事在本国举办时,运动员的国际竞争机会就会增加[608]。因此,国内和国际赛事(national and international competition/events)又是一个重要的过程性支柱(Pillar 8)。支柱 8 涉及举办的国际赛事数量及其背后的战略规划、运动员参加国际比赛的机会以及国家比赛水平。

我国运动员每年都会参加世界各类竞技体育赛事,并且在 2007 年至 2017 年间,每年都会在奥运项目上创世界纪录(见表 10-10)。通过分析近 10 年我国运动员创世界纪录的项目分布发现,射击、游泳、举重是创世界纪录较多的奥运项目,自行车项目在近几年开始崭露头角,接连创下世界纪录,如图 10-12 所示。

表 10-10　2007—2017 年我国运动员创世界纪录统计表（奥运项目）

| 年份 | 游泳 | 举重 | 滑冰 | 射击 | 自行车 | 田径 |
|------|------|------|------|------|--------|------|
| 2007 | — | 5 | 1 | 6 | — | — |
| 2008 | 2 | 4 | 7 | — | — | — |
| 2009 | 15 | 2 | — | 1 | — | — |
| 2010 | 6 | 4 | 5 | 7 | — | — |
| 2011 | 1 | 1 | — | 4 | — | — |
| 2012 | 2 | 4 | 2 | 7 | 2 | — |
| 2013 | — | 4 | 1 | 10 | 1 | — |
| 2014 | — | 3 | 1 | 14 | — | — |
| 2015 | — | 4 | 3 | 2 | 2 | 1 |
| 2016 | — | 4 | — | 2 | 2 | — |
| 2017 | — | — | — | 5 | — | — |
| 2018 | 2 | 14 | 1 | 12 | — | 1 |
| 2019 | — | 7 | — | 6 | — | 1 |

注：数据来自国家体育总局官网。

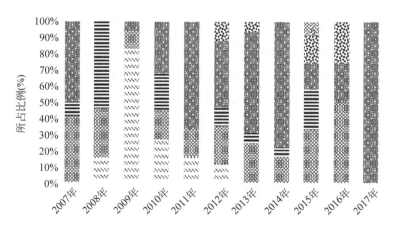

图 10-12　2007—2017 年我国运动员创世界纪录运动项目分布（奥运项目）

根据国家体育总局发布的 2011—2016 年全国体育竞赛计划（见表 10-11），

国内竞赛计划均超过 500 项,其中 2015 年全国共举办各类体育竞赛达到 913 项,为历年最多;国际竞赛计划则稳定在 300 项左右。体育竞赛是运动员检验训练效果和提高竞技水平最重要的途径,组织举办各级各类体育竞赛有利于中国竞技体育的发展。

表 10-11　2011—2016 年全国体育竞赛计划统计表(含国内和国际)

| 年份 | 国内竞赛计划 | 国际竞赛计划 |
| --- | --- | --- |
| 2011 | 555 | 233 |
| 2012 | 598 | 316 |
| 2013 | 677 | 373 |
| 2014 | 652 | 333 |
| 2015 | 913 | 369 |
| 2016 | 817 | 275 |

注:数据来自国家体育总局官网。

### 九、精英体育的科研与创新

创新性科学研究是过去 10 年来精英体育中增长最快的领域之一,并被证明是体育成功之战中日益重要的因素[602]。精英体育的科研与创新是 SPLISS 分析框架中的第九个支柱(Pillar 9),该支柱涉及体育科学、科学研究和创新提供的支持,并因此提供了一种收集、协调和传播科学研究的综合方法。如图 10-13 所示介绍了应用于体育科学信息的制作和传播过程[602]。

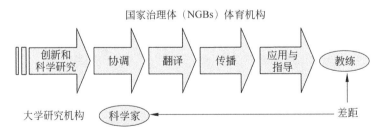

图 10-13　从研究到实践: 将科学研究和创新的过程应用于精英体育

国家体育总局为推动体育科学的科研与创新,分别成立了体育科学研究所和运动医学研究所,同时通过与高校建立合作关系,聘请具有高级职称的高校教师或研究人员进驻国家队,见表 10-12。

表 10-12　体育参与的关键成功因素—科学研究和创新评价量表

| 科学研究和创新得到了充分的支持,各级精英体育发展都提供了体育科学 | 是/否 |
|---|---|
| CSF 9.1 | 为精英体育的科学研究和创新提供充足的财政支持和具体补贴 | 是 |
| CSF 9.2 | 精英运动员发展的不同领域(所有支柱)得到了应用科学研究和创新项目的支持,有"实地实验室"和"嵌入式科学家"在现场开发、测试和应用新技术。在精英体育训练中心与教练和运动员合作 | 是 |
| **协调和传播科学信息和创新研究** | | 是/否 |
| CSF 9.3 | 有一个国家研究中心,开展应用精英体育研究,协调全国精英体育的研究活动,并(或国家体育协会)由其具体负责制定和协调精英体育的创新项目 | 否 |
| CSF 9.4 | NGBs 内部有具体责任制定和协调精英体育的创新研究项目 | 否 |
| CSF 9.5 | 在与大学和(体育)研究中心的有力合作下,提供了精英体育的科学支持创新 | 否 |
| CSF 9.6 | 有一个定期更新的科学研究数据库,可供教练和 NGB 查阅 | 否 |
| CSF 9.7 | 有一个网络,向 NGB、俱乐部、优秀运动员和教练传播与传播科学信息。教练从 NGB 和其他组织获得科学信息 | 否 |
| CSF 9.8 | 教练员在训练活动中利用体育科学信息 | 否 |
| CSF 9.9 | 科学研究根植于教练的教育中,教练被教导如何寻找科学信息,如何将研究成果作为教练的一部分 | 否 |

## 十、小结

中国竞技体育适应我国的基本国情,国家集中资源和力量,体育行政主管部门统一协调指导全国竞技体育工作。政府的角色和功能贯穿于影响精英体育成功的 9 个支柱,即财政支持,精英体育政策的治理、组织和结构,体育参与,人才认定与发展,运动员职业生涯及后期支持,训练设施,教练配备和教练发展,国内和国际赛事,精英体育的科研与创新。中国竞技体育的财政来源主要是国家体育总局本级彩票公益金,彩票公益金属于政府非税收入,全额纳入财政预算管理,并由财政部根据相关政策规定从中央彩票公益金划拨。国家体育总局每年对竞技体育工作的资助总额不是固定,而是根据政策规划和全年竞技体育工作需要动态调整。植根于中国特定社会背景的竞技体育治理体系,"举国体制"已然成为中国竞技体育的重要特征。尽管"举国体制"备受争议,但政府参与竞技体育发展的重要性正在被越来越多的国家案例所证实,其中最典型的是英国。体育参与是大众体育政策的重要关注点,但广泛的体育群众基础常被看作是竞技体育成功的前提。中国体育参与的总体现状是青少年的参与程度普遍高于成年人,青少年体育参与得到教育部、国家体育总局等政府部门的高度关注,并出台一系列政策确保青少年在校期间获得充分参与体育活动的机会和条件。运动员选材方面,我国一贯采用的"运动学校—省市运动代表队—国家代表队"的选拔路径没有变,但在面对一些基础薄弱的运动项目(如极限运动、冰雪项目)上,国家体育总局开始尝试通过跨界跨项选材的方式予以解决。中国国家队运动员在役期间基本上都属于全职训练,政府为运动员的日常训练、生活等方面提供了充足的资金和政策保障,对于退役运动员而通过社会保障、职业指导、定期培训的方式支持其实现再就业。训练设施方面,国家体育总局建立了国家综合性体育训练基地和国家单项体育训练基地的命名制度,为精英运动员提供了高质量的训练设施保障。政府高度重视教练员的培养,将其作为竞技体育人才培养的重点群体予以关注,在政策上明确了教练员队伍的建设目标,鼓励退役运动员转任教练员。体育竞赛是检验运动员竞技水平和备战训练效果最重要的途径,2011 年至今每年有超过 500 项全国性竞赛供各级各类运动员参加,中国也积极承办国际竞赛,为运动员尽可能多地提供竞赛机会。体育科研与创新方面,国家体育总局直属科研机构包括体育科学研究所和运动医学研究所,并通过和高等院校及其他科研机构的合作促进体育科研和成果转化。

总体上,中国自 2000 年悉尼奥运会以来所取得的精英体育成就离不开中国竞技体育现有体制和政策的巨大推动作用,但随着国际竞技体育的不断发展和各国竞技体育政策的创新实践,中国既有体制和政策中一些不利因素日益显现。中国要实现建设体育强国的战略目标,只有扬长避短、不断完善和改革中国竞技体育发展的体制机制障碍才能更好地把握机遇、迎接挑战。

# 第四节 小 结

　　SPLISS 2.0 研究方法分别从财政支持;精英体育政策的治理、组织和结构,政策制定的综合方法;体育参与;人才认定与发展体系;运动员和职业生涯后的支持;训练设施;教练和教练发展;(国际)国家竞争;精英体育的科研与创新 9 个维度来系统评价国家的竞技体育政策。基于 SPLISS 2.0 研究方法,学者们已经完成了对 15 个国家和地区竞技体育政策的分析评估,对各个国家的竞技体育成功要素进行了大量研究,在此基础上,本章还运用 SPLISS 2.0 研究方法对中国竞技体育政策进行了案例研究。从而对 SPLISS 2.0 研究方法的理论和运用进行了较系统地介绍。

# 第十一章

## 西方国家竞技体育政策趋向研究

### 第一节　西方国家竞技体育政策的相关概念和方法

#### 一、研究内容

本章的研究对象为西方国家竞技体育政策及其发展趋向。具体以美国、英国、德国、法国、澳大利亚和挪威等国家竞技体育政策及其发展趋向为研究对象，在对上述西方主要国家体育政策法律法规、竞技运动员选拔和培养、体育组织体系、体育比赛设置、奥运会比赛政策制定等方面展开研究的基础上，进而对这些国家竞技体育政策制定的历史背景、发展目标、发展特点、发展趋势进行分析和研究，在此基础上归纳出西方国家竞技体育政策的发展趋向，以期为我国实施体育强国发展战略提供决策依据。

#### 二、研究方法

##### （一）文献资料法

文献资料法是社会科学的基本研究方法之一。通过网络查询数据库（Web of Science）、Sport Discus、Google Scholar 等数据库检索和图书阅读等方式查找整理与本研究有关的文献。根据研究目的，文献资料的搜集与整理主要包括：竞技体育政策理论与政策运行过程研究文献，研究选定国家的体育政策发展演进研究文献，选定国家的体育政策过程记录资料与研究文献，选定国家官方发布的各类竞技体育相关数据、政策文件、权威社会机构发布的报告和调查数据；中国（竞技）体育政策运行研究文献等方面内容。

## （二）案例分析法

案例分析方法亦称个案分析法或典型分析法,是对有代表性的事物(现象)深入地进行周密而仔细地研究从而获得总体认识的一种科学分析方法。研究在选定国家竞技体育政策动态运行过程的政策制定和政策执行阶段具体环节分析中,选取了一些典型案例进行深入分析。通过案例研究在一定程度上反映出具体环节的特征、规律及问题,以启发和完善对具体环节的认知,有利于揭示政策环节的一般特征与规律,也有助于提高体育政策过程优化建议的可行性。

## （三）逻辑分析法

逻辑分析法是社会科学研究中不可或缺的重要方法。公共政策系统分析与政策过程分析都是涉及多重主体对象和复杂影响因素的分析,因此逻辑分析法是本研究深入探究所应用的主要分析方法。研究不仅通过演绎、归纳和类比推理总结提炼相关国家体育政策运行的具体特征,还要借助逻辑分析为中国体育政策发展提出有针对性的借鉴建议。

## （四）SPLISS 2.0 分析法

SPLISS 是一个国际研究合作网络,旨在与决策者、国家奥委会(NOCs)、国际(体育)组织和世界各地的研究人员合作,协调、发展和分享创新高绩效体育政策研究的专业知识。SPLISS 2.0 分析方法是基于 SPLISS 1.0 的最新升级版。这个大型项目包括 15 个国家,如图 11-1 所示: 10 个欧洲国家、2 个亚洲国家、2 个美洲国家和澳大利亚(大洋洲)。

SPLISS 方法的特点是 3 个要素: ①理论模型及其关键成功因素; ②精英体育环境调查: 精英运动员、教练和绩效主管的参与; ③评分系统。

(1)理论模型。SPLISS 的研究基于理论模型(影响国际成功的体育政策因素的支柱模型,于 2006 年制定),揭示了可以受政策影响的所有关键成功因素,可分为 9 个关键领域或支柱。理论模型中的每个支柱都通过识别所谓的关键成功因素(CSF),或每个支柱内所需的关键政策、行动和活动来实现,以改善一个国家的精英运动气氛。SPLISS 研究采用现有输入(例如,金钱)和输出(例如,奖

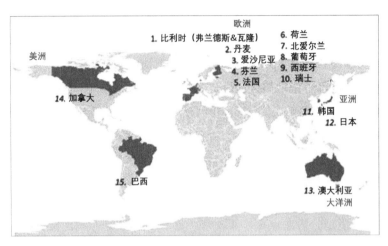

图 11-1　SPLISS 2.0 项目覆盖国家和地区示意图

牌)计算,并考虑吞吐量或精英体育政策过程的"黑匣子"作为投入系统的资源与结果之间的关键链接。

(2) 精英体育环境调查:精英运动员、教练和绩效总监的参与。范·博滕伯格(2000)将"精英体育环境"一词定义为"社会和组织环境,提供运动员可以发展成为精英运动员的环境,并且可以继续在他们的运动部门中达到最高水平"。该调查旨在收集不同国家关于9大支柱的可比较经验数据:精英运动员及其教练的社会经济状况;培训和竞赛设施;结构之间的合作与沟通;运动技术;(对位)的医疗;人才发展阶段和精英运动员阶段的财政支持;整体和 NGB 级别的政策组织和结构。这些参数将提供一些主要体育政策成分的信息,各国可以相互学习,以提高他们自己的精英体育管理系统的效率和有效性。SPLISS 研究是一种可以衡量竞争力和超越描述性比较水平的具体方法。因此,开发了一种评分系统,其中定性和定量数据被转换成数字计数[574]。总体得分和相关结果可以更好地洞察各国在管理其精英运动成功方面的发展程度。为每个支柱复制这种方法可以帮助各国在竞争激烈的国际环境中发现自己的优势和劣势,从而为改进其政策提供依据。然后,精英体育政策评估基于客观评估和描述性信息。

(3) 评分系统。该模型表明,精英体育政策应分3个阶段进行评估。

投入反映在第1支柱,作为精英运动的财政支持。如果各国没有能力投资精英体育发展,那么成功的机会就更难以控制,更多地取决于个体运动员。吞吐量是在开发过程的每个阶段向运动员、教练和组织提供的支持服务与系统。所有其他支柱(支柱 2 至支柱 9)都是吞吐量阶段的指标。需要特别注意每个支柱背后的进程。输入和吞吐量是独立变量。因变量是输出。精英运动中的输出是实际表现,可以用绝对或相对术语来定义。国家队的表现可以用奥运会或世界锦标赛奖牌或有资格参加精英锦标赛的运动员数量等表示。用于衡量成功的2008 年方法是基于市场原则分享。此外,成功可以用相对的术语来解释,控制外部的宏观影响,如经济、社会和政治决定因素(如人口和财富),这些影响不能由政策决定。

最后,结果是精英运动成功的可能影响。精英体育的成功不仅仅是目的,而且也可以成为实现其他(政府)目标的媒介,例如,增加社会凝聚力、民族自豪感和国际声望。关于精英体育运动的文献很少,而"证据"往往是轶事,这使得精英体育的价值相当分散。因此,其他未来的 SPLISS 研究项目将致力于解决精英体育成功的长期影响。

### 三、小结

因此,本节以美国、英国、德国、法国、澳大利亚和挪威国家的竞技体育政策为研究对象,采用文献资料法、案例分析法、逻辑分析法和 SPLISS 2.0 分析法,对这 6 个国家的竞技体育政策的发展特征和发展趋向进行研究。

## 第二节　西方国家竞技体育政策具体内容及其影响研究

### 一、竞技体育政策要素研究

竞技体育政策的正确制定和实施是导致国家竞技体育成功的最主要因素。德·博舍尔[574]通过对英国、加拿大、比利时、挪威、意大利和新西兰 6 国竞技体育政策进行分析后认为,运动员的选拔和培养体系、教练员的参与和培养和竞技比赛奖励制度等政策制定的正确与否是导致上述国家在奥运会等世界大赛中能否获得成功的主要因素[574]。埃尔芬斯顿(Elphinston)[609]等学者对澳大利亚竞技体育政策的研究认为,通过调整和制定合理的竞技体育政策,可以使得国家和运动员达到一种双赢的结果。霍利亨和格林[610]研究发现,美国等国家竞技体育的成功是基于整个国家竞技体育制度的建立,国家在运动员的选拔和培养中,政策育人导向的激励政策,使得整个美国竞技体育出现了欣欣向荣的景象。索蒂里亚多(Sotiriadou)[611]通过分析澳大利亚35个单项体育组织的政策和制度后认为,单项协会的政策导向是影响其项目在国际大型比赛成绩表现的主要因素。格林[595]通过对澳大利亚、加拿大和英国的竞技体育政策在宏观和微观两个视角上进行对比研究后认为,政策制定中国家利益导向是影响这些国家在奥运会等世界大赛表现优异与否的主要因素。德·博舍尔[574]通过对 1 090 名运动员和253 名教练员所在国家竞技体育政策调查的研究发现,不同国家和地区竞技体育政策是影响运动员与教练员表现的主要因子。综合关于竞技体育政策对国际大赛比赛结果影响的研究,可以归纳为:一个国家的竞技体育政策是该国在国际大赛表现的主要影响因素。

　　奥克利和格林[580]研究指出,世界各国竞技体育制度的变革方向,不仅仅是由商业因素导致的,更重要的是由政府的介入。格林[576]指出,在今后 40 年时间里,竞技体育发展将出现这样一种趋势:政府对竞技体育投资呈递增趋势,以期获得该国在竞技体育领域中的领先地位[576]。惠特森[612]研究报道,澳大利亚和加拿大向竞技体育领域投入资金逐年递增,以换取国家队在奥运会中金牌数量的增加。库克[613]研究报道,自从 1989 年起,澳大利亚政府在每一个奥运周期对竞技体育领域的财政投入均呈递增趋势:1989—1992 年奥运周期投入 2.17 亿美元,1992—1996 年奥运周期增加至 2.93 亿美元。格林和奥克利对澳大利亚国家对竞技体育资金投入后续研究指出,在 1996—2000 年奥运周期中,政府投入超过了 4.28 亿美元用于运动员比赛的保障,以期获得更好的比赛成绩;2000—2004 年奥运周期中政府投入超过 8.36 亿美元,2004—2008 年奥运周期政府投入继续增加。斯图尔特(Stewart)[614]等人研究发现,澳大利亚对竞技体育投入的增加,随之所带来的是综合国力和国际形象提升的良好效果,使得该国议会同意再次在 2001—2005 年大幅度增加财政投入以保证竞技体育成绩进一步提升。德·博舍尔[539]指出，目前国家在政策层面上对竞技体育有着增加投入的趋势，这将有助于产生竞技体育发展中组织和个体均受益的良好局面。

舒盛芳[615]从大国崛起的国家战略、战略崛起、战略价值和崛起动因的角度分析了美国、日本、苏联(俄罗斯)与中国竞技体育的崛起。竞技体育强国的崛起应该着眼于长期发展，而不是追求眼前利益，充分认识竞技体育的政治功能，但不能人为夸大竞技体育的政治功能。竞技体育强国应主动适应竞技体育的全球化，以谋求本国的政治、文化和经济利益。大国在获得国家利益时必须采取"合法性"。要防范美国文化霸权对中国的隐性文化控制，迅速加强中国体育事业，增强中国竞技体育对外的文化吸引力和政治影响力。中国需要不断提高竞技体育政策的创新活力，并进一步加强其参与国际规则的制定和建立国际机制的能力，以确保中国竞技体育的核心软实力不受影响。

总之，相关文献主要研究了竞技体育的政策要素对于竞技体育发展和国际竞技体育结果的影响。

## 二、竞技体育政策国家特征研究

浦义俊和吴贻刚[616]回顾了"二战"前美国竞技体育发展的历史沿革、冷战时期的异化矫正和苏联解体后的内生式发展，认为美国实力的崛起是推动竞技体育发展演变的内在文化因素，美国分权的政治制度和法律精神为竞技体育发展的演进提供了重要保障，美国市场需求和社会需求为导向的竞技体育组织的职能为其发展方式的演变提供了不朽的动力[617]。彭国强、舒盛芳、经训成[618]认为，良好的治理体系是美国竞技体育发展的基础，职业体育价值观与博雅教育理念的互动融合是美国竞技体育发展的基础，有效发挥多元主体协同管理是美国竞技体育发展维持活力的保证，职业体育"联盟体系"的战略顶层设计是美国竞技体育发展的动力，多党制联通的组织运行机制是保持美国竞技体育持续增长的渠道[618]。王铭聪、陈伟[619]认为，美国竞技体育管理系统是一种自发产生的经济产品，具有强烈的商业色彩。从竞技体育管理体制和运行机制的发展历史来看，美国职业体育和业余体育，尤其是学校体育，在美国竞技体育的发展中发挥着重要作用,是其重要组成部分。美国的竞技体育发展也异常关注教练员的培养,大卫·赫德伦(David P.Hedlund)[620]等人的研究指出美国的体育教练教育由全国许多大学以及几乎所有体育管理机构(例如,足球协会、棒球协会、全国州立高中协会联合会)提供,并涉及多个主题(例如,如何训练运动员,在特定运动中教什么内容和技巧以及健康问题等)[621]。对美国竞技体育政策研究的相关文献突出了美国竞技体育政策的社会化和商业性。

王舜等人[622]从体育政策的角度(以竞技体育为中心)研究了德国体育的发展。他们认为,德国体育政策很好地反映了竞技体育的政治需要以及人类需求的发展。它的外在力量来源于民族意识下的政治需求,内在动力是个体发展的人文需求。以俱乐部制度和学校制度为基础,使竞技体育与群众性体育协调发展。从德国体育发展的角度来看,德国的体育政策是以政治需要为主导的。这可以从德国体育时期、纳粹政治体育时期和民主德国竞技体育政策时期看出来。体操时期是德国现代体育政策的创立时期,在此期间,体育活动的目标是服务于德国的统一,努力培养具有强烈自由、自信意识的公民。可见,这一时期的体育政策对社会发展具有推动作用。在纳粹时期,体育是一种强大的政治工具。在纳粹教育政策下,竞技体育成为"政治体育"的重要方式。由于民主德国是社会主义国家,处于冷战时期的政治需要,民主德国在体育政策的制定上开始体现社会主义的优越性。体育已经成为东西方冷战对抗的另一个战场。值得注意的是,民主德国的体育政策注重竞技体育,通过竞技体育激励和宣传的作用来增强国家意志。竞技体育已成为强化意识形态的重要工具,从而在满足和巩固执政党的需要及地位上发挥着重要的作用。王舜等人还指出,民主德国体育政策作为一种政治服务的特征主要体现在:建立有效的竞技体育管理制度;为竞技体育投入大量资金;大众体育让位给竞技体育,学校体育服务于竞技体育。其实,德国的竞技体育政策在民主德国和美国之后也可以看到政治诉求的形象。例如,在联邦德国时期,政府大力推行"黄金计划",促进了竞技体育的健康发展。德国体育教育改革(1871—1932)、联邦德国群众性体育与竞技体育发展时期(1949—1990)以及两德统一后竞技体育的发展,其竞技体育政策主要以人的需要为主导。这一阶段的两项具体体育政策对德国后来的体育发展产生了深远的影响,即"德国体育奖章"制度(Deutsches Sportabzeichen,1913)和"黄金计划"

（Goldener Plan，1920）。联邦德国政府制定的体育政策是以全民休闲娱乐和全民健身下竞技体育的自由发展为基础的。这一时期制定和实施的"黄金计划"促进了联邦德国公共体育事业的快速发展。主要体现在俱乐部制度思维上，无论是大众健身还是竞技体育训练都是以俱乐部制度为基础。在竞技体育领域，培养高水平运动员的主要途径和场所是俱乐部。运动员主要通过业余（或职业）在俱乐部进行训练，集体项目是赛前选拔后进行短期训练。20世纪90年代，随着柏林墙的倒塌，双方统一后，鉴于民主德国在竞技体育中的强势地位，人们普遍认为德国竞技体育将引领世界体育的发展。刘波[623]指出，1990年德国重新成为统一的国家，人们对于德国竞技体育的发展寄予厚望；但德国的体育政策并未遵循民主德国的模式，即以竞技体育为中心，而是延续了联邦德国以俱乐部体制为基础，以大众体育为核心，竞技体育良性发展的政策。德国统一以来，其体育政策呈现出俱乐部体制更加完善、大众体育进一步加强、竞技体育良性发展和学校体育自主性强等特点。

辜德宏等人[624]分析了民主德国、联邦德国和德国统一后的竞技体育政策，认为民主德国是一种政府主导的竞技体育发展模式。政府把竞技体育作为展示政治体制优越性的工具，把竞技体育的优劣作为制度成功与否的表现。将"带头发展竞技体育"的指导思想写入宪法，通过法律形式将体育定义为社会生活的一部分。政府投入了大量的资金用于体育事业的发展，并且有组织地进行统一选材、分级和培养，建立体育研究机构，专注于建立培训基地和通过其他相关措施来实现国家意志，形成了政府直接参与竞技体育发展的"举国体制"模式。与民主德国形成鲜明对比的是，最初的联邦德国实施了典型的社会主导发展模式。联邦德国体育运动管理主要由德国体育联合会（DSB）进行，政府体育部门主要负责制定相关政策法规，并提供相应的财政支持。德国体育联合会是一个公民社会的社会体育组织。此外，原联邦德国的竞技体育俱乐部主要依赖于系统体制、各级俱乐部负责挑选和训练年轻运动员，国家运动员的管理和培训，并遵循以市场化为导向的市场规则和操作要求，政府对承担相应国家任务的一些俱乐部提供某些基金资助。高水平运动员代表俱乐部参加各种比赛，运动员所获奖金跟俱乐部分成。1990年10月，民主德国和联邦德国统一。该国的政治、社会和经济制度保留了联邦德国模式。最初的民主德国运动兴奋剂丑闻对世界产生了极其负面的影响,德国人民对此深恶痛绝。原有的联邦德国俱乐部制度不仅创造了集体球项目的优势,而且满足了广大人民群众的体育需求,深受人民的认可和爱戴。统一后,德国采用了原来的联邦德国俱乐部制度,延续了社会主导型的竞技体育发展模式。在两德统一后,德国体育的发展由官方和非官方的管理机构进行组织和管理。在官方管理机构中,国家级体育管理机构主要管理全国范围内的竞技体育和军事体育,并对德国奥林匹克体育联合会(DOSB)提供发展资金和政策上的支持。联邦一级的体育管理部门主要管理学校体育和群众体育。地方、市级管理部门主要管理公共体育俱乐部和体育场馆的建设和发展。非官方管理机构,主要由德国奥林匹克联合会(DOSB)和各单项体育协会管理竞技体育。德国政府对竞技体育的投资主要集中在 3 个方面:投入适当的发展资金、建设先进的体育场馆和建设先进的训练基地[624]。竞技体育发展的具体运作分配给社会组织:奥林匹克体育联合会、单项体育协会和体育俱乐部。在德国,对竞技体育感兴趣的运动员在不同的体育俱乐部或训练基地接受训练。经过训练后,他们可以代表体育俱乐部参加各种比赛,或者代表国家参加国际比赛,并由俱乐部和体育运动基金会共同出资。辜德宏等人[624]认为,政府与竞技体育的发展存在直接关系,但关联性程度较低。政府主要为竞技体育的发展提供保障,充分保留社会对竞技体育发展方式选择的自主权。德国主要依靠各级体育俱乐部培养竞技体育人才,德国也没有区域性的专业团队。国家队的运动员都来自运动俱乐部。他们通常在各自的俱乐部里训练,当他们参加比赛的时候才会集中展开训练。俱乐部只要培养出能入选政府各级培训项目的运动员,或承担相应的国家级比赛和培训任务,就能得到相应的政府资金支持。如勒沃库森俱乐部是国家培训基地和奥运培训基地,享受政府相关资金的帮助。此外,德国俱乐部制度是与学校教育紧密相连的人才培养制度。

辜德宏等人[624]分析了英国政府对本国竞技体育发展的影响。他们认为,英国竞技体育的组织管理模式经历了从早期社会主导发展模式到政府主导的综合发展模式的转变。政府与竞技体育发展的关系也经历了从不直接相关到直接关联的转变,关联性程度由低到高。自工业化社会以来,英国体育社会团体和协会发展迅速,在促进竞技体育发展方面发挥了重要作用。20 世纪 80 年代以前,政府基本上不参与竞技体育的发展,而是把重点放在大众体育的发展上。政府的理念是通过发展大众体育,让更多的人参与体育,带动国家体育发展的整体水平,促进竞技体育的发展。辜德宏等人还认为,虽然英国政府主导了竞技体育发展的目标取向,但也为竞技体育发展的选择留下了空间。20世纪80年代以来,竞技体育的政治功能受到各国的重视。跨国政府开始加大对竞技体育发展的行政干预,世界竞技体育的竞争日趋激烈。在这种发展形势下,英国政府于1996年成立了文化、媒体和体育部。1997年,英国成立了体育内阁,并设立了一个直属机构——英国体育协会(UK Sport),英国政府还将竞技体育的发展纳入政府的直接管理。1996年奥运会的失败促使长期关注大众体育的英国设定了新的目标:建立体育强国。1997年,英国政府制定了以赢得奥运会奖牌为主要目标的战略规划。2002年,政府制定了奥林匹克计划,目标是赢得比赛,这时的英国竞技体育发展已经开始注重国家利益的满足。与此同时,英国政府强调,发展竞技体育不仅是为了提升国家形象,也是为了促进经济发展,促进更多的人参与竞技体育。为此,政府充分发挥市场机制的作用,把竞技体育发展的具体事务交给社会体育组织,通过合同管理实现既定的发展目标。李秀媛[626]研究了1972年英国体育理事会成立以来英国的竞技体育政策。通过倡导联盟框架、倡导联盟内部的冲击以及政策子系统外部因素的影响,展示出英国竞技体育政策决策的清晰脉络和政策产出,进一步总结了英国竞技体育发展的现状模式,分析了英国体育机构的组织架构和关系,同时也明确了政府在体育发展中的地位和作用。李秀媛[626]认为,英国形成了"政府引导,依靠社会力量开办体育"的竞技体育体制,在倡导联盟的波动和外部事件的相互作用的影响以及社会和经济条件的限制下,体育产业的学者、企业家、非政府组织、政府官员和国会议员等不同倡导联盟多方参与政策制定,根据历史文化传统、国家战略、专家学者的研究数据、民意和舆论变化进行合理的配置,最后以民主的方式作出决定。英国深厚的体育文化、政府的引导和社会力量开办竞技体育的模式、充足的财政支持、完善的运动员选拔和训练体系、良好的教练员制度、体育科研和医疗保障,确保了英国竞技体育实力的提高。

总之,相关文献从竞技体育的管理体制、政策等角度集中讨论和研究了美国、德国、英国等国家的竞技体育特征,同时也结合政治、经济、文化、历史等角度对这些国家竞技体育政策进行了分析。

### 三、竞技体育政策法律研究

自 1993 年以来,英国体育和法律联合会依托曼彻斯特大学出版了杂志《体育与法律》。自此以后,大量的杂志文稿围绕体育法律进行报道和分析。其中,主流的出版物有《体育法律公告》《体育法律管理和实务》以及《国际体育法律评书》。体育法律作为一门学科的成熟同样也反映在该学科相关的学术资料的增加。体育法律编录下有价值的资料除了格雷森(Garyson)的《体育和法律》,随后,也有大量的与体育竞技体育和法律相关的学术专著出版,如嘉丁纳等人的《体育法》(*Gardiner et al. ,s Sports Law*)[627]、凯格和嘉丁纳的《欧洲职业体育的监管与再监管》(*Caiger and Gardiner's Professional Sport in the European Union：Regulation and Re—regulation*)[628]、麦卡德尔的《以体育赞助到博斯曼：足球、社会和法律》(*McArdle's From Boot Money to Bosman：Football，Society and the Law*)[629]、奥莱利的《体育中的药物和兴奋剂：从社会法律的视角》(*O'Leary's Drugs and Doping in Sport：Socio—Legal Perspectives*)[630]以及格林菲尔德和奥斯本的《足球管理》(*Greenfield and Osbourne's Regulating Football*)[631]。在如上的研究中,正如嘉丁纳(Gardiner)所说的那样："当务之急,我们需要大量的检验证明,法律是如何与体育相关联的,也就是体育法律的合法性理论。"另外,正如贝洛夫(Beloff)等人所认为的那样,体育法律仍是"一个有待从理论方面进行全面考察的领域"[632]。

在体育与商业法律的理论研究中,福斯特(Foster)关于不同体育管理模式象征意义的阐述被证明是行之有效的,尤其是应用在欧洲竞技体育的环境中。在该研究中,福斯特研究了 5 种体育管理模式,其中,包括完全市场化模式：竞技体育被单纯视为一种商业活动,与其他的商业活动一样,服从于相同的管理类型。然而一种完全非干预模式,体育活动的执行人被认为是例行最大节约的个体,管理的正常形式是通过市场化进行管理。在研究中,福斯特指出,体育运动所强调的社会——文化模式被视为比商业利益更为重要。体育运动的社会和文化意义以及体育的自治得以保护其远离商业压力。很明显,体育的商业化对体育运动的管理是有意义的。体育机构的利润最大化可以说是对体育运动社会—文化方面的最大保护。福斯特认为,一种"监管自治"的形式或许可以调和商业和体育运动之间的利益。

另外,在没有契约基础的情况下,体育不是唯一的连接单一市场的途径。例如,欧盟在成立之初,缺乏统一的文化和媒体环境政策。如今,欧盟在这些方面和其他重要的政策部门进行了大量渗透。那么契约缺失,欧盟是如何在这些领域获得利益的?到底是什么过程在起作用,能够引起各种法律领域的变化,比如环境法。重要的是,正在经受检验的是"任务扩展"。随着欧盟一体化进程的不断深入,欧盟竞技体育法不断被提出。有证据表明,欧洲法院(European Court of Justice,ECJ)以及竞争董事会越来越意识到体育在其法律领域内的特殊性。这种管理途径变为体育的变化引起了一个明显的法学变化,即欧盟体育法。

欧盟体育法的诞生有着更为广泛的意义。作为一个新兴的联合会,欧盟自身在政策部门有越来越广的范围,其中,有的较为特别,没有正式的协议基础。这也是对欧盟不是面面俱到或者欧盟没有大量的协议改革就无法全方位发展说法的一种挑战。当然,在根本上来说,欧盟可能并不想面面俱到,但是在欧盟针对协议改革变得越来越吃力时(特别是在扩张方面),现在变成了研究者检验"政策结果"的一种时机[633,634]。因此,竞技体育法律的出现是适应现代竞技体育过于商业化的现实需求而产生的。

## 四、体育政策对国际竞赛结果影响的研究

一个国家竞技体育政策的正确制定和有力实施是该国家竞技体育成功的最主要因素。德·博舍尔[469]通过对英国、加拿大、比利时、挪威、意大利和新西兰6国竞技体育政策的分析后认为,运动员的选拔和培养体系、教练员的参与和培养和竞技比赛奖励制度等政策制定的正确与否是上述国家在奥运会等世界大赛中能否获得成功的主要因素。埃尔芬斯顿[609]等学者对澳大利亚的竞技体育政策的研究认为,通过调整和制定合理的竞技体育政策,可以使国家和运动员达到一种双赢的结果。霍利亨和格林研究发现,美国等国家竞技体育的成功是以整个国家竞技体育制度的建立为基石,国家在运动员的选拔和培养中,政策育人导向的激励政策,使得整个美国竞技体育出现了欣欣向荣的景象。索蒂里亚多[611]

分析澳大利亚 35 个单项体育组织的政策和制度后认为,单项协会的政策导向是影响其项目在国际大型比赛成绩表现的主要因素。格林[595]对澳大利亚、加拿大和英国的竞技体育政策在宏观和微观两个视角上进行对比研究认为,政策制定中国家利益导向是影响这些国家在奥运会等世界大赛表现优异与否的主要因素。德·博舍尔通过对各国 1 090 名运动员和 253 名教练员所在国家竞技体育政策调查的研究发现,不同国家和地区竞技体育政策是影响运动员和教练员表现的主要因子。综合关于竞技体育政策对国际大赛比赛结果影响的研究,可以归纳为:一个国家的竞技体育政策是影响该国在国际大赛表现的主要影响因素。

## 五、竞技体育政策对比研究

不同国家,由于历史背景、文化和制度等原因,在竞技体育制度和政策上存在着差异。波特(Porter)[635]和埃斯平·安德林(Esping.Andersen)[636]在 20 世纪 90 年代提出一个在不同国家、不同地区涉及政治、文化和经济对比研究的分析框架,该分析框架成为不同国家竞技体育政策对比研究的经典范式。自 2000 年以来,国家间竞技体育政策对比研究已经受到很多学者的关注。迪格尔等人[637]对 7 个国家的竞技体育政策做了对比研究,该研究采用一个结构模型对不同国家体育政策制定过程中的程序和内涵做了对比分析,研究发现,国家竞技体育政策和实施结果之间的关系可以通过政策"输入"和比赛结果"输出"模型进行解释。霍利亨等人[638]对 9 个国家竞技体育体制、组成要素和体育政策做了对比研究,通过研究阐释了 9 个国家在奥运会成功的原因。伯格斯加德(Bergsgard)等人[639]对比了 4 个国家竞技体育政策形成过程中的要素和制定背景,并且通过数据分析提出一套有关政策变化和政治体制相关的政策实施效果评估模型,发现 4 个国家在竞技体育政策制定和发展中存在相似的变化方向。德·博舍尔等人[574]也采用定性和定量相结合的研究方法对 6 个不同国家的竞技体育政策进行了对比和分析。霍利亨和格林[471]提出,在不同国家竞技体育制度对比研究中,需要充分考虑政策背后复杂的政治和文化因素。

## 六、竞技体育发展趋势研究

奥克利和格林[502]研究指出,世界各国竞技体育制度的变革方向,不仅仅是源于商业因素,更重要的是由于政府的介入。格林[576]指出,在今后40年时间里,竞技体育发展将出现这样一种趋势:政府对竞技体育投资趋向递增,以期获得该国在竞技体育领域中的领先地位。惠特森[612]研究报道,澳大利亚和加拿大向竞技体育领域投入资金逐年递增,以换取国家队在奥运会中金牌数量的增加。据库克[613]研究表明,自从1989年起,澳大利亚政府在每一个奥运周期对竞技体育领域的财政投入呈递增趋势:1989—1992年奥运周期投入2.17亿美元;1992—1996年奥运周期增加至2.93亿美元。格林和奥克利对澳大利亚国家对竞技体育资金投入后续研究指出,在1996—2000年奥运周期中,政府投入超过了4.28亿美元用于运动员比赛的保障,以期获得更好的比赛成绩;2000—2004年奥运周期中政府投入超过8.36亿美元;2004—2008年奥运周期政府投入继续增加。斯图尔特等人[614]研究发现,澳大利亚对竞技体育投入的增加,所带来的是综合国力和国际形象提升的良好效果,使得该国议会同意再次在2001—2005年大幅度增加财政投入以保证竞技体育成绩进一步提升。德·博舍尔[539]指出,目前澳大利亚在政策层面上对竞技体育有着投入增加的趋势,这将有助于产生竞技体育发展中组织和个体均受益的良好局面。

## 七、小结

总的说来,竞技体育政策的研究涉及政治、法律等相关领域。由于政策的独立性和实践性,不同国家的竞技体育政策不尽相同,因此学者们既有对不同国家竞技体育政策的比较研究,也有对特定国家竞技体育政策的研究。从政策要素方面来看,研究文献多关注政策的系统性过程,包括政策的制定、反馈和调整。另外,竞技体育政策研究涉及公共政策领域,例如,在许多公共健康的政策中包含的竞技体育政策分析。在项目上,主要研究拳击、足球等商业化程度比较高的项目领域的体育政策研究方面,政策与经济发展成为研究的中心议题。研究集中于竞技体育运动及相关政策的同时,也有一些相关国家(澳大利亚及英国)的个体政策研究,包括国家竞技体育政策对国际竞赛结果的影响以及国家竞技体育发展趋势等。

在此时期的竞技体育政策研究中,主要对于竞技体育政策在促进经济发展中的功能和作用被作为重要的研究热点和研究议题。由于国外竞技体育处于市场化高度发达的社会环境,国家竞技体育政策的个案研究集中在西方国家,特别是美国。英国也是近几年竞技体育政策研究的热点对象,这与英国在 2000 年悉尼奥运会之后夏季奥运会成绩显著提升有关。德国由于经历了"二战"后从分裂到统一的过程,其竞技体育政策的继承与变革也是学者们关注较多的地方。然而,很多关于竞技体育的研究文献并没有聚焦于政策,而是更多地关注竞技体育的体制。体制是一种组织结构,它和政策是不同的。竞技体育政策的既有研究,在整体上不仅缺少一套行之有效的政策分析方法,还缺少国家竞技体育政策的系统分析。

# 第三节 不同国家竞技体育政策特征与发展趋向分析

## 一、美国竞技体育政策特征与发展趋向

### (一)历史背景

经过 20 世纪两次世界大战的洗礼,美国跃升为战后发展最为迅速的国家之一。经济、社会的繁荣带来了美国竞技体育的繁荣,美国不仅形成了享誉世界的四大职业体育联盟,同时也是自 1952 年赫尔辛基奥运会以来在历届夏季奥运会上获得金牌数和奖牌总数最多的国家,如图 11-2 所示。美国的奥运成功有着独特的政策逻辑,而分析和研究美国的竞技体育政策需要立足美国的基本国情及其基本的政治运行框架。美国是联邦共和制国家,政府的权力分属于联邦政府和州政府,美国宪法将各州自治权保留给州政府,各州政府本身拥有与联邦政府相对应的立法、行政和司法权限,并要求各州对其他各州的公共法案、法令和司

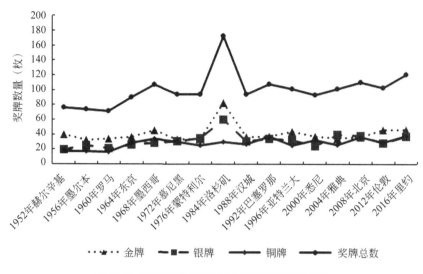

图 11-2　美国历届夏季奥运会奖牌数量变化趋势

注：该图数据来自 IOC. Results.［2018-10-10］. https://www.olympic.org/olympic-results。

法程序给予完全的信赖和尊重。此外,美国联邦政府没有设置负责或分管竞技体育的部门,联邦政府也没有在竞技体育领域进行统一的政策设计,竞技体育相关的公共政策多散落在美国国会及各州议会制定的具体法案和文件中。美国竞技体育治理的主体不是政府,而是国家奥委会(NOC)、各单项运动管理机构(NGBs)和相关社会组织、企业、俱乐部等。其中,美国奥委会(USOC)是美国竞技(业余)体育特别是奥林匹克运动及相关运动项目的最高领导机构。因此,我们分析美国竞技体育政策的基本思路是宏观把握美国公共政策方向,重点考察美国奥委会的政策活动,从而梳理出美国奥运会成功的内在因素。

（二）特征分析

美国经济和社会的繁荣带来了美国竞技体育的繁荣,美国不仅形成了享誉世界的四大职业体育联盟,同时也是自 1952 年赫尔辛基奥运会以来在历届夏季奥运会上获得金牌数和奖牌总数最多的国家。这里通过美国竞技体育政策形成的历史背景及竞技体育政策法案、资金投入、运动员和教练员培养等来分析美国竞技体育政策的特征。结果表明,在竞技体育法案方面,美国只有 3 项联邦政策是影响竞技体育发展的：第一项影响竞技体育发展的联邦政策是 1972 年的《教育法修正案》第九条；第二项影响竞技体育发展的政策是 1978 年通过并在 1996 年修订的《业余体育法》；第三项是 1992 年颁布的《专业与业余体育保护法》。在资金投入方面，美国奥林匹克基金会( USOPF) 是目前美国奥林匹克运动和残疾人奥林匹克运动慈善支持的最主要来源，基金会产生的所有资金都会直接转移给唯一受赠者即美国奥林匹克委员会，而其大约 82% 的资金都直接用于完成支持精英运动员的各项任务和计划，而对于运动员的支持除了货币补助外，美国奥委会还为运动员提供各种医疗、教育和职业发展计划的支持，体现出它对于运动员的高度关注。在竞技体育运动员的培养方面，美国的竞技体育人才培养体系十分完善，最显著的特征是以学校为中心，是典型的学校体制培养模式。在教练员的培养方面，美国奥委会教练教育部是专职负责教练事务的部门，它鼓励美国各级体育教练成为不断学习的人，以增强他们对核心知识和特定运动的理解能力，并通过提供最先进的信息和培训机会来支持国家体育运动机构的教练，以帮助指导美国运动员在国内和国际赛场上取得成功。

在全世界各国，其政府特别是中央和联邦政府，都增加了其在竞技体育发展上的投入。除了美国，其余政府都制定了计划来资助优秀运动员以及他们的国家管理机构，建立国家级训练中心，以及资助体育的应用研究。而美国却与这种高水平运动发展的大趋势逆向而行，联邦政府选择把发展高水平体育的任务交给体育组织，而将自己排除在体育之外。

美国公共政策一直以来强调运动独立于政府。美国过剩的体育组织加剧了这种情况。夏季游泳协会的前主席( Jim Wood) 吉姆·伍德曾说过："我们脱离了美国游泳协会，因为我们交了注册费后除了保险之外，别的什么也得不到。而我们可以从业余竞技联盟以更低的价格获得保险。许多像我们一样的夏季运动协会需要大量的志愿者支持。我们雇佣了许多孩子，有些会参与全年的项目。全国一些最好的游泳运动员都是从类似我们的项目起步的。我们没有从美国游泳协会获得任何帮助，我们也没有从业余竞技联盟获得任何帮助。这些体育组织更关心的是竞技体育而不是大众体育。"

美国奥委会和国家体育组织对于大众体育的不重视产生了体育参与和发展的社会阻碍。一名研究城市特殊群体青年体育发展的心理健康专家如此总结此类问题：这些孩子通常来自问题家庭，不知道去哪里获得信息，也不知道如何正确填写表格。为了使这类青少年参与到体育中来，必须有人指导他们，而他们周围并没有这样的人群。因此我们需要扩大服务范围，扩大到那些一般人会感到厌恶的地区。没有人希望生活在那种地区，包括基督教青年会和其他能提供此类项目的组织。所以对于那些孩子来说什么都得不到，特别是在夏季的时候。他们还十分贫穷，这大大限制了他们的机会。联邦政府将权力授予美国奥委会，这是很明显不希望联邦政府干预美国体育发展的意思。1972 年美国在慕尼黑奥运会上表现不佳后，美国参议院提出了两条法案来建立一个机构去管理奥运体育，同时在众议院也有一条类似的提案被提出。这引起了巨大的关注。格林比尔议员在议会上表达了自己的反对意见："我非常不愿意相信，解决这个问题的方法是去设立另外一个联邦机构，而这个机构的发展将在未来消耗更多的税收。我同样反对联邦政府拥有决定一项运动的特权，我不认为我们应该采取垄断政策。"

一份尼克松政府的员工备忘录中认为："这些提案在解决这个问题上做得太过，如果你在面对这些提案的时候，你会把票投给更加温和的提案，那将是美国人民需要的答案。如果不这么做，你也会被批评为一个不支持业余体育发展的人。"

福特在他还是副总统的时候于美国最大的体育周刊《体育画报》上发表评论："全面接管、政府支持、联邦管理的体育体系不适合我们。这是一个方式上和哲学上的问题。这些提案令人讨厌因为它们要求过多的联邦干涉。福特总统随后起草了《业余体育法》，以组织任何联邦对体育发展的干预。"事实上，联邦政府拒绝成为体育的决策与美国的一贯政治风格有关。美国传统政治哲学认为政府的权力必须得到限制，以保护个体的自由。这个理由被广泛用于限制社会立法，并阻止那些想要扩大联邦政府权力的人。在美国的政治体系中，联邦政府不会直接干涉政策，50 个州可以各自拥有自己的政策。在竞技体育方面，除了对一些州立大学体育的支持（主要集中在棒球、篮球、美式足球、田径和游泳），联邦政府也没有过多干涉。然而，政府的资金并没有用于竞技体育的发展，相反，那些大学的说客和校友向政府施压，要求拥有更多的体育设施、教练和相关支持，这样能够吸引优秀运动员来代表本校参加比赛。这些资助从来就没有用于培养国家优秀的竞技运动员。相反,这些资助被用来提升大学的品牌价值。此外,政府的资助并不能够完全满足大学体育的需求,大学体育的发展通常还需要依靠个人捐助、商业赞助以及大学财政收入的拨款。私立中学以及大学(包括美国最著名的一些大学)收到来自政府的资助可以忽略不计,他们的资金通常来源于私人途径。缺乏政府政策对体育发展支持的情况在地方有所减轻,在地方,政府会提供一些体育参与的机会。大众体育是美国体育的根基,广泛存在于公立学校、公园以及休闲场所。地方政府在某些方面会制定自己的政策,在另一些方面则会依照国家的政策。然而同样地,政府并没有义务去支持国家体育的发展。相反,基于学校的体育系统是用来培养运动员的,而公园和休闲场所则是服务大众体育的。事实上,当国家休闲与公园协会申请成为美国奥委会会员时,他们遭到了拒绝。然而,在大多数州的公园和休闲场地,都会提供一些流行的体育运动的培养项目,比如棒球、橄榄球、足球和游泳,这些项目能够为当地中学培养体育人才,并在学校联赛的休赛期训练运动员。私有企业被附上了弥补体育资助空缺的期望。美国的体育俱乐部不同于世界上的其他国家。一些体育项目正在努力开设俱乐部,以扩大它们的影响范围,少数体育项目(如游泳)则保持着传统并且成功的俱乐部比赛制度,尽管这些俱乐部的运动员通常需要在学校赛季的时候离开俱乐部去参加学校的比赛(如果他们刚好是自己所在学校的校队成员)。别的一些体育项目,特别是高尔夫球和网球,则有许多豪华的乡村俱乐部,这通常是社会上层人士参与的体育运动,而不是国家竞技体育的代表。职业体育运动有时也在俱乐部中进行,但这种俱乐部是私有的,并不是普通意义上的会员制的俱乐部,如欧洲和澳大利亚的大多数俱乐部。最近几年,一些有创新精神的教练创立了营利性的商业俱乐部体系,特别是在排球和体操项目中。这种俱乐部对客户十分有吸引力,因为它们在学校赛季之外提供教练和设施,一些家长认为这能够帮助他们的孩子获得大学里面的奖学金。一些相对较新的体育运动,它们的装备买卖利润丰厚,比如帆船、飞盘、高尔夫,需要依赖零售商和同伴互助来维持发展,这对美国缺乏俱乐部传统是一种补充。零售商可以提供指导、远足、社会活动甚至是一个俱乐部,通过增加兴趣来提高其销量。同伴互助则常见于一些会议和活动。零售驱动的发展模式变得越来越有利可图,以至于一些学校和职业体育也开始建立零售驱动的俱乐部,最明显的有跑步和铁人三项。许多既不是公园与休闲部也不是学校和俱乐部支持的体育运动是通过私人非营利的组织来支持的。美国奥委会中就有19个这样的组织。3个最著名的是基督教青年会、男孩女孩俱乐部和犹太社区中心。这些组织都肩负着教育和社会服务的使命,体育也是其提供服务的一部分,当然,这些组织都不是为了发展竞技体育。成为美国奥委会的会员提供它们之间相互交流的机会,并且使其能够在符合条件的情况下得到美国奥委会或者国家体育协会的资助。然而,美国奥委会中并没有针对这些组织的相关政策。美国的竞技体育包含很大的多样性。但是,只有不到12项的运动需要一场有数万观众的赛事,给予运动员在一个赛季或一场比赛中成千上万美元的补偿,为经营运动产业的公司提供一个可观的利润。这些运动包括由联盟组成的团队比赛,联盟是由拥有特许权的个人或公司组成的。例如,篮球、棒球、曲棍球和橄榄球,还有由个人参加、职业协会举办的,数场比赛组成的巡回赛。一场赛事通常有一个联合的赞助者来提供比赛大部分的花销。职业篮球和曲棍球都有一套自己队员的发展模式。这些少数的联盟用来帮助选手在主要联盟水平上发展竞技技能。篮球与橄榄球更多地直接依靠大学和学院来发展竞技技能。因此,大多数职业篮球或是橄榄球运动员直接来自国家学院或是大学,其中有许多是公立机构。

### (三) 发展趋向

**1. 业余体育和职业体育并行发展**

美国竞技体育的发展有其自身的特点和优势,作为当今世界上综合国力最强大的国家,强大的综合国力带来了美国竞技体育的繁荣,美国不仅在美式橄榄球、棒球、篮球、冰球运动项目上形成了享誉世界的四大职业体育联盟,同时也是自1952年赫尔辛基奥运会以来在历届夏季奥运会上获得金牌数和奖牌总数最多的国家。美国高度发达的体育产业和市场经济为美国竞技体育的发展提供了源源不断的强大动力和优越的外部环境,业余体育和职业体育作为美国竞技体育的两大支柱仍将并行发展、相互促进。

**2. 学生运动员仍将是美国精英体育的中坚力量**

美国竞技体育的发展建立在高度活跃的学校体育文化氛围之上,美国的学校体育具有浓厚的竞技传统,学生的体育活动受到来自家庭、学校和社会的广泛关注与支持。美国学生在中学时代逐渐形成稳定的运动兴趣并具备了一定的竞技水平,进入大学后开始参加更为专业化的训练,一部分学生很快脱颖而出成为精英运动员并代表美国参加奥运会。从某种程度上可以认为,美国的奥运成就得益于美国高校学生运动员的贡献。高校学生运动员对美国奥运代表队的成功至关重要,并将继续成为美国精英体育的中坚力量。

**3. 美国竞技体育迎来新的发展机遇期**

2017 年 9 月 13 日,国际奥委会正式确认洛杉矶为 2028 年第 34 届夏季奥运会及残奥会举办城市。这是继 1932 年奥运会和 1984 年奥运会后,洛杉矶第三次举办夏季奥运会,也是自 1996 年亚特兰大奥运会后,夏季奥运会时隔 32 年再次来到美国本土。2028 年洛杉矶奥运会将极大地鼓舞美国运动员和美国社会的奥运热情,也使美国竞技体育进入未来 20 多年的新发展机遇期。

## 二、英国竞技体育政策特征与发展趋向

### (一) 历史背景

英国是人类历史上最早完成工业革命的国家,工业、技术现代化和金融改革使得英国在接下来的 200 多年时间里逐渐成为世界上最强大的国家之一。经济、社会的繁荣为英国体育的发展带来了更多的机遇,同时英国也是现代足球的发源地,并在橄榄球和板球等专业运动项目上具有传统优势。然而在奥运会这一最具国际影响力的综合性竞技体育赛事中,英国的表现并不优异。英国在 1952 年至 1996 年间的共 12 届夏季奥运会上金牌数量一直保持着个位数,其奖牌总数和奖牌榜位次也远远落后于美国和苏联,具体如图 11-3 所示。基于奥运会的表现与英国作为体育强国的地位并不匹配,英国政府自 20 世纪 90 年代中期以后开始了具有针对性的政策设计,体育政策的变化方向和重点包含了两个因素:一方面,政府在 1994 年将国家彩票引入体育领域,彩票收入成为英国精英体育发展的重要资金保障;另一方面,保守党政府在 1995 年发布体育政策文件《体育:提高竞技水平》,这是 20 年来英国政府第一份关于竞技体育的政策声明,这份文件的两个核心要素是青年体育(youth sport)和卓越(excellent),这些要

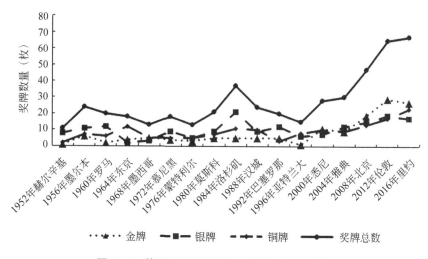

**图 11-3　英国历届夏季奥运会奖牌数量变化趋势**

注：该图数据来自 IOC. Results.［2018-10-10］. https://www.olympic.org/olympic-results。

素也在 2000 年工党政府发布的政策文件《全民运动的未来》中得到延续，而这份文件进一步提出了非政府组织的现代化这个命题。所有这些新的政策要素几乎无法在过去英国竞技体育政策中找到任何相似之处，这些政策变化的直接结果是 2000 年悉尼奥运会，英国首次实现金牌两位数的突破，获得 11 枚金牌。尽管在 2004 年雅典奥运会上英国的金牌榜排名遭遇了滑铁卢，但从悉尼奥运会开始到 2016 年里约奥运会，英国夏季奥运会奖牌总数持续增长。英国将精英体育（特别是把获得奥运会和残奥会金牌设定为直接目标）发展作为体育政策最重要的优先事项反映了一种正在日益增强的公共意识。

（二）特征分析

这里通过英国竞技体育政策形成的历史背景及竞技体育政策的组织结构、资金投入、运动员和教练员培养等来分析英国竞技体育政策的特征。结果表明，在组织机构方面，英国竞技体育治理体系的主体是英国体育理事会（UK Sport）、各运动项目的国家治理机构（NGBs）和英国体育学院（English Institute of Sport），其中，英国体育理事会和英国体育学院是英国政府数字、文化、媒体和体育部（Department for Digital, Culture, Media & Sport, DCMS）的官方合作伙伴。在资金投入方面,英国体育理事会是英国精英体育最重要的投融资机构,它的主要作用是将国家彩票和财政收入进行战略性的投资,以最大限度地提高英国运动员在奥运会和残奥会以及重要的全球赛事中的表现,而其收入的70%用于两个部分的支出:一部分用于各运动项目国家治理机构的中央资金,使他们能够运营世界级计划(World Class Programme,WCP),并保证运动员能够获得优秀的支持人员和培训环境,以确保他们是世界上最好的准备者。另一部分以运动员表现奖(APA)的形式向运动员发放,完善的投资体系是英国精英体育发展的根本动力。在竞技体育运动员的培养方面,英国竞技体育运动员培养是由政府、学校和社会共同参与,政府和社会为运动员培养提供政策和资金便利,学校在竞技体育运动员早期培养阶段扮演重要角色,培训和教学任务主要由社会机构承担。在教练员的培养方面,通过英国教练证书(UKCC)的引入,英国体育教练在系统训练方面取得了一定的进步,但仍未能生产出足够高质量的教练。

英国有着悠久的体育自治传统,同时,英国社会深厚的自由主义信念认为,任何政府干预都应被视为对其私人事务不必要的干涉。因此,政府对体育"政策问题"表现得比较被动。随着"社会投资"思想的出现,围绕体育和体育活动设计的政策逐渐变得越来越积极主动,并预示着"积极公民"的价值,政府寻求提高个人和社区的能力,使他们能够为自己的行为和未来承担更大的责任。20世纪90年代中期以后,政府开始将精英体育纳入自己的话语体系,并开始对精英体育发展进行政策干预。英国政府建立精英运动员培养体系,设立国家彩票基金用于支持不同水平的精英运动员的发展,并在这一时期成立英国体育理事会,该理事会于1999年成为精英计划的彩票经销商。政府不再是体育事务的旁观者,而是日益成为促进精英体育发展和推动精英体育治理体系现代化的重要参与者。与此同时,英国政府在1994年设立了国家彩票基金用于资助和支持精英体育的发展,随后,英国体育理事会成为国家彩票基金的实际运营者和英国精英体育发展最主要的投资机构。理事会通过整合不同渠道的资金,并按照相应的计划投入中央基金或以运动员表现奖的形式直接向获奖运动员发放。正是由于其投资渠道的多元化,英国体育高度重视投资的效益和安全评估。为此,英国体育理事会和体育英格兰(Sport England)在英国体育治理宪章的基础上制定并发布了《体育治理准则》(*A Code for Sports Governance*)以确保所有投资都被有效地使用和接受最广泛的社会监督。英国竞技体育的成功正是得益于积极的政府参与和完善的资金体系,这两者也构成了英国竞技体育的核心特征。

英国体育治理追求的是一种善治,而善治则通过推动组织卓越和诚信来帮助组织实现治理目标。为此,英国体育理事会和体育英格兰联合发布了《英国体育治理宪章》(A Charter for Sports Governance in the United Kingdom)。该宪章从9个方面详细阐述了英国体育治理的核心要素,它们分别是透明度(transparency)、诚信(integrity)、财务廉洁(financial probity)、领导和决策(leadership and decision making)、成员资格(membership)、思想独立(independence of thought)、多元化(diversity)、文化(culture)和承诺(commitments)。透明度要求组织必须透明地开展工作,必须向利益相关者和公众提供足够的信息;所有接受公共资金的组织必须填写并公布年度治理声明,说明他们如何满足新准则的要求。诚信要求组织和领导者必须遵循最高的诚信标准,担任高级职位的人(如董事会成员、受托人、首席执行官)将签署一份带有承诺性质的声明。财务廉洁要求组织必须对其公共资助者负全部责任,以管理和使用资金,证明他们如何应用资金来实现其目的。因此,组织的年度账目需要充分披露公共收入和支出。对于较大的组织,包括国家体育管理机构、国家合作伙伴和其他组织,它们都必须向利益相关者和公众提供独立审计的账户。领导和决策要求组织必须由与组织目标相适应的董事会进行领导。成员要求组织必须努力确保内部民主、充满活力和健康。思想独立要求组织的决策机构必须包括足够数量的人员,这些人员与组织没有密切联系并且提供建设性的挑战。多元化要求组织必须在其领导和决策以及各级员工中具有多样性。多样性不仅包括2010年平等法的受保护特征,还包括社会经济背景和思想多样性,组织应该寻求向决策机构招募以不同方式思考的人以及具有不同背景的人。文化主要是指健康的组织文化对组织的长期成功至关重要。善治与组织文化之间存在着密切的联系。体育英格兰和英国体育的承诺包括承认并奖励善治;制定单一的评估程序,并着眼于开发和发布基准数据;实施援助计划,支持组织改善治理并实现新准则的要求;通过最好的方式建立一个合格候选人的无障碍数据库,特别是来自代表性不足群体的候选人数据库,用于董事会或高级管理职位的评估。

《英国体育治理》宪章概述了英国体育追求善治的关键要素,而英国体育理事会和体育英格兰也在不断寻求更具体、更完善的基于公共资金运作的体育机构的治理标准。为了保护公共投资、推动体育机构治理现代化,英国体育理事会和体育英格兰在《英国体育治理宪章》的基础上制定并发布了体育治理准则。英国各运动项目的国家治理机构既是公共资金的接受者,也是公众信赖的持有者。公共资金是一种基于公众信赖的特权,英国政府和英国体育治理机构都重视建立一套最高的诚信标准,创造一个安全和包容的投资环境,为英国精英体育发展提供源源不断的资金支持。

### (三) 发展趋向

英国体育除了加大对奥运会项目的资助以外,还运营着一系列世界领先的集中战略支持服务,包括培养世界级教练和开展运动员选材活动,以便快速发现和跟踪未来的奥运会及世界锦标赛等高级别赛事的奖牌获得者,确保他们参与到最适合自己的运动项目中。英国体育自 2000 年以来在历届奥运会上的出色表现既是对其精英体育发展政策的肯定,也为其他国家提供了值得借鉴的英国经验。

#### 1. 精英体育发展成为英国政府的政策优先事项

自 1997 年以来,英国出现了一种新的社会福利政策架构,其中"积极的公民",特别是儿童和青少年受到重视并成为焦点,健康和教育问题成为体育政策干预最受关注的方面,这标志着体育开始走进政府的话语体系。2002 年,英国体育理事会表示"赢得奖牌与让人们参加体育运动一样重要"。英国体育的这一言论对于它在使精英运动员发展的政策合法化和获取政治支持方面发挥了非常重要的作用。从 20 世纪 90 年代中期开始,精英体育发展已成为英国"两党政府日益关注的一个重要领域"。重要的是,这在很大程度上归功于"政府和政府机构对话语的微妙框架,使得近年来体育政策发展的话语背景已经……明显改变了"。正是从这一时期开始,英国政府的话语从"人人享有体育"向"发展精英体育"转变。在 20 世纪 90 年代中期之前,对精英体育发展的支持是不协调和支离破碎的,政府及其体育机构几乎没有提供持续的支持。许多运动员获得的资助是零散的,除非是少数几个在大奖赛上赢得奖金的运动员。父母的支持、兼职工作和偶尔的赞助构成运动员们进行训练和参加比赛的支持体系。随着 1994 年引入国家彩票和 1995 年出版的保守党政府的综合政策声明《体育：提高竞技水平》，竞技体育面临的这种情况发生了根本性的变化。《体育：提高竞技水平》表示中央政府和体育委员会将不再致力于提供大众参与的机会，而将重点集中在学校（青年）体育、建立精英体育学院的计划、高等教育机构在培养精英运动员方面的作用，以及为支持政府目标向相关管理机构提供有条件的拨款。《体育：提高竞技水平》是一份重要的政策声明，它标志着精英体育发展成为中央政府的政策优先事项。在此背景下，工党政府（1997 年当选）公布了自己的体育战略，即《全民运动的未来》。尽管与前任政府的政策存在差异，比如提出了专业化和现代化的目标，但两份文件也显示了强烈的政策连续性，即关于学校（青年）体育和精英发展的双重重点。

**2. 英国政府将继续参与并影响英国竞技体育的发展**

自 20 世纪 90 年代中期开始，精英体育发展日渐成为英国政府的政策优先事项，政府越来越多地参与到竞技体育工作中。英国政府通过制定"世界级计划"等纲领性政策文件和设立国家彩票基金为英国提升竞技体育水平提供了最直接的支持，英国在奥运会上的成绩和表现取得了历史性突破。英国在长期的探索实践中已经形成了以英国体育理事会为核心主体的竞技体育治理架构，英国政府数字、文化、媒体和体育部将持续通过官方合作伙伴参与竞技体育的发展进程，确保英国政府的精英体育计划有效施行。

**3. 英国奥运会成绩趋于稳定或将继续保持在奖牌榜前三位**

英国自 2000 年悉尼奥运会首次实现金牌二位数的突破，获得 11 枚金牌。尽管在 2004 年雅典奥运会上英国的金牌榜排名遭遇了滑铁卢，但从悉尼奥运会开始到 2016 年里约奥运会，英国夏季奥运会奖牌总数持续增长并位列近两届奥运会（2012 年伦敦奥运会和 2016 年里约奥运会）奖牌榜前三位。随着英国政府对于竞技体育的持续关注和投入，英国竞技体育的国际表现较难出现下滑，但由于美国竞技体育的强大实力且英国与之差距明显，因此，英国奥运会奖牌数超过美国的可能性不大，英国奥运会的相对位次趋于稳定并有望在未来几届奥运会中继续保持在奖牌榜前三位。

### 三、德国竞技体育政策特征与发展趋向

#### （一）历史背景

体育在公共卫生、体育休闲、竞技体育等各个领域的重要性日益突出。2006年，奥林匹克体育联合会（德国奥林匹克体育同盟）提出了一项倡议，主动要求政府应该致力于将体育与德国基本法结合，体现了体育的社会重要性不断增强。

体育在社会上和政治上的重要程度，不仅仅能通过竞技运动受媒体的关注程度来体现，而且常常也能由体育赛事所吸引观众人数的记录来体现。联邦政府和兰德（州）都清楚地认识到有竞争力的男女竞技运动员作为榜样的重要性，以及竞技体育提供了一个可以代表国家在国际上展示潜力的工具，因此国家和州政府提供了大量的资金，来支持并推动一个已经相当精细和复杂的竞技体育体制。然而，对于这样的复杂体育体系，建立和维持其基本的必要条件是存在困难的。显而易见，为高水平体育创造社会支持条件需要政府的管理和干预，但在德国，只在某种程度上做到了。

任何政党的体育政策和政府机构都不对体育负责，表明高水平体育被授予了特别的优先权，在某种程度上，反映了根深蒂固的体育自治是体现在体育运动自我管理的差异化结构中。总的来说，相比其他许多国家，德国比较少干涉竞技体育，但从其历史发展上看，德国竞技体育也走了一个较为漫长的路程。

在第三帝国时期，德国体育政策及体育活动的组织只能被视为国家对体育的政治滥用。因为第三帝国采用集权领导制，所有人的生活，无论公私都要服从于它，这种情况也出现在体育方面。在1933年纳粹上台前，体育运动具有群众组织、独立于政府的特点。资产阶级体育运动有着悠久的传统并与工人阶级体育运动共存，基督教体育社团与犹太教体育组织共存。词语"德国体育运动"（german gymnastics and sport movement）展现了德国体育的另一个特性。由路德维格·约翰（Ludwing Janh）创立的体育运动被定义为一种独特的德国活动。体育运动得以在这种特殊的"德国模式"的熏陶下发展。

但这种结构随着接下来的社会变革彻底改变了。最初,数个社团和联盟试图通过政治肯定、忠心以及融入全新的政治秩序进行挽救,但失败了。资产阶级体育社团被整合入一个单一的体育协会——德意志帝国全国社会主义体育联合会(Nationalsozialistischen Reichsbund fur Leibesung)。由于其员工和领导均由指定而非选举得到,体育社团和联盟失去了他们的民主合法性。这个体育组织的最重要的目标是"鼓励社会民族主义精神"和传播社会民族主义意识形态。体育社团成了推广这项政治思想的重要单元。同时,社团被赋予了为工业和军事发展而提高公众健康的重要功能。精英运动被用作一种代表国家的工具。纳粹试图借助 1936 年柏林奥运会激发民众信心并分散对政府准备发动侵略战争的注意力。1933—1945 年,体育运动被迫成了纳粹的政治工具。这是德意志联邦共和国体育政策的背景情况。

(二) 特征分析

从第三帝国时期到德国的分裂与统一,德国的经济、政治和社会历史对竞技体育的发展产生了极大的影响。这里通过德国竞技体育政策形成的历史背景、体系的构成与发展、组织的构成与问题、发展的原则和格局、政策保障、政府财政支持体系和运动员培养体系等来分析德国竞技体育政策的特征。结果表明,在体系的构成和发展方面,德国竞技体育体系的发展经历了 3 个阶段:第一个阶段,"二战"后,体育系统完成重组;第二个阶段,德国分裂期间,体育系统思想意识之争;第三个阶段,这是很重要的一个阶段,由德意志民主共和国产生整合来的体育系统,发展为德意志联邦共和国统一之后的体育系统。在竞技体育组织与问题方面,德国体育联合会(Deutscher Sport Bund, DSB)成立于 1950 年,当时是作为德国体操和运动的一个组织,组建的原因是协调政府和公众之间的共同兴趣爱好,并应对一些国内和国际的重大体育项目,每一个体育人都属于 78 000个俱乐部中的某个俱乐部,这种典型的俱乐部体制,存在的问题是竞技体育组织的选择问题和合法化问题。在竞技体育发展的原则和格局方面,高水平体育系统的组织结构也在很大程度上改变了竞技体育格局,联邦结构产生于联邦共和国,其特点就是公共体育管理和自治体育,或者说体育自我管理机构二者的结合。在政策保障方面,16 个联邦地区一起对德意志联邦共和国的体育事业进行资助与支持。补贴的重点是学校体育、高校体育、联合会内外领域的休闲运动,以及对体育设施的建设。在财政支持方面,在德国,顶级体育运动的资金支持系统十分复杂,包括通过国家级与区域级的彩票而募集基金,联邦财政及其公共部门财政以及个人资金。在竞技体育运动员的培养方面,德国的俱乐部为高水平竞技运动的体育设施提供保障,奥运训练中心为高水平运动员提供训练保障,竞技人才的选拔与才能发掘仍然要依靠学校与俱乐部体育,同时提供竞技体育训练的科学化保障。

## （三） 发展趋向

根据德意志联邦共和国《基本法》第 30 条,16 个联邦地区一起对德意志联邦共和国的体育事业进行资助与支持。补贴的重点是学校体育、高校体育、联合会内外领域的休闲运动,以及对体育设施的建设。然而,负责高水平体育的是联邦政府,以及在联邦政部内运行的各专业部门。后者在高水平体育的政策支持方面发挥更主导的作用。具有具体职责的其他联邦部门,如联邦武装部队,也参与配合并促进了高水平体育的发展。与其他国家一样,一个国家重视精英体育的最初目的,在于它能够增强该国国际声誉的潜力,这显示,更加有名望的奥林匹克运动,能够优先于所有其他运动赛事,得到国家的专项支持。

为保证体育自治和运动员在国际最高水平上的表现,同时坚持体育自治的原则,国家以赞助商的形态,仅仅建立基本的框架。出于这个原因,政府不通过自己的方案或举措处理问题,而是通过参与到体育自我管理的不同机构主体中。联邦政府只是代表那些对高水平运动有较高管理能力的委员会。联邦政府的代表和其他人一样,出席 DOSB、全国体育联合会和德国体育援助基金会的各种董事会和委员会,以及联邦训练中心受托人的董事会。然而,根据体育自治原则,即使国家公开地表明了自己在其中是起辅助作用,它还是将联邦基金作为一个隐形的控制工具。最近,联邦政府明确驳回了体育组织进行融资和得到资金分配的请求,也证明了这一点。

总结来说,我们可以把德国奥委会与德国内政部的关系归纳为以下几点。

（1） 联邦内政部提供财政支持并确立提供支持的各项原则。支持的重点是奥运会运动,而资金的分配则以表现好坏为原则。因此,四年一度的奥运会显得十分重要。

（2）德国奥委会通过撰写战略性计划以求影响资金分配原则，同时它也将自己视作所有运动项目的唯一政策向导。

（3）在具体操作中，德国奥委会制定体育政策的能力受到它与联邦政府之间关系的约束。

（4）联邦内政部拒绝将支持所有顶级体育运动的责任转交给德国奥委会，因为内政部不希望失去对于这些事务的控制。

## 四、法国竞技体育政策特征与发展趋向

### （一）历史背景

自大革命以来，法国历史的发展与演变阐述了在不同时期该国体育的发展和改变。法国体育的发展和变化直到今天还在进行着。直到 18 世纪末，在当时法国几乎不存在体育和体育教育。在 19 世纪初，弗朗西斯科·阿莫罗斯（Francisco Amoros）发明了一种锻炼方法，虽然属于军事类型但本质上是教育学的。阿莫罗斯和英国的托马斯·阿诺德（Thomas Arnold）、德国的弗雷德里克·路德维希·杨恩（Frederick Ludwig Jahn）、瑞典的佩尔亨里克玲（Per Henrik Ling）属于同时期的人。在法国，身体锻炼活动主要被局限在独木舟（即之后的赛艇）、剑术、骑马、狩猎和箭术。尽管当时法律限定了每周会面的次数，但体育衍生的社交仍在增加。1851 年，体育被分类为学术科目。1869 年，公共教育部长规定了体育在所有大学、高中和初中都作为一门必修课。1870 年，佛朗哥普鲁士战争失败的教训是惨痛的，法国也更加意识到体育锻炼的作用。当时出现了大量关于在学校开展体育教学方法的公告和委员会会议，展现了第三共和国官员对体育教育的兴趣。1880 年 1 月颁发的法律让体育成了所有小学男生的必修课。两年之后，这项法律被修正，增加了对小学女生的要求。与此同时，出现了两种不同的运动。一种是 19 世纪末皮埃尔·德·顾拜旦男爵在 1892 年 11 月一次巴黎大学演讲上提出的，他在那时介绍了恢复奥林匹克运动会的想法。实际上国际运动大会正是重建运动会之后开始召开的。另一种运动发生在 20 世纪初，当时

海军军官格洛热斯·赫伯特(Georges Hebert)在 1913 年巴黎召开的关于体质教育的国际会议上展示了他的"自然法"。有组织的体质教育在 1921 年开展,当时还成立了一个专门监管体质教育的部门,该部门先附属于军部,后来改成附属于公共指导部。1928 年,政府机构的一个分部接管了体质教育,这在当时还是共和教育部的一部分。1936 年的人民阵线管理时期,体质教育在健康部门的监管下被交给了政府机构的一个分部。与此同时,"体育和青年活动"被委派给了一个政府机构(历史上是第一次),然后被报告给了公共教育部门。在 1941 年的"二战"期间,维希行政机构开创了体质教育和体育总管理处,以健康、体质属性和活跃智力的发展作为自己的目标。法国解放后,1945 年的法令恢复了共和国体制。在 1947 年第四共和国的管理部门开创了附属于国家教育部的青年体育部门。1958 年第五共和国将它的制度修改成了青年体育的高级委员会。1963 年它成了一个发展完全的部门。1968 年该委员会成了总理官方下的一个政府机关,这一直持续到了 1974 年。随后出现了休闲活动(Leisure Activities),和青年体育一起成了国家教育部的一部分,随后成了生活质量的一部分。1977 年之后这个部门独立出来,并将旅游业也包含在内。1981 年,该部门被分配给了业余时间(Spare Time)部门。尽管当时在里面大多数都是男性,但它依旧被一个叫作埃德维格·阿维斯(Edwige Avice)的女性所领导。一开始她觉得这只是一个被冷落的地方,在之后大家普遍都认为她必须面对很多非常实际的关于体育和资金的问题。1984 年,青年体育部门被改名,1986 年再度被改名,并被国家教育部保护赞助起来,直到 1991 年新总理上任,它再度成了一个独立的部门。这些事件就像蒂博(Thibault)在 1972 年关于法国体育政策制定的言论一样:"这些不同有趣的事件很明显不是象征着始终如一的举动。"

(二) 特征分析

我们通过法国竞技体育政策形成的历史背景、体育政策法规的发展进程、政府干预和资金投入、组织架构特征、运动员的培养及其发展困境与趋势等来分析法国竞技体育政策的特征。结果表明,在体育政策法规的发展进程方面,从 1940 年的《体育宪章》(Charte des Sports)诞生开始,法国开始进入将竞技体育纳入国家行动的阶段,经过多年的发展,形成了政府部门高度介入的法国模式。在政府干预和资金投入方面,法国体育资金有如下几种来源方式:政府预算、国家体育发展基金(FNDS)、私有公司、公共部门、社区财务以及广告费用和赞助。同时作为对卫生、青年与体育部的预算补充,于 1979 年正式创建国家体育发展基金。在组织架构特征方面,法国主要组织为青年和体育部,它由中央管理局和权力下放的其他部门组成,中央管理局包含 3 个董事会,下设以下分局:一是体育局,负责推广体育活动从高等级体育运动到大众运动;二是青年协会,在竞技体育运动员的培养方面,国家体育与体育教育学院(INSEP)负责培养法国的竞技体育运动员,法国对竞技运动员的保障措施包括教育、工作、薪水和养老金相关的一系列措施。

（三） 发展趋向

过去的几十年里,欧洲体育环境经历了一系列的变化,这些变化无疑在未来的几年将推动体育事业巨大发展。这里我们强调两个最重要的变化:第一,体育界外私人机构的兴起。这些新行为体的运作主要遵从商业法则,而且尽管现在他们的影响还主要在职业体育的"经典"项目上,但他们已经开始向竞技体育界进军了;第二,从某种程度上是对这些新行为体兴起的一种解释。这里我们指的是过去几十年里人们对于体育兴趣的显著增长。生活水平的提升、更多的闲暇时间以及以媒体为代表的技术进步,都是形成这一现象的实质原因。面对人们对体育运动的需求增长,供给也显著增加。竞技体育可能首先是体育竞争,然而它同样也已经成为新旧行为体激烈的经济竞争的核心。这样的趋势在以体育联合会为代表的"传统"行为体和新近出现的私人运营商之间的互动尤为明显。这样的趋势在"传统"体育发展运动之内也有所体现,并且和法国体育组织的不同层级存在着冲突。

政府机构间针对某时期同一体育项目"市场份额"的冲突,特别是运动员履行雇员职责代表国家队比赛所花时间与其享有的保险和财政保障权利的冲突。

这一点衍生出了很多问题:保险范围、收入分配以及在一年日程当中同一时段内对于不同类型比赛的侧重。第一个问题涉及竞技运动员代表国家队参赛时的保险适用范围。根据联合会制定的条例,运动员所在的俱乐部需对所有要代表国家队全程参加国际比赛的运动员提供保险。这个问题在 1997 年的职业体育界引发了争议。彼时,罗马的拉齐奥足球俱乐部以其球员亚历山大·内斯塔参加国家队期间受伤为由,要求意大利足球联合会赔偿 630 万欧元。次年 9月,俱乐部要求对方赔偿因替换内斯塔发生的转会费 300 万欧元,以及这名球员2 900 万欧元的薪水,还有内斯塔无法出赛时俱乐部支付他的 100 万欧元。

1997 年 3 月,巴塞罗那足球俱乐部援引博斯曼裁决以避免其球员被要求加入国家队。萨拉戈萨大学发表了一份声明批评俱乐部的这一行为,宣称"球员应征加入国家队这一职责不应被认为是工人自由行动的障碍,因为国际球员这一身份既不是永久的也不是一成不变的"。十年之后发生了乌尔莫斯事件。这个事件中,主人公沙勒罗伊(比利时)俱乐部的阿布德麦贾德·乌尔莫斯在代表摩洛哥参加一场国际友谊赛时受伤,他的俱乐部向当时涉及的体育联合会(世界足球管理机构,国际足联)要求巨额赔偿。这个事件明确标志着司法裁定已经开始向有利于俱乐部一方倾斜的潜在趋势。此外,国家干预是未来法国一段时间竞技体育政策发展的趋势。

## 五、澳大利亚竞技体育政策特征与发展趋向

### (一) 历史背景

澳大利亚是一个历史很短的国家,自从 1770 年詹姆斯·库克(James Cook)船长发现这个大陆起,1788 年开始被殖民统治,之后这块大陆迎来了四面八方的人。到了 1900 年,澳大利亚有了议会,1901 年拥有自主权。尽管它是一个独立的君主制国家,但是澳大利亚还是与君主国英国有着政策、利益与体育方面的许多共同点。目前,澳大利亚的人口大概有 1 700 万,占支配地位的是欧洲人,特别是英国、苏格兰和爱尔兰。"二战"后,希腊、意大利和其他南欧国家的移民涌入澳大利亚。后来,澳大利亚经历了移民样式的变化:来自南非和亚洲的移民更多。澳大利亚成了人口和文化的大熔炉。

澳大利亚拥有 3 层政治系统,包括联邦、州和地方政府。第一层是联邦,包括来自 6 个州和 2 个地区的代表,联邦首都和政府所在地都是堪培拉。联邦政府对所有的澳大利亚公民的日常生活都有重要影响。第二层是州政府,在运转

和职能上与联邦政府相似,由公民选举产生的代表所组成的议会统治,并受政党的监视。第三层是地方和理事会。每个州和地区都任命一个负责体育和娱乐的部长,通过体育娱乐部长理事会(Sport and Recreation Ministers' Council)来协调。新西兰和巴布亚新几内亚运动部长作为观察员参加这些会议。澳大利亚是一个有着独特的历史遗产、多样的市民社会的社会民主主义国家。这对澳大利亚的体育和它的发展有着直接的影响。据约翰·邓其尔·朗(John Dunmore Lang)所言,在这个国家刚刚形成的时候,它的娱乐只是赌博、粗野的运动和酗酒。澳大利亚体育的历史为了它自己的目的被重制了。很多运动会主要从英格兰和爱尔兰引进,诸如足球、赛马、板球,甚至是澳大利亚规则,都已经在英格兰和爱尔兰有了几个世纪的历史。上溯至19世纪70年代,有着200万人口的澳大利亚板球就比有着2 300万人口的英国来得厉害。不久之后,在泰晤士河上,澳大利亚的划船运动员也击败了英国以及世界上其他国家的运动员。1876年在费城,澳大利亚步枪运动员打败美国队。拳击运动,从1788年开始,就创造了许多传说,如拉里·福利(Larry Foley)、杨·格里福(Young Griffo)、莱斯·达西(Les Darcy)和莱昂内尔·罗斯(Lionel Rose)。1908年,杰克·约翰逊(Jack Johnson)与托米·伯恩斯(Tommie Burns)之间的冠军争霸赛被尊称为迄今为止的世界之门(gate in the world to date)。随着新兴国家从欧洲向北美的转移,澳大利亚坚持为平等的可接受性抗争,这是邓斯坦(Dunstan)在1973年提出的,他说澳大利亚在拳击、跑步、自行车、游泳、网球、板球、划船、墙网球、冲浪、赛马、高尔夫等很多方面,培养出了很多世界冠军。在每项运动中,澳大利亚都有世界闻名的人,如杰克·布拉汉姆(Jack Brabham)和唐纳德·布拉汉姆爵士(Sir Donald Bradham)等。1962年的一个运动杂志的排行榜中,澳大利亚在34个国家中排名第六,但是在考虑分数以后,从人均的角度来衡量,澳大利亚排第一。澳大利亚还收到过只邀请很少国家的运动比赛的邀请。1971年,霍恩(Horne)曾写道:对很多澳大利亚人来说,运动是生活的一部分,运动成了一个全国惯例,不对运动感兴趣价值就是堕落……澳大利亚在国际竞技体育上的成功已经是它的外交政策的一部分了。澳大利亚的体育精神是比较独特的。这个人口意义上的小国家拥有150多种体育运动,并且许多都在世界处于领先水平。在1992年的巴塞罗那奥运会上,澳大利亚得到了前十名,而且在非奥林匹克运动会上,它也产生了很多世界冠军。澳大利亚 40%的国民都参加了体育俱乐部,墨尔本(Melbourne)的澳式橄榄球比赛每年都会吸引 10 万以上数目的参与者。然而,人们对澳大利亚体育也有越来越多的焦虑,如民众的参与并不积极、学校体系缺少体育教育、残疾人参赛渠道不通畅、体育科技有待更新,尤其是澳大利亚的奥运冠军减少了。澳大利亚对这些问题的政策比较复杂。在 20 世纪 70 年代早期,政府几乎没有对体育的援助,到了 80 年代中期才有政策支持和公共开支。这些目的被称为两个"P",即绩效(performance)和参与(participation)。也就是说政府政策试图响应世界范围内文化和体育多样化趋势而催生了社会的"试一下"思想。

（二） 特征分析

澳大利亚是一个历史很短的国家,但它却是世界上仅有 3 个参加过全部奥林匹克项目的国家之一,另外两个是希腊和英国。这里通过澳大利亚竞技体育政策形成的历史背景、组织机构特征、政府介入和资金投入、政策目标、政策评估及其发展困境与趋势等来分析澳大利亚竞技体育政策的特征。结果表明,在组织机构特征方面,1976 年创立的澳大利亚体育联盟,代表 100 多个澳大利亚的体育组织,作为与政府部门之间的联络单位,起到了鼓励体育参与、提高体质、增进体育管理、提高体育员工水平的作用,这个自上而下的架构中,地方队对国家的影响很小,形成了典型的金字塔式的体育模型。从 20 世纪 70 年代早期开始,澳大利亚体育的发展是由商业与有政府支持的体育俱乐部同时带动的。在政府介入和资金投入方面,澳大利亚联邦政府对体育事务的介入和资金投入不断增加。如今,澳大利亚的各项体育被各级政府支持着。在地方政府层面,当务之急是娱乐、体育设施的建设和维持。州及地方当局致力于参与工作,包括增强设备和运动员以及发展训练,同时发展地方的精英运动员和学院。在联邦政府层面,为社团体育设备的发展提供了经济援助。联邦体育政策有两个主要目标:一是鼓励和推动社团在体育上的参与;二是显著地提高澳大利亚体育在精英层面的表现。在政策目标方面,澳大利亚运动委员会(Australian Sports Commission,ASC)的目标是澳大利亚运动项目的参与程度和表现的提高。ASC 从事于包括由财政部进行外部审查在内的对体育计划的全面评估,其对 31 项运动进行深入分析,分析表明,澳大利亚近几年在优势项目上有着可观的发展,项目表现水平和资助程度之间有着密切的联系,精英运动员的发展需要一系列复杂的相关计划。

政府对将体育运动作为公共政策法律化这一问题的兴趣的变化在过去的几十年内可以总结为以下几点。

(1) 将体育运动看作与国家社会改革相关的公平性问题而产生兴趣(20世纪70年代早期)。

(2) 伴随唯经济理论而对体育减少了关注(20世纪70年代末期)。

(3) 20世纪80年代早期重新对体育产生了兴趣,主要是为了提高国家的影响力的需求驱动。

(4) 在20世纪80年代末,受到澳大利亚体育联盟和澳大利亚奥林匹克委员会运动的刺激,体育政策占有一席之地的时代到来了。更有意义的是,通过大量国家体育机构和它们的组成,新兴的体育运动发展成熟。

澳大利亚精英体育发展模式的主要原则和特点,见表11-1。总之,澳大利亚体育政策近几年内经历了巨大的转变,结果体现在国际竞争力和人民参与度的提高上,当然还有很多需要改进的地方,尤其是在参与水平和相应的获益方面。现在,关于体育运动资金和项目管理应该以4年为一个周期已经在所有层次上达成了共识。在正常情况下,这些问题将会在1995—1996年被回顾。但是,由于澳大利亚获得2000年奥运会的举办权,一些潜在的获益也从这次机会中产生,回顾的过程可能要被推迟。

表11-1 澳大利亚精英体育发展模式的主要原则和特点

| 主 要 原 则 | 主 要 特 点 |
| --- | --- |
| 体育文化 | 澳大利亚体育文化的重要性在该国优秀运动员的发展中不可低估。苏联和德意志民主共和国利用共产主义的总体原则,建立了一套系统的、科学的精英体育发展方法,澳大利亚能够利用一种根深蒂固的文化倾向,将体育作为本国国民身份的决定性因素 |
| 联邦政府资助 | 自1981年澳大利亚体育学院(Australian Institute of Sport, AIS)成立以来,澳大利亚各主要政党一直在支持获得奖牌的精英运动员的发展,如《体育能力: 一个更积极的澳大利亚的工业、科学和资源》。联邦资金支持精英运动水平仍相对较高: 4年期间从“卓越体育”这个联邦体育政策文件表明,总的来说,在这段时间,40 800万澳元是分配给精英体育,占联邦资金总额的80% |

| 主 要 原 则 | 主 要 特 点 |
|---|---|
| 精英体育机构 | AIS 系统的成立,以及 1985 年成立的 ASC,为过去几十年的澳大利亚精英体育发展提供了组织和管理框架 |
| 人才鉴定和发展 | 早期选拔人才是澳大利亚精英体育模式的重要组成部分。随着技术的发展促使人们采用了一种人才软件,即在国家追求卓越运动的道路上进行搜索 |
| 优秀的教练 | 国家教练委员会成立于 1978 年(1979 年更名为澳大利亚教练委员会),之后,有 20 万名教练被认可参加 90 个体育项目。ACC 仿效加拿大国家教练认证计划的原则,为这一领域的早期发展,提供了 5 个层次的指导教育 |
| 运动科学/运动医学 | 20 世纪 40 年代末 50 年代初,弗兰克·科顿教授和他的门生、游泳教练、《财富》杂志福布斯·卡莱尔(Forbes Carlile)教授的早期开创性工作,为西方国家提供了一个相对较早的承认,从而为这些学科在学术机构、AIS 和国家、领土学院、体育学院的持续发展奠定了基础 |

## (三) 发展趋向

澳大利亚的体育精神是比较独特的。这个人口意义上的小国家拥有 150 多种体育运动,并且许多都处于世界领先水平。在 1992 年的巴塞罗那奥运会上,澳大利亚得到了前十名,而且在非奥林匹克运动会上,它也产生了很多世界冠军。澳大利亚 40%的国民都参加体育俱乐部,墨尔本的澳式橄榄球比赛每年都会吸引 10 万以上数目的参与者。

然而,人们对澳大利亚体育也有越来越多的焦虑:民众的参与并不积极、学校体系缺少体育教育、残疾人参加渠道不通畅、体育科技有待更新等,尤其是澳大利亚的奥运冠军减少了。

澳大利亚对这些问题的政策比较复杂。在 20 世纪 70 年代早期,政府几乎没有对体育进行援助,到了 80 年代中期才有政策支持和公共开支。也就是说政府政策试图响应世界范围内文化和体育多样化趋势,而催生了社会的"试一下"思想。

## 六、挪威竞技体育政策特征和发展趋向

### （一）历史背景

从国土面积看，挪威是一个小国，人口只有 450 万居民，位于欧洲北部。政体是君主立宪制、议会制。议会制政府使议会凌驾于政府行政部门之上，使议会成为政府机构中最强大的政治机构。现如今挪威的议会中有 7 个政党。在第二次世界大战后的一党占多数政府之后，近年来最常见的政府类型是由工党或基督教人民党领导的多数或少数联合政府。

挪威最符合[636]对社会民主福利制度的描述，该制度的特点是庞大的公共部门和丰厚的津贴制度以及高福利。虽然，与欧洲其他国家相比，挪威在福利、社会服务和教育领域的部门较发达。然而，挪威在文化和体育领域的部门比大多数欧洲其他国家更发达[640]。虽然国家主要负责提供福利，但大多数体育和文化活动都是在自愿的基础上组织的。事实上，只有自愿组成的组织才能成为挪威奥林匹克委员会和体育联合会的成员。

与其他组织相比，体育组织是挪威自治组织中最大的部门。总的来说，挪威大约有 7 000 个体育组织，这些组织或基于一项运动，或基于多项运动。所有地方体育俱乐部都在地区一级联合起来。体育组织也根据相关规定、纪律，在国家一级联合起来。区域和国家联合会由挪威奥林匹克委员会和体育联合会（NOC）代表。这个机构在管理有组织的体育和向体育组织分配资金方面享有较高的自主权。虽然这些规定是由国际奥委会大会通过的，但资金主要以国家拨款的形式提供，由国际奥委会在没有政府干预的情况下管理，并分配给各体育联合会。

根据国家和公民社会之间的劳动分工，可以参照两种理想且典型的模式来描述欧洲的体育组织，即自由主义模式和干预主义模式。干预主义模式意味着国家对体育组织负责，就像法国、西班牙和葡萄牙的情况一样。相比之下，挪威、瑞典、英国和荷兰的自由主义模式是基于这样一种观念：即体育组织是公民自由活动的结果，体育是自我组织和自我管理的。国家的作用是在经济上支持自治组织的体育运动。在自由主义模式下，体育组织可以被设想成一个拥有特权

的私人组织。然而,这种自由主义模式并不意味着国家不影响体育组织或不执行任何政策,国家当局对体育设施的资金和体育组织的资金作出一定的管理。

第二次世界大战后,挪威于 1946 年成立国家体育局,并在 1948 年制定相关法律抑制了体育界的赌博现象。自 20 世纪 50 年代以来,社团主义一直是挪威社会的一个基本特征,也是体育体制的一大特征。直到 20 世纪 90 年代,体育体制领域的特点是存在一个强大的组织挪威奥委会(Norway Olgmpic Committee,NOC)垄断着体育界的代表权和与政府当局的谈判权。

自 1992 年以来,挪威在体育领域取得了前所未有的成功。在 1992—2002 年的 4 届冬奥会上,挪威共获得 42 枚金牌,96 枚奖牌。相比之下,挪威在 1976—1998 年的 4 届冬奥会中仅取得了 7 枚金牌,31 枚奖牌。挪威在夏季奥运会自 1992 年以来,挪威在 1992—2004 年的 4 届夏季奥运会中也取得了一定的进展,总共获得了 13 枚金牌,30 枚奖牌,而其在 1976—1988 年的 4 届夏季奥运会仅取得 5 枚金牌,14 枚奖牌。这不得不归功于挪威的精英体育体系。

（二）特征分析

挪威推行社会民主福利制度,该制度的特点是庞大的公共部门和丰厚的津贴制度以及高福利,且挪威在文化和体育领域的部门比大多数欧洲其他国家更发达,体育组织是挪威自治组织中最大的部门,挪威的体育取得了巨大的成功,尤其是冬季项目。这里从挪威竞技体育政策的历史背景、组织机构特征、政府介入和资金投入及体育发展的困境和趋向来分析挪威竞技体育政策的特征。在组织机构特征方面,奥林匹克峰会(Olympiatoppen,Olt)是挪威精英体育系统的支点(特别是在奥林匹克运动方面)。Olt 是挪威奥林匹克委员会和体育联合会(NIF/NOC)这一自治组织的精英体育部门。NIF/NOC 在组织奥林匹克运动方面拥有垄断权。而实际的体育活动是在 NIF/NOC 成员国家的专业体育联合会(SFs)中开展的,在挪威的体育制度中,SFs 对精英体育活动负有主要责任。为了在国际一级体育运动方面具有竞争力,挪威建立了一些专门针对顶级运动的组织架构。这些改革的倡议来自包括 SFs、NIF 和体育俱乐部在内的一系列参与者,并从 4 个部分,即组织架构、全职运动员的出现、对体育科学和医学的重视与竞赛机会进行了具体分析。在政府介入和资金投入方面,政府为精英体育系统提供一个坚实的基础,并为其提供经济上的支持,以确保其正常运行。公共资金是 Olt 的主要收入来源,同时赞助商和赛事转播权及联赛转播权的收入,对更大、更受欢迎的体育项目(以及相关的 SFs)而言也很重要。尽管政府以各种方式帮助精英体育发展,但与其他西方国家相比,政府直接参与开发挪威精英体育系统受到了许多限制。在挪威竞技体育的特征方面,尽管挪威的体育体制与其他国家有许多共同之处,但它确实有两个明显的特点:一个特点是中央政府对精英体育的暧昧态度,一方面,提供经济支持和合法性;另一方面,与主要运动机构保持一定的距离,让国家体育组织制定挪威精英体育的具体目标。另一个特点是强有力的规范和民主结构,它们为精英体育发展提供了制度环境,缓和了强调精英体育目标时而牺牲全民体育这一问题的严重性程度。

（三）发展趋向

挪威体育体制相关的几个因素与国际趋势不同。在各种精英体育发展体系的背景下,这些鲜明的民族特征可以被称为"地方特色"。当其他国家(比如澳大利亚、英国和加拿大)都在积极探索正式的人才识别系统时,挪威却对建立这样的系统表现出相当程度的抵制[502,641]。挪威于 1987 年颁布了《儿童体育条例》,虽然在 2000 年和 2007 年略有修订,但这一条例仍然有效。这些规定对发掘 13 岁以下儿童的运动才能做出了一定的限制。规则要求儿童在很小的时候(10 岁之前)避免在一项运动上专项化,并且在 10～13 岁,专项化应该是有限的。该条例还规定,所有比赛之间的运动必须以游戏为导向,所有的活动都要适合孩子的身心发展,学习比成就更重要。在挪威,儿童体育旨在促进儿童的身体、心理和社会发展。这些规定的目的是无论儿童的知识和技能水平如何,应确保所有儿童注重游戏和社交的发展,而不是竞争。这些规则可以说反映了挪威的一个重要思想和传统,即体育是为每个人服务的,同时强调了儿童体育首先应该是注重游戏的教育和心理方面。体育活动的目的本身并不是目的,而是为整个社会完成一项职能。特别重要的是体育组织而不是政府,为儿童体育提出、实施了这些规则。然而,政治环境强烈地强化了这些法规所依据的价值观。这种在儿童运动方面的规定和规定下所代表的思想,可以部分解释为什么挪威在体操、花样滑冰等这样有节奏的运动中没有取得国际性成功。因为这些运动在运动员早期时候就需要巨大的投资。

虽然国际发展要求挪威体育系统通过一定的程序来选拔年轻的天才，但 Olt 必须根据挪威在体育领域的规范和价值观表现出合法性。这不仅是一个寻找解决可感知问题的方案问题，而且 Olt 还必须确定一个由体育领域内的主导角色支持的解决方案。针对儿童体育的规定限制了 Olt 在这方面的回旋余地，但并未"麻痹"整个组织——该组织通过一定的方法，间接修改了《儿童体育条例》。Olt 的战略是帮助不同的国家联合会制定一项与青年运动员合作的计划，并成为挪威儿童和青年体育发展的重要目标。

Olt 的一名前顾问说："我们没有一个鉴定天才运动员的系统，但我们试图提高孩子们对训练的兴趣，这在一定程度上是成功的……特定的体育运动没有一个良好的体系来挑选人才。他们不评估环境、心理过程、父母的动机、教练的动机等。"此外，Olt 一些负责人想要"软化"这些规定，并解释了在这一领域的模糊规定，他们认为："（NIF/NOC）大会对放宽《儿童体育条例》说'不'，而这限制了一些高水平竞技体育的发展。"[642] 这位前顾问认为，挪威应该在人才识别方面做得更好，这一观点得到了 Olt 前负责人的证实。他介绍说："我们不应该害怕让运动员在十九岁时学习那些运动所必需的技术培训，而这正是发展运动神经的黄金年龄段。特别是对于一些技术型的运动员来说。"虽然 Olt 并不要求修改儿童体育规则，但它也敏锐地意识到，遵守规则会给精英运动员带来一些问题。因此，一些 Olt 的成员支持修改《儿童体育条例》。

关于儿童体育的性质也显示出挪威体育制度中存在着强烈的民主倾向。在体育方面可以通过两种渠道实行民主控制。一是由于体育组织和奥运会组委会的大部分资金来自政府，政客们可以制定有关如何使用这些资金的指导方针。二是体育组织也有民主制度，可以对精英体育发展体系进行控制。在大多数情况下，民主机构，如 NIF 的体育委员会，不会以任何强制的方式对精英体育发展体系施加权力。然而，与此相反的一个重要例子是挪威禁止使用"高海拔训练仓"。尽管根据国际规则，使用"高海拔训练仓"并不违法。但每 4 年召开一次的 NIF/NOC 大会在 2003 年决定，挪威的精英体育项目禁止使用"高海拔训练仓"。大会在 NIF 体系中拥有最高权力，在这一级别的决议对本组织所有成员都具有约束力。

在这个争论之前,国际奥委会(IOC)成员和前 NIF/NOC 主席格哈德·海伯格(Gerhard Heiberg)指出,在国际社会上并不反对使用"高海拔训练仓",挪威的相关禁令将削减运动员的竞争优势。然而,1996 年亚特兰大奥运会 800 米冠军维乔恩·罗瓦尔(Vebjorn Rodal)却持有相反的观点。正如挪威的报纸 *Dagsavisen* 所报道的罗瓦尔的观点,"我想保持尽可能自然的运动,但它已经变得越来越'化学'。'高海拔训练仓'可以说是一种化学操纵。这关系到个人伦理和道德的选择。这些事情应该尽可能的简单。"挪威精英体育的形象是干净和公平的,并可以解释为什么一部分大会会禁止"高海拔训练仓"。

挪威的精英体育发展体系展现了许多其他国家普遍存在的特点。第一,挪威的精英体育模式与许多其他国家的模式相似,因为它是一个集中化的结构,以奥林匹克峰会在内的精英体育中心为中心。然而,这种集中化需要在一定程度上承认国家联盟在挪威体育体系中保持高度独立。因此,一些联盟抵制了 Olt 的统治地位,这可能预示着未来的体系将更加分散。挪威与许多其他主要的体育国家的第二个共同特点是强调精英体育的医学和科学方法。第三个共同特点是不仅关注运动员生活中的运动元素,也关注运动员周围的整体情况,即所谓的"24 小时运动员"。

# 第四节　西方国家竞技体育政策特征与发展趋向

## 一、发展特征

尽管在不同的社会、文化和政治背景下,对于竞技体育的政策手段范围是可以高度相似的,但是我们可以认为政策的实施是取决于路径依赖关系的,这种关系是受政策转变、学习和经验吸取所影响的。政策分析的一个目的就是通过跨国比较来发现有用的政策并对我国的现状和发展提供参考价值。

通过上述 6 个西方国家来探究竞技体育政策趋同的特征。更确切地说,我们关心趋同是如何被定义的以及趋同的机制和政策学习的过程是怎样的。作为这种分析的一部分,我们试图理解一切国家寻求的经验教训是否能够适用于中国。最终，我们探究了国家之间可能会限制趋同的因素，比如社会、文化和政治的特殊性可能会限制一个国家能够采用其他国家经验的程度。对于路径依赖概念的使用往往在广泛与狭隘之间波动，路径依赖意味着一旦一个国家或者一个地区开始步入轨道后，撤销的成本是很高的。制度的壕沟会阻碍回到最初的选择上。这种关于路径依赖的观点认为最初的选择会影响之后的发展方向，该观点引起了"收益递增"概念的出现，即随着策略的实施，成功的概率会逐渐增加。这是因为当前行为的收益会随着时间逐渐增加。换句话说，离开特定的路径，转为另一种方向，成本将会上升。收益递增可以被看作是一种自我强化或者积极反馈的过程。这些观点与竞技体育的发展有着共同之处。以比较有代表性的澳大利亚为例。澳大利亚竞技体育发展的制度化和行政化特点已经根深蒂固，以至于联邦政府没有能力也没有意愿去缩减对竞技体育的投入。尽管在过去的25年中一直有很高的呼声要政府重新考虑过分强调竞技体育的情况，因为其不利于大众体育的发展，但是仍旧没有改变该国对竞技体育的投入。虽然澳大利亚近年来在肥胖率上升的背景下政府承诺会增加大众体育的投入，但是要减少竞技体育的投入，是要付出巨大政治成本的，因为这是"历史遗留问题"。路径依赖包含了政治决定会随时间累积的特点，这会限制未来决策者的决定。过去，许多关键的决定都体现了澳大利亚路径依赖的特点。第一，在20世纪80年代，澳大利亚决定优先发展奥运级别的运动员，由于澳大利亚在1976年的奥运会表现不佳，因此政府就一直在寻求解决方法。这个事件可以看作是一个外在驱动或一个触发事件，使得澳大利亚的竞技体育沿着一个特殊的路径发展。第二，1985年澳大利亚体育委员会成立，尽管政府官员说持续支持大众体育的发展，但实际上这是政府管理竞技体育的领导部门，它强化了政府管理的制度化。第三，申办2000年奥运会的决定以及在1993年申办成功意味着政府并没有改变的意愿，至少在奥运会之前是不会这么做的。第四，在悉尼奥运会之后，政府对竞技体育的投入并没有像预期那般减少，反而仍旧高于对大众体育的投入，这表明在不久的将来，这种情况很可能也不会改变。不可否认，澳大利亚优秀运动员在近年来的奥运会中表现出色，特别是在2000年和2004年奥运会中。因此，在大众体育发展微弱的呼声和对竞技体育成功的竞相宣传报道的情况下，很难相信澳大利亚会改变多年之前做出的决定。在这个例子中,澳大利亚改变竞技体育发展路径的政治成本太高,对于持续成功的需求也很难放弃之前所建立的系统。在不同但是相关的背景下,社会和政治的决定都是基于现有的制度和政策,若要改变已经建立的制度,其成本是巨大的。收益递增以及积极反馈的动态性在本例中是很明显的,澳大利亚政府对于竞技体育的支持触发了自我强化的动态机制。换言之,奥运会金牌数的增加以及伴随而来的国家成功形象,使得澳大利亚的改变在政治上是很难想象的。很可能在国际体育赛场的成功对澳大利亚具有巨大的象征力量,因此我们很难在别的国家发现政府对于竞技体育有着如此持久的支持。

西方国家的竞技体育政策特征支持了趋同理论,一个共同的出发点就是寻求产生奥运奖牌运动员的最佳系统,即政策决定政治的观点。从路径依赖的角度分析也能得到相同的结果。"一旦被建立,对于从意识形态到某一特定方面的政治观点通常都是固执的,这就是路径依赖"。简言之,西方竞技体育的发展受到多方面的影响。相同的政策问题决定了相同的解决方案的假设必须要接受实证调查。此外,美国有些特殊性,美国联邦政府不愿意干预优秀运动员的培养,在这种情况下,政治决定政策,美国的政府主义者一直呼吁联邦政府不应插手,州政府同样也应如此。美国的体育发展体系是偏向自由主义的,竞技体育的发展是由市场(职业体育)支配,并且由中学和大学主导,中学和大学不单纯依赖联邦政府的资助。美国的特殊性其实也是有牢固的政策基础,美国体育经理人之间互相寻求帮助,但很少寻求美国以外的帮助。因此当我们要统一的总结出西方国家的"竞技体育体系的同化现象越来越多"的结论时必须十分谨慎,因为不同的国家有其特殊的历史背景,在政策的某些方面相同而在其余方面不同的情况远比我们想象得要常见。因此,尽管日益激烈的国际竞争要求各国采取更加策略性的方法来发展竞技体育,但是在美国,不存在"体系"这么一说。1984 年后美国在奥运金牌榜的统治力逐渐降低,而我国在 2008 年北京奥运会上取代了美国获得金牌榜的第一名。然而,已经明确的是,美国联邦政府将竞技体育发展的权限授予了体育组织,这与其他发达国家的竞技体育发展体系是截然不同的。澳大利亚、英国、德国和法国等国的竞技体育发展体系具有以下特点:第一,大量且持续的政府资助和体育彩票支持;第二,具有优先权的核心运动项目受到更多的资助;第三,专业化的设施,特别是专门的体育学院和学校的建立;第四,教练员的职业化,以及新近的体育科研和医学支持。

## 二、发展趋向

### (一) 全球化和商业化趋势明显

任何对全球化(指全球联系不断增强,人类生活在全球规模的基础上发展及全球意识的崛起。在这里,指国与国之间竞技体育的相互依存性和趋同性)作为发展竞技体育系统驱动力的质疑,其本身都是存在问题的。因为它们通常关注结果,比如,在比较竞技体育系统时,它们会描述相似性而不会去探索特定的原因。基于这样的推理,对国家的研究证据都指向全球化的影响:除了美国以外所有的国家都显示出了有明显的趋同趋势。然而,这里至少存在两个问题。一个问题是什么引起了这些不同国家背景下的改变。如果起因是外部的,那么源头在哪里?很有可能这些改变的源头是奥林匹克运动或全球媒体,但是这些还是不能让人信服,因为这些施加的压力至多是间接并且最终是薄弱的,特别是当从相对丰富和成功的"体育力量"的角度去看。另一个问题是国家需要向全球展示自己,不仅仅是在邻里或者区域间,越来越多的国家受到全球范围内对内投资和市场的压力。结果就是,国家在维持区域和全球形象时还要保持特有的民族特性。因此,国家就会使用越来越多相似的手段来展示国家的特殊性,比如国旗、国歌、奥运会的参与度以及体育健儿们在领奖台上挥舞奖牌和鲜花。趋同理论一个更基础的问题是变量的选择。在变量选择方面,以下 4 个要素对于一个强大的竞技体育系统是十分关键的:尖端的技术设备、全职训练的财政支持、完备的体育科研和医学支持、高水平项目竞赛制度,各个国家对上述 4 个要素的重视和加强是竞技体育政策全球化的一个明显趋势。

在西方国家竞技体育商品化(即市场化,以营利为第一要义的行为,如,职业体育市场化发展)方面,有研究表明:越来越多的运动员通过国家和商业赞助被商品化,尽管在有的国家出于对运动员退役后生涯的考虑,运动员商品化的趋势有所减缓。法国是这种现象的最好代表。在法国，国家为运动员提供合同，确保其能够进入劳动市场。这些合同不仅仅平衡了运动员运动生涯的需求，还确保了其在运动生涯末期的职业行为。与此同时，法国政府对成功的运动员获得奥运金牌给予免税的金钱奖励。21世纪初，许多国家都采用这种国家奖励的政策。越来越多的国家通过商品化的方式来资助竞技体育。这体现在设立运动成绩目标、策略制定、资助的选择性，以及更多地基于是否能收到回报来决定投资。尽管有证据表明商业需求能够促进一个国家竞技体育的发展，但是国家同样也应该重视一些具有文化意义的体育项目，这些项目通常能够避免一些商业行为。体育组织不再必然受到政府的支持，它们必须展示出其"投资价值"。在政府强力干预的背景下，很多国家认为提高体育成绩是短期内迅速提高国际形象的有效方法。在这种快速获得在国际赛场上成功的需求的驱动下，西方国家体育理事会在20世纪90年代初提出"重点关注最有可能获得成功的运动项目"。此外，随着奥林匹克运动会的发展，体育运动商品和其他的商业利益集团对于体育的影响力在不断扩大。他们认为这种发展改变和塑造了现代的世界级高水平运动，对运动员追求更高的运动水平产生了巨大推动力。这些商业组织从1945年开始发展并促进了运动员为了更高物质奖励而努力。这个发展趋势与体育的政治化密不可分，在更多的资金投资于体育设施和高水平运动员之后，政府能借以享受体育运动成就带来的荣耀。

（二）竞技体育政府干预趋势增强

竞技体育国家干预产生于20世纪50年代，最早出现于苏联和民主德国。在冷战的环境下，苏共领导人认为可以通过竞技体育增加社会主义制度的凝聚力和认同感。在民主德国，竞技体育的投资是通过透明的、层次分明的决策过程完成的。当大量资金投入到体育时，这种政策受到了前所未有的挑战。与此同时，苏联是世界上最先开始承认天赋在体育运动中的地位的国家。他们为被选中的运动员提供系统的训练和各种保障。这种强调运动科学和职业教练的模式很快传播到了民主德国和中国。事实上，这种在东方集团国传播的精英体育发展方式为西方国家的精英体育发展模式提供了模板。以民主德国与联邦德国为例，民主德国在奥运会中取得的不成比例的巨大胜利让其他国家对其体育运动体系产生了巨大好奇。民主德国与联邦德国在取得1972年奥运会举办权后决定加大体育投入。他们决议在1965年制订一份高水平运动计划。在1968年民主德国和联邦德国的高水准表现的压力下,民主德国和联邦德国受到了空前的压力。最终,民主德国与联邦德国形成了公共资金和私人资金混合的复杂志愿投入体制。在澳大利亚,1976年该国奥运会的失利被视为澳大利亚发展运动的直接动力,这使得国家体育政策从对群众体育的支持明显地转向对精英体育的支持。政府干预对体育人才的发掘、对运动科学的关注是澳大利亚体育运动体系的特点。在英国,从20世纪60年代开始就加大对竞技体育的投入,但是直到90年代约翰·梅杰出任首相之前,都没有形成体系。直到90年代中期之前,是否应该支持精英体育,英国一直处于讨论中。然而,随着2012年英国伦敦奥运会的举办,英国加快了政府干预竞技体育的步伐,不断加大对竞技体育的投入,这也使得英国在2012年奥运会上取得了金牌榜第三名的好成绩,在2016年的里约奥运会上,英国超越中国,越居奖牌榜第二名的位置,竞技体育在政府的干预下,取得了巨大的成功。然而,我们也要看到,美国有其特殊性。一开始,美国反对了所有对于集中化国家政府资源投入到竞技体育体系的努力。但是在1972年他们在奥运会上的失利使他们更难接受苏联的成功。所以美国有一段时间,都在关注精英体育政策。1975年,福特总统建立了奥林匹克总统委员会,以研究如何补贴体育爱好者并选择一条美国特色的体育发展道路。尽管现在美国大学体育的残酷性仍为人诟病,但是政府还是致力于寻找一种不需要政府过度介入的体育发展手段。到了今天,美国仍坚持没有任何的政府机构与精英体育相关,它依赖于一个充满竞争的、完善的、与高中大学结合的体系。事实上,美国最先出现了职业运动员。然而,不可否认,政府化的情况逐渐增加,无论是对竞技体育系统的直接管理(比如法国),还是通过政府对体育组织的密切监管。即便是政府化情况不明显的国家,政府与体育组织保持着很好的合作伙伴关系,但政府对于体育资助的增加仍旧是十分显著的,无论是直接资助或者是通过体育彩票的途径。就所有情况而言,本国的制度约束是十分显著的:在美国最为明显(非干预主义),同样也存在于法国(政府管理)、德国(联邦制)。这些约束可以被看作是一种固有文化(法国、美国)和现阶段经历(德国)的混合。

通过对西方国家竞技体育的分析,我们可以看到,存在着一种能够支持西方国家政府加强干预竞技体育的趋势。比如,英国、澳大利亚和法国的管理干预程度要高于其他国家。法国统一规划的制度使得许多方针和规章得以出台。这样的一个结果就是使各个体育协会国家化,在国家名义下实行监管的权力。在英国,近年来国家干预的趋势也越来越明显。这种干预模式的关键特征包括特定的规范化法例以及公共体育管理中起主导和干预的角色,即体育部门的成立。

## 三、小结

本章以美国、英国、德国、法国、澳大利亚和挪威国家的竞技体育政策为研究对象,采用文献资料法、案例分析法、逻辑分析法和 SPLISS 2.0 分析法,对这 6 个国家的竞技体育政策的发展特征和发展趋向进行研究。研究结果表明,竞技体育的职业化水平越来越高,职业体育已经跨越国界;此外,各国对竞技体育奖牌越来越重视,政府对竞技体育的发展干预具有进一步增强的趋势。

# 第五节　西方国家竞技体育政策对中国的启示

## 一、加强体教结合

1995 年 7 月,中国政府发布了第一个"奥运争光计划",该计划的目的是在当时即将到来的 1996 年亚特兰大奥运会和 2000 年,悉尼奥运会上实现更大的成绩突破,中国正是在这一计划的指导和政府的全力支持下逐渐成为夏季奥运会的佼佼者。2000 年,在第 27 届悉尼奥运会上,中国首次进入奖牌榜前 3 名并一直保持至今。成绩的取得在一定程度上反映了这一计划是成功的,但是综合考察历届夏季奥运会奖牌榜和金牌榜的位次,中国即使是在集中投入国家财政、运动员职业化训练的情况下仍然与没有国家财政资助、运动员半职业化训练的美国存在差距。美国奥运会奖牌有超过半数是由大学生运动员贡献的,而中国的奥运奖牌几乎全部来自国家队的专业运动员。中国高校把精英运动员培养为大学生,美国高校则是把大学生培养为精英运动员,先成为运动员再成为大学生是中国精英运动员最普遍的成长路径。当然,造成这一现象的原因有很多,但最主要的因素是国家层面缺少政策设计,学校层面缺乏培养条件。解决这些问题需要政府和高校的共同努力。2018年1月,国家体育总局与清华大学签署战略合作协议,就冰雪项目科技备战、人才培养、场馆利用、队伍共建、教育培训、国际交流等方面开展合作。这是中国竞技体育跨界跨项选材迈出的重要一步,它标志着中国精英运动员的发展途径有了新的选择,成长通道更加多元。有益的探索和尝试值得鼓励,但形成长效模式仍然需要建立一套系统完善的培养机制,从高等院校选拔高水平运动员参加奥运会等重要国际赛事,并与当前已经相对成熟的国家代表队训练培养路径接轨。

## 二、提高训练科学化水平

优秀的竞赛表现除了运动员的个体因素外,高素质的教练是非常重要的外部条件。随着中国竞技体育的不断发展,培养更多优秀的教练成为迫切的现实需要。2011年4月,国家体育总局印发了《2011—2020年奥运争光计划纲要》,这是中国政府发布的第三个奥运争光计划。纲要明确提出要高度重视教练员业务培训和教练员职务审定工作,到2020年,国家队教练员本科学历达到90%以上,硕士、博士研究生学历达到40%以上;具备高级职称的教练员数量大幅度提高。中级教练员每年要保证30个学时的学习培训,高级教练员和国家级教练员要保证40个学时的学习培训,每5年要对全国教练员轮训一遍。这些具体要求体现出国家体育行政管理部门对于加强教练员管理的高度关注,然而量的要求并不能保证质的提升,教练的职业发展是一个长期、动态的过程,即便是拥有博士学位的教练员仍然需要不断提升业务素养和执教能力,保证学习培训时间同样需要建立在科学和不断创新的课程体系之上。相比之下,美国奥委会通过创建优秀教练指导框架来说明优秀的教练应该具备什么样的素质,如何更高效地开展训练工作,并跟踪评价各单项运动管理机构的教练教育实施情况。关注教练职业成长和专业素养不仅需要政策设计,更需要政策落实和反馈,这是中国未来竞技体育发展需要着重思考和解决的问题。

### 三、保持和完善"举国体制"

首先,坚持并完善"举国体制"(20世纪下半叶,中国体育所实施的一种特殊的体育管理体制与运动机制,是中国当代竞技体育快速发展的制度保障与基础。这种体育体制的主要特点是依靠政府的行政手段来管理体育,依靠计划的手段来为体育的发展提供必要的财政支持),将"政府主导、社会参与"转变为"社会主导、政府参与"。随着中国体育体制改革呼声的不断高涨,是否要继续坚持"举国体制"成为最有争议的话题之一。实际上,"举国体制"下的中国竞技体育在奥运会等世界级重大体育赛事中获得了前所未有的成功,中国在近5届夏季奥运会(悉尼、雅典、北京、伦敦、里约热内卢)上获得的金牌数和奖牌总数均位列前3名。这些成绩的取得离不开"举国体制"的支持和保障,但同时也加剧了社会对于"举国体制"的质疑和批评,产生这一现象的主要原因是中国体育的奥运表现与全民运动、健身水平的巨大落差。然而体育是一个大的范畴,竞技体育和群众体育有其各自的发展规律,"举国体制"未必适用于发展大众体育,但它在竞技体育发展过程中所发挥的重要作用是不可否认的,英国自2000年以来在夏季奥运会上的优异成绩正是受益于政府的参与。当然,中国体育现有的"举国体制"也存在很多亟待解决的问题,比如短板效应、政府依赖、人才横向流动受阻、运动员再就业困难等。中国竞技体育的改革和发展需要坚持"举国体制",但坚持的同时需要不断完善、扬长避短。建立新型"举国体制"的根本是要重新定位政府的角色,从"政府主导、社会参与"转变为"社会主导、政府参与",英国竞技体育中最重要的政策经验就是政府在精英体育发展过程中所起的协同作用。

当前,中国体育管理体制正在进行一场持续、深度的变革,2015年中国体育项目协会实体化改革启动,单项体育运动管理中心正逐渐向单项运动协会过渡,这也意味着单项体育社团化发展成为新一轮体育管理体制改革的方向和突破口。这些变化对于中国竞技体育是新的尝试,但英国则已经构建了相对完善的社团治理体系。英国数字、文化、媒体和体育部(DCMS)是负责全英体育事务的政府部门,DCMS通过与其具有官方合作关系的五大机构治理英国竞技体育,即英国体育理事会、体育英格兰、运动场安全管理局、英国反兴奋剂组织和英国体育学院。各运动项目的国家治理机构则接受英国体育理事会和国家彩票基金的资助,并对获得这些资助所确立的计划和目标负责。这是中国竞技体育在新一轮管理体制改革中值得借鉴的治理经验,充分发挥单项协会在治理其运动领域的主体地位,同时根据实际情况鼓励和支持运动训练、教育科研、后勤保障、运动员职业发展等领域的社会组织参与到中国竞技体育的治理中来,充分发挥社会组织在中国竞技体育发展中的作用,厘清政府治理和社会治理的关系,不断推动中国竞技体育治理现代化。

## 四、建立评估机制和体系

英国政府在 1994 年设立了国家彩票基金用于资助和支持精英体育的发展,随后,英国体育理事会成为国家彩票基金的实际运营者和英国精英体育发展最主要的投资机构。该理事会通过整合不同渠道的资金,并按照相应的计划投入中央基金或以运动员表现奖的形式直接向获奖运动员发放。正是由于其投资渠道的多元化,英国体育高度重视投资的效益和安全评估。为此,英国体育理事会和体育英格兰在英国体育治理宪章的基础上制定并发布了体育治理准则以确保所有投资都被有效地使用和接受最广泛的社会监督。中国竞技体育改革和发展过程中可以原有资金来源的基础上继续建立更综合、更多元、更完善的投资和评估体系,合理、高效地吸引社会投资,把精英运动员或具有较大发展潜力的运动员作为最主要和最直接的投资对象,为中国竞技体育发展提供更稳定有力的资金保障。

# 参 考 文 献

[1] 任海. 国外大众体育 [M].北京:北京体育大学出版社,2003.

[2] 于洪军,刘路.预防慢性疾病发生、发展的最佳身体活动负荷研究综述[J].中国体育科技,2012,48(04):113-123+136.

[3] SCHUCH F B, VANCAMPFORT D, RICHARDS J, et al. Exercise as a treatment for depression: a meta-analysis adjusting for publication bias [J]. Journal of Psychiatric Research,2016,77:42-51.

[4] MAMMEN G, FAULKNER G. Physical activity and the prevention of depression: a systematic review of prospective studies [J]. American Journal of Preventive Medicine, 2013,45(5): 649-657.

[5] LIVINGSTON G,SOMMERLAD A,ORGETA V,et al. Dementia prevention, intervention, and care [J]. The Lancet,2017,390(10113): 2673-2734.

[6] DAS P,HORTON R. Rethinking our approach to physical activity [J]. The Lancet,2012, 380(9838): 189-190.

[7] GUTHOLD R,STEVENS G A,RILEY L M,et al. Worldwide trends in insufficient physical activity from 2001 to 2016: a pooled analysis of 358 population-based surveys with 1.9 million participants [J]. The Lancet Global Health,2018,6(10): e1077-e1086.

[8] HALLAL P C, ANDERSEN L B, BULL F C, et al. Global physical activity levels: surveillance progress,pitfalls,and prospects [J]. The Lancet,2012,380(9838): 247-257.

[9] SALLIS J, BAUMAN A, PRATT M. Environmental and policy interventions to promote physical activity [J]. American Journal of Preventive Medicine,1998,15(4): 379-397.

[10] WORLD HEALTH ORGANIZATION. Developing policies to prevent injuries and violence: guidelines for policy-makers and planners [M]. World Health Organization, 2006.

[11] DING D, LAWSON K D, KOLBE-ALEXANDER T L, et al. The economic burden of physical inactivity: a global analysis of major non-communicable diseases [J]. The Lancet,2016,388(10051): 1311-1324.

[12] BULL F, GOENKA S, LAMBERT V, et al. Physical activity for the prevention of

cardiometabolic disease［J］. Disease Control Priorities,2017,5.

［13］ 于洪军,仇军.身体活动经济性专题研究述评[J].北京体育大学学报,2016,39(08)：51-58.

［14］ LEE I-M,SHIROMA E J,LOBELO F,et al. Effect of physical inactivity on major non-communicable diseases worldwide：an analysis of burden of disease and life expectancy ［J］. The Lancet,2012,380(9838)：219-229.

［15］ 曹振波,陈佩杰,庄洁 等. 发达国家体育健康政策发展及对健康中国的启示［J］.体育科学,2017,37(05)：11-23+31.

［16］ SCHMID T L,PRATT M,WITMER L. A framework for physical activity policy research ［J］. Journal of Physical Activity and Health,2006,3(s1)：S20-S29.

［17］ EZZATI M,LOPEZ AD,RODGERS AA,et al. Comparative quantification of health risks：global and regional burden of disease attributable to selected major risk factors.［M］. World Health Organization,2004.

［18］ NATIONAL INSTITUTES OF HEALTH, et al. NIH consensus development panel on physical activity and cardiovascular health：physical activity and cardiovascular health. ［J］. The Journal of American Medical Association,1996,276(3)：241-246.

［19］ CHODZKO-ZAJKO W J,PROCTOR D N,SINGH M A F,et al. Exercise and physical activity for older adults ［J］. Medicine & Science in Sports & Exercise,2009,41(7)：1510-1530.

［20］ 程华,戴健,赵蕊.发达国家大众体育政策评估的特点及启示——以美国、法国和日本为例[J].沈阳体育学院学报,2016,35(03)：36-41.

［21］ 李岫阳. 中英美澳全民健身计划的比较研究[D].苏州:苏州大学硕士学位论文,2015.

［22］ LYONS A S,PETRUCELLI R J. Medicine：an illustrated history ［M］.[出版社不详],1978.

［23］ 汤晓芙,车峰远,崔丽英,等. 环指感觉神经感觉传导速度在轻度腕管综合征诊断中的应用［J］.中华神经科杂志,2003,36(4)：269-271.

［24］ TIPTON C M. The history of "Exercise Is Medicine" in ancient civilizations ［J］. Advances in Physiology Education,2014,38(2)：109-117.

［25］ GUTHRIE D. The Patient：A Neglected Factor in the History of Medicine ［M］. SAGE Publications. 1945.

［26］ KUTAMBIAH P. The doctrine of tridosa ［J］. Ancient Indian Medicine-Orient Madras, Longmans,1962,57-75.

［27］ TIPTON C M. Susruta of India, an unrecognized contributor to the history of exercise physiology ［J］. Journal of Applied Physiology,2008,104(6): 1553-1556.

［28］ HAUBEN D. Sushruta Samhita (Sushruta'a Collection) (800-600 BC?). Pioneers of plastic surgery ［M］. ［出版社不详］,1984.

［29］ PATE R. Historical perspectives on physical activity, fitness, and health ［J］. Physical Activity and Health Human Kinetics,Champaign,2007,22-35.

［30］ BERRYMAN J W. Exercise is medicine: a historical perspective ［J］. Current Sports Medicine Reports,2010,9(4): 195-201.

［31］ DUNCAN D,GOLD R S,BASCH C E,et al. Epidemiology: Basis for disease prevention and health promotion ［M］. New york: Macmillan,1988.

［32］ VALLANCE J T. The lost theory of Asclepiades of Bithynia ［M］. ［出版社不详］,1990.

［33］ SHARMA R,DASH V. Exercise, Good effects of exercise. Bad effects of exercise ［J］. Agnivesa's Caraka Samhita Varanasi,Chowkhamba Sanskrit Series Office,1977,1:151-152.

［34］ SALLIS J F,BOWLES H R,BAUMAN A,et al. Neighborhood environments and physical activity among adults in 11 countries ［J］. Am J Prev Med,2009,36(6): 484-490.

［35］ 董文焕. 华佗五禽戏 ［M］. 香港: 天马图书有限公司. 2002.

［36］ HOWELL T H. Avicenna and his regimen of old age ［J］. Age and Ageing,1987,16(1): 58-59.

［37］ FREUDENBERGER H, CUMMINS G. Health, work and leisure before the Industrial Revolution ［J］. Explorations in Economic History,1976,13(1): 1.

［38］ MAïMONIDE M. Mishne Torah ［M］. Marco Antonio Giustiniani,1990.

［39］ STRUEVER N S. Petrarch's invective contra medicum: An early confrontation of rhetoric and medicine ［J］. MLN,1993,108(4): 659-679.

［40］ JUNG C G. Paracelsus the physician ［J］. The Spirit in Man, Art, and Literature,1941, 13-30.

［41］ DISHMAN R K,MOTL R W,SAUNDERS R,et al. Self-efficacy partially mediates the effect of a school-based physical-activity intervention among adolescent girls ［J］. Preventive medicine,2004,38(5): 628-636.

[42] RAMAZZINI B. De morbis artificum Bernardini Ramazzini diatriba [M]. University of Chicago Press,1940.

[43] HEBERDEN W. Commentaries on the History and Cure of Diseases [M]. T. Payne, 1802.

[44] HITCHCOCK C. Lake ramparts in Vermont [J]. Proceedings of the American Association for the Advancement of Science,1860,13:335-337.

[45] BUSKIRK E R. 1: From Harvard to MinnesotaKeys to Our History [J]. Exercise and Sport Sciences Reviews,1992,20(1): 1-26.

[46] BERRYMAN J W. Thomas K. Cureton, Jr.: Pioneer researcher, proselytizer, and proponent for physical fitness [J]. Research Quarterly for Exercise and Sport, 1996,67 (1): 1-12.

[47] RYAN A J. Exercise and health: Lessons from the past [J]. Exercise and Health Champaign: Human Kinetics Publishers,1984,3-13.

[48] BERRYMAN J W. The tradition of the "six things non-natural": exercise and medicine from Hippocrates through ante-bellum America [J]. Exercise and Sport Sciences Reviews,1989,17(1): 515-560.

[49] RAMAZZINI B,WRIGHT W. Diseases of workers: translated from the Latin text De Morbis Artifactum of 1713 by Wilmer Care Wright [M]. History of Medicine. Hafner. 1964.

[50] PARK R J. High-protein diets, "damaged hearts," and rowing men: antecedents of modern sports medicine and exercise science, 1867-1928 [J]. Exercise and Sport Sciences Reviews,1997,25:137-169.

[51] SILVERSTEIN I,DAHLSTROM A. The relation of muscular activity to carcinoma [J]. Journal of Cancer Research,1922,6:365.

[52] GUY W A. Contributions to a knowledge of the influence of employments upon health [J]. Journal of the Statistical Society of London,1843,6(3): 197-211.

[53] SMITH E. Report on the sanitary conditions of tailors in London [J]. Report of the Medical Officer London: The Privy Council,1864,416-430.

[54] ROMER P M. Increasing returns and long-run growth [J]. Journal of Political Economy, 1986,94(5): 1002-1037.

[55] PAFFENBARGER J R,BLAIR S N,LEE I-M,et al. Measurement of physical activity to

assess health effects in free-living populations [J]. Medicine and Science in Sports and Exercise,1993,25(1): 60-70.

[56] HEDLEY O. Five Year's Experience (1933-1937) With Mortality From Acute Coronary Occlusion in Philadelphia [J]. Annals of Internal Medicine,1939,13(4): 598-611.

[57] MORRIS J N,HEADY J,RAFFLE P,et al. Coronary heart-disease and physical activity of work [J]. The Lancet,1953,262(6796): 1111-1120.

[58] PAFFENBARGER JR R S,HALE W E. Work activity and coronary heart mortality [J]. New England Journal of Medicine,1975,292(11): 545-550.

[59] PAFFENBARGER JR R S, WOLF P A, NOTIUN J, et al. Chronic disease in former college students. I. Early precursors of fatal coronary heart disease [J]. American Journal of Epidemiology,1966,83(2): 314-328.

[60] PAFFENBARGER JR R S, HYDE R, WING A L, et al. Physical activity, all-cause mortality,and longevity of college alumni [J]. New England Journal of Medicine,1986, 314(10): 605-613.

[61] SHAPIRO S, WEINBLATT E, FRANK C W, et al. The HIP study of incidence and prognosis of coronary heart disease: preliminary findings on incidence of myocardial infarction and angina [J]. Journal of Chronic Diseases,1965,18(6): 527-558.

[62] MONTOYE H J, BLOCK W D, METZNER H L, et al. Habitual physical activity and serum lipids: Males, age 16-64 in a total community [J]. Journal of chronic diseases, 1976,29(11): 697-709.

[63] TAYLOR H L,JACOBS JR D R,SCHUCKER B,et al. A questionnaire for the assessment of leisure time physical activities [J]. Journal of Chronic Diseases,1978,31(12): 741-755.

[64] MAGNUS K,MATROOS A,STRACKEE J. Walking,cycling,or gardening,with or without seasonal interruption, in relation to acute coronary events [J]. American Journal of Epidemiology,1979,110(6): 724-733.

[65] POWELL K E, THOMPSON P D, CASPERSEN C J, et al. Physical activity and the incidence of coronary heart disease [J]. Annual Review of Public Health,1987,8(1): 253-287.

[66] MORRIS J N, CRAWFORD M D. Coronary heart disease and physical activity of work [J]. British Medical Journal,1958,2(5111): 1485.

[67] MORRIS J N, KAGAN A, PATTISON D, et al. Incidence and prediction of ischaemic heart-disease in London busmen [J]. The Lancet, 1966, 288 (7463): 553-559.

[68] MORRIS J, POLLARD R, EVERITT M, et al. Vigorous exercise in leisure-time: protection against coronary heart disease [J]. The Lancet, 1980, 316 (8206): 1207-1210.

[69] MORRIS J N, CLAYTON D, EVERITT M, et al. Exercise in leisure time: coronary attack and death rates [J]. Heart, 1990, 63 (6): 325-334.

[70] KARVONEN M. Arteriosclerosis: clinical surveys in Finland [M]. SAGE Publications. 1962.

[71] TAYLOR H L, H B, PUCHNER T, et al. Coronary heart disease in selected occupations of American railroads in relation to physical activity; proceedings of the Circulation, F, 1969 [C]. LIPPINCOTT WILLIAMS & WILKINS 227 EAST WASHINGTON SQ, PHILADELPHIA, PA 19106.

[72] KEYS A, ARAVANIS C, BLACKBURN H W, et al. Epidemiological studies related to coronary heart disease: characteristics of men aged 40-59 in seven countries [M]. [出版社不详], 1966.

[73] DAWBER T R, MEADORS G F, MOORE JR F E. Epidemiological approaches to heart disease: the Framingham Study [J]. American Journal of Public Health and the Nations Health, 1951, 41 (3): 279-286.

[74] TRUETT J, CORNFIELD J, KANNEL W. A multivariate analysis of the risk of coronary heart disease in Framingham [J]. Journal of Clinical Epidemiology, 1967, 20 (7): 511-524.

[75] MONTOYE H J. Physical activity and health: an epidemiologic study of an entire community [M]. Prentice-Hall, 1974.

[76] MAHMOOD S S, LEVY D, VASAN R S, et al. The Framingham Heart Study and the epidemiology of cardiovascular disease: a historical perspective [J]. The Lancet, 2014, 383 (9921): 999-1008.

[77] KANNEL W B. Habitual level of physical activity and risk of coronary heart disease: the Framingham study [J]. Canadian Medical Association Journal, 1967, 96 (12): 811.

[78] FRANCIS JR T. Aspects of the Tecumseh study: Population studies [J]. Public Health Reports, 1961, 76 (11): 963.

[79] PAFFENBARGER JR R S, LAUGHLIN M E, GIMA A S, et al. Work activity of

longshoremen as related to death from coronary heart disease and stroke [J]. New England Journal of Medicine,1970,282(20): 1109-1114.

[80] PAFFENBARGER J R,WING A,HYDE R. Physical activity as an index of heart attack risk in college alumni [J]. American Journal of Epidemiology,1978,108(3): 161-175.

[81] TAYLOR H L,BLACKBURN H,KEYS A,et al. IV. Five-year follow-up of employees of selected US railroad companies [J]. Circulation,1970,41(4s1): I-20-I-39.

[82] SLATTERY M L,JACOBS JR D R. Physical fitness and cardiovascular disease mortality: the US Railroad Study [J]. American Journal of Epidemiology,1988,127(3): 571-580.

[83] BLAIR S N,KOHL H W,BARLOW C E,et al. Changes in physical fitness and all-cause mortality: a prospective study of healthy and unhealthy men [J]. The Journal of American Medical Association,1995,273(14): 1093-1098.

[84] BLAIR S N,KAMPERT J B,KOHL H W,et al. Influences of cardiorespiratory fitness and other precursors on cardiovascular disease and all-cause mortality in men and women [J]. The Journal of American Medical Association,1996,276(3): 205-210.

[85] SUI X,LAMONTE M J,LADITKA J N,et al. Cardiorespiratory fitness and adiposity as mortality predictors in older adults [J]. The Journal of American Medical Association, 2007,298(21): 2507-2516.

[86] LEE C D,BLAIR S N,JACKSON A S. Cardiorespiratory fitness,body composition,and all-cause and cardiovascular disease mortality in men [J]. The American Journal of Clinical Nutrition,1999,69(3): 373-380.

[87] MING W. Low Cardiorespiratory Fitness and Physical Inactivity as Predictors of Mortality in Men with Type 2 Diabetes [J]. Annals of Internal Medicine,2000,132(8): 605.

[88] ARCHER E,BLAIR S N. Physical activity and the prevention of cardiovascular disease: from evolution to epidemiology [J]. Progress in Cardiovascular Diseases,2011,53(6): 387-396.

[89] MANSON J E,HU F B,RICH-EDWARDS J W,et al. A prospective study of walking as compared with vigorous exercise in the prevention of coronary heart disease in women [J]. New England Journal of Medicine,1999,341(9): 650-658.

[90] MARSH H W, RICHARDS G E, JOHNSON S, et al. Physical Self-Description Questionnaire: Psychometric properties and a miiltitrait-meltimethod analysis of relations to existing instruments [J]. Journal of Sport and Exercise Psychology,1994,16(3): 270-

305.

[91] MCAULEY E, MIHALKO S L, BANE S M. Exercise and self-esteem in middle-aged adults: multidimensional relationships and physical fitness and self-efficacy influences [J]. Journal of Behavioral Medicine, 1997, 20(1): 67-83.

[92] DUNCAN M J, SPENCE J C, MUMMERY W K. Perceived environment and physical activity: a meta-analysis of selected environmental characteristics [J]. International Journal of Behavioral Nutrition and Physical Activity, 2005, 2(1): 11.

[93] GEISLER G, LEITH L. An East-West perspective on goal orientation, selfand collective efficacy, and the competition environment in university soccer [M]. [出版社不详], 2010.

[94] MCDONALD D G, HODGDON J A. The psychological effects of aerobic fitness training: Research and theory [M]. Springer Science & Business Media, 2012.

[95] BECKER M H, MAIMAN L A. Sociobehavioral Determinants of Compliance with Health and Medical Care Recommendations [J]. Medical Care, 1975, 13(1): 10-24.

[96] 谢红光. 体质健康信念对大学生体育锻炼行为意向及行为习惯的影响 [D]. 北京: 北京体育大学博士学位论文, 2012.

[97] SLENKER S E, PRICE J H, ROBERTS S M, et al. Joggers versus nonexercisers: An analysis of knowledge, attitudes and beliefs about jogging [J]. Research Quarterly for Exercise and Sport, 1984, 55(4): 371-378.

[98] 李京诚. 身体锻炼行为的理论模式[J]. 体育科学, 1999(02): 44-47.

[99] 毛荣建, 晏宁, 毛志雄. 国外锻炼行为理论研究综述 [J]. 北京体育大学学报, 2003, 26(6): 752-755.

[100] BAGOZZI R P. On the concept of intentional social action in consumer behavior [J]. Journal of Consumer research, 2000, 27(3): 388-396.

[101] DISHMAN R K, THOM N J, ROOKS C R, et al. Failure of post-action stages of the transtheoretical model to predict change in regular physical activity: a multiethnic cohort study [J]. Annals of Behavioral Medicine, 2009, 37(3): 280-293.

[102] MARCUS B H, RAKOWSKI W, ROSSI J S. Assessing motivational readiness and decision making for exercise [J]. Health Psychology, 1992, 11(4): 257.

[103] WASHBURN R A, MCAULEY E, KATULA J, et al. The physical activity scale for the elderly (PASE): evidence for validity [J]. Journal of Clinical Epidemiology, 1999, 52

（7）：643-651.

［104］ CANTOR J M, KUBAN M E, BLAK T, et al. Physical height in pedophilic and hebephilic sexual offenders［J］. Sexual Abuse：A Journal of Research and Treatment, 2007,19（4）：395-407.

［105］ OLANDER E K, FLETCHER H, WILLIAMS S, et al. What are the most effective techniques in changing obese individuals' physical activity self-efficacy and behaviour： a systematic review and meta-analysis［J］. International Journal of Behavioral Nutrition and Physical Activity,2013,10（1）：29.

［106］ 熊明生,周宗奎.锻炼行为理论的评价与展望［J］.武汉体育学院学报,2009,43 （04）：52-57.

［107］ BANDURA A,WALTERS R H. Social learning theory［M］. Prentice-hall Englewood Cliffs,NJ,1977.

［108］ BANDURA A. Self-efficacy mechanism in human agency［J］. American Psychologist, 1982,37（2）：122.

［109］ 王艳喜,雷万胜. 自我效能感研究综述［J］. 当代经理人,2006（04）：111-113.

［110］ BANDURA A. Guide for constructing self-efficacy scales［J］. Self-efficacy beliefs of adolescents,2006,5（1）：307-337.

［111］ LENT R W. Self-efficacy in a relational world：Social cognitive mechanisms of adaptation and development［J］. The Counseling Psychologist,2016,44（4）：573-594.

［112］ 高申春. 自我效能理论评述［J］. 心理发展与教育,2000,16（1）：60-63.

［113］ 杨剑,郭正茂,季浏. 锻炼行为理论模型发展述评［J］. 沈阳体育学院学报,2016,35 （1）：73-81.

［114］ 赵志红. 自我效能理论简述［J］. 湖北第二师范学院学报 2003（4）：98-99.

［115］ 孙拥军,刘岩,吴秀峰.大学生《身体自我效能量表》的初步修订——自我效能实践 测量操作中的分歧［J］.体育科学,2005（03）：81-84+96.

［116］ 王红艳.锻炼自我效能的研究综述［J］.体育科技,2010,31（04）：110-113+124.

［117］ MOTL R W, DISHMAN R K, TROST S G, et al. Factorial validity and invariance of questionnaires measuring social-cognitive determinants of physical activity among adolescent girls［J］. Preventive Medicine,2000,31（5）：584-594.

［118］ VOSKUIL V R, ROBBINS L B. Youth physical activity self - efficacy：A concept analysis［J］. Journal of Advanced Nursing,2015,71（9）：2002-2019.

[119]  郭文,黄依柱,祝娅.身体锻炼自我效能感、目标自我一致对体质健康问题突出的大学生体育锻炼参与度的影响[J].体育学刊,2010,17(11):68-73.

[120]  CERIN E,LESLIE E. How socio-economic status contributes to participation in leisure-time physical activity [J]. Social science & medicine,2008,66(12): 2596-2609.

[121]  杜宇立,张杰,陈敏燕,等.基于结构方程模型的中学生心理因素与体育锻炼内在关系研究[J].中国运动医学杂志,2017,36(2):136-142.

[122]  ANNESI J J. Relations of physical self-concept and self-efficacy with frequency of voluntary physical activity in preadolescents: Implications for after-school care programming [J]. Journal of Psychosomatic Research,2006,61(4): 515-520.

[123]  胡艳.计划和障碍自我效能对锻炼意向到行为过程的解释和干预[D].北京:北京体育大学硕士学位论文,2008.

[124]  GLAZEBROOK C, BATTY M, MULLAN N, et al. 48 cluster-randomised trial of a targeted intervention to promote exercise self-efficacy and reduce Bmi in children at risk of obesity [J]. Archives of Disease in Childhood,2012,97(Suppl 2): A13-A14.

[125]  MCAULEY E,COURNEYA K S,RUDOLPH D L,et al. Enhancing exercise adherence in middle-aged males and females [J]. Preventive Medicine,1994,23(4): 498-506.

[126]  盛建国,高守清,唐光旭.体育锻炼对中学生心理健康的影响:自我效能感的中介作用[J].中国体育科技,2016,52(5):98-103.

[127]  王渠,王顺.自我效能感对大学生体育锻炼的影响研究[J].体育科技文献通报,2012,20(3):99-99.

[128]  李哲,赵宝椿.自我效能感与体育锻炼行为相关研究述评[J].赣南师范学院学报,2013,34(6):94-97.

[129]  卢琳,董宝林.自我效能感,特质拖延对女大学生余暇体育的影响[J].南京体育学院学报:社会科学版,2017,31(2):112-116.

[130]  陈作松,周爱光.环境,自我效能感与中学生锻炼态度的关系[J].武汉体育学院学报,2007,41(4):31-35.

[131]  杨尚剑.社会支持,自我效能与青少年体育锻炼满意度的关系[J].武汉体育学院学报,2016,50(2):90-94.

[132]  司琦.大学生体育锻炼行为的阶段变化与心理因素研究[J].体育科学,2005,25(12):76-83.

[133]  司琦.影响大学生锻炼行为阶段变化的各心理因素间的路径分析[J].体育科学,

2006,26(8):29-32.

[134]　方敏,孙影,赵俊红.青少年锻炼行为的阶段变化模化研究[J].中国公共卫生,2006(08):902-903.

[135]　BLISSMER B,MCAULEY E. Testing the requirements of stages of physical activity among adults:the comparative effectiveness of stage-matched,mismatched,standard care,and control interventions [J]. Annals of Behavioral Medicine,2002,24(3):181-189.

[136]　FITZPATRICK S E,REDDY S,LOMMEL T S,et al. Physical activity and physical function improved following a community-based intervention in older adults in Georgia senior centers [J]. Journal of Nutrition for the Elderly,2008,27(1-2):135-154.

[137]　BERINGER J,ARGUIN J F,BARNETT R M,et al. REVIEW OF PARTICLE PHYSICS Particle Data Group [J]. Review of particle physics. Physical Review D-Particles, Fields,Gravitation and Cosmology,2012,86(1):010001.

[138]　FISHBEIN M,AJZEN I. Understanding attitudes and predicting social behavior [J]. 1980.

[139]　陈怀中,刘霞.浅述计划行为理论及其变量内涵的新发展[J].科教文汇(下旬刊),2008(10):286.

[140]　AJZEN I. From intentions to actions:A theory of planned behavior [M]. Action control. Springer. 1985:11-39.

[141]　AJZEN I,MADDEN T J. Prediction of goal-directed behavior:Attitudes,intentions,and perceived behavioral control [J]. Journal of experimental social psychology,1986,22(5):453-474.

[142]　段文婷,江光荣.计划行为理论述评 [J]. 心理科学进展,2008,16(02):315-320.

[143]　王静,杨屹,傅灵菲,等.计划行为理论概述[J].健康教育与健康促进,2011(04):54-55+65.

[144]　张锦,郑全全.计划行为理论的发展、完善与应用[J].人类工效学,2012,18(01):77-81.

[145]　方敏.基于计划行为理论拓展模型的青少年锻炼行为研究 [J].武汉体育学院学报,2011,45(4):52-56.

[146]　BLUE C L. The predictive capacity of the theory of reasoned action and the theory of planned behavior in exercise research:An integrated literature review [J]. Research in

Nursing & Health,1995,18(2)：105-121.

[147] GODIN G. Theories of reasoned action and planned behavior: usefulness for exercise promotion [J]. Medicine and Science in Sports and Exercise,1994,26(11)：1391-1394.

[148] WANKEL L M,MUMMERY W K. Using national survey data incorporating the theory of planned behavior: Implications for social marketing strategies in physical activity [J]. Journal of Applied Sport Psychology,1993,5(2)：158-177.

[149] WANKEL L M,MUMMERY W K,STEPHENS T,et al. Prediction of physical activity intention from social psychological variables: Results from the Campbell's Survey of Well-Being [J]. Journal of Sport & Exercise Psychology,1994.

[150] HAUSENBLAS H A,CARRON A V,MACK D E. Application of the theories of reasoned action and planned behavior to exercise behavior: A meta-analysis [J]. Journal of Sport and Exercise Psychology,1997,19(1)：36-51.

[151] SCHüZ B,LI A S-W,HARDINGE A,et al. Socioeconomic status as a moderator between social cognitions and physical activity: Systematic review and meta-analysis based on the Theory of Planned Behavior [J]. Psychology of Sport and Exercise,2017,(30)：186-195.

[152] PLOTNIKOFF R C,LUBANS D R,COSTIGAN S A,et al. A test of the theory of planned behavior to predict physical activity in an overweight/obese population sample of adolescents from Alberta,Canada [J]. Health Education & Behavior,2013,40(4)：415-425.

[153] 李京诚.身体锻炼行为的理论模式[J].体育科学,1999(02):44-47..

[154] 方敏,孙影.计划行为理论的概化:青少年锻炼行为的预测模式[J].天津体育学院学报,2010,25(03):224-227+230.

[155] 康茜,王丽娟.基于计划行为理论分析青少年休闲性体力活动的影响因素[J].中国学校卫生,2016,37(06):851-855.

[156] 郭强.基于计划行为和自我决定理论的大学生锻炼行为干预研究[J].浙江体育科学,2013,35(01):98-102.

[157] GODIN G,SHEPHARD R J,COLANTONIO A. The cognitive profile of those who intend to exercise but do not [J]. Public Health Reports,1986,101(5)：521.

[158] SHEERAN P. Intention—behavior relations: a conceptual and empirical review [J].

European Review of Social Psychology,2002,12(1): 1-36.

[159] GODIN G,CONNER M. Intention-behavior relationship based on epidemiologic indices: an application to physical activity [J]. American Journal of Health Promotion,2008,22 (3): 180-182.

[160] GOLLWITZER P M. Implementation intentions: strong effects of simple plans [J]. American Psychologist,1999,54(7): 493.

[161] BéLANGER-GRAVEL A, GODIN G, AMIREAULT S. A meta-analytic review of the effect of implementation intentions on physical activity [J]. Health Psychology Review, 2013,7(1): 23-54.

[162] SHEERAN P,WEBB T L,GOLLWITZER P M. The interplay between goal intentions and implementation intentions [J]. Personality and Social Psychology Bulletin,2005,31 (1): 87-98.

[163] CONNER M,SANDBERG T,NORMAN P. Using action planning to promote exercise behavior [J]. Annals of Behavioral Medicine,2010,40(1): 65-76.

[164] 冯海涛,郑卫北.基于计划行为理论的大学生锻炼行为研究[J].河北科技大学学报 (社会科学版),2012,12(04):100-106.

[165] HAGGER M,CHATZISARANTIS N,BIDDLE S. A meta-analytic review of the theories of reasoned action and planned behavior in physical activity: Predictive validity and the contribution of additional variables [J]. Journal of Sport & Exercise Psychology,2002.

[166] PARCEL G S, BARANOWSKI T. Social learning theory and health education [J]. Health Education,1981,12(3): 14-18.

[167] REJESKI W J, THOMPSON A, BRUBAKER P H, et al. Acute exercise: Buffering psychosocial stress responses in women [J]. Health Psychology,1992,11(6): 355.

[168] BOOTH J R, MACWHINNEY B, THULBORN K R, et al. Developmental and lesion effects in brain activation during sentence comprehension and mental rotation [J]. Developmental Neuropsychology,2000,18(2): 139-169.

[169] SNIEHOTTA F F, SCHOLZ U, SCHWARZER R, et al. Long-term effects of two psychological interventions on physical exercise and self-regulation following coronary rehabilitation [J]. International Journal of Behavioral Medicine,2005,12(4): 244-255.

[170] LIPSKY B A,BERENDT A R,CORNIA P B,et al. 2012 Infectious Diseases Society of America clinical practice guideline for the diagnosis and treatment of diabetic foot

infections [J]. Clinical Infectious Diseases,2012,54(12): e132-e173.

[171] STOKOLS D. Establishing and maintaining healthy environments: toward a social ecology of health promotion [J]. American Psychologist,1992,47(1): 6.

[172] SALLIS J F,CERVERO R B,ASCHER W,et al. An ecological approach to creating active living communities [J]. Annual Review Public Health,2006,(27): 297-322.

[173] KOPLAN J P,LIVERMAN C T,KRAAK V I. Preventing childhood obesity: health in the balance: executive summary [J]. Journal of the American Dietetic Association, 2005,105(1): 131-138.

[174] TROST S G,OWEN N,BAUMAN A E,et al. Correlates of adults' participation in physical activity: review and update [J]. Medicine & Science in Sports & Exercise, 2002,34(12): 1996-2001.

[175] LEWIN K. Field theory in social science: selected theoretical papers (edited by dorwin cartwright.) [M]. [出版社不详],1951.

[176] BARKER R. Ecological Psychology: Stanford University Press [M]. Stanford, CABasow,S.(1992). Gender Stereotypes and Roles,Third Edition ,1968.

[177] FLAY B R,PETRAITIS J. A new theory of health behavior with implications for preventive interventions [J]. Advances in Medical Sociology,1994,(4)19-44.

[178] GLANZ K,SALLIS J F,SAELENS B E,et al. Healthy nutrition environments: concepts and measures [J]. American Journal of Health Promotion,2005,19(5): 330-333.

[179] GLASS T A,MCATEE M J. Behavioral science at the crossroads in public health: extending horizons,envisioning the future [J]. Social Science & Medicine, 2006, 62 (7): 1650-1671.

[180] MCLEROY K R,BIBEAU D,STECKLER A,et al. An ecological perspective on health promotion programs [J]. Health Education Quarterly,1988,15(4): 351-377.

[181] STOKOLS D,GRZYWACZ J G,MCMAHAN S,et al. Increasing the health promotive capacity of human environments [J]. American Journal of Health Promotion, 2003, 18 (1): 4-13.

[182] STORY M,KAPHINGST K M,ROBINSON-O'BRIEN R,et al. Creating healthy food and eating environments: policy and environmental approaches [J]. Annual Review Public Health,2008,(29)253-272.

[183] BRONFENBRENNER U. The Ecology of Human Development: Experiments by Nature

and Design,Harvard University Press [J]. Cambridge,MA,1979.

[184] COHEN D A,SCRIBNER R A,FARLEY T A. A structural model of health behavior: a pragmatic approach to explain and influence health behaviors at the population level [J]. Preventive Medicine,2000,30(2): 146-154.

[185] LOHRMANN D,YOUSSEFAGHA A,JAYAWARDENE W. Trends in body mass index and prevalence of extreme high obesity among Pennsylvania children and adolescents, 2007-2011: promising but cautionary [J]. American Journal of Public Health,2014,104 (4): e62-e68.

[186] FISHER E B,BROWNSON R C,HEATH A C,et al. Cigarette smoking [M].[出版社不详] 2004.

[187] OGILVIE D,BULL F,POWELL J,et al. An applied ecological framework for evaluating infrastructure to promote walking and cycling: the iConnect study [J]. American Journal of Public Health,2011,101(3): 473-481.

[188] SUGIYAMA T,NEUHAUS M,COLE R,et al. Destination and route attributes associated with adults' walking: a review [J]. Medicine & Science in Sports & Exercise,2012,44 (7): 1275-1286.

[189] OWEN N,SUGIYAMA T,EAKIN E E,et al. Adults' sedentary behavior: determinants and interventions [J]. American Journal of Preventive Medicine,2011,41(2): 189-196.

[190] KOK G, GOTTLIEB N H, COMMERS M, et al. The ecological approach in health promotion programs: a decade later [J]. American Journal of Health Promotion,2008, 22(6): 437-442.

[191] WICKER A W. Ecological psychology: Some recent and prospective developments [J]. American Psychologist,1979,34(9): 755.

[192] BORLAND R,YOUNG D,COGHILL K,et al. The tobacco use management system: analyzing tobacco control from a systems perspective [J]. American Journal of Public Health,2010,100(7): 1229-1236.

[193] MERCER S L,GREEN L W,ROSENTHAL A C,et al. Possible lessons from the tobacco experience for obesity control [J]. The American Journal of Clinical Nutrition,2003,77 (4): 1073S-1082S.

[194] GREEN L W,ORLEANS C T,OTTOSON J M,et al. Inferring strategies for disseminating

physical activity policies, programs, and practices from the successes of tobacco control [J]. American Journal of Preventive Medicine, 2006, 31(4): 66-81.

[195]  SALLIS J F, FLOYD M F, RODRíGUEZ D A, et al. Role of built environments in physical activity, obesity, and cardiovascular disease [J]. Circulation, 2012, 125(5): 729-737.

[196]  BAUMAN A E, REIS R S, SALLIS J F, et al. Correlates of physical activity: why are some people physically active and others not? [J]. The Lancet, 2012, 380(9838): 258-271.

[197]  MATSUDO S M, MATSUDO V R, ANDRADE D R, et al. Physical activity promotion: experiences and evaluation of the Agita São Paulo Program using the ecological mobile model [J]. Journal of Physical Activity and Health, 2004, 1(2): 81-97.

[198]  OWEN N. Sedentary behavior: understanding and influencing adults' prolonged sitting time [J]. Preventive Medicine, 2012, 55(6): 535-539.

[199]  SUGIYAMA T, SALMON J, DUNSTAN D W, et al. Neighborhood walkability and TV viewing time among Australian adults [J]. American Journal of Preventive Medicine, 2007, 33(6): 444-449.

[200]  DING D, SALLIS J F, CONWAY T L, et al. Interactive effects of built environment and psychosocial attributes on physical activity: a test of ecological models [J]. Annals of Behavioral Medicine, 2012, 44(3): 365-374.

[201]  DE BOURDEAUDHUIJ I, SALLIS J F, SAELENS B E. Environmental correlates of physical activity in a sample of Belgian adults [J]. American Journal of Health Promotion, 2003, 18(1): 83-92.

[202]  GILES-CORTI B, DONOVAN R J. The relative influence of individual, social and physical environment determinants of physical activity [J]. Social Science & Medicine, 2002, 54(12): 1793-1812.

[203]  OWEN N, CERIN E, LESLIE E, et al. Neighborhood walkability and the walking behavior of Australian adults [J]. American Journal of Preventive Medicine, 2007, 33(5): 387-395.

[204]  SAELENS B E, SALLIS J F, FRANK L D, et al. Neighborhood environment and psychosocial correlates of adults' physical activity [J]. Medicine and Science in Sports and Exercise, 2012, 44(4): 637-646.

[205] FRANK L D,SALLIS J F,SAELENS B E,et al. The development of a walkability index: application to the Neighborhood Quality of Life Study [J]. British Journal of Sports Medicine,2010,44(13): 924-933.

[206] CARLSON J A,SALLIS J F,CONWAY T L,et al. Interactions between psychosocial and built environment factors in explaining older adults' physical activity [J]. Preventive Medicine,2012,54(1): 68-73.

[207] CAO X,MOKHTARIAN P L,HANDY S L. Examining the impacts of residential self - selection on travel behaviour: a focus on empirical findings [J]. Transport Reviews, 2009,29(3): 359-395.

[208] SHIMURA H, SUGIYAMA T, WINKLER E, et al. High neighborhood walkability mitigates declines in middle-to-older aged adults' walking for transport [J]. Journal of Physical Activity and Health,2012,9(7): 1004-1008.

[209] GILES-CORTI B, BULL F, KNUIMAN M, et al. The influence of urban design on neighbourhood walking following residential relocation: longitudinal results from the RESIDE study [J]. Social Science & Medicine,2013,(77):20-30.

[210] MUMFORD K G,CONTANT C K,WEISSMAN J,et al. Changes in physical activity and travel behaviors in residents of a mixed-use development [J]. Am J Prev Med,2011,41 (5): 504-507.

[211] KERR J, SALLIS J F, OWEN N, et al. Advancing science and policy through a coordinated international study of physical activity and built environments: IPEN adult methods [J]. Journal of Physical Activity and Health,2013,10(4): 581-601.

[212] VAN DYCK D,CERIN E,CONWAY T L,et al. Perceived neighborhood environmental attributes associated with adults' leisure-time physical activity: Findings from Belgium, Australia and the USA [J]. Health & Place,2013,(19):59-68.

[213] VAN DYCK D, CERIN E, CONWAY T L, et al. Associations between perceived neighborhood environmental attributes and adults' sedentary behavior: findings from the USA,Australia and Belgium [J]. Social Science & Medicine,2012,74(9): 1375-1384.

[214] VAN DYCK D,CERIN E,CONWAY T L,et al. Perceived neighborhood environmental attributes associated with adults' transport-related walking and cycling: Findings from the USA,Australia and Belgium [J]. International Journal of Behavioral Nutrition and Physical Activity,2012,9(1): 70.

[215] VAN DYCK D, CERIN E, CONWAY T L, et al. Interacting psychosocial and environmental correlates of leisure-time physical activity: A three-country study [J]. Health Psychology,2014,33(7): 699.

[216] BORNSTEIN D B, PATE R R, PRATT M. A review of the national physical activity plans of six countries [J]. Journal of Physical Activity and Health,2009,6(s2): S245-S64.

[217] BORS P, DESSAUER M, BELL R, et al. The Active Living by Design national program: community initiatives and lessons learned [J]. American Journal of Preventive Medicine,2009,37(6): S313-S321.

[218] PUCHER J, DILL J, HANDY S. Infrastructure, programs, and policies to increase bicycling: an international review [J]. Preventive Medicine,2010,(50):S106-S125.

[219] MEDICINE I O. Health and behavior: The interplay of biological, behavioral, and societal influences [M]. Washington,DC: National Academies Press.,2001.

[220] BULL S, EAKIN E, REEVES M, et al. Multi - level support for physical activity and healthy eating [J]. Journal of Advanced Nursing,2006,54(5): 585-593.

[221] FINEGOOD D T. The complex systems science of obesity [M]. The Oxford Handbook of the Social Science of Obesity. 2011.

[222] HAMMOND R A. Complex Systems Modeling for Obesity Research [J]. Preventing Chronic Disease,2009,6(3): 10.

[223] 曾永忠,赵苏喆.促进身体锻炼行为的社会生态理论模型研究述评[J].福建体育科技,2008,27(01):20-22.

[224] 李俊,张惠红. 生态学模型在我国青少年课外体育锻炼中的应用 [J]. 河北体育学院学报,2013,27(05): 33-36.

[225] 苏传令. 社会生态学模型与青少年体力活动关系的研究综述 [J]. 浙江体育科学,2012,34(02): 94-8+124.

[226] 杨瑞鹏.国内外锻炼行为生态学模型应用现状比较分析[J].河南科技,2014(03): 272.

[227] 陈培友,孙庆祝.青少年体力活动促进的社会生态学模式构建——基于江苏省中小学生的调查 [J]. 上海体育学院学报,2014,38(05): 79-84.

[228] 杨剑,邱茜,季浏. 锻炼行为生态学模型及其在体育领域的应用 [J]. 武汉体育学院学报,2014,48(10): 75-81.

[229] 代俊,陈瀚,李菁,等. 社会生态学理论视域下影响青少年运动健康行为的因素 [J]. 上海体育学院学报,2017,41(03): 35-41.

[230] 邹艳,赵栋,孟佳,等. 基于社会生态学理论的学生营养健康综合干预策略 [J]. 预 防医学,2018,30(12): 1288-90+93.

[231] HASKELL W L, BLAIR S N, HILL J O. Physical activity: health outcomes and importance for public health policy [J]. Preventive Medicine,2009,49(4): 280-282.

[232] SHEPHARD R J. Physical activity, health, and well-being at different life stages [J]. Research Quarterly for Exercise and Sport,1995,66(4): 298-302.

[233] JACOBS J D, AINSWORTH B E, HARTMAN T J, et al. A simultaneous evaluation of 10 commonly used physical activity questionnaires [J]. Medicine and Science in Sports and Exercise,1993,25(1): 81-91.

[234] WARBURTON D E, NICOL C W, BREDIN S S. Health benefits of physical activity: the evidence [J]. Canadian Medical Association Journal,2006,174(6): 801-809.

[235] NORTH T C, MCCULLAGH P, TRAN Z V. Effect of exercise on depression [J]. Exercise and Sport Sciences Reviews,1990,18(1): 379-416.

[236] LEE I-M, SESSO H D, PAFFENBARGER JR R S. Physical activity and coronary heart disease risk in men: does the duration of exercise episodes predict risk? [J]. Circulation,2000,102(9): 981-986.

[237] SANDA B, VISTAD I, HAAKSTAD L A H, et al. Reliability and concurrent validity of the International Physical Activity Questionnaire short form among pregnant women [J]. BMC Sports Science, Medicine and Rehabilitation,2017,9(1): 1-10.

[238] RODRIGUEZ-MUNOZ S, CORELLA C, ABARCA-SOS A, et al. Validation of three short physical activity questionnaires with accelerometers among university students in Spain [J]. The Journal of Sports Medicine and Physical Fitness,2017,57(12): 1660-1668.

[239] WANG C, CHEN P, ZHUANG J. Validity and reliability of international physical activity questionnaire-short form in chinese youth [J]. Research Quarterly for Exercise and Sport,2013,84(S2): 37-41.

[240] CLELAND C, FERGUSON S, ELLIS G, et al. Validity of the International Physical Activity Questionnaire (IPAQ) for assessing moderate-to-vigorous physical activity and sedentary behaviour of older adults in the United Kingdom [J]. BMC Medical Research Methodology,2018.

[241] TOMIOKA K,IWAMOTO J,SAEKI K,et al. Reliability and validity of the international physical activity questionnaire (IPAQ) in elderly adults: The Fujiwara-kyo study [J]. Journal of Epidemiology,2011.

[242] TRAN D V, LEE A H, AU T B, et al. Reliability and validity of the International Physical Activity Questionnaire-Short Form for older adults in Vietnam [J]. Health Promotion Journal of Australia,2013,24(2): 126-131.

[243] DENG H B,MACFARLANE D J,THOMAS G N,et al. Reliability and validity of the IPAQ-Chinese: The Guangzhou Biobank Cohort Study [J]. Medicine and Science in Sports and Exercise,2008,40(2): 303-307.

[244] LEE P H,YU Y,MCDOWELL I,et al. Performance of the international physical activity questionnaire (short form) in subgroups of the Hong Kong chinese population [J]. International Journal of Behavioral Nutrition and Physical Activity,2011,8(1): 81.

[245] EKELUND U,SEPP H,BRAGE S,et al. Criterion-related validity of the last 7-day,short form of the International Physical Activity Questionnaire in Swedish adults [J]. Public Health Nutrition,2006,9(2): 258-265.

[246] KALVENAS A,BURLACU I,ABU-OMAR K. Reliability and validity of the International Physical Activity Questionnaire in Lithuania [J]. Baltic Journal of Health and Physical Activity,2016,8(2): 29-41.

[247] MEDINA C,BARQUERA S,JANSSEN I. Validity and reliability of the International Physical Activity Questionnaire among adults in Mexico [J]. Revista Panamericana de Salud Publica/Pan American Journal of Public Health,2013,34(1): 21-28.

[248] OYEYEMI A L, UMAR M, OGUCHE F, et al. Accelerometer-Determined Physical Activity and Its Comparison with the International Physical Activity Questionnaire in a Sample of Nigerian Adults [J]. Plos One,2014,9(1): 9.

[249] OYEYEMI A L,OYEYEMI A Y,ADEGOKE B O,et al. The short international physical activity questionnaire: cross-cultural adaptation,validation and reliability of the Hausa language version in Nigeria [J]. Bmc Medical Research Methodology,2011,(11):11.

[250] MACFARLANE D J,LEE C C Y,HO E Y K,et al. Reliability and validity of the Chinese version of IPAQ (short,last 7 days) [J]. Journal of Science and Medicine in Sport,2007,10(1): 45-51.

[251] WANG F,MCDONALD T,REFFITT B,et al. BMI,physical activity, and health care

utilization/costs among Medicare retirees [J]. Obesity Research,2005,13(8): 1450-1457.

[252] DUNCAN M J, ARBOUR-NICITOPOULOS K, SUBRAMANIEAPILLAI M, et al. Revisiting the International Physical Activity Questionnaire (IPAQ): Assessing physical activity among individuals with schizophrenia [J]. Schizophrenia Research, 2017, (179):2-7.

[253] KURTZE N,RANGUL V,HUSTVEDT B-E. Reliability and validity of the international physical activity questionnaire in the Nord-Trøndelag health study (HUNT) population of men [J]. BMC Medical Research Methodology,2008,8(1): 63.

[254] DUNCAN M J, ARBOUR-NICITOPOULOS K, SUBRAMANIAPILLAI M, et al. Revisiting the International Physical Activity Questionnaire (IPAQ): Assessing sitting time among individuals with schizophrenia [J]. Psychiatry Research,2019,(271):311-318.

[255] NELSON M C,TAYLOR K,VELLA C A. Comparison of Self-Reported and Objectively Measured Sedentary Behavior and Physical Activity in Undergraduate Students [J]. Measurement in Physical Education and Exercise Science,2019,23(3): 237-248.

[256] RääSK T, MAëSTU J, LäTT E, et al. Comparison of IPAQ-SF and two other physical activity questionnaires with accelerometer in adolescent boys [J]. PLoS ONE,2017.

[257] RUIZ-CASADO A, ALEJO L B,SANTOS-LOZANO A, et al. Validity of the Physical Activity Questionnaires IPAQ-SF and GPAQ for Cancer Survivors: Insights from a Spanish Cohort [J]. International Journal of Sports Medicine,2016.

[258] WOLIN K Y,HEIL D P,ASKEW S,et al. Validation of the international physical activity questionnaire-short among blacks [J]. Journal of Physical Activity and Health,2008.

[259] MATTHEWS C E,CHEN K Y,FREEDSON P S,et al. Amount of time spent in sedentary behaviors in the United States, 2003-2004 [J]. American Journal of Epidemiology, 2008,167(7): 875-881.

[260] OWEN N,HEALY G N,MATTHEWS C E,et al. Too much sitting: the population-health science of sedentary behavior [J]. Exercise and Sport Sciences Reviews,2010,38(3): 105.

[261] LEE I M. Epidemiologic Methods in Physical Activity Studies [M]. Oxford University Press,2009.

［262］ LEE I-M,HSIEH C-C,PAFFENBARGER R S. Exercise intensity and longevity in men: the Harvard Alumni Health Study［J］. The Journal of American Medical Association, 1995,273(15): 1179-1184.

［263］ PAFFENBARGER JR R S,HYDE R T,WING A L,et al. The association of changes in physical-activity level and other lifestyle characteristics with mortality among men［J］. New England Journal of Medicine,1993,328(8): 538-545.

［264］ LEE I-M, PAFFENBARGER JR R S. Physical activity and stroke incidence: the Harvard Alumni Health Study［J］. Stroke,1998,29(10): 2049-2054.

［265］ Helmrich S.P., Ragland D.R., Leung, R.W., et al. Physical activity and reduced occurrence of non-insulin-dependent diabetes mellitus［J］. New England Journal of Medicine,1991,325(5): 147-152.

［266］ LEE I-M,PAFFENBARGER J R. Physical activity and its relation to cancer risk: a prospective study of college alumni［J］. Medicine and Science in Sports and Exercise, 1994,26(7): 831-837.

［267］ PAFFENBARGER JR R S,WING A L,HYDE R T. Chronic disease in former college students: XIII. Early precursors of peptic ulcer［J］. American Journal of Epidemiology, 1974,100(4): 307-315.

［268］ PAFFENBARGER JR R, LEE I M, LEUNG R. Physical activity and personal characteristics associated with depression and suicide in American college men［J］. Acta Psychiatrica Scandinavica,1994,(89):16-22.

［269］ 戴剑松,孙飙.体力活动测量方法综述[J].体育科学,2005(09):69-75.

［270］ SATTLER M C,JAUNIG J,WATSON E D,et al. Physical Activity Questionnaires for Adults［J］. Sports Medicine,2018,48(10): 2317-2346.

［271］ LEE I-M. Epidemiologic Methods in Physical Activity Studies［M］. Oxford University Press,2009.

［272］ DELISLE NYSTRöM C,POMEROY J,HENRIKSSON P,et al. Evaluation of the wrist-worn ActiGraph wGT3x-BT for estimating activity energy expenditure in preschool children［J］. European Journal of Clinical Nutrition,2017,71(10): 1212-1217.

［273］ CALABRó M A,LEE J-M,SAINT-MAURICE P F,et al. Validity of physical activity monitors for assessing lower intensity activity in adults［J］. International Journal of Behavioral Nutrition and Physical Activity .2014,11(1),119.

［274］ 王军利,张冰,贾丽雅,等. Actigraph（GT3X）加速度计测量我国 19~29 岁人群身体活动能耗的效度研究［J］. 体育科学,2012,32(12)：71-77.

［275］ AADLAND E,YLVISåKER E. Reliability of the Actigraph GT3X + Accelerometer in Adults under Free-Living Conditions［J］. PLoS ONE,2015,10(8)：e0134606.

［276］ FREEDSON P,BOWLES H R,TROIANO R,et al. Assessment of physical activity using wearable monitors：recommendations for monitor calibration and use in the field［J］. Medicine and Science in Sports and Exercise,2012,44(1 Suppl 1)：S1.

［277］ ROSENBERGER M E,BUMAN M P,HASKELL W L,et al. 24 hours of sleep,sedentary behavior,and physical activity with nine wearable devices［J］. Medicine and Science in Sports and Exercise,2016,48(3)：457.

［278］ LEE J A,WILLIAMS S M,BROWN D D,et al. Concurrent validation of the Actigraph gt3x +,Polar Active accelerometer,Omron HJ-720 and Yamax Digiwalker SW-701 pedometer step counts in lab-based and free-living settings［J］. Journal of Sports Sciences,2015,33(10)：991-1000.

［279］ TROIANO R P,BERRIGAN D,DODD K W,et al. Physical activity in the United States measured by accelerometer［J］. Medicine and Science in Sports and Exercise,2008,40(1)：181-188.

［280］ LEE I M,SHIROMA E J. Using accelerometers to measure physical activity in large-scale epidemiological studies：Issues and challenges［J］. British Journal of Sports Medicine,2014,48(3)：197-201.

［281］ LAMUNION S R,BASSETT D R,TOTH L P,et al. The effect of body placement site on ActiGraph wGT3X-BT activity counts［J］. Biomedical Physics & Engineering Express,2017,3(3)：7.

［282］ 陈卉. Bland-Altman 分析在临床测量方法一致性评价中的应用［J］. 中国卫生统计,2007,24(3)：308-309.

［283］ WASHBURN R A,SMITH K W,GOLDFIELD S R W,et al. Reliability and physiologic correlates of the Harvard alumni activity survey in a general population［J］. Journal of Clinical Epidemiology,1991,44(12)：1319-1326.

［284］ RAUH M J D,HOVELL M F,HOFSTETTER C R,et al. Reliability and validity of selfreported physical activity in latinos［J］. International Journal of Epidemiology,1992,21(5)：966-971.

［285］ LAPORTE R E,BLACK-SANDLER R,CAULEY J A,et al. The assessment of physical activity in older women: analysis of the interrelationship and reliability of activity monitoring,activity surveys,and caloric intake ［J］. Journal of Gerontology,1983,38 (4): 394-397.

［286］ CAULEY J A,LAPORTE R E,SANDLER R B,et al. Comparison of methods to measure physical activity in postmenopausal women ［J］. American Journal of Clinical Nutrition, 1987,45(1): 14-22.

［287］ DAVIS K,TATE D F,OTTO A D,et al. Test-Retest Reliability of the Paffenbarger Physical Activity Questionnaire in Overweight and Obese Adults ［J］. Obesity,2010,18 (2): S83-S84.

［288］ AINSWORTH B E,LEON A S,RICHARDSON M T,et al. Accuracy of the college alumnus physical activity questionnaire ［J］. Journal of clinical epidemiology,1993,46 (12): 1403-1411.

［289］ WINTERS-HART C S,BRACH J S,STORTI K L,et al. Validity of a questionnaire to assess historical physical activity in older women ［J］. Medicine and Science in Sports and Exercise,2004,36(12): 2082-2087.

［290］ SIMPSON K,PARKER B,CAPIZZI J,et al. Validity and reliability of question 8 of the paffenbarger physical activity questionnaire among healthy adults ［J］. Journal of Physical Activity and Health,2015,12(1): 116-123.

［291］ BASSETT D R,CURETON A L,AINSWORTH B E. Measurement of daily walking distancequestionnaire versus pedometer ［J］. Medicine & Science in Sports & Exercise, 2000,32(5): 1018-1023.

［292］ DISHMAN R K,HEATH G,LEE I-M. Physical activity epidemiology ［M］. Human Kinetics,2012.

［293］ LEE I M,MATTHEWS C E,BLAIR S N. The Legacy of Dr. Ralph Seal Paffenbarger,Jr. - Past,Present,and Future Contributions to Physical Activity Research ［J］. President's Council on Physical Fitness and Sports Research Digest,2009,10(1): 1-8.

［294］ AINSWORTH B E,LEON A S,RICHARDSON M T,et al. Accuracy of the college alumnus physical activity questionnaire ［J］. Journal of Clinical Epidemiology,1993,46 (12): 1403-1411.

［295］ BONNEFOY M,NORMAND S,PACHIAUDI C,et al. Simultaneous validation of ten physical activity questionnaires in older men: a doubly labeled water study [J]. Journal of the American Geriatrics Society,2001,49(1): 28-35.

[296] ALBANES D,CONWAY J M,TAYLOR P R,et al. Validation and comparison of eight physical activity questionnaires [J]. Epidemiology,1990,65-71.

[297] JACOBS D, AINSWORTH B, HARTMAN T, et al. A simultaneous evaluation of 10 commonly used physical activity questionnaires [J]. Medicine and Science in Sports and Exercise,1993,25(1): 81-91.

[298] SICONOLFI S F, LASATER T M, SNOW R C K, et al. Self-reported physical activity compared with maximal oxygen uptake [J]. American Journal of Epidemiology,1985, 122(1): 101-105.

[299] WASHBURN R A, SMITH K W, GOLDFIELD S R, et al. Reliability and physiologic correlates of the Harvard Alumni Activity Survey in a general population [J]. Journal of Clinical Epidemiology,1991,44(12): 1319-1326.

[300] 屈宁宁,李可基. 国际体力活动问卷中文版的信度和效度研究 [J]. 中华流行病学杂志,2004,25(3): 265-268.

[301] 王晓波. 国际体力活动长问卷在中国老年人群中应用的信度和效度 [J]. 中国老年学杂志,2015,35(20): 5912-5914.

[302] 于洪军,仇军.运用 PASE 量表测量中国老年人体力活动的信效度验证[J].上海体育学院学报,2014,38(05):45-49+60.

[303] 李米环,李国强. 中老年女性营养及体力活动问卷的信效度评价 [J]. 北京体育大学学报,2008,31(3): 359-361.

[304] 李米环,李国强. 基于能量代谢与体质量指数关系的体力活动问卷的信效度评价 [J]. 现代预防医学,2009,36(11): 2082-2085.

[305] 杨春军,张清. 中文版绝经后女性妇女健康倡议体力活动问卷的信效度研究 [J]. 中国全科医学,2016,19(01): 88-91.

[306] 段艳平,韦晓娜,黄志剑,等. 成年人身体活动变化过程的理论建构及其测量工具的研究 [J]. 体育科学,2011,31(7): 37-42.

[307] 马冠生,栾德春,刘爱玲,等.中国成年职业人群身体活动问卷的设计和评价[J].营养学报,2007(03):217-221.

[308] 李新,王艳,李晓彤,等.青少年体力活动问卷(PAQ-A)中文版的修订及信效度研究 [J].北京体育大学学报,2015,38(05):63-67.

[309] 刘爱玲,马冠生,张倩,等.小学生7天体力活动问卷信度和效度的评价[J].中华流行病学杂志,2003(10):49-52.

[310] 李米环,李国强.中老年女性营养及体力活动问卷的信效度评价[J].北京体育大学学报,2008,(03):359-361.

[311] 张燕,赵岳,董胜雯,等.中文版孕期身体活动问卷信效度评定[J].中华护理杂志,2013,48(09):825-827.

[312] 于洪军,仇军.身体活动负荷对我国老年人患慢性疾病风险率的影响研究——基于对清华大学老年人群PASE问卷的流行病学调查[J].中国体育科技,2013,49(2):141-147.

[313] 王正珍,周誉,王娟.体力活动与阿尔茨海默病[J].北京体育大学学报,2013,36(07):1-6.

[314] WARBURTON D E,NICOL C W,BREDIN S S. Health benefits of physical activity:the evidence[J]. Cmaj,2006,174(6):801-809.

[315] WASHBURN R A,SMITH K W,JETTE A M,et al. The Physical Activity Scale for the Elderly(PASE):development and evaluation[J]. Journal of Clinical Epidemiology,1993,46(2):153-162.

[316] HAGIWARA A,ITO N,SAWAI K,et al. Validity and reliability of the Physical Activity Scale for the Elderly(PASE)in Japanese elderly people[J]. Geriatrics & Gerontology International,2008,8(3):143-151.

[317] SCHUIT A J,SCHOUTEN E G,WESTERTERP K R,et al. Validity of the Physical Activity Scale for the Elderly(PASE):according to energy expenditure assessed by the doubly labeled water method[J]. Journal of Clinical Epidemiology,1997,50(5):541-546.

[318] DISHMAN R K,HEATH G W,LEE I-M. Physical activity epidemiology[M]. Human Kinetics,2012.

[319] SCHOELLER D A. Recent advances from application of doubly labeled water to measurement of human energy expenditure[J]. The Journal of Nutrition,1999,129(10):1765-1768.

[320] JOHANNSEN D L,CALABRO M A,STEWART J,et al. Accuracy of armband monitors for measuring daily energy expenditure in healthy adults[J]. Medicine & Science in Sports & Exercise,2010,42(11):2134-2140.

［321］ ST-ONGE M,MIGNAULT D,ALLISON D B,et al. Evaluation of a portable device to measure daily energy expenditure in free-living adults ［J］. The American Journal of Clinical Nutrition,2007,85(3): 742-749.

［322］ MACKEY D C,MANINI T M,SCHOELLER D A,et al. Validation of an armband to measure daily energy expenditure in older adults ［J］. Journals of Gerontology Series A: Biomedical Sciences and Medical Sciences,2011,66(10): 1108-1113.

［323］ PAFFENBARGER R J,BLAIR S N,LEE I M,et al. Measurement of physical activity to assess health effects in free-living populations ［J］. Medicine & Science in Sports & Exercise,1993,25(1): 60-70.

［324］ BASSETT D R. International physical activity questionnaire: 12-country reliability and validity ［J］. Medicine and Science in Sports and Exercise,2003,35(8): 1396.

［325］ WASHBURN R A,SMITH K W,JETTE A M,et al. The Physical Activity Scale for the Elderly (PASE): development and evaluation ［J］. Journal of Clinical Epidemiology, 1993,46(2): 153-162.

［326］ WASHBURN R, FICKER J. Physical Activity Scale for the Elderly (PASE): the relationship with activity measured by a portable accelerometer ［J］. Journal of Sports Medicine and Physical Fitness,1999,39(4): 336.

［327］ DINGER M, OMAN F, TAYLOR E, et al. Stability and convergent validity of the Physical Activity Scale for the Elderly (PASE) ［J］. Journal of Sports Medicine and Physical Fitness,2004,44(2): 186.

［328］ HARADA N D,CHIU V, KING A C,et al. An evaluation of three self-report physical activity instruments for older adults ［J］. Medicine & Science in Sports & Exercise, 2001,33(6): 962-970.

［329］ KOCHERSBERGER G,MCCONNELL E,KUCHIBHATLA M N,et al. The reliability, validity,and stability of a measure of physical activity in the elderly ［J］. Archives of Physical Medicine and Rehabilitation,1996,77(8): 793-795.

［330］ MARTIN K A,REJESKI W J,MILLER M E,et al. Validation of the PASE in older adults with knee pain and physical disability ［J］. Medicine and Science in Sports and Exercise,1999,(5):31.

［331］ FORSEN L, LOLAND N W, VUILLEMIN A,et al. Self-administered physical activity questionnaires for the elderly: a systematic review of measurement properties ［J］. Sports

Medicine,2010,40(7)：601-623.

［332］ 张铭,严强. 政治学方法论［M］. 苏州:苏州大学出版社,2003.

［333］ 王惠岩. 政治学原理.第 2 版［M］.北京:高等教育出版社,2006.

［334］ 仇立平. 社会研究方法［M］. 重庆:重庆大学出版社,2008.

［335］ 王宁. 消费社会学的探索［M］. 北京:人民出版社,2010.

［336］ BELLEW B,SCHOEPPE S,BULL F C,et al. The rise and fall of Australian physical activity policy 1996 - 2006：a national review framed in an international context［J］. Australia and New Zealand Health Policy,2008,(5)18-18.

［337］ BELLEW B,BAUMAN A,MARTIN B,et al. Public policy actions needed to promote physical activity［J］. Current Cardiovascular Risk Reports,2011,5(4)：340.

［338］ CHRISTIANSEN A V,BOJSEN-MøLLER J. "Will steroids kill me if I use them once?" A qualitative analysis of inquiries submitted to the Danish anti-doping authorities［J］. Performance Enhancement & Health,2012,1(1)：39-47.

［339］ CRAIG C L. Evolution and devolution of national physical activity policy in Canada［J］. Journal of Physical Activity and Health,2011,8(8)：1044-1056.

［340］ DAUGBJERG S B,KAHLMEIER S,RACIOPPI F,et al. Promotion of physical activity in the European region：content analysis of 27 national policy documents［J］. Journal of Physical Activity and Health,2009,6(6)：805-817.

［341］ NELSON M E,REJESKI W J,BLAIR S N,et al. Physical activity and public health in older adults：recommendation from the American College of Sports Medicine and the American Heart Association［J］. Circulation,2007,116(9)：1094.

［342］ RüTTEN A,ABU-OMAR K,GELIUS P,et al. Physical inactivity as a policy problem：applying a concept from policy analysis to a public health issue［J］. Health Research Policy and Systems,2013,11(1)：9.

［343］ VUORI I,LANKENAU B,PRATT M. Physical activity policy and program development：the experience in Finland［J］. Public Health Reports,2004,119(3)：331-45.

［344］ BROPHY S,DAVIES H,MANNAN S,et al. Interventions for latent autoimmune diabetes (LADA) in adults［J］. Cochrane Database of Systematic Reviews,2011,9.

［345］ DE NAZELLE A,NIEUWENHUIJSEN M J,ANT6 J M,et al. Improving health through policies that promote active travel：a review of evidence to support integrated health impact assessment［J］. Environment International,2011,37(4)：766-777.

[346]  HEATH G W, PARRA D C, SARMIENTO O L, et al. Evidence-based intervention in physical activity: lessons from around the world [J]. The Lancet, 2012, 380 (9838): 272-281.

[347]  KATZMARZYK P T, GLEDHILL N, SHEPHARD R J. The economic burden of physical inactivity in Canada [J]. Cmaj, 2000, 163 (11): 1435-1440.

[348]  KATZMARZYK P T, JANSSEN I. The economic costs associated with physical inactivity and obesity in Canada: an update [J]. Canadian Journal of Applied Physiology, 2004, 29 (1): 90-115.

[349]  PRATT M, MACERA C A, WANG G. Higher direct medical costs associated with physical inactivity [J]. The Physician and Sports Medicine, 2000, 28 (10): 63-70.

[350]  ALLENDER S, FOSTER C, SCARBOROUGH P, et al. The burden of physical activity-related ill health in the UK [J]. Journal of Epidemiology & Community Health, 2007, 61 (4): 344-348.

[351]  ZHENG H, EHRLICH F, AMIN J. Economic evaluation of the direct healthcare cost savings resulting from the use of walking interventions to prevent coronary heart disease in Australia [J]. International Journal of Health Care Finance and Economics, 2010, 10 (2): 187-201.

[352]  郭海霞,潘凌云. 美国身体活动政策:嬗变、特征及启示——基于政策文本的分析 [J]. 北京体育大学学报,2016,(8): 8-13.

[353]  PATE R R, PRATT M, BLAIR S N, et al. Physical activity and public health: a recommendation from the Centers for Disease Control and Prevention and the American College of Sports Medicine [J]. The Journal of the American Medical Association, 1995, 273 (5): 402-407.

[354]  《当代汉语词典》编委会. 当代汉语词典:双色修订版 [M]. 北京:中华书局,2011.

[355]  李蕾,王冕,章成志.区分标签类型的社会化标签质量测评研究[J].图书情报工作, 2013,57(23):11-16+9.

[356]  BAUMAN A E. Updating the evidence that physical activity is good for health: an epidemiological review 2000-2003 [J]. Journal of Science and Medicine in Sport, 2004, 7 (1): 6-19.

[357]  HASKELL W L, LEE I-M, PATE R R, et al. Physical activity and public health: updated recommendation for adults from the American College of Sports Medicine and the

American Heart Association [J]. Circulation,2007,116(9): 1081.

[358] HYSING M,HARVEY A G,LINTON S J,et al. Sleep and academic performance in later adolescence: results from a large population - based study [J]. Journal of Sleep Research,2016,25(3): 318-324.

[359] SULLIVAN K. Sleep deficiency is associated with lack of exercise and higher BMI among community-dwelling older adults (P1. 151) [M]. AAN Enterprises. 2016.

[360] LI J,YANG B,VARRASSE M, et al. Physical activity in relation to sleep among community-dwelling older adults in China [J]. Journal of Aging and Physical Activity, 2018,26(4): 647-654.

[361] BEST J R, FALCK R S, LANDRY G J, et al. Analysis of dynamic, bidirectional associations in older adult physical activity and sleep quality [J]. Journal of Sleep Research,2018,e12769.

[362] PARSONS A A,OLLBERDING N J,SMITH L,et al. Sleep matters: The association of race, bedtime, outdoor time, and physical activity with preschoolers' sleep [J]. Preventive Medicine Reports,2018,(12):54-59.

[363] BERNARD P,IVERS H,SAVARD M-H,et al. Temporal relationships between sleep and physical activity among breast cancer patients with insomnia [J]. Health Psychology, 2016,35(12): 1307.

[364] LINDSAY A C, ARRUDA C A M, MACHADO M M T, et al. Exploring how Brazilian immigrant mothers living in the USA obtain information about physical activity and screen time for their preschool-aged children: a qualitative study [J]. BMJ open,2018, 8(8): e021844.

[365] FEITO Y,BASSETT D R,TYO B, et al. Effects of body mass index and tilt angle on output of two wearable activity monitors [J]. Medicine and Science in Sports and Exercise,2011,43(5): 861-866.

[366] GRESHAM G, SCHRACK J, GRESHAM L M, et al. Wearable activity monitors in oncology trials: Current use of an emerging technology [J]. Contemporary Clinical Trials,2018,(64):13-21.

[367] MATTHEWS C E, HAGSTRöMER M, POBER D M, et al. Best practices for using physical activity monitors in population-based research [J]. Medicine and Science in Sports and Exercise,2012,44(1 Suppl 1): S68.

［368］ SCHRACK J A,GRESHAM G,WANIGATUNGA A A. Understanding physical activity in cancer patients and survivors：new methodology,new challenges,and new opportunities ［J］. Molecular Case Studies,2017,3(4)：a001933.

［369］ ADAMS S A,MATTHEWS C E,EBBELING C B,et al. The effect of social desirability and social approval on self-reports of physical activity ［J］. American Journal of Epidemiology,2005,161(4)：389-398.

［370］ MERCER K,GIANGREGORIO L,SCHNEIDER E,et al. Acceptance of commercially available wearable activity trackers among adults aged over 50 and with chronic illness：a mixed-methods evaluation ［J］. JMIR mHealth and uHealth,2016,4(1)：e7.

［371］ 江巧瑜. 大学生社会适应状况量表的研制及应用[D].福州:福建医科大学硕士学位论文,2008.

［372］ BROWN W J,HOCKEY R,DOBSON A J. Physical activity,Body Mass Index and health care costs in mid - age Australian women ［J］. Australian and New Zealand Journal of Public Health,2008,32(2)：150-155.

［373］ DUNSTAN D,BARR E,HEALY G,et al. Television viewing time and mortality：the Australian diabetes,obesity and lifestyle study (AusDiab) ［J］. Circulation,2010,121 (3)：384.

［374］ OWEN N,SPARLING P B,HEALY G N,et al. Sedentary behavior：emerging evidence for a new health risk；proceedings of the Mayo Clinic Proceedings, F, 2010 ［C］. Elsevier.

［375］ PIWEK L,ELLIS D A,ANDREWS S,et al. The rise of consumer health wearables：promises and barriers ［J］. PLoS Medicine,2016,13(2)：e1001953.

［376］ THORP A A,OWEN N,NEUHAUS M,et al. Sedentary behaviors and subsequent health outcomes in adults：a systematic review of longitudinal studies, 1996-2011 ［J］. American Journal of  Prevent Medicine,2011,41(2)：207-215.

［377］ 孙焱,戴启锐.可穿戴设备与医疗健康产业关系研究及发展趋势分析 [J].中国数字医学,2015,10(8)：25-28.

［378］ LEWIS J E,NEIDER M B. Designing wearable technology for an aging population ［J］. Ergonomics in Design,2017,25(3)：4-10.

［379］ KEKADE S,HSEIEH C-H,ISLAM M M,et al. The usefulness and actual use of wearable devices among the elderly population ［J］. Computer Methods and Programs in

Biomedicine,2018,(153):137-159.

[380] BENSON L C,CLERMONT C A,BOŠNJAK E,et al. The use of wearable devices for walking and running gait analysis outside of the lab: A systematic review [J]. Gait & Posture,2018,(63):124-138.

[381] JIA Z,ZHANG J,TRINDADE D,et al. Physical Activity Patterns and Correlates of 9-Month-Old Chinese Infants in the Macau Population [J]. Maternal and Child Health Journal,2018,22(10): 1526-1533.

[382] MARIANI B,JIMéNEZ M C,VINGERHOETS F J,et al. On-shoe wearable sensors for gait and turning assessment of patients with Parkinson's disease [J]. IEEE Transactions on Biomedical Engineering,2012,60(1): 155-158.

[383] BEAGLEHOLE R,BONITA R,HORTON R,et al. Measuring progress on NCDs: one goal and five targets [J]. The Lancet,2012,380(9850): 1283-1285.

[384] KLEINERT S,HORTON R. Rethinking and reframing obesity [J]. The Lancet,2015, 385(9985): 2326-2328.

[385] WATTS N,ADGER W N,AGNOLUCCI P,et al. Health and climate change: policy responses to protect public health [J]. The Lancet,2015,386(10006): 1861-1914.

[386] CROSSETTE B. UNFPA State of World Population,2010: From Conflict and Crisis to Renewal: Generations of Change [M]. United Nations Population Fund,2010.

[387] GILES-CORTI B,VERNEZ-MOUDON A,REIS R,et al. City planning and population health: a global challenge [J]. The Lancet,2016,388(10062): 2912-2924.

[388] ABU-LUGHOD J L. Changing cities: Urban sociology [M]. Harpercollins College Division,1991.

[389] CERVERO R,GOLUB A. Informal transport: A global perspective [J]. Transport Policy,2007,14(6): 445-457.

[390] GOMEZ L F,SARMIENTO R,ORDOñEZ M F,et al. Urban environment interventions linked to the promotion of physical activity: a mixed methods study applied to the urban context of Latin America [J]. Social Science & Medicine,2015,(131):18-30.

[391] MURRAY C J,VOS T,LOZANO R,et al. Disability-adjusted life years (DALYs) for 291 diseases and injuries in 21 regions,1990-2010: a systematic analysis for the Global Burden of Disease Study 2010 [J]. The Lancet,2012,380(9859): 2197-2223.

[392] SHAHEEN S A,ZHANG H,MARTIN E, et al. China's Hangzhou public bicycle:

understanding early adoption and behavioral response to bikesharing [J]. Transportation Research Record,2011,2247(1): 33-41.

[393] 姜志明,张振明,王保勇. 汉、藏民族大学生体育参与动机的跨文化研究 [J]. 沈阳体育学院学报,2013,(5): 38-42.

[394] GILES-CORTI B,FOSTER S,SHILTON T,et al. The co-benefits for health of investing in active transportation [J]. New South Wales public health bulletin,2010,21(6): 122-127.

[395] HAINES A,MCMICHAEL A J,SMITH K R,et al. Public health benefits of strategies to reduce greenhouse-gas emissions: overview and implications for policy makers [J]. The Lancet,2009,374(9707): 2104-2114.

[396] STEVENSON M,THOMPSON J,DE Sá T H,et al. Land use,transport,and population health: estimating the health benefits of compact cities [J]. The lancet, 2016, 388 (10062): 2925-2935.

[397] DAVIS J C,VERHAGEN E,BRYAN S,et al. 2014 consensus statement from the first Economics of Physical Inactivity Consensus (EPIC) conference (Vancouver) [J]. British Journal of Sports Medicine,2014,48(12): 947-951.

[398] YANG G, NIU K, FUJITA K, et al. Impact of physical activity and performance on medical care costs among the Japanese elderly [J]. Geriatrics & Gerontology International,2011,11(2): 157-165.

[399] AOYAGI Y,SHEPHARD R J. A model to estimate the potential for a physical activity-induced reduction in healthcare costs for the elderly,based on pedometer/accelerometer data from the Nakanojo Study [J]. Sports Medicine,2011,41(9): 695-708.

[400] ANDREYEVA T,STURM R. Physical activity and changes in health care costs in late middle age [J]. Journal of Physical Activity and Health,2006,3(s1): S6-S19.

[401] CARLSON S A,FULTON J E,PRATT M,et al. Inadequate physical activity and health care expenditures in the United States [J]. Progress in cardiovascular diseases,2015,57 (4): 315-323.

[402] HEALY G N, DUNSTAN D W, SALMON J, et al. Television time and continuous metabolic risk in physically active adults [J]. Medicine & Science in Sports & Exercise, 2008,40(4): 639-645.

[403] KAZI A,DUNCAN M,CLEMES S,et al. A survey of sitting time among UK employees

［J］. Occupational Medicine,2014,64(7)：497-502.

［404］ NG S W,POPKIN B M. Time use and physical activity：a shift away from movement across the globe［J］. Obesity Reviews,2012,13(8)：659-680.

［405］ OWEN N,SALMON J,KOOHSARI M J,et al. Sedentary behaviour and health：mapping environmental and social contexts to underpin chronic disease prevention［J］. British Journal of Sports Medicine,2014,48(3)：174-177.

［406］ KOOHSARI M J,SUGIYAMA T,SAHLQVIST S, et al. Neighborhood environmental attributes and adults' sedentary behaviors：review and research agenda［J］. Preventive Medicine,2015,(77)141-149.

［407］ TREMBLAY M S,AUBERT S,BARNES J D,et al. Sedentary behavior research network (SBRN)-terminology consensus project process and outcome［J］. International Journal of Behavioral Nutrition and Physical Activity,2017,14(1)：75.

［408］ OWEN N,HEALY G N,MATTHEWS C E,et al. Too much sitting：the population health science of sedentary behavior［J］. Exercise and Sport Sciences Reviews,2010,38(3)：105-113.

［409］ KHAN K,THOMPSOM A,BLAIRE S,et al. Physical activity,exercise and sport：their role in the healthof nations［J］. The Lancet,2012,(380):59-64.

［410］ BAUMAN A E,REIS R S,SALLIS J F,et al. Correlates of physical activity：why are some people physically active and others not?［J］. The Lancet,2012,380(9838)：258-271.

［411］ 王正珍,王娟,周誉. 生理学进展：体力活动不足生理学［J］. 北京体育大学学报,2012,35(8)：1-6.

［412］ 郭海霞. 论身体资本与身体教育［D］.北京：北京体育大学博士学位论文,2011.

［413］ 过家兴. 运动训练学［M］. 北京：人民体育出版社,1986.

［414］ 体育院校通用教材编写组. 运动训练学.［M］. 北京：人民体育出版社,1989.

［415］ 任海. 关于体育划分为竞技体育、学校体育和大众体育的质疑［J］. 体育论坛,1989,(4):34.

［416］ 田麦久. 运动训练学［M］. 北京：人民体育出版社,2000.

［417］ 梁晓龙.体育和体育的功能与作用——当代中国体育若干基本理论问题探讨之一［J］.体育文化导刊,2003(04):3-5.

［418］ 杨文轩,杨霆. 体育概论［M］. 北京：高等教育出版社,2005.

［419］ 颜天民. 体育学概论［M］. 桂林：广西师范大学出版社,2006.

［420］ 刘纯献,杨桦. 中国竞技体育崛起的制度框架和思想基础的研究［J］. 北京体育大学学报,2007,30(4)：433-442.

［421］ BULL F C,BELLEW B,SCHöPPE S,et al. Developments in National Physical Activity Policy：an international review and recommendations towards better practice［J］. Journal of Science and Medicine in Sport,2004,7(1)：93-104.

［422］ HOULIHAN B. Public sector sport policy：developing a framework for analysis［J］. International Review for the Sociology of Sport,2005,40(2)：163-185.

［423］ JOHN P. Analysing Public Policy［M］. London：Pinter,1998.

［424］ SABATIER,Paul A. The need for better theories［J］. Theories of the Policy Process, 1999,2：3-17.

［425］ HOGWOOD B,GUNN L. Policy Analysis for the Real World［J］. London：Oxford University Press,1984.

［426］ KINGDON J. Agendas,Alternatives and Public Policy,2nd edn［M］. Boston,MA：Little Brown,1995.

［427］ PRESSMAN J,WILDAVSKY A. Implementation［M］. Berkeley：University of California Press,1973.

［428］ GUBA E G,LINCOLN Y S. The countenances of fourth-generation evaluation： Description,judgment,and negotiation［J］. The Politics of Program Evaluation,1987, 15：202-234.

［429］ HOULIHAN B. The Politics of Sport Policy in Britain：The Examples of Football Hooliganism and Drug Abuse［J］. Leisure Studies 9：55-69,1990.

［430］ HOULIHAN B. The Government and Politics of Sport［M］. London：Routledge,1991.

［431］ Guilianotti R. Social Identity and public order Political and academic discourses on football violence［M］.Football,Violence and Social Identity. Routledge,2004：17-44.

［432］ DELEON P. The stages approach to the policy process：What has it done? Where is it going［J］. Theories of the Policy Process,1999,1(19)：19-32.

［433］ THELEN K. Historical institutionalism in comparative politics［J］. Annual Review of Political Science,1999,2：369-404.

［434］ SCHNEIBERG M,CLEMENS E S. The typical tools for the job：research strategies in institutional analysis.［J］. Sociological Theory,2006,24(3)：195-227.

[435] HOWLETT M, RAMESH R. Studying Public Policy: Policy Cycles and Policy Sub-systems [M]. Oxford: Oxford University Press, 1995.

[436] FISCHER F. Reframing Public Policy: Discursive Politics and Deliberative Practices. [M]. New York: Oxford University Press, 2003.

[437] OSTROM E. Institutional rational choice [J]. Theories of the Policy Process, 1999, 35-72.

[438] PETERS B G. Institutional theory in political science: The 'new institutionalism' [M]. New York: Continuum Press, 1999.

[439] KNILL C. Explaining cross-national variance in administrative reform: Autonomous versus instrumental bureaucracies [J]. Journal of Public Policy, 1999, 19(2): 113-139.

[440] HORN M J. The political economy of public administration. [M]. Cambridge: Cambridge University Press, 1995.

[441] WILLIAMSON O. Public and private Bureaucracies: A transaction cost economics perspective. [J]. Journal of Law, Economics and Organization, 1999, 15(1): 306-342.

[442] GREEN M. An Analysis of Elite Sport Policy Change in Three Sports in Canada and the UK [D]. UK, PhD thesis of Loughborough University, 2003.

[443] HENRY I. The Politics of Leisure Policy 2nd edn. [M]. London: Palgrave, 2001,

[444] HOULIHAN B, WHITE A. The Politics of Sport Development: Development of Sport or Development through Sport? [M]. London: Routledge, 2002.

[445] PICKUP D. Not Another Messiah: An Account of the Sports Council 1988-1993 [M]. Bishop Auckland: Pentland Press, 1996.

[446] ROCHE M. Sport and Community: Rhetoric and Reality in the Development of British Sport Policy [J]. Sport, Culture and Politics, 1993: 72-112.

[447] KRAUS R. Recreation and Leisure in Modern Society, 4th edn. [M]. New York: Harper Collins, 1990.

[448] WILSON J. Playing by the Rules: Sport, Society and the State [M]. Detroit, MI: Wayne State University Press, 1994.

[449] MACINTOSH D. Sport and the state: The case of Canada. Sport... The third millennium [M]. Sainte-Foy: Les Presse de Universitairé de Laval, 1991.

[450] MACINTOSH D, WHITSON D. The Game Planners: Transforming Canada's Sports System [M]. Montreal: McGill-Queens University Press, 1990.

[451] BIRLEY D. Playing the Game: Sport and British Society 1914-1945 [M]. Manchester:

Manchester University Press,1996.

[452] HARGREAVES J. Sporting Females: Critical Issues in the History and Sociology of Women's Sport [M]. London: Routledge,1994.

[453] THOMAS N. Sport and disability [J]. Sport and Society: A Student Introduction,2003: 105-124.

[454] CARRINGTONB, MCDONALD I. "Race", Sport and British Society [M]. London: Routledge,2000.

[455] HALL P. Governing the Economy: The Politics of State Intervention in Britain and France. [M]. Oxford: Oxford University Press,1986.

[456] PONTUSSON J. From Comparative Public Policy to Political Economy: Putting Political Institutions in their Place and Taking Interests Seriously [J]. Comparative Political Studies ,1995,28(1):117-147.

[457] KINGDON J. Agendas,Alternatives and Public Policy [M]. Boston,MA: Little Brown, 1984.

[458] COHEN M D,MARCH J G,OLSEN J P. A Garbage Can Model of Organisational Choice [J]. Administrative Science Quarterly ,1972,17: 1-25.

[459] 约翰·W.金登. 议程、备选方案与公共政策(第二版)[M]. 北京:中国人民大学出版社,2004.

[460] 龚虹波."垃圾桶"模型述评——兼谈其对公共政策研究的启示[J].理论探讨,2005 (06):108-112.

[461] 陶学荣,陈霞.浅议政策制定中的"软化"过程[J].企业家天地下半月刊(理论版), 2008(07):212-213.

[462] DERY D. Policy By the Way: When Policy is Incidental to Making other Policies [J]. Journal of Public Policy ,1999,18(2): 163-176.

[463] HOULIHAN B. Sporting Excellence,Schools and Sports Development: The Politics of Crowded Policy Spaces [J]. European Physical Education Review,2000,6(2): 171-93.

[464] CHALIP L. Critical Policy Analysis in Sport: The Illustrative Case of New Zealand Sport Policy Development [J]. Journal of Sport Management,1996, 10: 310-324.

[465] BERGSGARD N-A. National Facilities for Ski Sport - "Yes Please - All Three" [C]. paper presented at Pre-Olympic Congress,Brisbane,September,2000.

[466] JENKINS-SMITH H C, SABATIER P A. The advocacy coalition framework: An

assessment [J]. Theories of the Policy Process,1999,(118):117-166.

[467] SABATIER P A. The advocacy coalition framework: revisions and relevance for Europe [J]. Journal of European Public Policy,1998,5(1): 98-130.

[468] WEISS C H. Using social research in public policy making [M]. Lexington Books Lexington,MA,1977.

[469] HOULIHAN B. Sport policy convergence: a framework for analysis [J]. European Sport Management Quarterly,2012,12(2): 111-135.

[470] DE BOSSCHER V,DE KNOP P,VAN BOTTENBURG M,et al. Explaining international sporting success: An international comparison of elite sport systems and policies in six countries [J]. Sport Management Review,2009,12(3): 113-136.

[471] GREEN M,HOULIHAN B. Elite sport development: Policy learning and political priorities [M]. Routledge,2005.

[472] GREEN M,HOULIHAN B. Comparative elite sport development: Systems,structures and public policy [M]. Oxford:Inglaterra,2008.

[473] GAULD R,GOLDFINCH S. Dangerous enthusiasms: e-Government,computer failure and information systems development [M]. University of Otago Press,2006.

[474] MARCH J G, OLSEN J P. Institutional perspectives on political institutions [J]. Governance,1996,9(3): 247-264.

[475] DEACON B. Eastern European welfare states: the impact of the politics of globalization [J]. Journal of European Social Policy,2000,10(2): 146-161.

[476] ESPING-ANDERSON G. Three Worlds of Welfare Capitaüsm [M]. Cambridge,Oxford. 1990.

[477] WOODSIDE A B,LIEBFRIED R T. Organosilicon polymers and prepolymers comprising a coupling monomer [M]. Google Patents. 1992.

[478] SIAROFF A,SAINSBURY D. Gendering welfare states [M]. Sage,1994.

[479] HOOD C C, MARGETTS H Z. The tools of government in the digital age [M]. Macmillan International Higher Education,2007.

[480] HOLZINGER K,KNILL C. Causes and conditions of cross-national policy convergence [J]. Journal of European Public Policy,2005,12(5): 775-796.

[481] JENKINS-SMITH H,SABATIER P. Evaluating the Advocacy Coalition Framework [J]. Journal of Public Policy ,1994,14: 175-203.

[482] HAY C. Political analysis [M]. Springer, 2002.

[483] MARSH D, SMITH M. Understanding policy networks: towards a dialectical approach [J]. Political Studies, 2000, 48(1): 4-21.

[484] MARSH D. Comparing policy networks [M]. Open University Press Buckingham, 1998.

[485] SABATIER P. The Advocacy Coalition Framework: Revisions and Relevance to Europe [J]. Journal of European Public Policy, 1998, 5(1): 98-130.

[486] HOULIHAN B, GREEN M. The changing status of school sport and physical education: explaining policy change [J]. Sport, Education and Society, 2006, 11(1): 73-92.

[487] SABATIER P A, JENKINS-SMITH H C. Policy change and learning: An advocacy coalition approach [M]. Westview Press, 1993.

[488] DAUGBJERG C, MARSH D. Explaining policy outcomes: integrating the policy network approach with macro-level and micro-level analysis [J]. Comparing Policy Networks, 1998, 52-71.

[489] MARSH D, STOKER G. Theory and methods in political science [M]. Macmillan Basingstoke, 1995.

[490] DUNLEAVY P, O'LEARY B. The new right [M]. Theories of the State. Springer. 1987: 72-135.

[491] 王春城. 倡导联盟框架:解析和应用[D].长春:吉林大学博士学位论文,2010.

[492] 贾文彤.倡导联盟框架下我国体育政策变迁分析[J].四川体育科学,2018,37(02): 4-7+21.

[493] COLEMAN W D, PERL A. Internationalized policy environments and policy network analysis [J]. Political Studies, 1999, 47(4): 691-709.

[494] RHODES R A, MARSH D. New directions in the study of policy networks [J]. European Journal of Political Research, 1992, 21(1-2): 181-205.

[495] BULKELEY H. Common knowledge? Public understanding of climate change in Newcastle, Australia [J]. Public Understanding of Science, 2000, 9(3): 313-333.

[496] SPORT U, MCNAMEE M J. Rugby Conduct: A Survey of Sports Spectators' Perceptions of the Values and Norms of Professional Rugby League and Rugby Union. Research [M]. UK Sport, 2002.

[497] FISCHER F. Reframing public policy: Discursive politics and deliberative practices [M]. Oxford University Press, 2003.

[498]    BENSON J. Networks and policy sectors: a framework for extending intergovernmental analysis [M]. Inter-Organisational Co-ordination,1982.

[499]    GRANOVETTER M. Economic action and social structure: The problem of embeddedness [J]. American Journal of Sociology,1985,91(3): 481-510.

[500]    GOODIN R E,KLINGEMANN H-D. A new handbook of political science [M]. Oxford University Press on Demand,1998.

[501]    GREEN M, HOULIHAN B. Elite Sport Development: Policy Learning and Political Priorities [M]. London: Routledge,2005.

[502]    PARRISH R. The Politics of Sport Regulation in the European Union [J]. Journal of European Public Policy ,2003,10(2): 246-262.

[503]    OAKLEY B, GREEN M. The production of Olympic champions: International perspectives on elite sport development systems [J]. European Journal for Sports Management,2001,83-105.

[504]    DE BOSSCHER V,DE KNOP P,VAN BOTTENBURG M. Sports policy factors leading to international sporting success [M]. VUBPress Brussels,2007.

[505]    GREEN M,HOULIHAN B. Comparative elite sport development: Systems,structures and public policy [M]. Great Britain: Elsevier,2008.

[506]    GREEN M. Olympic glory or grassroots development?: Sport policy priorities in Australia,Canada and the United Kingdom,1960-2006 [J]. The International Journal of the History of Sport,2007,24(7): 921-953.

[507]    HOULIHAN B. Sport,national identity and public policy [J]. Nations and Nationalism, 1997,3(1): 113-137.

[508]    MAGDALINSKI T. The Reinvention of Australia for the Sydney 2000 Olympic Games. MANGAN J A,NAURIGHT J. Sport in Australasian Society: Past and Present. [M] London: Frank Cass. 2000.

[509]    MAGDALINSKI T. The reinvention of Australia for the Sydney 2000 Olympic games [J]. The International Journal of the History of Sport,2000,17(2-3): 305-322.

[510]    VAN BOTTENBURG M. Thrown for a Loss? (American) Football and the European Sport Space [J]. American Behavioral Scientist,2003,46(11): 1550-1562.

[511]    DE BOSSCHER V, DE KNOP P. The influence of sports policies on international success: An international comparative study [J]. Trabajo Presentado en Sport for All

and Elite Sport: Rivals or partners,2002.

[512] ELPHINSTON B. Win to win models in sport. The Australian experience 1896-2004; proceedings of the IOC-technical seminar,http://w3 uniroma1 it/compass,Warschau, PL,F,2004.

[513] HOULIHAN B. Sport,policy and politics : a comparative analysis [M]. London: Routledge,1997.

[514] CLUMPNER R A. 21st century success in internaional competition [M].WILCOX R. Sport in the global village. Morgantown,WV; FIT. 1994.

[515] BAKER,Joseph; COBLEY,Steve; SCHORER,Jörg ( ed.). Talent identification and development in sport: international perspectives [J]. International Journal of Sports Science & Coaching,2012,7.1: 177-180.

[516] GREEN M, HOULIHAN B. Elite sports development : policy learning and political priorities [M]. London: Routledge,2005.

[517] BLOOM B S,SOSNIAK L A. Developing talent in young people 1st ed. [M]. New York: Ballantine Books,1985.

[518] STARKES J. The road to expertise: is practice the only determinant [J]. International Journal of Sport Psychology,2000,31(4): 431-451.

[519] F. HELSEN W, HODGES N J, WINCKEL J V, et al. The roles of talent,physical precocity and practice in the development of soccer expertise [J]. Journal of Sports Sciences,2000,18(9): 727-736.

[520] WYLLEMAN P, DE KNOP P, SILLEN D. Former Olympic athletes' perceptions of retirement from high-level sport; proceedings of the 28th Congress of the International Association of Applied Psychology [M] San Francisco, CA Comparing Elite Sport Policies of Nations,F,1998.

[521] BRUNER M W,ERICKSON K,WILSON B,et al. An appraisal of athlete development models through citation network analysis [J]. Psychology of Sport and Exercise,2010,11 (2): 133-139.

[522] PUMMELL B,HARWOOD C,LAVALLEE D. Jumping to the next level: A qualitative examination of within-career transition in adolescent event riders [J]. Psychology of Sport and Exercise,2008,9(4): 427-447.

[523] WYLLEMAN P,ALFERMANN D,LAVALLEE D. Career transitions in sport: European

perspectives [J]. Psychology of Sport and Exercise,2004,5(1): 7-20.

[524] DOOLAN A W, DAY D D, MAERLENDER A C, et al. A Review of Return to Play Issues and Sports-Related Concussion [J]. Annals of Biomedical Engineering,2012,40 (1): 106-113.

[525] GUCCIARDI D F, GORDON S, DIMMOCK J A, et al. Understanding the coach's role in the development of mental toughness: Perspectives of elite Australian football coaches [J]. Jouranl of Sport Science,2009,27(13): 1483-1496.

[526] NASH C S, SPROULE J. Career Development of Expert Coaches [J]. International Journal of Sports Science & Coach,2009,4(1): 121-138.

[527] ZHANG C H, MA H Y. A qualitative study on the development process of elite Chinese coaches [C]. In: 2009 Isecs International Colloquium on Computing, Communication, Control, and Management, Vol Iii,2009,443-446.

[528] OLUSOGA P, MAYNARD I, HAYS K, et al. Coaching under pressure: A study of Olympic coaches [J]. Journal of Sport and Science,2012,30(3): 229-239.

[529] NORMAN L. The UK Coaching System is Failing Women Coaches [J]. International Journal of Sports Science & Coach,2008,3(4): 447-464.

[530] PHILIPPE R A, SAGAR S S, HUGUET S, et al. From teacher to friend: The evolving nature of the coach-athlete relationship [J]. International Journal of Sport Psychology, 2011,42(1): 1-23.

[531] DE BOSSCHER V, DE KNOP P. The influence of sports policies on international success: An international comparative study [J]. Trabajo Presentado en Sport for All and Elite Sport: Rivals or partners,2002.

[532] SAYER N A, NELSON D, NUGENT S. Evaluation of the Veterans Health Administration Traumatic Brain Injury Screening Program in the Upper Midwest [J]. The Journal of Head Trauma Rehabilitation,2011,26(6): 454-467.

[533] DOUGLAS S P. The Reebok Stadium [J]. Proceedings of the Institution of Civil Engineers-Structures and Buildings,2000,140(4): 333-338.

[534] BERNARD, Andrew B.; BUSSE, Meghan R. Who Wins the Olympic Games: Economic Development and Medial Totals [J]. National Bureau of Economic Research,2000.

[535] SHIBLI S. Forecasting the performance of the United Kindom in the London 2012 Olympic Games [C]. 19th Conference of the European Association for Sport

Management. Madrid, Spain. 2011.

[536] CRESPO M, MILEY D, COURAUD F. An overall version of player development [M]. CRESPO M, REID M, MILEY D. Tennis Player Development. London: ITF Ltd. 2001: 13-18.

[537] GREEN M. Olympic Glory or grassroots development? : Sport policy priorities in Australia, Canda and the United Kingdom, 1960-2006 [J]. The International Journal of the History of Sport, 2007, 24(7): 921-953.

[538] RIORDAN J. Sport, politics and communism [M]. Manchester: Manchester University Press, 1991.

[539] SEPPäNEN P. Olympic success: a cross-cultural perspective [J]. Handbook of Social Science of Sport, 1981, 101-116.

[540] DE BOSSCHER V, DE KNOP P, VAN BOTTENBURG M, et al. A conceptual framework for analysing sports policy factors leading to international sporting success [J]. European Sport Management Quarterly, 2006, 6(2): 185-215.

[541] DE BOSSCHER V, DE KNOP P, HEYNDELS B. Comparing relative sporting success among countries: Create equal opportunities in sport [J]. Journal of Comparative Physical Education and Sport, 2003, 3(3): 109-120.

[542] BAIMBRIDGE M. Outcome uncertainty in sporting competition: the Olympic Games 1896-1996 [J]. Applied Economics Letters, 1998, 5(3): 161-164.

[543] BERNARD A B, BUSSE M R: National Bureau of Economic Research, 2000.

[544] DE BOSSCHER V, DE KNOP P, HEYNDELS B. Comparing tennis success among countries [J]. International Sports Studies, 2003, 25(1): 49-68.

[545] DE KONING J, OLIEMAN R. Twijfel over medaille-euforie [Doubts about medal euphoria][J]. Economische Statistische Berichten, 1996, (2): 813-815.

[546] DENBUTTER F A, VAN DER TAK C M. Olympic medals as an indicator of social welfare [J]. Social Indicators Research, 1995, 35(1): 27-37.

[547] JOHNSON D K, ALI A. A tale of two seasons: participation and medal counts at the Summer and Winter Olympic Games [J]. Social Science Quarterly, 2004, 85(4): 974-993.

[548] TCHA M, PERSHIN V. Reconsidering performance at the Summer Olympics and revealed comparative advantage [J]. Journal of Sports Economics, 2003, 4(3): 216-

239.

[549] JOKL E. Sports in the cultural pattern of the world: a study of the 1952 Olympic Games at Helsinki [M]. Institute of Occupational Health,1956.

[550] JOKL E. International Research in Sport and Physical Education [M]. CC Thomas, 1964.

[551] IBRAHIM H. Olympic achievement and social differentiation [M]. California, USA: Masters Thesis of Whittier College,1969.

[552] COLWELL J. Sociocultural determinants of Olympic success [J]. The Olympic Games in Transition Human Kinetics,Champaign,1981,242-261.

[553] SEPPäNEN P. The role of competitive sports in different societies [M].[出版社不详], 1970.

[554] DONALD W B. Olympic games competition: structural correlates of national success [J]. International Journal of Comparative Sociology,1972,(13):186.

[555] NOVIKOV A D,MAXIMENKO A. The Influence of Selected Socio-Economic Factors on the Level of Sports Achievements in the Various Countries: (using as an example the 18th Olympic Games in Tokyo) [J]. International Review of Sport Sociology,1972,7 (1): 27-44.

[556] LEVIN N. Why Do Countries Win Olympic Medals,some structural correlate of Olympic Games success? [M]. Sociology and Social Research,1974.

[557] GRIMES A R,KELLY W J,RUBIN P H. A socioeconomic model of national Olympic performance [J]. Social Science Quarterly,1974,777-783.

[558] SHAW S,POOLEY J. National success at the Olympics: an explanation; proceedings of the Proceedings of the 6th international seminar: History of physical education and sport Trois Rivieres [C] Quebec,F,1976.

[559] KIVIAHO P,MäKELä P. Olympic success: a sum of non-material and material factors [J]. International Review of Sport Sociology,1978,13(2): 5-22.

[560] GILLIS J. Olympic success and national religious orientation [J]. Review of Sport and Leisure Park Forest,Ill,1980,5(2): 1-20.

[561] COLWELL J. Quantity or quality: non-linear relationships between extent of involvement and international sporting success [J]. Studies in the Sociology of Sport,1982,101-118.

[562] GäRTNER M. Socialist Countries' Sporting Success before Perestroika-and after? [J].

International Review for the Sociology of Sport,1989,24(4):283-297.

[563] LUI,Hon - Kwong,SUEN,Wing. Men,money,and medals:An econometric analysis of the Olympic Games[J]. Pacific Economic Review,2008,13.1:1-16.

[564] SUEN W. (Olympic) Games and economic behavior [M].[出版社不详]  ,1994.

[565] NEVILL A M, HOLDER R L, BARDSLEY A, et al. Identifying home advantage in international tennis and golf tournaments [J]. Journal of Sports Sciences,1997,15(4): 437-443.

[566] CONDON E M, GOLDEN B L, WASIL E A. Predicting the success of nations at the Summer Olympics using neural networks [J]. Computers & Operations Research,1999, 26(13):1243-1265.

[567] VAN BOTTENBURG M. Het topsportklimaat in Nederland [The elite sports climate in the Netherlands].' s Hertogenbosch: Diopter-Janssens en van Bottenburg bv [J]. Topsport Rapportage Sport 2008,2000.

[568] STAMM H,LAMPRECHT M. Der Schweizer Spitzensport im internationalen Vergleich: eine empirische Analyse der Olympischen Spiele, 1964-1998 [M]. Gesellschaft zur Förderung der Sportwissenschaften an der ETH Zürich,2000.

[569] STAMM H,LAMPRECHT M. Sydney 2000, the best games ever? World Sport and Relationships of Structural Dependency; proceedings of the 1st World Congress of the Sociology of Sport[C]Seoul,Korea,F,2001.

[570] HOFFMANN R,GING L C,RAMASAMY B. Public policy and Olympic success [J]. Applied Economics Letters,2002,9(8):545-548.

[571] BALMER N J,NEVILL A M,WILLIAMS A M. Home advantage in the Winter Olympics (1908-1998) [J]. Journal of Sports Sciences,2001,19(2):129-139.

[572] HOFFMANN R, GING L C, RAMASAMY B. The socio-economic determinants of international soccer performance [J]. Journal of Applied Economics,2002,5(2):253-272.

[573] MORTON R H. Who won the Sydney 2000 Olympics?: an allometric approach [J]. Journal of the Royal Statistical Society: Series D (The Statistician),2002,51(2):147-155.

[574] KUPER G H,STERKEN E. Olympic participation and performance since 1896 [J]. Available at SSRN 274295,2001.

[575] DE BOSSCHER V, SHIBLI S, VAN BOTTENBURG M, et al. Developing a method for comparing the elite sport systems and policies of nations: a mixed research methods approach [J]. Journal of Sport Management, 2010, 24(5): 567-600.

[576] HOULIHAN B, GREEN M. Comparative elite sport development [M]. Routledge. 2007: 15-39.

[577] GREEN M. Policy transfer, lesson drawing and perspectives on elite sport development systems [J]. International Journal of Sport Management and Marketing, 2007, 2(4): 426-441.

[578] DE BOSSCHER V, DE KNOP P, VAN BOTTENBURG M, et al. Why the Netherlands are successful and Belgium is not? A comparison of the elite sports climate and policies; proceedings of the Proceedings of the 12th Congress of the European Association for Sport Management[C] Ghent, Belgium, F, 2004.

[579] 杨桦, 孙淑惠, 舒为平, 等. 坚持和进一步完善我国竞技体育举国体制的研究[J]. 北京体育大学学报, 2004(05): 577-582.

[580] GREEN M, OAKLEY B. Elite sport development systems and playing to win: uniformity and diversity in international approaches [J]. Leisure Studies, 2001, 20(4): 247-267.

[581] CLUMPNER R A. 21st century success in international competition [J]. Sport in the Global Village, 1994, 298-303.

[582] DUFFY P, LYONS D, MORAN A, et al. Factors promoting and inhibiting the success of high performance players and athletes in Ireland [J]. Retrieved January, 2001, 20: 2002.

[583] GREENLEAF C, GOULD D, DIEFFENBACH K. Factors influencing Olympic performance: interviews with Atlanta and Negano US Olympians [J]. Journal of Applied Sport Psychology, 2001, 13(2): 154-184.

[584] BROOM E F. Funding the development of the Olympic athletes: A comparison of programs in selected Western and socialist countries; proceedings of the Proceedings of the third International Seminar on comparative physical education and sport[C]. F, 1986.

[585] BUGGEL E. The development of sport in the German democratic republic: 1950-1985; proceedings of the Proceedings of the third International Seminar on comparative physical education and sport[C]. F, 1986.

[586] BROOM E. Lifestyles of aspiring high performance athletes: A comparison of national models [J]. Journal of Comparative Physical Education and Sport, 1991, 8(2): 24-54.

［587］ NYS K, DE BOSSCHER V, DE KNOP P. Prestatiebepalende factoren in topsport［Factors determining international success in elite sports］［D］. Belgium ,Masters thesis of Vrije Universiteit Brussel,2002.

［588］ RIORDAN J. Sport,politics,and communism［M］. Manchester University Press,1991.

［589］ SEDLACEK J,MATOUSEK R,HOLCEK R,et al. The influence of the political changes on the high performance sport organisation in Czechoslovakia［J］. Sport in the Global Village,1994,341-347.

［590］ Xiong Douyin. A Comparative Study of Competitive Sports Training Systems in Different Countries［J］. China Sport Science,1988.

［591］ CONZELMANN A,NAGEL S. Professional careers of the German Olympic athletes［J］. International Review for the Sociology of Sport,2003,38(3): 259-280.

［592］ STURKENBOOM M,VERVOORN C. Diagram of the multidisciplinary support staff in top sports; proceedings of the NOC＊NSF symposium［C］.Ahrnem,the Netherlands,F, 1998.

［593］ SOTIRIADOU P,DE BOSSCHER V. Managing high-performance sport: Introduction to past,present and future considerations［M］. Taylor & Francis. 2018.

［594］ TERI L,GIBBONS L E,MCCURRY S M,et al. Exercise plus behavioral management in patients with Alzheimer disease: a randomized controlled trial［J］. The Journal of American Medical Association. 2003,290(15): 2015-2022.

［595］ GREEN M. Integrating macro-and meso-level approaches: A comparative analysis of elite sport development in Australia,Canada and the United Kingdom［J］. European Sport Management Quartely,2005,5(2): 143-166.

［596］ LAROSE K, HAGGERTY T. Factors associated with national Olympic success: An exploratory study (Unpublished Master's thesis)［J］. University of New Brunswick, Canada,1996.

［597］ VAN BOTTENBURG M. Het topsportklimaat in Nederland［M］. Diopter,2000.

［598］ LAROSE K,HAGGERTY T R. Factors associated with national Olympic success: An exploratory study［D］. University of New Brunswick,Canada,1996.

［599］ DE KNOP P, DE BOSSCHER V, LEBLICQ S. Topsportklimaat in Vlaanderen［elite sports climate in Flanders］［J］. Brussels: Vrije Universiteit Brussel,2004.

［600］ KUPER G H,STERKEN E. Endurance in speed skating: The development of world records [J]. European Journal of Operational Research,2003,148(2): 293-301.

[601]  CRESPO C J, SMIT E, CARTER-POKRAS O, et al. Acculturation and leisure-time physical inactivity in Mexican American adults: results from NHANES Ⅲ,1988-1994 [J]. American Journal of Public Health,2001,91(8): 1254-1257.

[602]  DE BOSSCHER V,SHIBLI S,WESTERBEEK H,et al. Successful elite sport policies: an international comparison of the sports policy factors leading to international sporting success (SPLISS 2.0) in 15 nations [M]. Meyer & Meyer Sport,2015.

[603]  HOGAN K,NORTON K. The 'price' of Olympic gold [J]. Journal of Science and Medicine in Sport,2000,3(2): 203-218.

[604]  DE BOSSCHER V,HEYNDELS B,DE KNOP P,et al. The paradox of measuring success of nations in elite sport [J]. Belgeo Revue belge de géographie,2008,(2): 217-234.

[605]  BROUWERS J,SOTIRIADOU P,DE BOSSCHER V. An examination of the stakeholders and elite athlete development pathways in tennis [J]. European Sport Management Quarterly,2015,15(4): 454-477.

[606]  ANDERSEN S S,RONGLAN L T. Nordic elite sport: Same ambitions, different tracks [M]. Copenhagen Business School Press DK,2012.

[607]  CRESPO M,MILEY D,COURAUD F,et al. An overall vision of player development [J]. Tennis Player Development,2001,13-18.

[608]  BERNARD A B,BUSSE M R. Who wins the Olympic Games: Economic resources and medal totals [J]. Review of Economics and Statistics,2004,86(1): 413-417.

[609]  ELPHINSTON B. Win to win models in sport. The Australian experience 1896-2004; proceedings of the IOC-technical seminar, http://w3 uniroma1 it/compass [C]. Warschau,PL,F,2004.

[610]  HOULIHAN B,GIULIANOTTI R. Politics and the London 2012 Olympics: the (in) security Games [J]. International Affairs,2012,88(4): 701-717.

[611]  SOTIRIADOU K P, SHILBURY D. Australian elite athlete development: An organisational perspective [J]. Sport Management Review,2009,12(3): 137-148.

[612]  WHITSON D. Circuits off promotion: Media, marketing and the globalization of sport [J]. Media Sport,1998,57.

[613]  COOKE B. Analysis of the spread of rabbit calicivirus from Wardang Island through mainland Australia (Project CS236). Report [J]. Meat Research Corporation,Sydney,

1996.

[614] STEWART B, NICHOLSON M, SMITH A, et al. Australian sport-better by design?: the evolution of Australian sport policy [M]. Routledge, 2004.

[615] 舒盛芳. 大国竞技体育崛起及其战略价值研究[D]. 上海体育学院, 2010.

[616] 浦义俊, 吴贻刚. 英国竞技体育发展方式的演进脉络及政府作用机制特征[J]. 南京体育学院学报(社会科学版), 2016, 30(02): 108-116.

[617] 浦义俊, 吴贻刚. 英国竞技体育发展方式的历史转型及其启示——基于政府职能转变视角[J]. 沈阳体育学院学报, 2016, 35(01): 13-20.

[618] 彭国强, 舒盛芳. 美国国家健康战略的特征及其对健康中国的启示 [J]. 体育科学, 2016, 36(9): 10-19.

[619] 王铭聪, 陈伟. 中美竞技体育管理体制比较研究[J]. 当代体育科技, 2018, 8(10): 209+211.

[620] HEDLUND D P, FLETCHER C A, DAHLIN S. Comparing Sport Coaches' and Administrators' Perceptions of the National Standards for Sport Coaches [J]. The Physical Educator, 2018, 75(1).

[621] HEDLUND D P. Performance of Future Elite Players at the National Football League Scouting Combine [J]. The Journal of Strength & Conditioning Research, 2018, 32(11): 3112-3118.

[622] 王舜, 张莉清, 李宗浩. 德国和日本竞技体育政策发展特征及启示[J]. 体育文化导刊, 2016(12): 112-116.

[623] 刘波. 德国体育政策的演进及启示 [J]. 上海体育学院学报, 2014, 38(1): 1-7.

[624] 辜德宏, 蔡端伟, 周健将. 美, 俄, 英, 德政府对竞技体育发展方式的影响 [J]. 山东体育学院学报, 2016, 32(3): 1-7.

[625] 曲国洋. 日本竞技体育体制研究[D]. 北京: 北京体育大学博士学位论文, 2011.

[626] 李秀媛. 英国竞技体育政策决策研究[D]. 北京: 北京体育大学硕士学位论文, 2013.

[627] GARDINER S, O'LEARY J, WELCH R, et al. Sports law [M]. Routledge, 2012.

[628] CAIGER A, GARDINER S, CENTRE T A I A I S L. Professional Sport in the European Union: regulation and re-regulation [M]. TMC Asser press The Hague, 2000.

[629] MCARDLE D. From boot money to Bosman [M]. London. 2000.

[630] COX N. Drugs and Doping in Sport: Socio-Legal Perspectives, Edited by John O'Leary [M]. HeinOnline. 2000.

［631］ GREENFIELD S,OSBORN G. Regulating Football：Commodification ［J］. Consumption and the Law,2001.

［632］ MICHAEL J B,KERR T,DEMETRIOU M. Sports Law ［M］. Oxford：Hart Publishing. 1999.

［633］ POLLACK M A. Creeping competence：the expanding agenda of the European Community ［J］. Journal of Public Policy,1994,14(2)：95-145.

［634］ POLLACK M A. The end of creeping competence? EU policy - making since Maastricht ［J］. Journal of Common Market Studies,2000,38(3)：519-538.

［635］ PORTER M. e.(1990) The competitive advantage of nations ［J］. Harvard Business Review,1990,68(2)：73-93.

［636］ ESPING-ANDERSEN G. The three worlds of welfare capitalism ［M］. Princeton University Press,1990.

［637］ DIGEL H. Sport Sociology：A comparison of competitive sport systems ［J］. New Studies in Athletics,2002,17(1)：37-50.

［638］ HOULIHAN B,MANGSET P. Sport Policy：A Comparative Analysis of Stability and Change ［M］. Taylor & Francis,2007.

［639］ BERGSGARD N A,HOULIHAN B,MANGSET P,et al. Sport policy ［M］. Routledge, 2009.

［640］ SIVESIND K H,LORENTZEN H,SELLE P,et al. The voluntary sector in Norway： Composition,changes,and causes ［M］.［出版社不详］,2002.

［641］ BERGSGARD N A,ROMMETVEDT H. Sport and politics：the case of Norway ［J］. International review for the sociology of sport,2006,41(1)：7-27.

［642］ AAMBø J. Hvem vil egentlig ha toppidrett? I DV Hanstad & M. Goksøyr（red.）［J］. Fred er ei det beste Festskrift Hans B Skaset 70 år,2005,167-171.